钱穆先生学术年谱

【卷六】

韩复智 编著

一九七三年　癸丑　七十九岁

一　国内大事

二月十八日，十四个教育学术团体举行一九七二年度年会，蒋"总统"书勉教育界人士以发扬中华文化为己任，并加强科举教育。

五月二十六日"行政院"院长蒋经国赴花莲、苏澳、宜兰等地勘察北回铁路地形，并巡视花莲港湾工程。

十月三十一日，耗资六十亿，兴建历时六载的曾文水库完成，台中建港工程开工。

二　事略

先生于本年续在文化学院历史研究所任教。

三　著述

一月，《王白田学述》、《吕晚村学述》，刊于《故宫图书季刊》三卷三期。均收入联经《全集》第二十二册及素书楼文教基金会·兰台出版社《中国学术思想史论丛》（八）页一六八～二三九。大意谓：

王白田学述

朱子学之流衍，大要可分三方面言之。一曰性理修养之学，一曰经史考据之学，一曰章句注释之学。陆、王心学，仅就第一方面与朱树异，其第二、第三方面，皆致轻蔑不重视。迄于晚明，王学为害，士不读书，理学已成弩末。亭林、梨洲为学重点，显然自性理转入经史，重启读书一路。船山僻在湖湘，亦同此倾向。桴亭最守理学旧矩矱，然经史学成份亦重，并亦旁涉诗文集部。吕晚村生于明庄烈帝崇祯二年，陆稼书生于崇祯三年，于诸遗老中为晚辈，可谓乃遗民，非遗老。惟晚村获交于黄梨洲、张杨园，得闻理学家绪言，其学则一本朱子四书，不免为章句注释之学。稼书追随晚村，然晚村立志为遗民，稼书则进身清廷为循吏。晚村弃诸生之年，即稼书乡试之年。此两人治学途径相似，而立身志节不同。自此以下，理学益衰。而有毕生专治朱子学，可为宋、明六百年理学作殿军者，则为白田王懋竑予中。白田生于清康熙七年戊申，满族入主已逮二十四年，其心情意气，自不能与明遗民相提并论。其时学风，正是经史考据学渐盛，性理修养学日退，而清廷方提倡朱学，一承元、明，奉为科举功令之准绳。白田于康熙五十七年成进士，已五十一岁矣。其前六年，康熙五十一年，清廷特升朱子配享孔庙，续修《朱子全书》。前一年，康熙五十六年，御纂《性理精义》成。后五年，雍正元年，白田奉特旨进见，以教授改官翰林，入上书房行走。翌年，雍正二年，陆稼书从祀两庑。雍正七年，曾静案发，吕晚村戮尸。白田之卒，在干隆之六年。故白田乃以经史考据之业治朱子，而亦不脱章句注释之圈套，此其大较也。

白田治朱学之最大成绩，在其《朱子年谱》一书。白田治朱子学，所信重固在义理，而其探讨之方法与途径，则一如当时之学风，主要在考据与注释之两者。

吕晚村学述

余在四十年前，草为《近三百年学术史》，述及吕留良晚村之《四书讲义》，根据朱子，阐扬民族思想，引起曾静之狱。清廷特为颁发《大义觉迷录》于天下学宫，令举子人人必读。嗣又禁绝，不许流行。而晚村乃遭斲棺判尸之奇祸，其家人亦遣戍关外，成为清代文字狱中最特出耸听闻者。晚村因讲四书而婴此冤酷，亦为自宋以下理学史中所少见。同时陆稼书服膺晚村，乃获清廷褒奖，从祀孔庙，成为清代第一醇儒。清政权之高下在手，予夺从心，与清廷高压、怀柔政策之兼施，治清初学术史，此两人之事，殊值注意。

晚村乃以批选八股成名，亦以此弥缝其生事。惟晚村之批选八股，乃与当时之批选为业者大不同。要其为学，自朱子《四书注》入门，亦深喜宋儒，而乃深不喜于当时理学家之讲学所为，亦未能如亭林、梨洲诸人之转途深治经史，而始终落在时文圈套中，乃独以批选时文成为中国学术史上一特出人物，此则晚村之所以为晚村也。

《文集》卷五《程墨观略论文》有曰："儒者正学，自朱子没，勉斋、汉卿仅足自守，不能发皇恢张，再传尽失其旨。如何、王、金、许之徒，皆潜畔师说，不止吴澄一人。自是讲章之派，日繁月盛，而儒者之学遂亡。惟异端与讲章，觭互胜负而已。异端之徒，遂指讲章为程、朱，而所为儒者，亦自以为吾儒之学不过如此。语虽夸大，意实疑餕。故讲章诸名宿，其晚年皆归于禅学。然则讲章者实异端之涉、广，为彼驱除难耳，故曰独存异端也。"又曰："讲章之说不息，孔、孟之道不著。腐烂陈陈，人心厌恶。良知家挟异端之术，窥群情之所欲流，起而抶其篱樊。聪明向上之士，喜其立论之高，而自悔其旧说之陋，无不翕然归之。隆、万以后，遂以攻背朱《注》为事，而祸害有不忍言者。识者归咎于禅学，而不知致禅学者之为讲章也。"此处晚村直指朱学之流而为讲章，而以讲章之陈腐，激起异端之高论。遂使有明一代学术，成为异端、讲章觭互胜负之局。晚村此一见解，可谓只眼独具。明代以厌薄讲章而激起良知心学，及清代晚村以下，讲章家言渐衰退，然考据汉学，亦复为朝廷制举空疏所激起。乃与明代心学，同以攻背朱《注》为事。虽清儒之考据经学，不当与元、明讲章家言相提并论，亦不与良知心学同条共贯，要亦有其病害之不可胜言者，则又晚村所未及见也。

晚村之孤介自守，乃亦不免于任气傲物，愤世嫉俗，若有背于儒道之中行；然晚村固谓"时中之义别须严辨"，知人论世如晚村，固不当以常格衡之也。先是浙省以鸿博荐，晚村誓死得免。嗣又举隐逸，乃薙发为僧。自名耐可，号曰何求。《文集》卷六有《自题僧装像赞》曰："僧乎不僧，而不得不谓之僧。俗乎不俗，亦原不可概谓之俗。不参宗门，不讲义录。既科呗之茫然，亦戒律之难缚。有妻有子，吃酒吃肉。奈何衲褫领方，短发顶秃。儒者曰'是殆异端'，释者曰'非吾眷属'。然虽如此，且看末后一幅。竖起拂子，一唱曰咄，唠叨个甚么，都是画蛇加足。"

晚村处此世变，而兀傲纵恣有如此，亦幸其不寿而获终天年。否则不待曾静之狱，其晚节所遭遇，盖亦有不可以逆料者。晚村殆是以狂者之性格，而勉为狷者之行径。今在三百年后读其遗集，犹不胜有惋惜之余情，亦可为同时晚明诸遗老致同样之追念也。

二月，《中国六十年之史学序》，刊于《华学月刊》十四期。收入联经《全集》第二十三册及同前出版社《中国学思想史论丛》（九）页二四六。摘要略。

二月二十日，致严耕望一书。收入联经《全集》第五十三册《素书楼余沈》，函中有云：

古人论诗，必曰陶、杜，陶乃闲适田园诗，而实具刚性，境界之高，颇难匹俦。

杜有意为诗，陶则无意为诗。倘两家合读，必可更增体悟。

五月，《中国史学名著》一书，由台北三民书局刊行。案三民书局将该书编入《三民文库》，以四十开小字本印行。先生以其阅读费神，颇不惬意。三民曾允再版时改为二十五开标准本。一九八〇年，其时先生双目已不能见字，仍以此书之改排为念，特嘱夫人胡美琦女士将全书诵读一过，并作通体之增删修润，以备改排之用。惟此书至先生逝世时，仍未能改排新版。联经出版公司整编先生之《全集》已用增修遗稿为底本。二〇〇一年素书楼文教基金会·兰台出版社复又整理新版印行。摘要如下：

《尚书》

《尚书》可说是中国最早的一部史学书，而且也可说是中国第一部古书。中国还没有比《尚书》更古的书留到现在。中国古代，有两部古书，有韵的称《诗》，没有韵的称《书》。"尚"者，远古、上古之意，《尚书》就是一部上古的史学文集。孔子以前，春秋时代，贤大夫多读《诗》《书》，在《左传》上可看到。《尚书》是中国古代一部大家都读的书。但在今天来讲，《尚书》已成了一部很难读的书。清代，讲经学最为有成绩、训诂、考据，工夫下得特别深；但清代两百几十年，这部《尚书》还是没有能一字字地讲通。可见我们今天来读《尚书》，只求得其大义便好，不可能逐字逐句都要讲得通。

《尚书》是一部多问题的书。《尚书》有今文、古文，《古文尚书》是假的，只有二十八篇《今文尚书》伏生传下的是真的。孔安国所传本也是真《尚书》，可是后来掉了。孔安国《尚书》并不假，只因为不立博士官，流传不多，就亡失了。到东晋由梅颐所献本，才是假《尚书》。这一问题要到清代初年，阎若璩百诗才开始十足证明了从东晋以后的所谓《古文尚书》是一部假书，不是真的孔安国《尚书》。他写了一书名《古文尚书疏证》，"疏证"就是"辨伪"之义，此事乃得成为定论。在他稍后有惠栋，也写了一部《古文尚书考》，同辨《古文尚书》之伪。这是在近代学术史上所谓辨伪问题上一个极大的发现。这是中国学术史上一个惊天动地的大功绩。

诸位不要认为自己学历史，可以不学经学。或说学近代史，可以不学古代。或说学社会史、政治史，可以不治学术史。当知做学问人大家该知道的，我们总该知道。学术上惊天动地的大事件，大家都知，我独不知，孤陋寡闻，总对自己研究有妨害。我们该知，《尚书》字句不能全通，此并无害。但前人辨今古文真伪，已得结论，其大纲节所在，若亦全不理会，此大不可。诸位莫误认为学问必待创辟，须能承续前人成绩，此亦至要。

当知做学问本来是要工夫的，没有不花工夫的学问。诸位每做学问，好问方法；做学问最大第一个方法就是肯花工夫。一学者花十年二十年一辈子工夫来解决一问题，本是寻常本分之事。

再讲另一问题，那《今文尚书》二十八篇也不完全是真的。古书有真有伪，我们该懂得分辨。这不是今天的新问题，从来学者都注意此一问题。依照我们现在眼光来看，我们该进一步说，《今文尚书》也未必全是真，也多假的。在我只认为《尚书》中最可靠的便是《西周书》，只有《西周书》或许才是《尚书》的原始材料，原始成份。

《西周书》中显见有一重要人物跃然欲出，那便是周公。《西周书》中有很多文章便是周公所作，或是周公同时人或其手下人所作。要之，在当时，周公在此集团中，并传至此后，有大影响。孔子一生崇拜周公。而我们要来研究周公的思想理论及其政治设施，当然这十几篇《西周书》成了主要材料。

做学问当从一项项的材料，进而研究到一部部的书。而在每一部书的背后，必然当注意到作者其人。倘使这部书真有价值，不专是些材料的话，则书的背后一定会有一个人。此刻我们说中国第一部最早的史学名著就是《西周书》，而《西周书》的重要作者，即发明此体裁来写出这东西的，就是周公。当然可以有几个人，不专是周公一人。那诸位试拿此意见去读《西周书》，看此许多篇书之内容是否一篇一篇的分裂着，各有不同的体裁、不同的意见和不同言论，抑或可以看作是一套。

读《西周书》，便该领略到西周精神，同时便该领略到周公精神。孔子一生崇拜周公，主要应该在此等处认取。周公的"天命论"，周公的"共主论"，影响后世甚大。周公首先提出"天命无常"的观点。天命所与，只在"文德"，不在武功。这一层在《西周书》里也可看得明白。明明是周武王打了天下，但周公不那样说，定说是上帝为周有了个文王，才给周以大命。可是周公这番思想和理论，其实也并没有说错，而且可以说在中国后代历史上也一向发生了大影响。

因此可知我们研究历史，更重要的在应懂得历史里边的人。没有人，不会有历史。从前历史留下一堆材料，都成为死历史。只看重历史上一堆堆材料或一件件事，却不看重历史上一个个人，这将只看见了历史遗骸，却不见了历史灵魂。

总结说，中国第一部大的史学名著应该是《尚书》。准确言之，应该是《西周书》。《西周书》的主要中心人物是周公，在中国历史上影响着几千年。

《春秋》

孔子《春秋》可说是中国第二部历史书。实际上说，《春秋》乃是中国正式第一部历史书。《尚书》各自分篇，只如保留着一些文件或档案。孔子《春秋》则不然，它是历史书中之编年体，前后两百四十二年，从鲁隐公元年开始，照着年月日一年一年地顺序编下。以后中国便不断有编年体的史书,直到今天。我们说孔子《春秋》是中国一部极伟大的历史书,实也一些不过奖。

孟子说:"王者之迹熄而诗亡,《诗》亡然后《春秋》作。"把《诗》和《春秋》合在一块讲,这是什么意义呢?其实古人之史也不完全在《书》里,而有在《诗》里的。古《诗》三百首,其中历史事迹特别多。远溯周代开始,后稷、公刘一路到文王,在《诗经》的《大雅》里整整十篇十篇地详细描述,反复歌颂;这些都是历史。今若说,那时更接近历史记载的是《诗》不是《书》,此话也不为过。

周王室是天下之共主,周王是一位天子,一位王者,每到冬天,他所封出的四方诸侯都得跑到中央来朝贡。而周天子在那时祭其祖先,更主要的是祭文王。许多诸侯一同助祭,就在这庙里举行祭礼时唱《诗》舞蹈,唱的便是周文王一生的历史功绩。所谓雅、颂,便是如此般的用来作政治表扬。又如周天子有事派军出征,在临出以前有宴享,宴享时有歌舞。打了胜仗回来,欢迎凯旋,同样再有宴享歌舞。此等歌词或是策励,或是慰劳,皆收在《诗经》里,那时遇礼必有乐,而礼乐中亦必寓有史。这些都是周公制礼作乐精意所在。所以我们读《诗经》,固然可说它是一部文学书,但同时也可说它是一部历史记载。到后来,王者之迹熄了,诸侯不常到朝廷来,朝廷也没有许多新的功德可以歌唱,专是些讽刺,那究不可为训,所以说"王者之迹熄而《诗》亡"。

《春秋》是正式的历史记载。那时四方诸侯来中央朝王的是少了,而周王室却分派很多史官到诸侯各国去。这些证据,在先秦古籍里尚可找。那时周王室派出的很多史官,他们虽在各国,而其身份则仍属王室,不属诸侯。如《春秋》载"晋赵盾弒其君","齐崔杼弒其君",那时晋国、齐国的史官,下一个"其"字来称齐君、晋君,可见赵盾、崔杼所弒,照名义上讲,并不是晋史官、齐史官之君。史官由周天子派来,义不臣于诸侯。崔杼可以把当时齐史官杀了,但不能另派一人来做。于是齐史之弟便接其兄职再来照写"崔杼弒其君"。崔杼再把他杀了,又有第三弟继续照样写,崔杼没奈何,只得不杀。而在齐国南部尚有一位南史氏,听了齐国史官记载"崔杼弒其君",兄弟连被杀害,他捧着笔赶来齐国,预备续书此事;及闻齐史已定书其事,崔杼不再杀害而止。那真是在中国历史上，可以表示出中国人重视历史精神的一项可歌可泣的伟大故事。

大概在宣王时，或许周王室便早正式分派史官到各国去，其时周之王政一时中兴，尚未到崩溃阶段。此后"王者之迹熄而《诗》亡"，而以前那些分派出外的史官却大见功效，即是所谓"《诗》亡然后《春秋》作"了。

韩起见了《易象》与《鲁春秋》而说："周礼尽在鲁矣。"孔子则是根据此项材料来作《春秋》。当然并不是全部钞撮，在孔子自有一个编纂的体例，和取舍的标准，及其特殊的写法。所以说"笔则笔，削则削，游、夏之徒不能赞一辞。"史官分布，乃是周代一制度，而孔子作《春秋》，则是私家一著述。由政治转归了"学术"，遂开此下中国之史学。所以孟子说"其文则史，其事则齐桓、晋文，其义则丘窃取之矣。"这是说《春秋》一书的底材，还是鲁史旧文。但从孔子笔削以后，则此《春秋》既不是一部鲁国史，也不是一部东周王室史，而成为一部诸夏的国际史，亦可称为乃是那时的一部天下史或称世界史。用那时的话来说，主要则是一部"诸夏霸政兴衰史"。

时代尽管杂乱，孔子所写出的历史，则是一个统一体。而且在此历史之内，更寓有一番特殊精神之存在。所以孟子又说："孔子作《春秋》而乱臣贼子惧。"

乱臣贼子则只是"时代性"的，而孔子《春秋》则成为"历史性"的。春秋时代转瞬即过，而中国历史则屹然到今。时代的杂乱，一经历史严肃之裁判，试问又那得不惧？

《春秋》须讲大义。孔子《春秋》诛乱臣，讨贼子，这便是大义。夷夏之辨，这亦是大义。但所谓大义，亦不该求之过深，尊之过高。讲大义若讲过了头，反会落入小节中去。

我们今天只且讲一个结论。孔子《春秋》只是中国一部编年史的开始，又是在当时创辟的一部民间的私家著作，而又是把天下一家的大一统观点来写的一部世界通史。直到此刻，全世界还没有第二部这样的书。中国人只为看惯了，把此大义迷失了。至少是忽略了。

《春秋》三传

今天讲《春秋》的三传：《公羊传》、《谷梁传》、《左传》。在今天，我们是讲中国史学名著。但在古人当时，不仅从周公到孔子，即下至战国、秦汉，在中国人脑子里，还无所谓"史学"一观念。当时学术大分野，只有经学和子学。班固《汉书·艺文志》根据刘向、刘歆的《七略》，称之曰"王官学"与"百家言"。可见在西汉末年时，大学者如刘向、刘歆父子，他们便把中国古代学术分成为"王官学"与"百家言"之两大别。何谓"王官学"？因其职掌在政府衙门里。何谓"百家言"？因其只在民间私家传述。用今天的话来讲，也可说王官学就是一种贵族学，百家言则是一种平民学。

孔子《春秋》成了经，所以可以有传。但一经为何有三传？三传异同又在那里？宋代叶梦得讲过："《左氏》传事不传义，《公》、《谷》传义不传事。"后来朱子又说："《左氏》史学，事详而理差；《公》、《谷》经学，理精而事误。"此与叶说大致相同。但此已是宋代人的话。可以把它作为三传异同的一个大概分别，但古人则并不如此，因古人并无史学、经学之分。如班固《汉书·艺文志》把太史公《史记》附在《六艺略》、《春秋略》之内，可见其时人观念，尚只有经学，无史学。故宋代人讲的话，并不能代表汉人的意见。

汉武初年《春秋》立为博士，那时就照公羊家一家讲法，所以《公羊春秋》立为博士，即所谓"今文学"。到了汉宣帝，《谷梁春秋》也立做博士。《公》、《谷》同为今文，《公羊》是齐学，《谷梁》是鲁学。《左氏传》在汉代未立博士，仅是一种民间私学，称之曰"古文"。

当时人的争论，便说"《左氏》不传《春秋》"，传孔子《春秋》的，大家公认只有《公羊》、《谷梁》二传，《左氏》不得认为传，因它并不是传《春秋》的。这是汉代人的讲法。

做学问，便该求一个通。不能说我学史学，不问经学，那么古代史学经学不分，只知有史不知有经，不通当时的经学，便不能讲史学。

《左传》（附《国语》、《国策》）

《左传》在古代当它是一部经书，九经、十三经之内都有《左传》。《左传》并不是左丘明作，《左传》成书应在战国，要到秦孝公时。《左传》或许和吴起有关系，《左传》里记载战争的文章都写得好，在军事学上也有极大考究。

研究任何一代的历史，都有这几个项目，如天文、如地理、如家族氏姓，如制度，如人物，如军事，如外交，如食货经济，社会礼俗，又如中国和四裔的关系等。这是历史的一个大体段，而《左传》都有了。所以《左传》已经是中国一部很像样的历史书。《左传》是中国最先第一部最详密的编年史。专讲历史价值，就记载事实上讲，孔子《春秋》可说还远在《左传》之下。若我们要研究春秋时代的历史，而我们专来研究孔子《春秋》，将使我们根本不清楚，所能晓得的将很简单；所以我们一定要读《左传》。但如此讲来，孔子《春秋》又有什么价值啊？这已在上一堂讲过。但上一堂所讲，和此一堂所讲，并不相冲突。我们此刻说，除非是一大史学家，将不能编出一部《左传》，而《左传》也确实是一部伟大的史学书。我们要研究古代的中国史，便该拿这部《左传》做我们研究的一个基准。即由此上来建立我们一个基本的标准的看法。

前人多谓《国语》和《左传》同出左丘明，此说殊不可信。《国语》的材料也是从各国来，而时代先后各有不同。《国语》分国记载，如后代《十六国春秋》之类，和《左传》编年体裁大不相同，故读《国语》亦应分国来读。讲到《战国策》，《国策》里有大部分材料尽是纵横家之言，都出三晋之士。有很可信的，也有很不可信的。

中国史学有记言、记事两条大路。像《国语》、《国策》都是记言的，远从《尚书》一路下来。但到孔子时代，记言又走了另外一条路，那就是"百家言"。孔子、孟子、荀子是儒家，庄子、老子是道家，各自著书。如《论语》、《老子》等书，各自发展成一条大路，中国人叫它作"子书"。中国人从经学里发展出史学，我们已经讲过；但史学又发展出了一套子学，子学则只是记言的，从其所言可来研究他们的思想。我们要研究中国思想，从周公开始，周公以前则难讲了。近则从春秋开始，如看一部《左传》，它里面所载贤卿大夫种种讲话，不晓得有多少。但此许多讲话，有可信，有不可信。有有价值的，有无价值的。要讲史学，便又该讲到孟子所谓的"知言"之学。又当知一书有一书之体制，中国书有中国书的体制。

中国人看重《左传》，不看重《国语》、《国策》，正因为《左传》里有许多贤卿大夫之言，不同《国语·晋语》里所载有许多后代迂儒之伪言，乃至如《国策》里的许多纵横家言，尽有要不得，乃至不值重视的。若诸位没有知言工夫，只把中国历史当作记事一边去看，便失掉了中国史学中重要的一部分。

《史记》

《史记》是中国第一部所谓的"正史"，此下接着还有二十四史。在司马迁当时，大家只知有经学、子学、文学这些观念，而没有"史学"的独立观念。《汉书·艺文志》里，只有《六艺略》、《诸子略》、《辞赋略》，而司马迁的《史记》则附在《六艺略·春秋门》。学术分类，史学还是包括在经学中，并未独立成一门学问。但司马迁却能创造出第一部"正史"，为以后几乎两千年所沿用；这并不是一个极值得注意讨论的问题吗？依照现在人讲法，司马迁《史记》可说是一个大创造。司马迁如何能完成这创造，这是一个大问题。

中国历史有三种体裁：

第一：是重事的，一件一件事分别记下，像《西周书》。

第二：是注重年代的，每一事都按着年代先后来编排，这是孔子《春秋》。

第三：注重人物，历史上一切动力发生在人，人是历史的中心，历史的主脑，这一观念应说是从太史公《史记》开始。所以《史记》是一种"列传体"，一人一人分着立传，就是以人物为中心而写下的历史。司马迁以人物来作历史中心，创为"列传体"，那是中国史学上一极大创造。

太史公写《史记》是承他父亲遗命。这些或许诸位都知道。《太史公自序》说："余闻之董生曰：周道衰废，孔子是非二百四十二年之中，以为天下仪表；贬天子、退诸侯、讨大夫，以达王事而已。""孔子曰：我欲载之空言，不如见之行事之深切著明也。""《春秋》，王道之大者也。""《春秋》以道义。""拨乱世，反之正，莫近于《春秋》。""有国者不可不知《春秋》。""《春秋》礼义之大宗。"这几句话，是他亲闻之于董仲舒讲孔子何为而作《春秋》，这一段话非常重要。太史公《史记》明明是学孔子《春秋》，我之很欣赏《史记》的，在其记载事情上，还有他一套。

读《史记》可长一套聪明，一套见识。实际上，我并不是要学《史记》，乃是要学司马迁。你有了这一套聪明和见识，随便学那一段时代的历史，总是有办法。所以我告诉诸位，做学问该要读一部书，或几部书。读此几部书，该要读到此几部书背后的人。《史记》背后有司马迁其人，他一辈子就只写一部《史记》。他自父亲死了，隔三年，他就做历史官。此下花他二十年精力写一部《史记》。我们只要懂得前人这番功力，也就好了。

太史公《史记》，实是把太史公以前史学上的各种体裁包括会通，而合来完成这样一部书，此真所谓"体大思精"。直从唐、虞、夏、商、周一路到他这时代，两千年以上的历史，全部包罗胸中，从而把来随宜表达，便有了他这样许多的体裁。

读书该一部一部地读。当然写史也绝不止一种死写法，《尚书》是一个写法，《春秋》、《左传》又是一个写法，此下尽可有种种新写法。我们此刻来讲史学名著，主要就要诸位懂得如何来写历史的这一番大学问。有了此学问，就可自己写历史。我们讲史学有三种：

一是"考史"，遇到不清楚的便要考。

一是"论史"，史事利害得失，该有一个评判。

一是"著史"，历史要能有人写出来。

我们平常做学问，不能只看重找材料，应该要懂得怎么样去著书，怎么写史？不先求其大者，而先把自己限在小的上，仅能一段段一项项找材料，支离破碎，不成学问。大著作家则必有大间架，而大间架则须大学问。

太史公写孔子，照例当然是应在《列传》中。而太史公《史记》却特别把孔子升上去,立在《世家》中。可说在中国,只有此一"世家"永传不绝。此见孔子之伟大,但亦见太史公见识之伟大。

诸位读《史记》,首先该读《史记》的《自序》,第二要看《史记》的目录。此外我再举出几个另外的观点。第一,《史记》虽为第一部正史,但《史记》并不是一部官史,而是一部私史。即是说《史记》乃私家的著作,而非政府衙门里照例要写的东西。换句话讲,这在当时是"百家言",非"王官学"。太史公学孔子《春秋》,孔子自己正讲过:"《春秋》,天子之事也。"此本不应由私家写,而孔子竟以私家身份来写了,所以说:"知我者其惟《春秋》乎!罪我者其惟《春秋》乎!"今天要来辨太史公《史记》也是一部私史而非官史,且举几个简单的例来说。《太史公自序》上就说:"为太史公书序略,以拾遗补艺,成一家之言。"这明明说此书是"一家之言"了,明见不是部官书。又说:"藏之名山,副在京师,俟后世圣人君子。"所以要"藏之名山",为怕稿子容易散失,只把副本留在京师长安,易得识者和传人。古人保留著作不易,要等待后世有圣人君子更渺茫。而太史公《报任少卿书》里,还有两句更重要的话说:"欲以究天人之际,通古今之变,成一家之言。"所谓"天人之际"者,人事和天道中间应有一分际,要到什么地方才是我们人事所不能为力,而必待之天道,这一问题极重要。太史公父亲看重道家言,道家就侧重讲这个天道。而太史公则看重孔子儒家,儒家注重讲人事。人事同天道中间的这个分际何在?而在人事中则还要"通古今之变",怎么从古代直变到近代,中间应有个血脉贯通。此十个字可以说乃是史学家所要追寻的一个最高境界,亦可说是一种极深明的历史哲学。

我想再讲一些关于《史记》的文章。当然我们读《史记》,主要在了解他的事情,不在读他的文章,而好多大文章,又是在言外的。如《孔子世家》、《项羽本纪》之类,此皆有甚深意义可寻。但下到魏晋南北朝时代,崇尚骈文,便都看重班固《汉书》,不看重太史公《史记》。直要到宋代以后,才看重《史记》更在《汉书》之上。明代归有光就是用《史记》的。清代方望溪承之。有一部《归方评点史记》,为清代桐城派所重视。直到曾国藩,始主再把《汉书》骈体来补充进《史记》散体中。至于班固《汉书》批评《史记》,说其文"善序事理","辩而不华,直而不野"、"文质相称"、"良史之才",此是以史书的眼光来作批评,和归、方桐城派以文学眼光来作批评不同。但我还是主张以大著作的眼光,该以其成为一家之言的眼光来作批评,当更可看出《史记》文章之高妙。总之,太史公不仅是中国千古一大史学家,也是千古一大文学家。他的文章除《史记》以外,就只有《报任少卿书》一篇,此外都不传了。

《汉书》

我们常称"迁固"、"史汉",见得班固《汉书》是和司马迁《史记》立在平等地位的。《汉书》是中国正史的第二部,又是中国断代为史的第一部。《史记》实是一部通史,是一部纪传体的通史,他从黄帝下到汉武帝,称汉武帝曰"今上"即现在的皇帝,可见它的体裁乃是一部从古到今的"通史"。但后人要承续《史记》接下却很困难。每一部书应该有它自己一个系统,不易往上接。自从《史记》以后,就有很多人续《史记》,要接着《史记》写下去,但只是零零碎碎一篇一篇的传,精神不一致,不易成一书。而且这样零碎地写,也没有个段落。到了班固,来一个"断代史",采用了《史记》后半部讲汉代前半的,接着再写汉代的后半部,直到王莽起西汉亡为止,历时两百三十年,称曰《汉书》,这样就成了一部断代史。此后的人,都待换了一朝代再来写上一代的历史,直到清末,就成了《二十五史》。在我认为,断代史有它的必要。而且中国传统政治和世界其它民族与国家的政治有不同。它是一个大一统政府,又比较可以说是长治久安,隔了两三百年才换一个朝代。既然朝代换了,当然政治上也换了很多花样。不仅政治如此,一个朝代弄到不能维持,要改朝换代,当然历史也就跟着变。我们用此作分界来写历史,那是非常自然的。

近代人抱着一种历史新观点,认为中国历史都只讲朝代,汉、唐、宋、明只把帝王为重。这样的批评,其实并不尽然。换了一个朝代,就表示历史起了一个大变动,我们自应来写一部历史,把前面那一段记下。从班固《汉书》以后,一路到清末,都如此。只是今天以后的中国,则不像从前了,不再会有一个一个的王朝兴亡。此下历史该经多少时期来整理一次呢?这就成了问题。随时写是不行的,过了多少时才该写,此需有一客观自然的标准。今天以后的历史,只就我此一问题,就很困难。

在后代中国,唐以前多看重《汉书》,宋以后始知看重《史记》。郑樵《通志》里说:"班固浮华之士,全无学术,专事剽窃。"在《文选》里班固有《两都赋》、《幽通赋》等,故而说他是"浮华之士"。但若说他"全无学术,专事剽窃",那话或许讲得过分些。范晔曾批评司马迁、班固说"迁文直而事核,固文赡而事详"。这十字,十分有道理。大体言之,文直事核,纵有忽略,也可原谅。"赡"就不如"直","详"亦不如"核"。若使文赡而不直,事详而不核,那就要不得。范晔接着又说:"固之序事,不激诡,不抑抗,赡而不秽,详而有体,使读之者亹亹而不厌。"此说《汉书》叙事不过激,也不诡异,不把一人一事过分压低,或过分抬高。"赡而不秽",是说整齐干净不脏乱。"详而有体",是说每事本末始终、表里精粗都有体。故能使读之者亹亹不厌。《汉书》能成大名,确有道理。我觉得范蔚宗此一批评却很好。但范氏又说:"其论议常排死节,否正直,不叙杀身成仁之为美。轻仁义,贱守节。"此数句却批评得甚为严重。这些病痛,当知并不在行文与叙事之技巧上,而在作者自己的见识与人格修养上。诸位如读太史公书,即如《魏公子列传》、《平原君列传》、《刺客列传》之类,此等文字,皆非《战国策》书中所有,乃太史公特自写之,而使人读了无不兴会淋漓,欢欣鼓舞,想见其人。《汉书》中此等文字绝找不到。班氏文笔也不差,班氏所缺乃在不能"论史"。

魏晋南北朝、唐初,群认《汉书》是部好书,正为那时人都讲究做文章。后来韩柳古文兴起,文学眼光不同,对《史》、《汉》高下看法亦不同。傅玄亦贬班固,谓其"论国体,则饰主缺而折忠臣。叙世教,则贵取容而贱直节。述时务,则谨辞章而略事实。"可见当时史家公论。范蔚宗也是不获令终,死在监狱里。但范蔚宗《后汉书》,在讲仁义守节等事上,不知比《汉书》好了多少。又在《后汉书》班固的赞里说:"彪识皇命,固迷世纷。"班彪曾为了一篇《王命论》,不为隗嚣所屈,可说有见识,有操守。不如其子固,生值汉朝中兴天下平治之际,对种种世俗纷纭还是看不清。把他们父子相比,也复恰如其分。

总之,一位史学作者,应有其自己之心胸与人格。对其所写,有较高境界，较高情感的，而适为彼自己心胸所不能体会，不能领略；则在其笔下，自不能把此等事之深处高处曲曲达出，细细传下。但如诸位此刻学历史，不细读一部书，只一条条地检材料，则从前史家好处坏处都忽略了，都全不知道。如我此处所辨，也将被认为是一番不关痛痒之废话，与史学无关。诸位若知做学问与读书自有一条路，自己做人与论世，也自有一番关襟与眼光。读史书自也无以例外。

范晔《后汉书》和陈寿《三国志》

讲《汉书》和《史记》的比较，《汉书》也有比《史记》对后来影响大，该是说写得好的，就是它的十志。

《汉书》的志，《史记》里称做书。如《史记》里有《平准书》，《汉书》把来改成《食货志》。"平准"乃是汉武帝时一项经济政策，这是一项极重大的经济政策，太史公特别把来作"书"名。而到班孟坚，把《平准》改成《食货》。《平准》只是讲"货"，此又加上了"食"。国家经济最重要的两件事，便是"食"与"货"。这一篇志，便成这一代的经济史。后来每一部正史可以都有一篇《食货志》，但不一定都有一项平准制度。又如太史公有《河渠书》，因汉武帝时及其以前黄河决口，汉朝屡施救治，太史公就作了《河渠》。渠就是渠道。班孟坚再把此题目扩大，改做《沟洫志》。"沟洫"是古代井田制度里的水利灌溉，当然治水害、开河渠都可写在这里面。《史记》八书，每每特举一事作题目；而《汉书》则改成一个会通的大题目，不限在一件特别的事上。《汉书》虽是断代为史，而他的十志则可以上下古今一气直下，从古代一路讲来，却不以朝代为限断。司马迁《史记》本是一部通史，而他的八书命题，则反而偏重一时。班孟坚把他题目换了，就等于看成一个通的，上下直贯古今相沿的事。而且也有《史记》里没有，而《汉书》添进去的。如《汉书》的《地理志》、《艺文志》，其所贡献，也往往在研究《史记》者之上。

一般学历史的人，觉得志最难读，不像读本纪、列传等，读志才像是一种专家之学。学历史要知道历史中的事件较简单，如汉武帝时怎样，宣帝时怎样，都是比较简单。但要知道汉代一代的经济水利等，像此之类，题目较大，必要一路从上贯下，不能把年代切断。若照《史记封禅》、《平准》等篇名，好像只是当时一特殊事项；从班孟坚改换篇名，显然性质大变。

范晔的《后汉书》和陈寿的《三国志》，这两书，后人把来同《史记》、《汉书》合称"四史"，在正史中，特别受人看重就是这四部。

《三国志》有裴松之注，那是很特别的。裴注乃是添列史料的注，亦可说裴注的历史价值，乃更胜于《三国志》之正史本文。裴注比陈书不晓得要多了多少人、多少事情。在一部陈寿《三国志》以外，同时还有一两百部书，裴松之无不把来一起抄，可是他所抄的部分，都是从头到尾自成篇段。此种史注，前无其例，而此下也更无后起。这是裴注很可特加看重的。所以裴注与《三国志》正文同时合刻并行。凡读《三国志》的，无不兼读裴注。而且裴松之引进的，有些是理论正确，事情重要，并不在陈《志》下。

范晔的《后汉书》已在南朝宋代。在范晔《后汉书》以前，写《后汉书》的就有七家。及范晔《后汉书》出来，这七家的《后汉书》都不传了。学术上大体还是有一个公平，可见范书是有价值的。只因范晔是犯了罪死在监狱里，他的书没有写完，因此只有纪、传，而无志。我们不能说范晔不想写志，只是来不及写，已经下狱了。

范晔有一篇《狱中与甥侄书》，书中写到他写《后汉书》的事，他说："常耻作文士，文患其事尽于形，情急于藻，义牵其旨，韵移其意。"他指出当时文章家毛病有此四项。

一是"情急于藻"。写文总得有个内在感情，然而当时写文章的都要用力辞藻，遂使这个内在情感反而为词藻所迫，不平稳，不宽舒。这恐是"情急于藻"之义。

一是"韵移其意"。文章必有个作意，而为韵所限，便移其意，失却了原来应有之位置。

一是"事尽于形"。文中事情为文章的外形所拘束。所谓尽，实则是不尽。

又一是"义牵其旨"。"义"字该同"旨"字略相近，不当把自己写文章的大旨，反为要该如何写文章之义所牵，而陷于不正确。

这是当时流行骈体文之通病。其实即四句,也见范氏自己不免正犯了此病。他又说:"常谓情志所托,故当以意为主,以文传意。以意为主则旨必见,以文传意则其词不流。然后抽其芬芳,振其金石。"写文章要情志,情志寄托故当以意为主。能以意为主,才能以文传意。可见他所谓"义牵其旨"这个"义"字讲的是文义,不该把文义来牵动文旨。我们若懂得以文传意,则其词不流,文章不会泛滥,然后才能"抽其芬芳,振其金石"。"芬芳"是词藻,"金石"是声调,此为文第二义,而非第一义。可见范蔚宗深悉当时人的文病。我想诸位如要写史,最先便该诵读文言文,至少三年五年,才来试写。

讲到《三国志》,有一问题很复杂。那时已是断代为史,汉代完了,晋代没有起。陈寿自己是三国中的蜀人,可是他在晋朝做官。照历史传统,是由魏到晋,陈寿不能不由晋而推尊及魏。因此他的《三国志》,只魏帝称本纪,蜀、吴诸王均称"传"。此层便有关后来史家所争的"正统"问题。陈寿尊魏,颇为后世所非。但他书称《三国志》,不正名曰《魏书》,不与《前汉》、《后汉》、《晋书》同例。既名"三国",则是并列的,可见陈寿也有他自费斟酌的用心。

《三国志》里又有一问题,应该提出。此刻大家都说魏、蜀、吴三国,其实依当时历史讲,不应称蜀,应称汉。汉昭烈帝不能称蜀昭烈帝。当时蜀国人自称汉、不称蜀。此问题,诸位骤听似很无聊。但我们在今天也恰恰碰到这问题。别人叫我们台湾,我们不能承认。若使有一陈寿来写我们今天的历史,只说台湾;这怎么行?其时吴、蜀联盟,吴国人说:"自今日汉、吴既盟之后,戮力一心。"可见当时的吴国人也称四川是汉,不称是蜀。而陈寿《三国志》,把这个"汉"字改成了"蜀"字。由写历史的人来改历史,那真是要不得。

做学问不能只为写论文,也该学前人作笔记;笔记用处有时比论文大。我们尽要拿一个题目放大,好成一篇大论文,可以在杂志上刊载。但从前人考虑得周到,一条条笔记中,不晓容纳多少问题在内,易查易看,对后人贡献大。我们此刻写论文,尽求篇幅庞大,不想后来人那能看这许多。即如卢弼,近人讲史学不会推尊到他,但究不能抹煞了。他一辈子成绩专研一部《三国志》,但也了不得。前辈人究曾下了实在工力,我们那能存心轻蔑。这是我们做学问的一个"态度"问题,或说"心术"问题。若先已存心轻薄前人,又何能在前人书中做出自己学问。

综论东汉到隋的史学演进

在《汉书·艺文志》的分类里,那时还没有史学。说得正确一些,那时并不是没有史学,乃是没有为史书编成另一个独立的部门。也可说那时学术界乃是没有一个"史学"的独立观念。可是到了《隋书·经籍志》,经学、史学便分开了。第一部分是经学,第二部分便是史学,第三部分是子,第四部分是集。中国后代的"经、史、子、集"四部分类,就从这时候开始。从《汉书·艺文志》到《隋书·经籍志》这中间的学术演进,是历史上一件极大的事情,比汉光武、曹操这些政治人物,其影响或许还要大得多。史部除"正史"外,尚分有十三类。诸位从此可以想到,从太史公《史记》以后,史学就在中国学术里独立出来,不仅有正史,还连带有着十三类的史;这不是中国史学一个极大的演进吗?

"时代"与"学术"互相发生作用。为什么这时代会产生这许多书,此是时代影响了学术。但这些书对这时代又发生了什么影响,这是学术影响了时代。倘使我们再换说"东汉以后中国史学的发展",或说"中国的新史学",这不又是一个大的题目吗?我们此刻在讲史学名著,这许多书已经丢了,无法讲;并且也不是名著,可不必讲。但我们若是光讲中国史学,或我们重换一题目讲"中国史学史",则这一段时期就是中国史学特别值得我们注意的时期。向上面讲,上面还根本没有独立的史学;向下面讲,诸位再看《唐书·艺文志》,一路看下,才知这一时期的史学,还要高出于唐代。中国的史学怕只有两个时代很盛,一便是这一期,再有一个时期便是宋。此下明、清两代也都不能比。这一段的史学,对当时社会起了什么作用与影响?当时的时代又怎么会产生出这样十三类的史学来?这不是一个空理论,这是现实事情。

现在我把《隋书·经籍志》里的十三类题目写在下边:正史、古史、杂史、霸史、起居注、旧事、职官、仪注、刑法、杂传、地理、谱系、簿录,共十三类。诸位要训练自己读书方法,读《汉书·艺文志》,不能只看一堆书目,要看章实斋如何样讲《汉书·艺文志》,才知在这一堆材料背后有一套了不起的意义。十三类中重要的，一是人物传记，"杂传"这一类分量极多，五四时期有人说，中国人不讲究传记文学，此又是信口开河。其次便是地理记载，如有名的《洛阳伽蓝记》。"谱系"，此是姓氏之学，东汉以后中国社会兴起了士族大门第，直到唐代，谱系之学应时而起。此下的"地方志书"与"家谱"，正可说都从东汉以后开始了。

我们今天做学问，究该比清代人更进一步才是。该从材料搜集之上，更深进到见解眼光方面。只是所谓见解与眼光，仍该读书，从材料中来。不能架空发论，又不应该只用心小处。该能有大题目，在大处用心。将来的中国史学，势必另有新趋，无法一一学步古人。但至少有两项断不能与古人相异：一、是多读书。二、是能从大处用心。我此讲首先提到"由博返约"，"博"便要多读书。多读书后，能从大处归纳会通，这就是"约"了。若如我们今天般，尽在小处，零碎寻一些材料，排比凑合，既失其大，又不能通。已无法追步清代，更何论为后代开新。史学更是一种应该博深多通的学问，我们应该自知自己的缺点与短处。

《高僧传》、《水经注》、《世说新语》

《隋书·经籍志》里许多书，现在失传的多，但保留下来的也还不少。

杂传类里的《高僧传》，为我们研究中国佛教史一项重要的史料。除高僧传以外，又有传灯录，此是记载禅宗祖师们言行的。这样我们可说中国已有了极详细的佛教史材料。诸位当知，宗教家不看重历史；特别是佛教，它本身就没有历史，连在印度也没有历史。但佛教传达中国，中国僧人就把中国文化传统看重历史的眼光，来记载佛教史。即论世界各大宗教，有精详的历史记载的，也就是中国佛教了。但把历史来记载宗教，这情形就会和原来的宗教发生很大差异。宗教本身不看重历史，今把一代代的教主，和下面很多其它传教的人，分着年代，再分着门类，详细把事情记下；把历史意义加进去，至少其本身的宗教观念，会因此而开得多，就会变成一种新观念，不啻在宗教里开辟了一个新天地。因此下面才有所谓中国佛学之产生。此既佛教之"中国化"，乃是说在宗教里边加进了中国文化传统中的人文历史观点。那是一件了不起的事。

《水经注》照理是一部地理书，《隋书·经籍志》也就放在地理类。书中多讲水道交通，农业灌溉，特别注意到水利。但汉代桑钦作了《水经》，经过几百年到郦道元，他亲自到过好多地方，来为《水经》作注。中国最初重要地区都在黄河流域，到了南北朝，长江流域慢慢儿开发。隋唐统一以后，就慢慢儿南方重过于北方。由于经济变迁就影响文化变迁，而同时重要的也就是水道交通等各方面的变迁。我们讲地理的沿革，多注重在地名都邑等；而郦道元的《水经注》却是拿水道交通为主，都邑附见在水道的旁边，又把这些都邑曾经发生了些什么事也一并记下。在地方上曾发生过什么事，那是历史。所以郦道元的这部《水经注》，固然是一部地理书，实际是一部极有价值的历史书。我们要讲中国古史的水上交通、物产、文化种种变迁，这部书关系非常之大，值得参考。

　　在《二十五史》里，每每有新的类传出现，如《宋史》有《道学传》，此与以前《儒林传》显有不同。可见历史记载要表现出当时历史的一个特点，也可说是历史上一个极重要的特性，或说是某种新起事项。

　　刘义庆的《世说新语》，不在《隋书·经籍志》的史部，而在子部小说类中，书中记着当时人的佳事佳话，而梁代刘孝标为它作注，则采用了一百六十六家的书，这些书都在正史之外。这是一部对当时人物历史极有关系、有价值的书。重要是在能表现出当时的"时代特性"，也就是东汉末年一路下来的"清谈"这一个特点。刘知几不懂这层。实际上《隋书·经籍志》把此书放在子部小说家言已错了，无怪刘知几便要说它是"委巷小说，流言短书"了。其实大书有大书的价值，短书有短书的价值。我常说，我们倘能根据《全唐诗》和《太平广记》，以这两部书来研究唐代史，可以获得很多极新颖的材料，为唐史开一新天地。

　　《高僧传》、《水经注》、《世说新语》的文章都非常好。说到史料，《三国志》裴松之注，《水经》郦道元注，《文选》李善注，同《世说新语》的刘孝标注，都极可看。刘孝标注里就收有一百六十六家，真是取之无尽，有很多材料在里边，在历史的考据工作上也有用。

　　诸位要写历史，固然也不必定要写正史，这要看各人的眼光。外面材料容易找，如何运用材料来表现出历史上所谓一个时代的"特性"，这就要我们的学问。没有学问，材料只是材料。有了学问，材料不只是材料。庄子说:"化腐朽为神奇。"材料不能运用,可以是些腐朽。成为历史了,那便是神奇。我们读书,不能把书只当材料读。《世说新语》不只是材料,我们要由此了解这一个时代的精神。《水经注》也不仅是材料,要懂得在当时中国的社会和经济、农业等各种历史上的大变,都在此书中透露出。读《高僧传》,则四百五十年佛教传来的变化,佛教在中国的新历史,都在这里。

刘知几《史通》

《史通》这部书,在中国学术著作中,有一个很特殊的地位。中国人做学问,似乎很少写像通论、概论一类性质的书,如文学通论、史学通论等。中国人做学问,只重实际工作。《史通》则可说是中国惟一的一部史学通论,成为一部特出的书。

从东汉到魏晋南北朝有两种新的学问,一是史学,一是文学。在文学方面,最著名的有一部梁昭明太子的《文选》,荟萃了这时代新兴的各家的文章。另外有一书,《文心雕龙》,是梁代刘勰所著,《文心雕龙》之价值,实还远在《史通》之上。

刘知几把中国史书分成《尚书》、《春秋》、《左传》、《国语》、《史记》、《汉书》六家,和编年、列传"二体",可见刘知几对于史书的体例方面,实曾用心,并有一种极深刻的眼光。刘知几一辈子在史馆供职,然而没有机会来写一部历史,因此就不易见他的史才与史学。《隋书·经籍志》中许多历史书,刘知几几乎都看到,也都批评到,似乎不能说他无史学。然而他所重只在文字方法上,说不到有史识。他只是在那里讲几部历史书,并不是在讲那几部书中之历史内容。史法之真实根源,并未涉及。诸位读了刘知几的《史通》,最多仅知道些我们该怎么来写历史。倘使对这一段历史,自己并没有一番很深切的见识的话,那这些史笔、史法,也就根本谈不上。《史通》这书的最大缺点,即是一"薄"字。不要看他书中批评的苛刻,觉得《史通》了不得,那就会引我们入一条歧途。

回头来看《文心雕龙》,那就伟大得多了,他讲文学,便讲到文学的本原。刘勰是做了和尚的,当时许多大和尚讲的一套,也都是义理之学,懂得讲本原。讲释家的，也会注意到孔子、老子。所以当时第一等的人才都会跑进和尚寺，也都会寻究佛学。刘勰从和尚寺里读书读出来，最后还是做和尚，他的治学方法，应受当时佛门影响。他这部《文心雕龙》，还是值得我们看重，因他能注意到学问之大全，他能讨论到学术的本原，文学的最后境界应在那里；这些用心，都是刘知几《史通》所缺乏的。

刘知几仅是一个史学专家。他的知识、他的兴趣，完全在史学这一门里。而刘勰讲文学，他能对于学术之大全与其本原处、会通处，都照顾到。因此刘勰并不得仅算是一个文人。当然是一个文人，只不但专而又通了。

刘勰《文心雕龙》的文章也是骈文，而他的文章也比刘知几《史通》的文章好。诸位把此两部同性质的书来合看，便懂得此两书之高下，也可懂得此两书背后著书人学问的高下。所以说，唐初的《史通》，可说是《隋书·经籍志》全部史学的最后结束。我们从《史通》的缺点，就反映出东汉以下当时中国史学上的缺点。

杜佑《通典》（附吴兢《贞观政要》）

杜佑的《通典》，专讲政治制度，可说在中国史学里是一个大创辟，后来遂有所谓三通、九通、十通。一切制度，都是通古今，而同时每一制度，又必互相通。这类"政书"的体裁，也可说是中国的"通史"。

杜佑在唐代，已到了德宗、宪宗时代。他做过一段唐代的宰相。他通吏事，通军事，也通经济、财务等各方面。杜佑说"臣识昧经纶，学惭博究"，这"经纶"与"博究"之两方面，也可说就是他抱负所在。他论制度，懂得看重社会民生利病。

李翰为《通典》作序，他说："君子致用在乎经邦，经邦在乎立事，立事在乎师古，师古在乎随时。必参古今之宜，穷终始之要，始可以度其古，终可以行于今。"一个君子最伟大的用，应该在治国平天下，经邦的事业上。这篇序，可以说出杜佑这书的精神。

《通典》共分《食货》、《选举》、《职官》、《礼》、《乐》、《兵》、《刑》、《州郡》、《边防》九个部门，这九个部门是分着次序排列的。他说:"理道之先,在乎行教化。教化之本,在乎足衣食。""行教化在乎设职官,设职官在乎审官才,审官才在乎精选举。"只从《食货》、《选举》、《职官》这三项制度上来讲中国的政治理论,已可讲得很扼要,很透切。第四项是《礼》,第五项是《乐》,他说:"制礼以端其俗,立乐以和其心。""官职设然后兴礼乐。"道德教化毁灭了,再始用刑法;所以下边有《兵》有《刑》。我们的政府,是一个大一统的政府,所以下面还要划分地域,有《州郡》,又有《边防》来阻挡外面侵犯。

只看他这九个门类的先后,已可说是杜佑一番极大的政治理论所在。所以直到清代干隆时,再刻杜佑《通典》,在序上亦说到:从《食货》开始,就是"先养而后教",下面是"先礼而后刑""安内以驭外",本末次第都有条理。我们只从这一大体上,就可看出杜佑《通典》之体大思精。刘知几《史通》最多也是史学中第二流的书,像杜佑《通典》才算是第一流。我定要给诸位一个更高标准来读书、来批评古人,才好。

附带一讲吴兢的《贞观政要》。吴兢是唐玄宗时人,此书专讲唐太宗贞观一朝的政治。书分四十篇,共十卷。此书甚为以下历代朝廷所重视。宋、元、明、清历代做大臣的乃至皇帝,都会要读此书,看看当时唐太宗究竟怎样来治天下。在中国历史上,"贞观之治"也实在是个了不得的大事。而此一书专来写此事,宜受后人重视。诸位当知,唐太宗不能一人完成此贞观之治;在唐太宗当时的朝廷上,是有大批人配合他来造成这贞观之治的。

书分三大部分。第一部分是"朝廷之设施",唐太宗究竟具体的做了些什么事。第二部分,唐太宗怎么做出这许多事的?那么须看当时"君臣之问对"。唐太宗如何问他许多群臣,而许多群臣又怎么样告诉唐太宗。第三,"忠贤之诤议"。唐太宗也有想错做错的地方,有很多人出来诤议。这在唐代初年的政治阶级里,不过把唐太宗来做一个中心的代表,而来讲这一朝的政治。

欧阳修《新五代史》与《新唐书》

讲中国学术史,宋代是一个极盛时期。上比唐代,下比明代,都来得像样。唐代富盛,明代亦然。而宋代衰贫,讲国势当然宋不如唐,也不如明。但是学术恰恰不同，经学、史学各方面，唐朝都远不能与宋相比。明代也一样不能同宋相比。

宋代学术，不是单单史学一项；只是在全部宋学中有了史学一项。我在宋代史学中，想首先举欧阳修的《新五代史》来讲。从唐代以后中国人修史，都是属于官修的。至于私家著史，则只有欧阳修的《新五代史》这一部。这是第一点值得我们提出的。第二点，欧阳修的《新五代史》是上法《春秋》的。后来人批评此书，说它："褒贬祖《春秋》，故义例谨严。叙述祖《史记》，故文章高简。"

五代很短，一个时期，就有八姓十三君。因此在五代时做臣的，很少只在一个朝代做。一个人做几个朝代的官，历事数朝，欧史便把来另立一个"杂传"，乱七八糟地拉杂作传。这真是多。也有人批评说：这样写法，只看目录，便感到不好看。这种批评，实是可笑。一部五代史，真是一段漆黑的历史，难得有几个人在一个朝廷做臣；而一个人兼了做五代之臣、四代之臣的，却很多。那我们岂不只看目录，便可想见了这一个时代的特殊现象了吗？这亦可说是欧阳修《新五代史》的创例，为从前所没有。

照旧史之例，一篇传后有论、有赞。而欧阳修《五代史》，则论赞不苟作。最有趣的一点，在欧史写的传赞里，每以"乌乎"二字开头。先叹了一口气，再往下讲。也就有人批评说，从前历史传后的赞，没有拿"乌乎"两字开头的。这种都是学刘知几，只在小处批评，而并不了解写史人的特别宗旨。欧阳修自己说："此衰世之书也。"既如此，那有什么可赞。无可赞只可叹，那有何不可呢？

再讲到欧阳修第二部史书。在五代时就有一部《唐书》，但到宋仁宗时，又命宋祁、欧阳修来重写一部，称《新唐书》。五代时刘昫所写称《旧唐书》。

在《新唐书》里，大概从前人一般的批评，就是志与表最好；志与表则是欧阳修所写。纪、传乃是宋祁所写。可见欧阳修对《唐书》贡献更大。《新唐书》的作者，欧阳修官位高，应由他署名。但欧阳修却说，宋祁是前辈，年龄比较大，我是比较的后辈，这书他也花着很大工夫，不应该专署我的名。因此《新唐书》是分别署名的。宋祁说：我没有碰到这样子谦虚而尊重别人的朋友。

欧阳修修《新唐书》也不只是谦德可风,他还有许多大理论,大意见。如《旧唐书》没有《兵志》,《新唐书》添了《兵志》。《旧唐书》没有《选举志》,《新唐书》添了《选举志》。这当然都是非常重要的。《旧唐书》里有"志"无"表",《新唐书》里还添进《宰相世系表》,添进《方镇表》,添进《宗室世系表》。特别此《宰相表》与《方镇表》用处极大。从这些地方讲,当然《新唐书》应该在《旧唐书》之上。在《新唐书》里的每一篇志,欧阳修还有一篇很大的文章写在前面。

今天我们看不起宋人,但唐朝时代盛,到最后,弄出五代黑暗乱世,所以宋人要一反唐弊。而尤其如欧阳修可说是开始第一批中人。欧阳修以前,还有像孙复泰山,他写一部《春秋尊王发微》,当时很出名。因为到了唐末,不再有王者,都是军阀;孙复来提倡"尊王",这是一部由经学转到史学来的书。接着就是欧阳修的《五代史》。诸位懂得这一点,再回头来看刘知几《史通》,"疑经","惑古",只管历史,不管经学,相差远了。所以刘知几只能做魏晋南北朝下来的一个人,而孙复、欧阳修是开出宋代下面的人。我们不要做前面拖下的渣滓,我们要迎接新时代,参加下面的新中国。诸位不要认为我以前早如此,诸位该放开眼更往前。

我劝诸位学历史的先学明末清初,再学宋人,往上直学孔子《春秋》、司马迁《史记》。我想我们将来所需要的新史学,应该在这些地方。对国家,对民族,对整个文化传统,要有一个宽大的胸襟,要有一番恳挚的感情。

司马光《资治通鉴》

司马光的《资治通鉴》是《春秋》、《左传》以下第一部最成功最像的编年史。这部书虽不是一部官修书,但是由政府诏修,并用大力资助。王船山曾说:"《通鉴》能于十七史之外,旁搜纤悉,以序治忽,以别贤奸,以参离合,以通原委,盖得之百家之支说者为多。"这是说:政事之治乱,人物之贤奸,事情之原委离合,往往在添进去的那些小文字中见出。若譬温公通鉴如绣成的鸳鸯,船山这番话,却把绣鸳鸯的针法线路指点出来了。我们要研读《通鉴》,船山的话,不失为一绝大的指示。

诸位试想，一部十七史一千三百六十多年，他只用两百九十四卷都拿来写下；可见他的重要工作，不是在添进史料，更重要是在删去史料。但在他删去很多史料以外，还添上两百几十种书的新材料进去。这工夫当然是极大的了。善读《通鉴》者，正贵能在其删去处、添进处注意，细看他删与添之所以然，才能了解到《通鉴》一书之大处与深处。《通鉴》一书为后人批评的地方：一是有好多事删除不入《通鉴》，二是《通鉴》的正统观，三是他的年号记载等，有不能叫人满意的。

把纪传体正史改成编年体，这里面有许多困难，很要费工夫的。如《三国志》赤壁之战，牵涉到三个国家，文章该从那里写起？曹操、孙权、刘备、诸葛亮、鲁肃、周瑜，有关系的人多得很。《通鉴》写赤壁之战，开始从鲁肃同孙权讲话开始。鲁肃说：现在事情很紧张，我请到荆州去看看刘备方面怎样态度，再决定我们对付曹操的策略。诸位读了《通鉴》，才知鲁肃是当时很有眼光的一个大人物。他到了荆州，诸葛亮才跟着到吴国来，下面吴国才决定同刘备联合抗拒曹操。赤壁一战以后，就成为三国鼎立，鲁肃是此转变中一枢纽。可笑的是后来明代人的《三国演义》，全把史实写错了；诸葛亮也不成为一个诸葛亮，而鲁肃则变成了一个最无用的愚人，给诸葛亮玩弄于股掌之上。周瑜应是个英雄，而《演义》里也写得他十分可怜。诸位若看王船山《读通鉴论》，他极论当时人才，懂得国际局面天下大势的，在蜀有一个诸葛亮，在吴有一个鲁肃，在魏有一个曹操。因在吴、在蜀有诸葛亮与鲁肃两人，吴、蜀才能联合起来抵御北方。到了鲁肃一死，在吴国方面，就再没有人懂得此大形势。而刘备派关羽守荆州，关羽也不懂天下大势重要所在。他去荆州，诸葛亮告诉他"北拒魏，东联吴"六个字，但他一意拒魏而不懂得要联吴。以后吴、蜀失和，吕蒙渡江，关羽死了，从此吴、蜀对立，刘备就自己去征吴，又失败了。诸葛亮重来联吴，实因非此不足以拒魏。王船山此一看法，非常深刻。其实《通鉴》上早已写得明明白白，船山也只是读《通鉴》而有得。

我又特别喜欢读《通鉴》写安史之乱这一节。安禄山、史思明的军队，打进唐朝的两京以后，当时李泌有一个主张：且暂不要用力收复两京，只佯作攻势，可使安、史军队常在这东西两京一带作防。然后从陕北秘密派军队渡河直捣其后方，去攻安禄山、史思明的老巢三镇。三镇既下，他在前线的军队可以不战自溃。若如此作战，以下唐代便可没有藩镇之祸。但唐肃宗觉得老皇帝还在，他急得要拿下长安、洛阳收复两京，才可告无罪于天下。不悟取下长安，安、史军队还可退到洛阳。取下洛阳，安、史军队还可退回北方。下面就变成了一个苟安之局。在当时，李泌这番话，也许是一番空理论，并未见之事实。而温公《通鉴》却把这番理论详细记下，正为这番理论影响到唐代此下大局面。此处可见温公史识了不起，他才把此一番并未见之事实的空理论详细记下。这番理论，只在李邺侯《家传》中，而不见于《新旧唐书》。温公《通鉴》取材之博，用意之精，有如此。宜乎这一部《通鉴》，成为宋以下一部极伟大的史书。只举如上面赤壁之战、安史之乱的事，便可见得。

宋、明两代，虽经亡国之祸，异族入主，其间可歌可泣的史事着实多。不能不说欧阳、司马两位史家有他们的影响。我怕我们此下，又要变成五代，冯道的时代又来了。欧阳、司马为宋代开出新史学，也只是少数人在努力。我盼今后也有人来努力，开出新路，让我们这个史学能对国家民族将来有一番大贡献。所以我要说唐代无史学，而宋代的新史学实是了不得。我们即以此两人为例，便可见当时新史学精神所在。

朱子《通鉴纲目》与袁枢《通鉴纪事本末》

朱子的《通鉴纲目》共五十九卷，是根据司马温公同胡安国两人《通鉴》、《目录》、《通鉴举要》、《举要补遗》这四部书"增损隐括以就"。朱子说他这部书："表岁以首年，因年以著统，大书以提要，分注以备言。"所说"表岁以首年"，即如说"辛亥民国三十年"那样。这本是一件极简单的事。但到了列国分争时，增进了正统之争，那就复杂了。"因年以著统"，是编年。"大书以提要，分注以备言"，是纲目。用大字写的是纲，分着小字注的是目。"纲"如《春秋》的经，"目"就如《左氏》之传。朱子《纲目》是仿《春秋》，在其纲中，寓有褒贬。如在三国时，温公《通鉴》以正统属魏，朱子《纲目》以正统属蜀汉。朱子自己说：他开始写这《纲目》，就为看了《通鉴》里"诸葛亮入寇"一语，感到不称意，才存心要来改写。

元、明两代，大家推尊朱子，朱子《纲目》虽非朱子自己最后定本，实际上可算是赵师渊的著作，而极受社会上重视。两百九十几卷的《通鉴》读来究竟不方便，读《通鉴纲目》则不到六十卷，省力，大家当然喜欢读。到后来遂有《纲鉴易知录》一类的书。我们的历史年代愈久，内容愈复杂，愈需要有简要的读本，像《纲鉴易知录》之类。可是到了民初以来，大家看这种书，认为一文不值。我们尽要提倡通俗，其实如《通鉴辑览》、《纲鉴易知录》之类，不就是通俗化了的史书吗？而我们又看不起，又不肯自己动手来写新的更通俗而更简化的史书。学术更没有一个标准，只有社会的现在便是一个标准，这实是太危险。

再讲《通鉴纪事本末》。《四库全书提要》说到袁枢《通鉴纪事本末》，"纪传之法，一事而复见数篇，宾主莫辨。编年之法，一事而隔越数卷，首尾难稽。编年、纪传贯通为一，实前古所未见。"这是极称赞袁枢《纪事本末》的体例的。刘知几《史通》所谓"六家二体"，一体就是纪传，一体就是编年。现在中国历史里开始有第三个体例出来，一件一件的事，分着记其本末，可以救纪传、编年两体之缺失。这书一出，以后大家都学他。此一体例，有了九部书，合称九朝纪事本末。这实是中国史学上一开新。实际上，《通鉴纪事本末》以前，宋人还有一书就很像纪事本末；这书名《三朝北盟会编》。

《通鉴纪事本》，讲史体，是一个创造的，对将来有大影响。可是袁枢实当不得是一个史学家，他这书的内容也不能算是一部史学名著。他的书实不很好，不好就在他这纪事上。他书中所定题目易引起我们一个不正确的历史观，把历史真看成一部"相斫书"。历史不能只管突发事项，只载动与乱，不载安与定，使我们只知道有"变"，不知有"常"。

历史里往往有很重要的事，几句话就过去。历史里不重要的，反而可以长篇累牍写不完。还有到后来才变成重要的，而在当时历史里写不进，只在纪传体里可以写。纪事本末不容易写，先要分事情轻重，识历史大体；而袁书不足以胜此任。章实斋《文史通义》虽称道袁书，亦发此意，谓："本末之为体，因事命篇，不为常格；非深知古今大体，天下经纶，不能网罗隐括，无遗无滥。文省于纪传，事豁于编年。决断去取，体圆用神。在袁氏初无其意，且其学亦未足与，此书亦不尽合于所称，故历代著录诸家，次其书于杂史，自属纂录之家，便观览耳。但即其成法，沉思冥索，加以神明变化，则古史之原隐然可见。书有作者甚浅，而观者甚深，此类是也。"诸位读袁书，重变不重常，重外不重内，并亦没有制度，没有人物。若把此书同杜佑《通典》作比，《通典》是一部特创书，我们已经极力称赞它。《通鉴纪事本末》似乎也是一部特创书，而实是要不得。诸位治史，《通典》不可不看，《纪事本末》竟可不看。因他之所谓"事"，其实有些并不成一事。而当时许多大事他看不见。

诸位当知历史上之所谓"事"，是很难懂的。纪事本末虽是一种新创之体，而在中国历史里，还没有这一体的好书。但看到西洋史，其体例确乎同我们的纪事本末一般，同是动和变和乱，一些不寻常的；而没有写出长治久安，安安顿顿的历史。实际上西洋史也正是如此。故西方人重外不重内，知变不知常。他们的历史，都在小圈子之内，自应重外。精神用在外面，内部自多动乱。

郑樵《通志》

郑樵字渔仲，和朱子同时稍早。杜佑《通典》，这是中国史学里相传《三通》的第一部；郑樵《通志》是第二部。马端临的《文献通考》是第三部。在马端临《通考》未出以前，大家看重杜佑《通典》。自《通考》出世，一般人都读《通考》。《通志》比较最不受人注意。但到了近代，像梁任公，就特别推尊郑樵《通志》。因《通典》实际上是一部讲制度的书，而《通志》意义则大不相同，范围扩大，非复政治制度可限。

《通志》有一《总叙》，开首即说："会通之义大矣哉。"他特别提到这"会通"二字。做学问要能会通，就先要能"博"，博了才能通。学愈博，则所通愈大。大抵郑樵之学，博而求通，而不免于多偏，其开始《总叙》即可见。

郑樵又说，著书都不免要采前人之书，然亦"必自成一家之言"。像司马迁《史记》，即是能成一家之言者。至于班固《汉书》，则并不能成一家言，遂失会通之旨。盖须博而能通，始成一家言。若一开始便专门在一条在线，不于博后求通，则不能成为一家。

郑樵又说，迁、固像是一龙一猪。后代史家都弃迁而用固，断代为史。像刘知几更是尊班抑马。在郑樵意思里,很看不起断代为史,把一代一代隔断了来为历史,则"无复相因之义",也就不见有会通。

《通志》其书最要在二十略,即《氏族》、《六书》、《七音》、《天文》、《地理》、《都邑》等,后人对这通志二十略也特别看重。其中如职官、选举、刑法、食货各略,均是因袭汉、唐各史,而其它十五略,则他认为是汉、唐诸儒所不得闻。这就全是他的创作了。讲氏族,便知人的来源与分别;讲语言文字,便能懂得文化思想的要点与特性,下面历史才可讲。我想这是郑樵一种伟大的想法。

二十略中有郑樵的创见,也不免有偏见,这是我们应该知道的。郑樵在《校雠略》此一卷中有极大的发挥。清代的章实斋就跟着郑樵,而于《文史通义》之下有《校雠通义》。说到"校雠",并不止是校几个错字,主要在编书目。郑樵说:"编次必谨类例,类例既分,学术自明。"中国人讲学问,常称"学术"。每项学问应有一条路,"术"字就是指这一条路。学问固要自己学、自己问,从师只是从他这条路。在此路有创辟、有循从、有开新、有转向。郑樵在史学上也创了一条新路。因于学问各有路向,乃有所谓"学术"。各项学问道路不同,于是可为分类。要为书籍编目,主要在分类。中西学术不同,则分类亦该不同。为书籍分类,这里面有一番大学问。书目分得好,便可使读者因书目分类而懂得学术大体。我们今天懂得要讲学术史、文化史,其实郑樵《通志》早已给我们一个更大的范围。他在学术文化史上面的眼光,或许比我们今天还更广大。

马端临《文献通考》

今天讲马端临贵与的《文献通考》。我们讲过杜佑《通典》、郑樵《通志》,《文献通考》就是中国所谓三通的最后一部。马端临已是元朝人,但宋是亡了,国家传统斩绝,而学术还未中断,所以元初很有几个大学者,如王应麟写《玉海》、《困学记闻》,胡三省写《通鉴注》,稍前尚有黄东发写《黄氏日钞》;这些都是宋元之际的大儒,对史学都有极高成就。马端临也还可算是其中一个。其人其书虽稍晚,我们也可把来看作是宋代的史学,还是宋代史学的后劲。

此书为何取名"文献"？他在自己序里就讲了："文，典籍也；献，贤者也。"简单讲，"文"是指书本，"献"是指人物。

在我们一所大学里面，要研究学术，一定要有两个条件。一是图书馆，要藏有很多的书，这即是"文"。又一定要合理想的、标准的教授，这就是"献"。无此两项，便是文献不足。所以"文"与"献"该相提并论，两面俱到。若使我们只看重了"文"，不能看重到"献"，那就如我今天所批评的，说这是一种故纸堆中的学问，又说这是读死书，死读书，不成学问。但若你碰到了一个大贤，得他指导，你就知在这故纸堆中，藏有精深的涵义，死书便变成了活学问，只要有人能讲。今天有人说，我们要研究中国学问，怕要到外国去，如像日本、美国；在他们那里，所藏中国书很多。但亦仅是一堆书而已。有书而无人，有"文"而"献"不足。诸位到日本、到美国，也只是读死书，没有什么了不得。仅在图书馆求是不够的。图书馆究不是一个活东西。要有人物，要有学者，要有了"献"，那"文"才都发挥光华，都见精彩了。

马端临的《文献通考》，共有三百八十四卷，二十四门。每一门有一篇小序，全书有一个总序。我们看他这二十四门，大体说来，实不能超出杜佑的九个门类之外去，当然也不能和郑樵的二十略这样有宽广的角度。但后人却特别喜欢读马端临的《通考》，因杜佑《通典》只到唐代中期，《通考》则直到宋末，年代长了，材料也较多。

清末，阮元提倡读两部书：一是《资治通鉴》，二是《文献通考》。读了《通鉴》才知道历代的历史。读了《通考》，才知道历代的制度。这两部书，阮元称之曰二通。到了曾国藩，编《经史百家杂钞》，第二类叙跋就把马端临《文献通考》的二十四篇序全都收入，可见当时人之看重此书。直到今天，这部书还是中国一部有价值的大书。

讲到中国古人，汉、唐两代人比较懂政治，宋人不懂政治。为什么？因其没有经验。杜佑是在唐的全盛时代，郑樵已在南宋岌岌可危的时代了，但也能有表现。而马端临则是在亡国之余，而能表现出他不朽的名著，更是难得。从另一方面讲，杜佑本人是个宰相，马端临父亲也是个宰相；至于郑樵，则是在乡间一老儒。但郑樵所讲在传统制度方面，实不如杜、马两人讲得好。《通志》所长，乃是在《氏族》、《六书》、《艺文》、《校雠》诸略。可见讲政治，最好还得与政治有实缘。中国历史有一个士人政权的大传统，所以能有像《通典》、《通考》那样专讲政治制度而又讲得这样好的书。诸位试去找外国史籍，绝对找不出同样如此伟大的书来。这个事实，应可证明些什么？诸位试加思索。

黄梨洲的《明儒学案》、全谢山的《宋元学案》

《明儒学案》也可说是一部中国的"学术史"。讲历史本有多种讲法，一种是讲通史、一种是讲专门史。如我们讲《通典》、《通考》，这是讲政治制度的一种专门史。《明儒学案》则是讲学术思想的一种专门史。但今天诸位则认为，学历史不能不懂政治制度，不能不看《通典》、《通考》。却没有想到学历史也该懂得经学、理学这一类。如诸位读《两汉书》而不懂得经学，这就非常困难。至少诸位读《明史》而不懂得《明儒学案》，也就很困难。《明儒学案》就是讲明代一般学者的思想。诸位纵不想做一通人，一意要做一专家，但在你所专之内总该通。

诸位若专治明代史，而不懂得《明儒学案》，岂不在专中仍有缺？

其实中国历代的正史，从司马迁《史记》开始，本是无所不包的，只要在这个时代、这个社会里产生过大的影响的人物与事情，都在他历史上记载下来。如《史记》、《汉书》里有《儒林传》，凡属经学、儒学这一方面的人和事和著作，都特别收在《儒林传》里边。《东汉书》以下又有《文苑传》，凡是关于这一时期文学方面的人也都收在这里边。那已经是有了学术史的雏型了。但中国的学术史，反而在佛教方面，好像最先具有一种规模。因中国正史不记载佛教方面的事情，因而才有单独来写的需要。

"语录"起于禅宗，"学案"也是起于禅宗。《明儒学案》前后共六十二卷，材料方面搜罗极广，到今天，有好多明人的集子已经不容易看到；读《明儒学案》，就可以看到很多。

明人讲学，一家有一家的宗旨。其实这也都是跟着禅宗来的。讲学有一个宗旨，如王阳明讲"致良知"，就是阳明讲学的宗旨，这就是他思想系统里一中心。后来阳明的许多弟子，各人讲学，还是各人有一个宗旨。《明儒学案》的有价值所在，就在他能在每一家的集子里提出他一家的一个讲学宗旨来。这是极见精神的。

各家讲学,各有一番宗旨,也就是有其某种一偏之见。或许他的这番一偏之见,正和别人的处于相反的地位。而黄梨洲能在他们的全部著作里,各为他们找出各自的精义,不论是一偏的,或是相反的,他都把来写进他的《学案》里去,这是《明儒学案》最了不得的地方。

莫晋说《明儒学案》:"言行并载,支派各分,择精语详。"讲学术史,我们对于每一家的学术思想,不能从头到尾滔滔不休,我们须要能"提要钩玄",那就是择精语详了。所以我们读了《明儒学案》,能对"一代学术源流,了如指掌"。莫晋如此般讲《明儒学案》,可以说他一点都没有讲过了份。我们要研究明代一代的理学,就得看这部《明儒学案》。在清代雍正时,汤斌有一句话,说:"黄先生论学如大禹导山,脉络分明。"诸位当知,每一代的各家学术,正如一堆大山耸峙在那里。我们要在这一大堆山里分出个脉络,清清楚楚,这非对此一堆山的形势真有了解不可。

讲到《明儒学案》,便要牵连到《宋元学案》。《宋元学案》一书完成经过不简单,不容易。梨洲《宋元学案》没写多少,就死了,他儿子黄百家又接着来写。又有梨洲两个学生,相与分辑,但也并不曾完成。到后,就有全祖望谢山来修补。但全祖望修补了这部《宋元学案》,也就逝世了。他的这分稿子付刻还在后。担任此工作的有两人,一王梓材,一冯云濠。《宋元学案》由此两人审定,此两人又作了《宋元学案》的《补遗》。诸位不要认为清代一代就是讲考据之学,实际上黄梨洲《明儒学案》写在康熙时,全谢山《宋元学案》写在干隆时。《宋元学案》之刻本,还是在道光十八年;下面《宋元学案补遗》之传刻,则已经在我们对日抗战时。若我们从《明儒学案》开始,讲到《宋元学案补遗》,这三书专讲宋、元、明三代理学的,差不多就经过了清代整个两百六十八年。此事有这样子的不容易,实大值我们的警惕。本来这一段时期,理学已衰微,若使没有黄、全这一批人这一番努力,今天再有人要来整理这一工作,将更见困难。今天我们又要说"复兴文化",试问学术不兴,文化的灵魂何在?但要复兴旧学,那又是谈何容易?

我们再试把《宋元学案》和《明儒学案》两书作一比较,便见此两书之不同。《明儒学案》由黄梨洲一手写出，而梨洲自己又是讲阳明学的，明儒理学的最主要中心就是阳明学，所以梨洲此书易见精采。若说到《宋元学案》，主要的当然不在陆象山。由陆、王学的梨洲来整理宋元学术，他的见解和批评，就不免有偏。程朱、陆王的门户，不能融化。《宋元学案》实在是一部众手所成之书，因此我们读《明儒学案》，可以懂得明学；读《宋元学案》，就不很省力能懂得宋学，如黄百家，如全谢山，他们有许多按语和评论，往往会引人走入歧路。

从黄全两学案讲到章实斋《文史通义》

中国史里有"学人传"，是远有渊源的。梨洲《明儒学案》中，每一篇传都是非常重要。上半截讲其人之生平行事，下半截讲他的学术思想，并都附加作者梨洲评语。再下是全谢山的《宋元学案》。他所作传，从史学上讲来，亦有很高地位，有许多材料为《宋史》所不见。但全氏对每一家思想之衡评则不如黄氏。

全氏还有一种大贡献，在他的文集《鲒埼亭集》里，有很多文章，都是我所说的"学人传"。他多写明末清初一辈学者，如顾亭林、陆桴亭诸人。文章写得非常好。此与写学案有相似，而不相干。他纯粹是写他当时的近代学人，有思想、有著作、有行谊、有志节，对后世为学为人可资楷模，有大影响。全氏可说是清初康雍时代一个讲经史学的人，而爱写学人传记。下面到钱大昕竹汀，其学术途径颇与全氏相近。在钱氏文集里，也有很多学人传记，如他写《戴东原传》、《惠定宇传》等，都是他当时并世的学人。在那时，学术渐盛，有经学家、有考据学家或史学家等，他们都有很多著作、有很多贡献；为之作传，都须提要钩玄，加以择发。此与《宋元学案》、《明儒学案》里专偏重理学家思想的传又不同。

此下干嘉盛世，有不断的学者，便有不断的学人新传；有散篇的，也有汇为专书的。从此以后，有清一代就有很多的"碑"与"传"。后人拿来集合起来，成为一部《碑传集》。在今《碑传集》集中所收，固是包括了各方面的人，但值得特别提出来的，还是讲学术人物的一类。因为在这一类中，可说是开了史学一个新路向，为从前所没有。我们要治理学，固该看黄、全两学案；而我们要治清代人之经史学，则最好要能读他们的碑传。清代的几部《碑传集》，虽不能说是史学名著，而实际上，在当时史学方面，乃是一种极可宝贵的新风气与新途径。

我们写学术史，至少要知一家之学必有其来龙去脉，这即是他的学问所走的一条路，所以称之曰"学术"。亦可说"学派"，学必有派，即是言一家学问之源流。言学术、学派则必言师承，但言学派师承却并不是主张门户。门户之见要不得，而师承传统则不可无。今人不明此意，如说专家，又言创造，则变成各自走一条路，更无源流师承可言。于是高抬方法，重视材料，一切学问只变成一套方法，一堆材料而已。又要说客观，不许有主见。如是则那些做学问的人转不占重要地位。如此往下，恐将会没有学术可言。

章实斋所贡献最大处，应在他讲学术史方面。章实斋讲历史有一更大不可及之处，他不站在史学立场来讲史学，而是站在整个的学术史立场来讲史学。这是我们应该特别注意的。也等于章实斋讲文学，他也并不是站在文学立场来讲文学，而是站在一个更大的学术立场来讲文学。这是章实斋之眼光卓特处。我是站在一般性的学术地位上来讲史学，所以我要特别欣赏章实斋。

章实斋讲史学，最重要的，他提出了所谓"六经皆史"之语。这"六经皆史"四个字，阳明也讲过。章实斋自己说，他的学问属于"浙东学派"，是直从阳明下来的。章实斋又称顾亭林为"浙西学派"。章实斋这一讲法，我并不认为很可靠。章实斋的学问究从那里来？我想他特别是从《汉书·艺文志》来，又兼之以郑樵《通志》，而创出了章实斋讨论古代学术一项重大的创见。

"六经皆史"，此四字中的这个"史"字，我们近代学者如梁任公，如胡适之，都看错了。他们都很看重章实斋，但他们对实斋所说"六经皆史"这一个"史"字，都看不正。梁任公曾说：卖猪肉铺柜上的帐簿也可作史料，用来研究当时的社会经济或其它情况。这岂是章实斋立说之原义？

章实斋明明说："法显而易守，书吏所存之掌故，实国家制度所存，亦即尧舜以来因革损益之实迹。苟有志于学，则必求当代典章，以切于人伦日用。必求官司掌故,而通于经术精微。则学为实事,而文非空言。"他是说六经都是古代的"官司掌故",如我们说现在教育部、外交部多存有许多档案,有些是教育部、外交部的职官必须时时翻阅的;此等档案叫做"史",掌管这些档案的人也就叫做"史"。此"史"字犹如说"书吏",他所掌管的这许多档案也叫"史",这即是"掌故",犹说老东西叫你管着。六经在古代,便是各衙门所掌的一些文件。所以说是"王官之学"。那么我们真要懂得经学,也要懂得从自身现代政府的"官司掌故"中去求,不要专在古经书的文字训诂纸堆中去求。清代下面的今文学家主张经世致用,就从章实斋"六经皆史论"衍出,故从章实斋接下到龚定庵。这一层,从来没有人这样讲。

章实斋劝人做学问,即教人千万不要追随时代风气。在章实斋那时的时代风气便是讲经学。如惠定宇、戴东原在经学上的一些考据训诂,依章实斋意见说来,这不算是经学。章实斋时代的风气和今天我们的时代风气又不同,但为学不该追随时代风气则总一样。

然则章实斋又如何告诉我们做学问究该从何处做起呢?他说学问应该从自己"性情"上做起。他又说,他的学问从浙东、从王学来,王学就是讲自己性情的,讲我"心之所好"。他又说:他年轻时先生教他读训诂考据书,他都不喜欢。待他读到史学,就喜欢。任何人做学问,都该要在自己性情上有自得,这就开了我们学问之门;不要在外面追摹时代风气。

章实斋《文史通义》

章实斋认为讲学问不是一种空言,都要明道经世的;即是诸子百家也跟着前人这个大传统来。他遂在六经中特地提出《易》、《春秋》,说:"《易》以天道而切人事,《春秋》以人事而协天道。"天道、人事两头并重,而章实斋所更加重视的,则实在人事方面。章实斋主张六经都是讲的人事,六经中讲人事更重要的,应该第一部是《尚书》,第二部是《春秋》。而《文史通义》里分述诸经,却单单没有一篇专讲《春秋》的。这不能不说是章实斋《文史通义》里一个大缺点。

章实斋《文史通义》所最有价值的地方,正在他能从一个学术之整体方面来讲一切学术。这是他第一点长处。第二点,章实斋论学术,定要讲到学术之"流变",他说:"三代以上,记注有成法,而撰述无定名。三代以下,撰述有定名,而记注无成法。"他把史书分成两大部分:一部分叫做"记注",另一部分叫做"撰述"。"记注"亦就是如我们今天所说的史料,只有人把经过的一切事实记载下来便是。若论"撰述",则是一种著作,根据一切史料的记注来发挥作者对这一段历史的一种专家之学。此两项绝不同。若照我们当前人意见,则记注便是撰述,两者间更无分别了。他只说,三代以上记载历史有一定的成法,而所写的历史书,则并无一定的名称。如书与春秋名便不同,但各是一种撰述。而且六经皆史,有《诗》、有《易》、有《礼》,也是无定名而更不同。到了三代以下,便成为"撰述有定名",如《史记》、《汉书》、《二十四史》,皆所谓"史",便有了一个定名了;然而各项材料记注则失掉了一个一定的方法。这一层,我们也可说是章实斋讲古今史学变迁一个极大的见解。他认为,如何把一切史料保存下来,该有一个一定的方案,而后来没有了。至于根据这些保存下来的一切史料而来写历史,这就不该有一定的体裁,主要该是各有一套专家之学;而后来则反而人人相因,都变成了好像有一个定规了。

章实斋又说:"记注藏往,似智。撰述知来,拟神。藏往欲其赅备无遗,故体有一定,而其德为方。知来欲其抉择去取,故例不拘常,而其德为圆。"这是说,"记注"是把已经过去的事情善为保藏起来,这个仅似乎我们人的"智"。"撰述"则是要我们因过去而知未来,把过去成为我们一个教训,这样兴,这样亡,这样治,这样乱,我们要在历史里知得将来;这个拟于我们人的"神"。"智"仅是把从前的藏在脑子里。"神"是把我的知识前窥将来。必如此,才真当得为"一家之言"。

章实斋论史书,主要在提倡纪事本末体。那时是在前清嘉庆年间。后来西方学问逐渐传来,他们的历史却就是纪事本末体;所以清末一辈学人,大家更推尊章实斋。民初学人也沿着推重章氏。可是实不懂得章氏为学之真。如梁任公、胡适之,没有得要领。这是很可惜的事。

刘知几讲史学要有三本领:一曰"才",二曰"学",三曰"识"。此三项实是一项更难过一项。若使没有史才,就不该去研究史学。才是天生的，有了才，再加以学，在学问中始长出见识来。故才、学、识三者，应是依次递进的。近代学人中，我认为梁任公有史才。看他写的几部书，如《中国六大政治家》中的王荆公，他书中意见我并不赞成，可是写法极好。又如他写《欧洲战役史论》，写《清代学术概论》，都见得任公写书有史才。可惜是学不足。专论任公史学是不够的，他一辈子太忙，没有真用功做学问。至于他的史识，我们且不多讲。章实斋则在刘知几三项以外，又提出一项为"史德"。他说："德者，著书之心术"又说："欲为良史，当慎辨于天人之际，尽其天而不益以人。"拿现在话来讲，只是要客观地把事实真相写出，这即是"天"了。但不要把自己"人"的方面加进去，这事极不容易。

他又说"史所载事者，事必借文而传，故良史莫不工文。"讲史学，不仅要史才、史学、史识、史德，而更又讲到要文章，这又是章实斋之深见。所以章实斋著书，取名《文史通义》。而我觉得他讲文章，有些处比讲史更好。此刻再把他的文学史眼光来讲。

在《文史通义》里，有很多极好的见解。如他说："文所以动人者气，所以入人者情"。这是说，我们写文章要有两要项：要有"气"，文章才能动人；要有"情"，文章才能跑入人家心里去感动他。今天我们多写白话文，字句不熟练，不易有气，仅供看，不供读，文章何以动人？并且是没有情感。所谓的新文学，纵多情感，但那些只是不足动人的情感，一遍看完便罢。所以我们今天有了新文学，但没有出一个新文学家。成了家，可以五十年、一百年、五百年传下去。此刻的我们，则只是不断地在推陈出新，很少能传五十年。实斋又说："气贵于平，情贵于正。气胜而情偏，犹曰动于天而参于人。"文章不能无气，然气要平。气从情来，情则贵于正。"气胜而情偏"，正如今天的文学，以嬉笑怒骂、尖酸刻薄为能事，鲁迅则奉为一代之宗匠。但是气过了分，情不归正，其流风余韵，尚可影响全社会。这那里是能"尽其天而不益以人"之所为！

章氏又提出"辨章学术，考镜源流"这八个字来。这里我们可以说是章氏文史通义里最大的贡献所在。我们要从全体学术中来辨别章明，如这是经学，这是史学，这是子学等。又要考镜源流，每一项学问，其开始怎样，后来怎样。这"辨章学术，考镜源流"八字，我们今天要来讲求学术史，都该从此下工夫。如要讲史学，便要在全部学术大体中来懂得史学，要从三千年的史学演变里来懂得史学究是什么一回事。这就是章氏所谓"辨章学术，考镜源流"。当然不止史学如此，别的学术亦然。如要研究文学，也该懂得文学在整个学术里的地位，又要懂得文学从头到尾的演变。他又有两句话说："家法不明，著作之所以日下。部次不精，学术之所以日散。"凡做学问，都要明家法。清代经学家都讲家法，章氏亦讲家法。经学家、史学家，各有家法。家法不明，著作就会一天一天差下去。"部次"是说编书，若部次不精，学术也会日散。

章实斋在《文史通义》、《校雠通义》以外，很用力写地方志。一部分也算是他的职业。他没有做大官，到处修地方志，借以为生。他说："有一代之史，有一家之史，有一人之史。"至于地方志，在他认为这是一地之史。一省、一府、一县、一乡、一邑，都该有史。在这方面，他和戴东原意见不同。戴东原注重考据，考论地理沿革。章实斋注重在写史，写每一个地方的历史。如我们现在在台湾，能写一部《台湾通志》，这应即是一部台湾的历史。地理沿革、地名变迁，这只是其中之一部分。关于这一问题，将来诸位有兴趣，要研究中国志书，这里也有大研究。

但现在情况又不同了。地方志应该不断地增写改写，而今天则少人注意，反而在旧的地方志里去找材料，做考据。只此"考据"二字，怕要害尽了今天中国的学术界。只看重材料，只在旧书里边去找，但没有能创新。更坏的是要在旧材料里找错处。找到一点错处，别人不知，给我发现了，便自谓了不得。但这怎能成学问？实也不须学，不须问，只肯埋头找便得。存心不良，动机不正，这样只是丧德，坏了自己心术。

诸位若能退一步想，不要做一个史学家，也不要做任何一种学者，读书教书只当是我本分职业。守先待后，寻求一些我自己想要寻求的，讲一些我懂得会讲的。如此般，也可为将来学术界培养元气。不要尽想表现，标新立异，著作成名，还要发高论，推翻旧传，再来领导我们后面一辈人再走错路。如此更错下去，如何是了！我老实说，诸位已是由人引导走了错路。到今天，诸位研究史学，只要能照着前人步伐，能谨守，能好学，慢慢儿自会有兴趣，能渐多知；这样就是成就。孔子说："述而不作，信而好古。"我们若能学孔子，岂不很够？从前章实斋怎么讲，黄梨洲怎么讲，如此逐步向前，我只"述而不作，信而好古"，那岂不早已走上了一条正路？

五月，《世界局势与中国文化》，刊于《学术讲集》第一集。收入联经《全集》第四十三册及素书楼文教基金会·兰台出版社《世界局势与中国文化》页四四～五六。摘要略。

五月四日，《孟子学大义述——亚圣孟子诞辰纪念大会讲词》，刊于《中央日报》。收入联经《全集》第十八册及同前出版社《中国学术思想史论丛》（二）页一六～二〇。摘要略。

夏，《理学与艺术》，刊于《故宫图书季刊》七卷四期；又刊于《宋史研究集》第七集。收入联经《全集》第二十册及同前出版社《中国学术思想史论丛》（六）页二二九。大意谓：

一时代有一时代之学术思想，亦如一时代有一时代之艺术，固皆随时不同。但若通就每一时代之横断面言之，则若时代中之一切，又莫不有其相互近似之共通性。理学亦称宋学，乃当时之新儒学，在中国学术思想史上，其为变尤著；而宋以下之艺术，亦复与之相应。

我之此心投进外面自然界，没入融化，此心释然，乃达无我涅槃境界。故禅学时代之画境，必至于"无我"。我心澄然豁然，外面自然界投进我心，没入融化，斯则造化在心，达于自得之境界。自得即有我，故理学时代之画境，必然主于"有我"。

郭若虚《图画见闻志》曰："人品既已高矣，气韵不得不高。气韵既已高矣，生动不得不至。所谓神之又神而能精焉。"此始是就画论画，而特提出"人品"一观念驾于"气韵"之上，则不得不谓是宋代人之新观念。在玄学、佛学以及禅学时期，皆不曾在画中有人品一观念之产生。南宋姜夔白石论书则曰："一须人品高。"明代文征明题画则曰："人品不高，用墨无法。"可见艺术中有人品一观念，已为后人承袭，而遂成为论画首要一重点。谢赫六法首言气韵，所重在画。今言人品，则所重在作画之人。前人乃以其能画，始目为画家。今则谓当先具画家之水平，始能作画。画之高下，更要在作画者之人品，此不得不谓是在中国画史上先后观念一大转变。

宋代人论画，重人品心胸，又深涉性理，乃亦知重日常人生之修养。宋人论人品、心胸、修养诸端，会合言之，主要在发挥绘画之背后有画家其人之存在。而且画家其人之重要性，毋宁更重要过于其画。故宋人论画又每言寄托。

必于画中寓意，有义理，有意趣，造化万象皆从胸中吐出，作画不尽于作画，画家不限是一画家，此始是技而进乎道，始是画艺不朽。外于此则是画工俗品，谈不上人生中有不朽。

清初道济《苦瓜和尚语录》有一则，其言曰："古者，识之具也，化者，识其具而弗为也。识拘于似则不广，故君子惟借古以开今。有法必有化，一知其法，即工于化。夫画，天下变通之大法也。借笔墨以写天地万物而陶咏乎我。今人不明乎此，知有古而不知有我，我之为我，自有我在。古之须眉，不能生在我之面目。古之肺腑，不能安入我之腹肠。我自发我之肺腑，揭我之须眉，我于古何师而不化之有。"此则畅发画必出我之意。今从道济看明遗民精神，确犹是元四家精神，亦即是宋代理学精神，却非山林方外禅悟精神，此处不可不辨。

同时有恽寿平论画，亦有妙诣。其言曰："宋人谓能到古人不用心处写意，两语最微，而又最能深入。不知如何用心，方到古人不用心处。不知如何用意，乃为写意。今人用心在有笔墨处，古人用心在无笔墨处。倘能于笔墨不到处观古人用心，庶几拟议神明，进乎技矣。"亦可谓窥见宋、明人之堂奥。

夏，《双溪独语》，陆续刊载于中国文化大学《文艺复兴月刊》，共三十篇。一九八一年交台北学生书局出版社出版。一九九八年收入联经《全集》第四十七册。二〇〇一年素书楼文教基金·兰台出版社整理新版印刷行。摘要略。

八月，《孔子思想与中国文化》，刊于《孔孟月刊》十一卷十二期。收入同前出版社《孔子与论语》，改题《孔子思想与此下中国学术思想之演变》，页二六九。摘要略。

九月一日，日本东京中日文化研究会专题讲演预写稿：《中国文化特质》，刊于九月六日《中央日报》、《青年战士报》及《中华日报》；又刊于十月《华学月刊》二十二期。案此预写稿于演讲后改稿，并改题名为《中国文化之唯心主义》。收入联经《全集》第四十二册及同前出版社《历史与文化论丛》页六五。摘要略。

十月，《顾亭林学述》，刊于《故宫图书季刊》四卷二期。收入联经《全集》第二十二册及同前出版社《中国学术思想史论丛》（八）页六一～八四。

章实斋《文史通义》，分清初学术为浙西、浙东两派。谓浙西宗顾亭林，尚经学，渊源自朱子。浙东宗黄梨洲，尚史学，渊源自阳明。窃谓清初学风，乃自性理转向经史。顾、黄两家，为其代表，皆经史兼擅，而亭林造诣尤卓。盖由朱子转经史，其道顺。由阳明转经史，其道逆。在晚明诸遗老中，孙夏峰、李二曲、黄梨洲皆治阳明，称三大儒，知其时王学尚盛。亭林论学，则时若有反理学之嫌，至少若与理学面目不同。然其确尊朱子，则断无可疑。《日知录》中屡引黄震《东发日钞》，及陆桴亭《思辨录》两书，可证其学。

《日知录》卷九"夫子之言性与天道"条有曰："孔门弟子不过四科，自宋以下，为之学者则有五科，曰'语录科'。"此言"语录"，并不指全部理学言，乃指理学中之部分言。《文集》卷六《下学指南序》有云："今之言学者，必求诸语录。语录之书始于二程，前此未有也。今之语录，几于充栋矣，而淫于禅学者实多。然其说盖出于程门。故取《黄氏日钞》所摘谢氏、张氏、陆氏之言以别其源流，而衷诸朱子之说。呜乎，在宋之时，一阴之'姤'也。其在于今，五阴之'剥'也。有能由朱子之言以达夫圣人下学之旨，则此一编者，其硕果之犹存也。"《下学指南》一书今不传。亭林之斥语录，乃就其淫于禅者言，在宋如上蔡、横浦、象山，而更畅衍于明代王学盛行之后。亭林此编，采录东发，折衷朱子，可证其对宋、元、明三代理学之态度。

又《文集》卷三《与施愚山书》有曰："古之所谓理学，经学也。非数十年不能通。今之所谓理学，禅学也。不取之五经，而但资之语录，校诸帖括之文而尤易也。"又《文集》卷四《与人书四》有曰："经学自有源流，自汉而六朝而唐而宋，必一一考究，而后及于近儒之所著，然后可以知其异同离合之指。"是亭林所谓经学，乃自汉至宋通言之。"古之所谓理学"，指宋。以其合于经，同于经，故曰即经学。"今之所谓理学"，指明。亭林谓其不取之五经，但资之语录，亦如释氏之有禅，可以不诵经典而成佛也。

又《文集》卷六《答友人论学书》有曰："世之君子，苦博学明善之难，而乐夫一超顿悟之易。滔滔者天下皆是，无人而不论学矣。"又《文集》卷三与《友人论门人书》有曰："今百人之中，尚有一二读书而又皆躁竞之徒，欲速成以名于世。语之以五经则不愿学，语之以白沙、阳明之语录，则欣然矣。"是亭林之恶夫禅与语录者，乃恶其开速成之路，而隳下学之基，并显指白沙、阳明言。而其瓣香所宗则在朱子。

《文集》卷五，《华阴县朱子祠堂上梁文》有曰："宣气为山，众阜必宗乎乔岳。明征在圣，群言实总于真儒。两汉而下，虽多保残守缺之人。六经所传，未有继往开来之哲。惟绝学首明于伊雒，而微言大阐于考亭。不徒羽翼圣功，乃亦发挥王道。启百世之先觉，集诸儒之大成。"是亭林言经学，尤重宋儒，而其推崇朱子，诚可谓高山仰止。而"不徒羽翼圣功，乃亦发挥王道"二语，更值注意。所谓内圣外王，明体达用，亭林意，惟朱子有之。亭林日知录，上篇经术，中篇治道，下篇博闻，自谓"有王者起，将以见诸行事，以跻斯世于治古之隆"。故其为学，群经之外，兼及诸史。晚年卜居华阴，与王山史同修朱子祠堂，而为此文。其平生学业志气精神所注，血脉所自，端在朱子，信不诬矣。

《亭林余集·与陆桴亭札》有云："昨岁于蓟门得读《思辨录》，乃知当吾世而有真儒如先生者，孟子所谓'穷则独善其身，达则兼善天下'，具内圣外王之事者也。近刻《日知录》八卷邮呈。《思辨录》刻全，仍乞见惠一部。"与亭林同时，治朱子学最具精诣者，莫过桴亭，而亭林以"内圣外王"之"真儒"称之，则亭林志业可想矣。

《日知录》卷九"致知"条有曰：

"致知者,知止也。为人君止于仁,为人臣止于敬,为人子止于孝,为人父止于慈,与国人交止于信,是之谓止。知止然后谓之知至。君臣父子国人之交,以至于礼仪三百威仪三千,是之谓'物'。

《诗》曰:'天生烝民,有物有则。'孟子曰:'舜明于庶物,察于人伦。'昔者武王之访,箕子之陈,曾子、子游之问,孔子之答,皆是物也。故曰'万物皆备于我矣'。

惟君子为能体天下之物。故《易》曰:'君子以言有物而行有恒。'《记》曰:'仁人不过乎物,孝子不过乎物。'

以'格物'为多识于鸟兽草木之名则末矣。知者无不知也,当务之为急。"

此条历举《诗》、《易》、《孟子》、《戴记》诸篇散见"物"字以释《大学》之"格物",此即所谓以训诂明义理也。厥后干嘉诸儒,鄙薄宋儒义理,而竞治训诂,然能如亭林此条真能以训诂明义理,而有关思想上之重大节目者,实不多见。可见徒治训诂无当经学。干嘉诸儒与亭林之区别即在是。一通宋儒义理,一则门户自闭,于理学全不关心,高下得失由之而判。今谓亭林乃此下汉学开山,不知其间精神血脉固迥不相侔也。

亭林于经学言义理,尤有高见卓识,超宋代理学言义理之上者。《日知录》卷九"管仲不死子纠"条有曰:"君臣之分,所关者在一身。夷夏之防,所系者在天下。故夫子之于管仲,略其不死子纠之罪,而取其一匡九合之功。盖权衡于大小之间,而以天下为心也。夫以君臣之分犹不敌夷夏之防,《春秋》之志可知矣。"亭林此条,针对《集注》,独揭"夷夏之防"大于"君臣之分"之一义,而谓是春秋之志。经学义理发挥至此,可谓功在万世。

《日知录》卷九"素夷狄行乎夷狄"条,相传刻本无之,见近人张继所得原钞本,有曰:"文中子以《元经》之帝魏,谓'天地有奉,生民有庇,即吾君也'。何其语之偷而悖乎?宋陈同甫谓:黄初以来,陵夷四百余载,夷狄异类,迭起以主中国,而民生常觊一日之安宁于非所当事之人。以王仲淹之贤而犹为此言,其无以异乎凡民矣。夫兴亡有迭代之时,而中华无不复之日,若之何以万古之胸而区区于旦暮乎!此所谓偷也。

汉和帝时鲁恭上疏曰：'戎狄杂居中国，则错乱天气，污辱善人。'夫以乱辱天人之世，而论者欲将毁吾道以殉之，此所谓悖也。孔子有言：'居处恭，执事敬，与人忠，虽之夷、狄，不可弃也。'夫是之谓'素夷狄行乎夷狄'也。若乃相率而臣事之，奉其令，行其俗，甚者导之以为虐于中国，而借口于素夷狄之文，则子思之罪人也已。"亭林以明遗民，处易代之际，抱亡国之痛，而幸使吾中华民族得免于亡天下之大劫者，斯惟当时诸遗民修身讲学不懈益励之功，而亭林之功为尤大。此亭林所谓"保天下者，匹夫之贱与有责焉"。抑当亡国之际，非匹夫之贱，亦将不足以尽保天下之责。其君其臣肉食者有所不能预。此义亦当深辨。

综上所陈，可知亭林之学尤要者在其《日知录》，实为后人治朱学者开辟新疆宇，灌输新血脉。亦可谓昔人多注意羽翼圣功，而亭林特潜心发挥王道。学者本于此书，旁参陆桴亭之《思辨录》，上溯黄东发之《日钞》，自当局面恢张，路脉分明。由此以上窥朱子学之全体，以及后来之流衍，康庄大道，庶或遇之。而如晚明心学之与干嘉考据，其得失自可不待辨而知。

十月三日，致严耕望一书。收入联经《全集》第五十三册《素书楼余沈》，页三九八~三九九。函中有云：

最近开始写孔子、孟子传，预定以半年为期。此两书受人敦迫不得已始下笔，意欲写一通俗本，然下笔终嫌简净，不能为时下文字，读者必苦之，实无奈何。每下笔参考书在旁，古人以数语说明白了，今欲改成十数语或数十语，岂不扫兴。写了六千字，又从头改写，此六千字应可增成一万字，然读者仍不易了。学术堕地，人不悦学，全无根柢而欲读两千年前大圣大贤之传记，岂不甚难。但若过分迁就，读吾书后，仍不能进窥古书，亦是徒然。故最后仍只有为简净之文言。惟有许多处明明一句可尽，而写出了两句，庶可与一般读者接近。此等甘苦，则古人所未尝也。

又参考书亦不易遍搜，只就崔述、江永两家，亦只扼要提及，不能如为诸子系年时之纵笔抒写也。因思此下著作必然得重开新面，如穆则裹了脚放天足，终是不适。然文体改了，人之聪明亦将随而变，穆总感到此十年来更难遇一聪明之后生。此亦不足怪，读书不费力，聪明自日受窒塞耳。

十月二十八日，台北"教育部"社教司文化讲座讲辞《人生之两面》，刊于一九七四年二月，社教司编文化讲座专集之九；又刊于一九七四年三月《教育与文化》四百一十三期、《实践》六十一期。收入联经《全集》第四十六册及素书楼文教基金会·兰台出版社《灵魂与心》页一六八。大意谓：

人生是一个整体，但为研讨方便起见，可分精神生活与物质生活两方面。心灵人生乃是后期高级的人生，物质身体人生只是早期低级的人生。我们面前摆着几条路，我们也该在这许多条上有一何去何从之选择。

我试举个例：第一、如说创造与养育：现在只听年轻人讲创造，好像什么东西都要创造，甚至主张要创造新的人生。但从前中国人不多讲创造，而多讲了养育。科学不能创造生命。如果能，这生命和我们今天的生命将完全是另外一件事。人不能像造杯子一样，到工厂里去生产，一造就是一千一万。果是这样，人还有什么意义价值？造是造没有生命的，养是养有生命的，两者绝不同。但我们今天只看重"造"，没有看重"养"。这在我们现代人的观念里，可说是一个很严重的缺点。而且造出来的物，本是无生命的，只造来给人用，而其结果反会来支配妨害人。

第二、讲到方法与工夫：现在人总喜欢讲科学方法，而中国人好讲工夫，文学艺术方面不必讲，更要是做人。明代理学家也说"工夫即本体，本体即工夫"。今天我所接触到的年轻人，只是问方法，没有看重到下工夫。我认为工夫即是生命，要花时间，时间亦即是生命。中国人的一切至要方法就是下工夫。向人讨方法易，自己下工夫不易。中国人常讲修养工夫，孔子便是七十年在此工夫上，如何我们不去重视工夫！

第三、是新与旧：今天一般人只喜欢讲新，不喜欢讲旧。新时代、新风气、新思想，甚至要讲新民族和新国家，一切都要新。可是旧的也不是全不好。有的要新，有的要旧。中国人说："器惟求新，人惟求旧。"朋友要旧，乡里要旧。造出来的东西要新，如新房子、新衣服。但如说要新家庭，父亲不是原来的旧父亲，母亲也不是原来的旧母亲，连兄弟姊妹妻室儿女也都不是我原来那一批旧的，那我定会大哭一场。新朋友总不如旧朋友，新民族也总不如旧民族。中华民族已有五千年历史，现在认为旧了，定要去创造一个新民族，这又是什么道理？我们要能以旧为主，从旧中求新，不能喜新弃旧。

第四、要讲止与进：今天大家异口同声都在讲进步。"止，吾止也；进，吾进也。""知足不辱，知止不殆。"中国人也非不讲进，但讲进也要能知止。"大学之道，在明明德，在亲民，在止于至善。"中国人认为，至善便是人生归宿处。今天我们人类最大问题是只求进步，不求归宿。没有归宿却最痛苦。

第五、欲与情：欲是要拿进来，情则要拿出去。我们与父母兄弟姐妹相处，与师友同学交往，懂得要拿出的，便是情，这也是精神生活。吃饭穿衣只讲拿进的，这是物质生活，这是欲。欲无止境，情则有止。"欲壑难填"，情则可以当下停下不想换。外面尽变，我不变。父母老了，我还是孝。子女长大了，我还是慈。这一人如果多情寡欲，他定是一个快乐人。如果是多欲寡情，最好不和他交朋友。欲望有小，有大。如上了月球，还要上火星，这是为了研究物理，但依然是一种欲，却并不是人情，也不是天理。天理不一定要人上月球，从前人类并不曾上月球，却不能说那时人类无天理。我此刻并未上月球，也不能说我此人无天理。

灭天理而穷人欲，则是大不应该的。

第六、是德与力："骥不称其力，称其德也。""王者以德服人，霸者以力服人。"今天世界上，都是心不服，我买你的东西，却并不佩服你。我与你结盟联交，是怕你有原子弹，怕你不卖给我石油，也非为佩服你这一国家。私人之间，也有王道、霸道之别。物质进步，只表现了人之多欲与有力，并不表现了人之多情与有德。若人类尽成为寡情缺德之人，则物质种种进步，终于救不了人类。

十月三十一日，《总统蒋公大寿祝辞》，刊于《青年战士报》。收入联经《全集》第二十三册及同前出版社《中国学术思想史论丛》（十）页五六。摘要略。

十二月，于孔孟学会演讲，讲辞《孔子思想与此下中国学术思想之演变》，即前九月预写讲稿《中国文化特质》。收入同前出版社《孔子与论语》页四一。大意谓：

人类今日种种现象，已非远在二千五百年前孔子之所知。因此亦不复能即凭二千五百年前孔子当时之所学，解决当前人类之诸问题。然断不能谓当前人类，已非二千五百年前孔子当时之人类。"十室之邑，必有忠信"，孔子时如此，今日人类如此。更复两千五百年后，人类当亦如此。认定了人性，知加以尊重，乃始可以言"学"。由"尊德性"而继之以"道问学"，只此是一条惟一不变之大道。一切谋财害命之奇技淫巧，皆所当禁。一切背情伤义之个人主义与集体主义，亦所当绝。一切大思想、大理论、大发明、大创造，莫要跑得过快过远，先要照顾着十室之邑、愚夫愚妇、人所同然之"忠信"本质。惟此乃是人之所以为人之基本。

所不幸者，乃是此辈十室之邑之忠信，乃有不克在此复杂世界中争存自立之权利与能力。一旦此基层垮了，上面建筑亦必随而垮。人类真正的学问要求乃在此：如何使人类相近的天生本质，孝悌、忠信，历世弥新，永不变坏，永不消失？尤其如何在当前世界权利争存愈演愈烈之形势下，如何能保存与发皇此"忠信"？此中乃有大技巧，大术数。中国古人言"不学无术"，此等救世救人之大技巧、大术数，乃必由一套大学问中来。有此一套大学问，乃为人类中之大智大仁，亦即是人类中之大圣。孔子教人"学不厌而教不倦"，即由此为学，亦由此为教。故孔子之所学所教，一面说，已是两千五百年前一番陈旧过去之事；一面说，还是现在我们面前一番崭新方兴之事。

孔子思想，实在太伟大了，要研究此，不仅在《论语》，并在先秦以下直至晚清两千五百年来的全部思想史上；并在我们当前现实，一切人、一切事之种种实际问题上。只要大家由此生起一番好学心，则孔子即在我眼前，即在我心中。

十二月，"国民大会宪政研讨委员会"讲辞《民族自信心与尊孔》，刊于十二月二十七日《青年战士报》；又刊于一九七四年二月《自由青年》五十一卷二期。收入同前出版社《孔子与论语》页三三四。大意谓：

孔子是中国人具体一缩影，懂得了孔子，自会懂得中国人，以及中国民族，中国历史和中国文化。

且从头读一部《论语》，也自会懂得孔子。

但亦待懂得了中国人，中国民族，中国历史和文化，乃始能真懂得孔子。断不是从一些外来的新名词新观念中可懂得孔子。

此刻，大陆在反孔，我们这里在尊孔。但他们反孔，却是切切实实地在反。我们尊孔，也须切切实实地去尊。

从事政治工作的人，应该切切实实地来研究，孙先生的"三民主义"，主要应从中国民族历史文化中去求了解，求发挥。

从事学术工作的人，应该切切实实地来研究孔子，更应从中国民族历史文化中去求了解，求发挥。

我们须待有了真知识，才能有真信念。

若使对中国民族无信念，对当前的中国人无信念，即对孔子、孙中山，自会无信念。

孔子与孙先生他们都已成过去，不再能感受西化。西方在向前，我们只有追随着西方也向前。则一应过时的中国人，惟有搁置一边，不再理会。

以如此意态而来尊孔，也只是虚有其名，说不上真尊孔。

所以要真尊孔，惟有先恢复民族自信心。

但真尊孔，也为恢复民族自信心的主要一条件。

一九七四年　甲寅　八十岁

一　国内大事

四月二十五日，台湾地区开始推动"十大建设"。

八月十八日，中华青棒、青少棒队以四战四胜战绩分别荣获一九七四年世界青棒、青少棒锦标赛冠军。

十一月十四日，"行政院"宣布解决当前工商业困难的十四项新财经措施，从金融、财税、经济与生产等三方面着手，继续推动经济发展。

二　事略

先生本年续在文化学院历史研究所任教，九月起至翌年夏，讲授"经学大要"一课程，共三十二讲。

三　著述

一月，《理学六家诗钞》一书，由台北中华书局刊行。案本书钞于一九七一、一九七二年冬春间，计收邵康节、朱晦庵、陈白沙、王阳明、高景逸、陆桴亭六家。本书校毕付刊前，先生又得高景逸未刊稿六册，其中有诗逾两百首，乃续钞二十六首为《景逸未刊诗钞》，时为一九七三年八月杪。一九九七年编入联经《全集》第四十六册。兹录本书之《自序》如下：

宋儒金履祥辑有《濂洛风雅》一编，上自濂溪、康节、横渠、二程，下迄宋末，凡近五十人。采其辞、赋、箴、铭、诫、赞、诔、祭、诗、歌、乐府诸体四百数十首，分为六卷。唐良瑞为之序，有曰："味其诗而沂其志，诵其词而寻其学；言有教，篇有感。"余之斯钞，略近其意，而体裁不同。专钞诗篇，他皆不及。又仅于宋、明、清三代取康节、晦庵、白沙、阳明、景逸、桴亭六家,每家钞逾百首。读者进而窥其全集,又进而旁及诸家,庶知理学宗旨,本在陶铸性情,扢扬风雅,固不如一般所疑,其言则勃窣理窟,其人则木强枯槁,拘谨狭隘,以不近人情相讥,是为不知理学之真。

理学者,所以学为人。为人之道,端在平常日用之间。而平常日用,则必以胸怀洒落、情意恬淡为能事。惟其能此,始可体道悟真,日臻精微。而要其极,亦必以日常人生之洒落恬淡为归宿。至于治平勋业,垂世著作,立功立言,斯则际会不同,材性有异,亦可谓是理学之余事,不当专凭以作一概之衡量。

斯钞一以显示作者之日常人生为主。所钞六家,固皆一代之魁杰,理学之宗师,外论其时代,内窥其性情,既已各别不同,其论学宗旨,亦复相殊互异。然观其平常日用间之胸怀意境,洒落恬淡,则大体相若。可证此乃理学家之共同向往与其共同躬修之所在。其所钞之第二标准,则为诸家之论学语。以此论诗,若所不宜,然亦见理学诗之一种特殊面貌,可备诗中之一格。至于格律声色,为一般论诗者所重,斯钞转不经意。然即以诗言,此六家在宋、明、清三代诗人中,亦可列上选而无愧。

康节诗最为创新,诚可谓之是理学诗。白沙有意追慕。然两人一居城市,一隐海滨。康节于物理、史迹,研穷广泛,著述亦丰,数学尤其绝业;而白沙则一片空明,除刻意吟诗外,其它似少厝意。然明代理学家,每以白沙、阳明并称。可见理学重在人生日用。而人生日用之所重,则在其情怀境界。白沙乃以一诗人而高踞理学上座,可窥此中消息矣。

晦翁诗淡雅淳古,上规《选》体。跨越宋、唐,卓然不伦。以诗人标准言之,晦翁亦为巨擘。阳明早年溺意辞章,其诗亦诗人之诗也。两家原集皆以年代编次。兹所钞《远游篇》,乃晦翁十九岁所作;《写真》一绝,距其易箦仅一月;首尾宛然。其诗集不啻其年谱,惟亦间有参差。如第十卷诸诗,与乐府同帙,皆编在九卷《写真》一绝之后,知乃随后络续所收。又如《追和陆子寿》一诗,应在两人铅山再晤时,而编入鹅湖初会之年。斯钞只仍原集次序,未能一一加以辨正。阳明诗分编标题,最为明白。读者能将两家年谱与诗集并读,则各诗中之时地与其本事,皆可一一考索。今亦未能逐篇诠注,以待读者之自寻。又两家思想学问之与年俱进，有一诗之微，旁见侧出，可以补年谱、文集之不足者。如阳明《江西诗太极岩》"始信心非明镜台"之句，足与其天泉桥"四句教"相阐发，此则脱口而出，不易得之文集、语录中也。

景逸不多作诗，其遗书亦鲜流传，故斯编特多加钞录。其论学在朱、王之间。中年以后，杜门隐沦，迹近邵、陈。然其诗率真清淡，乃亦与邵、陈之绚烂纵肆有别。三家原集，皆以诗体分，不以年代编，此钞亦一一仍之。

六家中惟桴亭遭遇特酷。生值易世，坚贞不仕。生事穷窘，茹苦更深。故其诗多幽忧沉痛之辞。然其近于入屈者，亦终自归于陶。其心情之洒落恬淡，亦与前五家无殊致。桴亭诗编年可与年谱并读，一如朱、王。斯编亦摘录特多，以见明遗民在当时生活之一斑。

读者得斯钞，可供进窥理学一新门径。若摆弃理学观点，纯以诗求，诗以言志，亦可以真得风雅之遗响。果能忘其为诗，一吟一咏，直向自己性情日用中反身默会，则诚如程伊川言："未读《论语》前是此一人，读《论语》后将会另是一人，此始为善读《论语》。"斯钞窃亦有意于此，以待读者之善求。

一月，《中国文化传统中之史学》，刊于《中华学报》一期。收入联经《全集》第二十五册及素书楼文教基金会·兰台出版社《中国学术通义》页一二〇～一四五。大意谓：

宗教偏于侧隐、慈悲，哲学与科学偏于理智，偏于向外探求。皆从人心之偏处，从人心之某一部分为出发点。至于以剥夺他心之满足为手段，以获取己心之满足为目的者，更属小我个己心为祟。而宗教、哲学、科学三者，有时亦不免为其所利用。于是人道日晦，人心日苦。至是而仍惟乞灵于宗教、哲学、科学之三者，亦将终不见有所解散。故读中国史，治世盛世，与衰世乱世，同一命脉，同一生机。贯通以求，乃知人文历史之背后，有一人道与天道之存在。不烦求之宗教、哲学、科学而昭彰在人目前，深切入人心中，此之谓中国之史学。中国史家著史、论史，虽不能人人到达此标准，要之有此一标准之存在。

故中国历史精神，实际只是中国之文化精神。重在"人"，不在

"事"。而尤更重在人之"心"。惟人心乃人事之主，而人心有此两大别。自然心与文化心，小我心与大群心。心见于事而谓之道，乃有所谓"君子之道"与"小人之道"之大区别。曹操乃乱世之奸雄，但亦可为治世之能臣。亦因在人文社会中，大群团体心，亦已为人人所同有，只其与个我小己之心，一为主，一为从，轻重倒置，人品斯别，如是而已。故指点此心而加以唤醒，可使小人化为君子。在文化人生中，并不妨有自然人生之存在与发达。史学家责任，正贵在此现实人生之治乱兴亡，荣枯否泰之不断变动中，指点出此番人生大真理，此即中国传统文化之主要精神。

一月，《中国文化传统中之文学》，刊于《中华学报》一期。收入同前书页一六四～一八二。大意谓：

人生有其广大面，有其悠久面。有身生，有心生。人皆指此短暂百年之肉体为"我"，不知尚有"空间社会我"与"时间历史我"。"身我"若可外于社会与历史而独立存在，"心我"则必在社会与历史中完成。故人生绝不限于身生，而心生更为真实而重要。

如何使此心能超越此身而日臻于广大悠久，其先乃赖语言，继之更赖文字。或说，人之异于禽兽者，赖有两手，此是历史唯物观者之所说。实则手不如口，更与人生文化有关。口能说话，乃使此心得与他心相通，于是遂有社会团体。更进而有文字，于是乃有历史生命。今天全世界人类，无不有语言，文字则或有或无。有文字，则其人文演进深。无文字，则其人文演进浅。但若为标音文字，则易为语言所限，为用不广不久。只有中国文字，乃能越过语言限制，而比较获得其独立性。既无时间、空间隔阂，使中国人之文化生命得以日扩日大，日延日久。中国文字之为功，良不可没。

中国文学亦复与西洋文学不同。西洋文学亦重在"事"，如古希人即以史诗、戏剧为文学主干。中国文学亦复重在"人"，更重在人之内心情感。贵能直指人心，一口说出人人心中所要说的话。人之相知，贵相知心。我能把别人心中话代为说出，那是何等感动人之事。汉乐府之后有古诗十九首，前人称其"惊心动魄，一字千金。"文学所贵，正在以心感心，能直吐我心，深入别人心中，斯为文学上选。如古诗云："驱车上东门，遥望北郭墓。白杨何萧萧，松柏夹广路。下有陈死人，杳杳即长暮。潜寐黄泉下，千载永不寤。"此景人人可以想见，此情人人同所怀抱。一人说出，人人只在心中点头道好，感嗟无尽。中国文学长处在能扣紧人心弦，使能心心相绾，把古今人心搓成一线，扭做一团。后人欣赏前人之文学，不啻若自其口出。我心早已为古人说出，为古人道尽。俯仰三千年，无古无今，无我无人。

中国文学，所重在"共相"，不在"别相"。事则为人生中之别相，此一事绝非那一事，事必随人随时随地而变。事过即已，另一事又随之而起。人则为人生中之共相。每一事之后面必有人，人亦各不同，而在其各别不同之小我个人之上，更有一共相合一之大我。此人始谓是"大人"。人之所以成其大，不在其小我之高出人上，乃在其小我之潜入人中。"大人"之所以为大，在其人之德性，乃属凡人之所以为人之德性共通处。人之可贵，亦不在其与人之别，乃在其与人之共。在人类大群中，实不重在人与人间之相互各别，而更重在人与人间之共通和合。此惟人生之内在德性可以达此。若人人仅知注重于外在之事，则种种遭遇，只以造成人生之各别。而从各别人生中，终不免多悲剧之产生。若事非特殊，此事与他事，无甚分别，则人若不成为一事。人生既以事为重，乃亦重其特殊可分别处。以其人之所有事，与他人特殊可分别，乃见其为一杰出人。

看一部中国小说，实不如看中国一本戏，又不如读中国一首诗，一幅画。愈精简，愈涵蕴。愈空灵，愈真实。然苟非深切了解中国传统文化，便不易欣赏中国之文学艺术。惟换言之，亦可谓从欣赏中国文学艺术入门，亦最易得直入中国传统文化之堂奥。读经、史困难，治诸子亦不易，能教人读诗、看画，听戏观剧，从文学、艺术入手，应推为教人了解中国文化一最通俗最亲切之道路，此尤为有志复兴中国文化者所应知。

德儒哥德，并不曾见中国几部好小说，但极致其欣赏之意。又谓：中国人有小说，欧西人尚在树林中掷石投鸟为生。今天的中国人，一意羡慕西化，却谓中国文学已成为死文学，如冢中之枯骨，能用白话模仿西方文学者始为新文学。又复主张废止汉字,单化汉字,一若不达到把汉字尽变成拉丁文拼音,其意终不快。此等主张,既不能深窥中国文学传统之堂奥,亦未曾望见中国文学传统之门墙。究不知彼辈于西洋文学曾有若何深沉之研寻与认识。要之,只在外面事上尽量求新求变,却于自己内在心情,缺乏一分修养。而于中国诗人所谓温柔敦厚之教,则相距尤远。此可由各人反求而得,不烦辩论,而可自见其深里也。

三月,《周公的故事》,刊于《国魂》第三百四十期。此略。

三月,《中国的哲学道德与政治理想》,刊于《新时代》十四卷三期。收入联经《全集》第三十七册及素书楼文教基金会·兰台出版社《民族与文化》页四〇~四七。摘要略。

四月,撰《孔子传》之序言。收入联经《全集》第四册及素书楼文教基金会·兰台出版社《孔子传》页八。其文云:

孔子为中国历史上策一大圣人。在孔子以前,中国历史文化当已有两千五百年以上之积累,而孔子集其大成。在孔子以后,中国历史文化又复有两千五百年以上之演进,而孔子开其新统。在此五千多年,中国历史进程之指示,中国文化理想之建立,具有最深影响最大贡献者,殆无人堪与孔子相比伦。

孔子生平言行,具载于其门人弟子之所记,复经其再传、三传门人弟子之结集而成之《论语》一书中。其有关于政治活动上之大节,则备详于《春秋左氏传》。其它有关孔子言行及其家世先后,又散见于先秦古籍如《孟子》、《春秋》、《公羊》、《谷梁传》、《小戴礼记·檀弓》诸篇,以及《世本》、《孔子家语》等书者,当尚有三十种之多。最后,西汉司马迁《史记》采集以前各书材料成《孔子世家》,是为记载孔子生平首尾条贯之第一篇传记。

然同司马迁之《孔子世家》,一则选择材料不谨严,真伪杂糅。一则编排材料多重复,次序颠倒。后人不断加以考订,又不断有人续为孔子作新传,或则失之贪多无厌,或则失之审核不精,终不能于《孔子世家》

以外别成一惬当人心之新传。

本书综合司马迁以下各家考订所得，重为孔子作传。其最大宗旨，乃在孔子之为人，即其所自述所谓"学不厌、教不倦"者，而寻求孔子毕生为学之日进无疆。与其教育事业之博大深微，为主要中心，而政治事业次之。因孔子在中国历史文化上之主要贡献，厥在其自为学与其教育事业之两项。后代尊孔子为至圣先师，其意义即在此。故本书所采材料亦以《论语》为主。凡属孔子之学术思想，悉从其所以自为学与其教育事业之所至为主要中心。孔子毕生志业，可以由此推见。而孔子之政治事业，则为其以学以教之当境实践之一部分。虽事隔两千五百年，孔子之政治事业已不足全为现代人所承袭，然在其政治事业之背后，实有其以学以教之当境实践之一番精神，为孔子学术思想以学以教、有体有用之一种具体表现。欲求孔子学术思想之笃实深厚处，此一部分亦为不可忽。

孔子生平除其自学与教人与其政治事业外，尚有著述事业一项，实当为孔子生平事业表现中较更居次之第三项。在此一项中，其明白可征信者，厥惟晚年作《春秋》一事。其所谓订礼乐，事过境迁，已难详说。并已逐渐失却其重要性。至于删《诗》《书》，事并无据。赞《周易》则更不足信。

以上关于孔子之学与教，与其政治事业、著述事业三项层次递演之重要性，及其关于著述方面之真伪问题，皆据《论语》一书之记载而为之判定。汉儒尊孔，则不免将此三项事业之重要性首尾倒置。汉儒以《论语》列于小学，与《孝经》《尔雅》并视，已为不伦。而重视五经，特立博士，为国家教育之最高课程，因此以求通经致用，则乃自著述事业递次及于政治事业，而在孔子生平所最重视之自学与教人精神，则不免转居其后。故在汉代博士发扬孔学方面，其主要工作乃转成为对古代经典之训诂章句，此岂得与孔子之"述而不作"同等相拟。则无怪乎至于东汉，博士皆倚席不讲，而太学生清议遂招致党锢之祸，而直迄于炎汉之亡。此下庄老、释氏迭兴并盛，虽唐代崛起，终亦无以挽此颓趋。此非谓《诗》《书》《礼》《易》可视为与儒学无关，乃谓孔子毕生精神，其所谓学不厌、教不倦之真实内容，终不免于忽视耳。

一九七四年 甲寅 八十岁

宋代儒学复兴，乃始于孔子生平志业之重要性获得正确之衡定。学与教为先，而政治次之，著述乃其余事。故于五经之上，更重四书，以孟子继孔子而并称，代替了汉唐时代以孔子继周公而齐称之旧规。此不得不谓乃宋儒阐扬孔子精神之一大贡献。宋儒理学传统迄于明代之亡而亦衰。清儒反宋尊汉，自标其学为汉学，乃从专治古经籍之训诂考据而堕入故纸堆中，实并不能如汉唐儒之有意于通经致用，尚能在政治上有建树。而孔子生平最重要之自学与教人之精神，清儒更所不了。下及晚清末运，今文公羊学骤起，又与干嘉治经不同。推其极，亦不过欲重返之于如汉唐儒之通经而致用，其意似乎欲凭治古经籍之所得为根据，而以兴起新政治。此距孔子生平所最重视之自学与教人精神，隔离仍远。人才不作，则一切无可言。今果欲复兴中国文化，不得不重振孔子儒家传统，而阐扬孔子生平所最重视之自学与教人精神，实尤为目前当务之急。本书编撰，着眼在此。爰特揭发于序言中，以期读者之注意。

本书为求能获国人之广泛诵读，故篇幅力求精简。凡属孔子生平事迹，经历后人递述，其间不少增益失真处，皆一律删削。本书写作之经过，其用心于刊落不着笔处，实尤胜过于下笔写入处。凡经前人辩论，审定其为可疑与不可信者，本书皆更不提及，以求简净。亦有不得尽略者，则于正文外别附"疑辨"二十五条，措辞亦力求简净，只略指其有可疑与不可信而止，更不多及于考证辨订之详。作者旧著《先秦诸子系年》之第一卷，多于孔子事迹有所疑辨考订，本书只于"疑辨"诸条中提及系年篇名，以便读者之参阅，更不再事摘录。

自宋以来，关于孔子生平事迹之考订辩证，几于代有其人，而尤以清代为多。综计宋、元、明、清四代，何止数十百家。本书之写定，皆博稽成说，或则取其一是，舍其诸非。或则酌采数说，会成一是。若一一详其依据人名、书名、篇名及其所以为说之大概，则篇幅之增，当较今在十倍之上。今亦尽量略去，只写出一结论。虽若有掠美前人之嫌，亦可免炫博夸多之讥。

清儒崔述有《洙泗考信录》及《续录》两编，为考订辩论孔子生平行事诸家中之尤详备者。其书亦多经后人引用。惟崔书疑及《论语》，实其一大失。若考孔子行事，并《论语》而疑之，则先秦古籍中将无一书可奉为可信之基本，如此将终不免于专凭一己意见以上下进退两千年前之古籍，实非考据之正规。本书一依《论语》为张本，遇《论语》中有可疑处，若崔氏所举，必博征当时情实，善为解释，使归可信，不敢轻肆疑辨。其它立说亦有超出前人之外者，然亦不敢自标为作者个人之创见。立说必求有本，群说必求相通，述而不作，信而好古，亦窃愿以此自附于孔子之垂谕。

作者在一九二五年曾著《论语要略》一书，实为作者根据《论语》为孔子试作新传之第一书。一九三五年有《先秦诸子系年》一书，凡四卷，其第一卷乃为孔子生平行事，博引诸家，详加考辨，所得近三十篇。一九六三年又成《论语新解》，备采前人成说，荟萃为书，惟全不引前人人名、书名、篇名及其为说之详，惟求提要钩玄，融铸为作者一家之言，其体例与今书相似。惟《新解》乃就《论语》全书逐条逐字解释，重在义理思想方面，而于事迹之考订则缺。本书继三书而作，限于体裁有别，于孔子学术思想方面仅能择要涉及，远不能与《新解》相比。但本书见解亦有越出于以上三书之外者，他日重有所获不可知，在此四书中见解倘有相异，暂当以本书为定。读者倘能由此书进而涉及上述三书，则尤为作者所私幸。

本书作意，旨在能获广泛之读者。故措辞力求简净平易，务求免于艰深繁博之弊。惟恨行文不能尽求通俗化。如《论语》、《左传》、《史记》以及其它先秦古籍，本书皆引录各书原文，未能译为白话。一则此等原文皆远在两千年以上，乃为孔子作传之第一手珍贵材料，作者学力不足，若一一将之译成近代通行之白话，恐未必能尽符原文之真。若读者爱其易读，而不再进窥古籍，则所失将远胜于所得，此其一。又孔子言行，义理深邃，读者苟非自具学问基础，纵使亲身经历孔子之耳提面命，亦难得真实之了解，此其二。又孔子远在两千五百年之前，当时之列国形势、政治实况、社会详情，皆与两千五百年后吾侪所处之今日大相悬隔。吾侪苟非略知孔子当年春秋时代之情形，自于孔子当时言行不能有亲切之体悟，此其三。故贵读此书者能继此进读《论语》以及其它先秦古籍，庶于孔子言行与其所以成为中国历史上之第一大圣人者，能不断有更深之认识。且莫谓一读本书，即可对了解孔子尽其能事。亦莫怪本书之未能更致力于通俗化，未能使人人一读本书而尽获其所欲知，则幸甚幸甚。

本书开始撰写于一九七三年之九月，稿毕于一九七四年之二月。三月入医院，为右眼割除白内障，四月补此序。

四月，《中国历史上的教育》，刊于《台湾教育辅导月刊》二十四卷四期；又刊于九月二十九至十月一日《中央日报》。收入联经《全集》第二十九册及同前出版社《中国历史精神》页九〇～一〇八。摘要略。

四月一日，致严耕望一书。收入联经《全集》第五十三册《素书楼余沈》。摘要略。

夏，撰《八十忆双亲》一书。翌年由香港新亚书院校友会刊行。收入联经《全集》第五十一册，二〇〇一年素书楼文教基金会·兰台出版社整理新版印行。摘要略。

七月，《孔子传》一书，由综合月刊社刊行。收入联经《全集》第四册。二〇〇一年同前出版社整理新版印行。摘要如下：

序言

孔子为中国历史上第一大圣人。在孔子以前，中国历史文化当已有两千五百年以上之积累，而孔子集其大成。在孔子以后，中国历史文化复有两千五百年以上之演进，而孔子开其新统。在此五千多年，中国历史进程之指示，中国文化理想之建立，具有最深影响最大贡献者，殆无人堪与孔子相比。孔子生平言行，具载于其门人弟子之所记，复经其再传、三传门人弟子之结集而成之《论语》一书中。其有关于政治活动上之大节，则备详于《春秋左氏传》。

本书综合司马迁以下各家考订所得，重为孔子作传。其最大宗旨，乃在孔子之为人，即其所自述所谓"学不厌、教不倦"者，而寻求孔子毕生为学之日进无疆，与其教育事业之博大深微，为主要中心，而政治事业次之。因孔子在中国历史文化上之主要贡献，厥在其自为学与其教育事业之两项。后代尊孔子为至圣先师，其意义即在此。

孔子生平，除其自学与教人，与其政治事业外，尚有著述事业一项，其明白可征信者，厥帷晚年作《春秋》一事。其所谓订礼乐，事过境迁，已难详说，并已逐渐失却其重要性。至于删《诗》《书》，事并无据。赞《周易》则更不足信。宋代儒学复兴，乃始于孔子生平志业之重要性获得正确之衡定。学与教为先，而政治次之，著述乃其余事。清儒反宋尊汉，自标其学为汉学，乃从专治古经籍之训诂考据而堕入故纸堆中，实并不能如汉唐儒之有意于通经致用，尚能在政治上有建树。而孔子生平最重要之自学与教人之精神，清儒更所不了。下及晚清末运，今文公羊学骤起，又与干嘉治经不同。学术错误，其遗祸真迄于民国创兴以来之六十年，今者痛定思痛，果欲复兴中国文化，不得不重振孔子儒家传统，而阐扬孔子生平所最重视之自学与教人精神，实尤为目前当务之急。

自宋以来，关于孔子生平事迹之考订辨证，几于代有其人，而尤以清代为多。综计宋、元、明、清四代，何止数十百家。本书之写定，皆博稽成说，或则取其一是，舍其诸非。

再版序

予之此稿，初非有意撰述，乃由孔孟学会主持人亲来敝舍恳请撰述孔、孟两传。抑且为古圣人作传，非仅传其人传其事，最要当传其心传其道。则其事艰难。上古大圣，其心其道，岂能浅说？岂能广布？遂辞不愿。而请求者坚恳不已。终不获辞，遂勉允之。

余此书虽仅短短十章，而所附"疑辨"已达二十五条之多，虽如《史记·孔子世家》，亦有疑辨处。此如《易传》非孔子作，其议始自宋代之欧阳修。余亦采欧说入传中，此乃是孔子死后千余年来始兴之一项大问题大理论，余为孔子作传，岂能弃置不列？

书稿既定，送孔孟学会，不谓学会内部别有审议会，审查余稿，谓不得认《易传》非孔子作，嘱改写。然余之抱此疑，已详数十年前旧稿《先秦诸子系年》中。学会命余改写，余拒不能从，而此稿遂搁置不付印。因乞还，另自付印，则距今亦逾十三年之久矣。略为补述其成书之缘起如上。至《孟子传》，则未续写，此亦生平一憾事矣。

第一章 《孔子的先世》与第二章《孔子之生及其父母之卒》均略。

第三章 孔子之早年期

孔子自曰："吾十有五而志于学。"（《为政》）孔子幼年之教育情况，其详不可知。当时士族家庭多学礼乐射御书数六艺，以为进身谋生之途，是即所谓儒业。惟自孔子以后，而儒业始大变。孔子告子夏："汝为君子儒，毋为小人儒。"（《雍也》）可见儒业已先有。惟孔子欲其弟子为道义儒，勿仅为职业儒，其告子夏者即此意。

士族习儒业为出仕，此乃一家生活所赖。孔子早孤家贫，更不得不急谋出仕。《孟子》："孔子尝为委吏矣，"曰："会计当而已矣。尝为乘田矣，"曰："牛羊茁壮长而已矣。"（《万章下》）孔子自曰："吾少也贱，故多习鄙事。"（《子罕》）为委吏必料量升斗，会计出纳。为乘田必晨夕饲养，出放返系。此等皆鄙事。孔子以早年地位卑贱，故多习此等事。《左传》昭公十七年秋，郯子来朝，昭公问少皞氏官名云云，仲尼闻之，见于郯子而学之。是岁孔子年二十七。其时必已出仕，故能见异国之君。故知孔子出仕当在此前。孔子又自曰："十有五而志于学，三十而立。"（《为政》）知孔子之学，非追随时代之风气，志在求业而学。孔子在十五之幼年，而已于此有所窥见而有志寻求，可谓卓乎不伦矣。"三十而立"者，孔子至于三十，乃确乎卓然有立、独立不倚、强立不反，自知其所学之有成，而不随众为俯仰。

第四章 孔子之中年期

孔子少年出仕，可考者仅知其曾为委吏与乘田，其历时殆不久。孔子年过三十，殆即退出仕途，在家授徒设教。至是孔子乃成为一教育家。孔子自曰："自行束修以上，吾未尝无诲焉。"（《述而》）束修乃一束干肉，乃童子见师之礼，为礼中之最薄者。如近代之有学费，厚薄不等，而为师者即可借此为生。《左传》昭公二十年："卫齐豹杀孟絷，宗鲁死之，琴张将往吊。"仲尼曰："齐豹之盗而孟絷之贼，女何吊焉？"是年孔子年三十一。琴张乃孔子弟子，殆在当时已从游。知孔子三十岁后即授徒设教。

孔子适齐：《史记·孔子世家》："季平子得罪鲁昭公，昭公率师击平子，平子与孟氏、叔孙氏三家共攻昭公。昭公师败，奔于齐。齐处昭公干侯。其后顷之，鲁乱，孔子适齐。"是年，孔子年三十五。《述而》："子在齐闻韶，三月不知肉味。"曰："不图为乐之至于斯也。"《史记》"三月"上有"学之"二字，盖谓孔子闻韶乐而学之，凡三月。在孔子三月学韶之期，心一于是，更不他及，遂并肉味而不知。故知《论语》此章文简，必加《史记》释之为允。《颜渊》："齐景公问政于孔子，"孔子对曰："君君、臣臣、父父、子子。"公曰："善哉！信如君不君、臣不臣、父不父、子不子，虽有粟，吾得而食诸？"孔子乃鲁国一士，流寓来齐，而齐景公特予延见，并问以为政之道。此见当时孔子已名闻诸侯，而当时贵族阶层虽已陷崩溃之前期，然犹多能礼贤下士，虚怀问道；亦见当时吾先民历史文化积累之深厚。

《学而》："子禽问于子贡曰：'夫子至于是邦也，必闻其政。求之与，抑与之与？'子贡曰：'夫子温良恭俭让以得之。夫子之求之也，其诸异乎人之求之与！'""温良恭俭让"五字，描绘出孔子盛德之气象，光耀照人，易得敬信，时君自愿以政情就而问之。《微子》：齐景公待孔子，曰：'若季氏，则吾不能，以季、孟之间待之。'曰：'吾老矣，不能用也。'孔子行。"此章齐景公两语，先后异时。先见孔子而悦之，私下告人，欲以季、孟之间待孔子。是欲以卿礼相待也。后志不决，意转衰怠，乃曰："吾老矣，不能用。"时景公年在五十外，自称老，其无奋发上进之气可知。故孔子闻之而行。

孔子返鲁："《檀弓》：'延陵季子适齐，于其反也，其长子死，葬于嬴、博之间。'孔子曰：'延陵季子，吴之习于礼者也。'往而观其葬焉。"吴季札适齐在鲁昭公二十七年，事见《左传》。嬴、博间近鲁境，孔子盖自鲁往观。孔子以昭公二十五年适齐，二十七年又在鲁，盖在齐止一年。或说孔子留齐七年，或说孔子曾三至齐，皆不可信。吴季札当时贤人，孔子往观其葬子之礼，亦所谓"无不学而何常师"之一例。《为政》：或谓孔子曰："子奚不为政？"子曰："《书》云：'孝乎惟孝，友于兄弟。'

施于有政，是亦为政。奚其为为政？"孔子既施教有名，故时人皆期孔子出仕。但在孔子之意，出仕为政，乃所以行道。其它一切人事亦皆所以行道。家事亦犹国事，果使出仕为政而不获行道，则转不如居家孝友犹得行道之为愈。

孔子又曰："加我数年，五十以学，亦可以无大过矣。"（《述而》）此章当在孔子年近五十时。乃自望于五十前犹能于学养上更有进，他日出任大事，庶可无过。疑辨五：此章"亦"字或作"易"，遂有孔子五十学易之说。此事前人疑辨亦多，语详拙著《先秦诸子系年·孔门传经辨》。述而：子曰："饭疏食、饮水，曲肱而枕之，乐亦在其中矣。不义而富且贵，于我如浮云。"此章可见孔子当时生事甚困，然终不改其乐道之心。《公冶长》："子曰：'道不行，乘桴浮于海，从我者其由与！'子路闻之喜。子曰：'由也，好勇过我，无所取材。'"当时凡来学于孔子之门者，皆有意于用世，然未必皆有志于行道。此章"乘桴"之叹，则为道不行而叹。然乘桴浮海亦待取竹木之材以为桴，而此等材料亦复无所取之，此可想孔子所叹之深矣。《子罕》："子欲居九夷。或曰：'陋，如之何？'子曰：'君子居之，何陋之有？'"居夷之想，亦犹浮海之想也。皆为道不行，而寄一时之深慨。

第五章　孔子五十岁后仕鲁之期

孔子出仕之前缘，《阳货》："阳货欲见孔子，孔子不见。归孔子豚。孔子时其亡也而往拜之，遇诸涂。谓孔子曰：'来！予与尔言。'曰：'怀其宝而迷其邦，可谓仁乎？'曰：'不可。'好从事而亟失时，可谓知乎？'曰：'不可。''日月逝矣，岁不我与。'孔子曰：'诺！吾将仕矣。'"其时鲁政已乱，阳货虽为家臣，而权位之尊拟于大夫。孔子虽不欲接受其攀援，然亦不欲自背于当时共行之礼，乃瞰阳货之亡而往答拜。此事究在何时，不可知。但应在定公五年后。《阳货》："公山弗扰以费畔，召。子欲往。子路不说，曰：'末之也已！何必公山氏之之也！'子曰：'夫召我者，而岂徒哉？如有用我者，吾其为东周乎！'"孔子闻召欲往者，此特一时久郁之心，遇有可为，不能无动。子路不悦者，其意若谓孔子大圣，何为下侪一家宰。但孔子心中殊不在此等上计较。故曰："如有用我者，吾其为东周乎！"孔子自有一番理想与抱负，固不计用我者之为谁也。然而终于不往。其欲往，见孔子之仁。其终于不往，见孔子之知。《史记·孔子世家》："孔子循道弥久，温温无所试。莫能己用。"此数语乃道出了孔子当时心事。公山之召，其事应在定公之八年，时孔子已年五十。孔子又曰："吾五十而知天命。"（《为政》）人当以行道为职，此属天命。但天命人以行道，而道有不行之时，此亦是天命。孔子五十以后，乃终于一出，其意态若由消极一转而为积极，实则并非如此。孔子三十以后之家居授徒，早已是一种积极态度。所以若前后出处有转变，此乃孔子由"不惑"转进到"知天命"，在己则学养日深，而在人则更不易知。

孔子为中都宰至为司空、司寇。《史记·孔子世家》："定公九年，阳虎奔于齐。其后，定公用孔子为中都宰。一年，由中都宰为司空，由司空为大司寇。"其时孔子年五十一。在一年之间而升迁如此之速，则当时鲁君与季氏其欲重用孔子之心情亦可见矣。

孔子相夹谷。《左传》定公十年："夏，公会齐侯于祝其，实夹谷，孔丘相。犁弥言于齐侯曰：'孔丘知礼而无勇，若使莱人以兵劫鲁侯，必得志焉。'齐侯从之。孔丘以公退。曰：'士兵之！两君合好，而裔夷之俘以兵乱之，非齐君所以命诸侯也。裔不谋夏，夷不乱华，俘不干盟，兵不偪好。于神为不祥，于德为愆义，于人为失礼。君必不然。'齐侯闻之，遽辟之。将盟，齐人加于载书，曰：'齐师出竟，而不以甲车三百乘从我者，有如此盟。'孔子使兹无还揖对，曰：'而不反我汶阳之田，吾以共命者，亦如之。'齐人来归郓、讙、龟阴之田。"所谓"相"，乃为鲁君相礼，于一切盟会之仪作辅助也。春秋时，遇外交事，诸侯出境，相其君而行者非卿莫属。此次会齐于夹谷，乃由孔子相，此必孔子已为司寇之后。齐君臣果武装莱人威胁鲁君，以求得志，幸孔子以大义正道之言辞折服之。乃齐人复于临盟前，在盟书上添加盟辞，遇齐师有事出境，则鲁必以甲车三百乘从行。孔子又临机应变，即就两国眼前事，阳虎以鲁汶阳郓、讙、龟阴之田奔齐，谓齐若不回归此三地，则鲁亦无必当从命之义。今两国既言好，齐亦无必当据有此田之理由。即以此三地之田赋，亦足当甲车三百乘之供矣。

孔子堕三都。孔子为鲁司寇，其政治上之表现有两大事。其一为相定公与齐会夹谷，继之则为其"堕三都"之主张。相夹谷在定公十年，堕三都在定公十二年。《公羊传》定公十二年："孔子行乎季孙，三月不违。曰：'家不藏甲，邑无百雉之城。'于是帅师堕郈，帅师堕费。"孔子出仕，由中都宰一年之中而骤迁至司寇卿职，虽曰出鲁公之任命，实则由季氏之主张。故孟子曰："孔子于季孙氏，为见行可之仕。"言孔子得季孙氏信任、见为可以明志行道也。然孔子当时所欲进行之大政事，首先即为剥夺季孙氏以及孟孙、叔孙氏三家所获之非法政权，以重归于鲁公室。此非孔子欲谋不利于三家，孔子特欲为三家久远之利而始有此主张。其实孔子亦不仅为季氏谋，乃为鲁国谋。就孔子当时之政情，则惟有从此下手也。

第六章　孔子去鲁周游

孔子去鲁。《微子》："齐人归女乐，季桓子受之，三日不朝。孔子行"。孔子主堕三都，不啻在鲁国政坛上掷下一大炸弹，其爆炸声远□四邻。鲁国政治有大改革，齐国自感不安。馈女乐，固是一项政治阴谋。此应在定公十三年。孔子自定公九年出仕，至是已四年。其为大司寇已三年。

孔子适卫。《子路》："子适卫，冉有仆。子曰：'庶矣哉！'冉有曰：'既庶矣，又何加焉？'曰：'富之。'曰：'既富矣，又何加焉？'曰：'教之。'"鲁、卫接壤，又卫多君子，故孔子去鲁即适卫，此章正为初入卫时之辞。《宪问》："子击磬于卫。"又孔子学琴于师襄，师襄又称"击磬襄"。孔子击磬，其亦学之于襄乎？孔子在齐闻韶，三月不知肉味。在卫赁居初定，即击磬自遣。此皆在流亡羁旅之中而怡情音乐一如平常，此见孔子之道德人生与艺术人生之融凝。

孔子过匡过蒲。《八佾》："仪封人请见，曰：'君子之至于斯也，吾未尝不得见也。'从者见之。出曰：'二三子，何患于丧乎？天下之无道也久矣。天将以夫子为木铎。'"仪，卫邑名，在卫西南境。又卫有夷仪，在卫西北境。"丧"者，失位去国之义，应指孔子失鲁司寇去国适卫事。孔子居卫十月而过蒲过匡，匡、蒲皆在晋、卫边境，与夷仪为近。或孔子此行曾路过夷仪，仪封人即夷仪之封人也。其时既失位于鲁，又不安于卫，仆仆道途，故仪封人谓：天将以夫子为木铎，使之周流四方，以行其教，如木铎之徇于路而警众也。又若认此仪邑在卫西南，则当俟孔子去卫过宋时始过此。是亦时当失位，语气并无不合。今亦不能详定，姑附于此。

《子罕》："子畏于匡。曰：'文王既没，文不在兹乎！天之将丧斯文也，后死者不得与斯文也。天之未丧斯文也，匡人其如予何？'"《先进》："子畏于匡，颜渊后。子曰：'吾以女为死矣。'曰：'子在，回何敢死？'"春秋时，地名匡者非一。卫之匡在陈留长垣县西南。孔子以十三年春去鲁适卫，居十月，正值其时。核其时地，过匡过蒲，乃鲁定公十四年春同时之事。盖孔子畏于匡，即是过蒲。适遭公叔戍之叛，欲止孔子，孔子与其门弟子经与蒲人逗而得离去。颜渊则在逗乱中失群在后也。疑辨十：后人复有疑匡围乃与孔子往宋遭司马魋之难为同一事，无据臆测，今不从。《阳货》："佛肸召，子欲往。子路曰：'昔者由也闻诸夫子曰：'亲于其身为不善者，君子不入也。'佛肸以中牟畔，子之往也，如之何？'子曰：'然，有是言也。不曰坚乎，磨而不磷。不曰白乎，涅而不缁。吾岂匏瓜也哉？焉能系而不食！'"其时孔子适去卫，在匡、蒲途中。中牟在彰德汤阴县西，在晋、卫边境，与匡、蒲为近，故佛肸来召孔子。孔子之欲往，正与往年欲赴公山不狃之召同一心情。然亦卒未成行。

孔子反卫出仕。《孟子》曰："孔子于卫，主颜雠由。弥子之妻与子路之妻兄弟也，弥子谓子路曰：'孔子主我，卫卿可得也。'子路以告。孔子曰：'有命。'"颜雠由，卫大夫。孔子殆以十月去卫重返，始主其家。又经几何时而始见卫灵公，今皆不能详考。疑辨十二：《史记·孔子世家》："孔子遇蒲反卫，主蘧伯玉家。"若其事不可信，则其主颜雠由家又在何时？不可详考。又谓主子路妻兄颜浊邹家，浊邹即雠由。谓是子路妻兄，亦恐由弥子为子路僚婿而误，不可信。《孟子》曰："于卫灵公，际可之仕。"（《万章下》）《史记·孔子世家》："卫灵公问孔子，居鲁得禄几何？对曰：'奉粟六万。'卫人亦致粟六万。"孔子初至卫，似未即获见卫灵公。何时始获见，不可考。既谓之"际可之仕"，当必受职任事，所受何职，今亦不可考。孔子在卫，随行弟子亦多，非受禄养，亦不能作久客。

《雍也》："子见南子，子路不说。夫子矢之曰：'予所否者，天厌之！天厌之！'"南子宋女，旧通于宋朝，有淫行，而灵公宠之。慕孔子名，强欲见孔子，孔子不得已而见之。故孔子说：吾本不欲见，但见了，彼亦能以礼相答。此事引起了多方面的怀疑。子路之不悦于孔子，盖疑孔子欲因南子以求仕。然因南子必欲一见孔子，既仕其国，亦无必不见其君夫人之礼。鲁成公九年，享季文子，穆姜出于房再拜。可见君夫人可见外臣，古人本无此禁。今南子明言求见，孔子亦何辞以拒？在其国不非其大夫，更何论于君夫人。故孔子必不明言涉及南子，则惟有指天为誓。此非孔子之愤，乃属孔子之婉。疑辨十三："子见南子"一条，前人辨论纷纭。窃谓如上释，事无可疑。

孔子去卫。《卫灵公》："卫灵公问陈于孔子。孔子对曰：'俎豆之事，则尝闻之矣。军旅之事，未之学也。'明日遂行。"孔子以鲁定公十三年春去鲁适卫，居十月，去卫，过匡过蒲，仍返卫，应在定公之十四年。遂主颜仇由家。孔子或由仇由之介而获见于卫灵公，其事应在鲁定公之十五年。孔子乃曰："俎豆之事则尝闻之。"是欲灵公息其向外扬武之念，反就家庭邦国讲求礼乐。灵公徒慕孔子名，仅是礼遇有加，及是始正式以政事问。乃一语不合，礼貌骤减。孔子见几而作，其事应在鲁哀公元年之后。则孔子适卫，最多不到两年。其前后在卫，亦不出四年之久。孟子曰："未尝终三年淹。"则疑乃指其仕卫时期言。

孔子过宋。《史记·孔子世家》："孔子去卫过曹，去曹适宋。"《述而》："子曰：'天生德于予，桓魋其如予何？'"《孟子》："孔子不悦于鲁卫，遭宋桓司马将要而杀之，微服而过宋。"（《万章上》）会合《语》、《孟》、《史记》三书观之，孔子特过宋境，未入宋之国都。《庄子·天运篇》亦谓孔子伐树于宋。殆司马魋恶孔子，闻其习礼大树下，遂使人拔其树，示意不欲孔子久淹于宋，其弟子亦欲孔子速离宋境，孔子乃有"桓魋其如予何"之叹。

孔子至陈。《孟子》："孔子微服而过宋。是时，孔子当厄，主司城贞子，为陈侯周臣。"（《万章上》）《史记·孔子世家》："孔子遂至陈，主于司城贞子家。"司城，宋官名，殆陈亦同有此官。其谥贞子，则贤人也。孔子去卫过宋，一路皆在厄中，陈有贤主人，故遂仕于其朝矣。《卫灵公》："在陈绝粮，从者病，莫能兴。子路愠见，曰：'君子亦有穷乎?'子曰：'君子固穷，小人穷，斯滥矣。'"孟子："君子之厄于陈、蔡之间，无上下之交也。"（《尽心下》）《史记·陈世家》："湣公十三年，吴复来伐陈，陈告急楚，楚昭王来救，军于城父，吴师去。是年，楚昭王卒于城父。时孔子在陈。孔子在陈绝粮，当即在吴师伐陈之年。孔子以鲁哀公三年至陈，至是已鲁哀公六年，前后当逾三年。孟子曰"未尝终三年淹"，则其正式在陈仕朝受禄，殆亦前后不足三年。于其所素抱行道之意，则无可言者。其途间绝粮，则是已去陈国，而未达楚境，故曰"无上下之交"也。

孔子至蔡。《史记·孔子世家》："齐景公卒。明年，孔子自蔡如叶。"齐景公卒岁为鲁哀公之五年。明年，即鲁哀公六年，孔子自陈至蔡。此乃旧时蔡国故地，乃负函之蔡，今属楚，楚臣叶公诸梁居之。此年孔子至负函见叶公。《子路》："叶公问政。子曰：'近者说，远者来。'"孔子见叶公，告以为政必近悦而远来。盖其时楚方务远略，而叶公负其北门面向诸夏之重任。如许如蔡，皆诸夏遗民，今皆归叶公所治，故孔子告以当先务求此辈近民之悦也。《子路》："叶公语孔子曰：'吾党有直躬者，其父攘羊，而子证之。'孔子曰：'吾党之直者异于是。父为子隐，子为父隐，直在其中矣。'"当孔子之世，齐、晋霸业已衰，楚与中原诸夏往复频繁，已与昔之以蛮夷自处者远别。然当时南北文化歧见，尚有芥蒂。叶公之意，殆自负以为南方风气人物并不下于北方，故特有此问。亦见叶公心胸实自在卫灵公、陈湣公等诸人之上。而孔子之答，则大道与俗见之相判自显。此乃一时率尔触发，然遂永为千古大训。可见凡孔子行迹所至，偶所亲即，其光风之所熏灼，精神之所影响，实有其永不昧灭者。天将以夫子为木铎，凡孔子行迹所至，实已是孔子之行道所至矣。《述而》："叶公问孔子于子路，子路不对。子曰：'女奚不曰：其为人也，发愤忘食，乐以忘忧，不知老之将至云尔。'"此章不审与"叶公问政"章之先后。推测言之，孔子至蔡，叶公必敬礼相迎，其问政当在前。然大圣人学养所至，有非他人之言辞所能形容者。子路骤不得叶公问意所在，故遂避之不答。而孔子之自道其为人，则切实平近之至，实只告之以一己之性情而止。而此数年来，去卫过宋，去陈来蔡，所如不合，饥困频仍。若以言忧，忧亦可知。乃孔子胸中常若有一腔乐气盘旋，不觉有所谓忧者。其曰"发愤忘食，乐以忘忧"，实已道出了其毕生志学好学，遑遑汲汲，志道乐道，矻矻孳孳，一番诚挚追求永无懈怠之心情。其生命，其年岁，其人，即全在其志学好学、志道乐道之无尽向往无尽追求中。其所愤，所乐，亦全在此。

孔子自蔡返陈。《公冶长》："子在陈，曰：'归与！归与！吾党之小子狂简，斐然成章，不知所以裁之。'"此章必是孔子自楚归陈后语。孔子之至陈，本为在卫无可居而来。在陈又无可居，乃转而至楚。在孔子当时，本无在楚行道之意向。特以去陈避难，楚为相近，故往游一观，而困饿于陈、蔡之间。孔子之无意久滞楚境亦可想见。乃再至陈，亦是归途所经，非有意再于陈久滞。"归与"之叹，乃孔子一路存想，非偶尔发之亦可知。"狂简"者，谓其有进取之大志而略于事。因其志意高远，故于日常当身之事为行动，不免心有所略。质美而学不至，则恐其过中失正，终不能达其志意之所望。故孔子欲归而裁之。

孔子自陈反卫。《史记·孔子世家》："孔子自楚反乎卫。是岁也，孔子年六十三，而鲁哀公六年也。"孔子适楚，留滞不久，仅数月之间。由楚反，乃直接适卫，在陈特路过，更非有留滞之意。故自陈适楚至自楚反卫，始终只在一年中。

孔子自卫反鲁。《左传》哀公十一年："孔文子之将攻太叔也，访于仲尼。仲尼曰：'胡簋之事，则尝学之矣。甲兵之事，未之闻也。'"退，命驾而行，曰："鸟则择木，木岂能择鸟。"文子遽止之，曰："圉岂敢度其私，访卫国之难也。"将止、鲁人以币召之，乃归。是孔子归鲁在鲁哀公之十一年。《史记·孔子世家》：季康子使公华、公宾、公林以币迎孔子，孔子归鲁。孔子之去鲁，凡十四岁而反乎鲁。疑辨二十：盖鲁季氏本重孔子而用孔子之弟子，子贡、冉有皆是。及用孔子弟子有功，乃决心召孔子。此乃当于大体情实。

第七章　孔子晚年居鲁

一、有关预闻政事部分。《左传》哀公十一年："季孙欲用田赋，使冉有访诸仲尼。仲尼不对，而私于冉有曰：'君子之行也，度于礼。施取其厚，事举其中，敛从其薄，如是则以丘亦足矣。若不度于礼，而贪冒无厌，则虽以田赋，将又不足。且子季孙若欲行而法，则有周公之典在。若欲苟而行之，又何访焉！'弗听。"鲁人尊孔子以国老，初反国门，即以行政大事相询。然尊道敬贤之心，终不敌其权衡利害之私。此时鲁数与齐战，故欲于丘赋外别计其田增赋。

《季氏》："季氏将伐颛臾。冉有、季路见于孔子，曰：'季氏将有事于颛臾。'孔子曰："求！君子疾夫舍曰欲之而必为之辞。丘也闻有国有家者，不患寡而患不均，不患贫而患不安。盖均无贫，和无寡，安无倾。夫如是，故远人不服，则修文德以来之。既来之，则安之。今由与求也，相夫子，远人不服而不能来也，邦分崩离析而不能守也。而谋动干戈于邦内。吾恐季孙之忧，不在颛臾，而在萧墙之内也。'"此事不知在何年。《春秋》与《左氏传》皆不见季孙伐颛臾事，殆以闻孔子言而止。《八佾》："季氏旅于泰山。子谓冉有曰：'女弗能救与？'对曰：'不能。'子曰：'呜乎！曾谓泰山不如林放乎？'"此季氏即康子。古礼，惟诸侯始得祭其境内之名山大川。季氏旅泰山，是其僭。冉有不能止，孔子非之。先进："季氏富于周公，而求也为之聚敛而附益之。子曰：'非吾徒也，小子鸣鼓而攻之可也。'"鲁政专于季氏，冉有见用，竟不能有所纠正，故孔子深非之也。冉有既不符孔子所望，于是孔子晚年之在鲁，在政事上所有之抱负遂亦无可舒展。

《为政》："哀公问曰：'何为则民服？'孔子对曰：'举直错诸枉，则民服。举枉错诸直，则民不服。'"《中庸》："哀公问政，子曰：'文、武之政，布在方策。其人存，则其政举。其人亡，则其政息。'"旋干转坤，实只在一举错之间。"人存政举，人亡政息"，亦此意。总之是"人能弘道，非道弘人"也。孔子设教，不仅注意个人修行，其对家庭社会国家种种法则制度秩序，所以使人群相处相安之道，莫不注意。《左传》哀公十四年："齐陈恒弑其君壬于舒州，孔丘三日斋而请伐齐三。公曰：'鲁为齐弱久矣,子之伐之将若之何?'对曰:'陈恒弑其君,民之不与者半,以鲁之众,加齐之半,可克也。'公曰:'子告季孙。'孔子辞,退而告人曰:'吾以从大夫之后也,故不敢不言。'"是年,孔子已年七十一。此为孔子晚年在鲁最后发表之大政见。鲁弱齐强,孔子非不知。然若必待绝对可为之事而后为,则事之可为者稀矣。

二、有关继续从事教育部分。孔子晚年反鲁,政治方面已非其主要意义所在,其最所属意者应为其继续对于教育事业之进行。《先进》:"子曰:'先进于礼乐,野人也。后进于礼乐,君子也。如用之,则吾从先进。'"先进、后进,乃指孔门弟子之前辈、后辈言。孔子周游在外十四年,其出游前诸弟子为先进,如颜、闵、仲弓、子路等。其于礼乐,务其大体,犹存淳素之风。较之后辈转似朴野。其出游归来后诸弟子,如子游、子夏等为后进。于礼乐讲求愈细密,然有趋于文胜之概。孔子意,当代若复用礼乐,吾当从先进诸弟子。盖孔子早年讲学,其意偏重用世。晚年讲学,其意更偏重于明道。来学者受其熏染,故先进弟子更富用世精神,后进弟子更富传道精神。孔门诸弟子先后辈风气由此有异。

《卫灵公》:"颜渊问为邦,子曰:'行夏之时,乘殷之辂,服周之冕,乐则韶舞。放郑声,远佞人。郑声淫,佞人殆。'"此章孔子答颜渊问政,与答其它诸弟子问如子路、仲弓、子夏诸人者皆不同。孔子详述为政要端贵能斟酌历史演进,损益前代,折衷一是。其主要在礼乐上求能文质兼尽。不啻使政事即如一番道德教育,陶冶人生,务使止于至善,而于经济物质方面亦所不忽。《雍也》:"子曰:'贤哉回也!一箪食,一瓢饮,在陋巷。人不堪其忧,回也不改其乐,贤哉回也!'"宋儒周濂溪尝教程明道、伊川兄弟,令"寻仲尼、颜渊乐处,所乐何事?"成为宋、元、明三代理学家相传最高嘉言,而颜子之德行高卓,亦于此可想。《雍也》:"哀公问:'弟子孰为好学?'孔子对曰:'有颜回者好学,不迁怒,不贰过,不幸短命死矣。今也则亡,未闻好学者也。'"孔子称颜子之好学。乃称其能在内心深处用功,与只注意外面才能事功上者不同。《雍也》:子曰:"回也,其心三月不违仁,其余则日月至焉而已矣。""仁"即人心之最高境界。孔子以此为教。颜子用功绵密,故能历时三月之久,而此心常在此境界中。

《子罕》:"颜渊喟然叹曰:'仰之弥高,钻之弥坚,瞻之在前,忽焉在后。夫子循循然善诱人,博我以文,约我以礼。欲罢不能,既竭吾才,如有所立卓尔,虽欲从之,末由也已。'"观此章,知颜渊之善学。"博我以文"者,如孔子告颜子以夏时、殷辂、周冕、韶舞之类是也。"约我以礼"者:"颜渊问仁。子曰:'克己复礼为仁。一日克己复礼,天下归仁焉。为仁由己,而由人乎哉?'颜渊曰:'请问其目。'子曰:'非礼勿视,非礼勿听,非礼勿言,非礼勿动。'颜渊曰:'回虽不敏,请事斯语矣。'"于大群中一己之私当克,其公之出于己者当由。视听言动皆由己,皆当约之以礼,使其己归之公而非私。颜子实践此工夫,其身心无时无刻不约束于礼之中而不复有私,故能绵密至于"不迁怒,不贰过","其心三月不违仁。"

《公冶长》:"子贡曰:'夫子之文章,可得而闻也。夫子之言性与天道,不可得而闻也。'""文章"指《诗》《书》《礼》《乐》、文物制度,亦可谓之形而下。此即孔子"博文"之教也。"性与天道",性指人之内心深处所潜藏,天道指天命之流行,孔子平日较少言之。孔子只教人以"约礼",欲人于约礼中自窥见之。子贡之叹"不可得闻",亦犹颜渊之叹"末由也已"。惟颜渊之意偏在孔子之为人,子贡之意偏在孔子之为学,而两人之高下亦即于此可见。《子张》:"卫公孙朝问于子贡曰:'仲尼焉学?'子贡曰:'文、武之道,未坠于地,在人。贤者识其大者,不贤者识其小者,莫不有文、武之道焉。夫子焉不学,而亦何常师之有?'"《子张》:"叔孙武叔语大夫于朝曰:'子贡贤于仲尼。'子服景伯以告子贡。子贡曰:'譬之宫墙,赐之墙也及肩,窥见室家之好。夫子之墙数仞,不得其门而入,不见宗庙之美,百官之富。得其门者或寡矣。夫子之云,不亦宜乎?'"《子张》:"陈子禽谓子贡曰:'子为恭也,仲尼贤于子乎?'子贡曰:'君子一言以为知,一言以为不知。言不可不慎也。夫子之不可及也,犹天之不可阶而升也。夫子之得邦家者,所谓立之斯立,道之斯行,绥之斯来,动之斯和。其生也荣,其死也哀,如之何其可及也?'"上引诸章,见子贡在当时昌明师道之功为伟。

《雍也》:子谓子夏曰:"女为君子儒,无为小人儒。"儒业为孔子前所已有。凡来学于孔子者,初为求食来,而孔子教之以求道。志于道则为"君子儒",志于食则为"小人儒"。然又曰:"三年学,不志于谷,不易得也。"(《泰伯》)孔子弟子皆以儒业仕宦,孔子并不之非,惟孔子又教以求食勿忘道耳。

《里仁》:"子曰:'参乎!吾道一以贯之。'曾子曰:'唯。'子出,门人问曰:'何谓也?'曾子曰:'夫子之道,忠恕而已矣!'"孔子以"吾道一以贯之"告子贡,同亦以此告曾子。此乃孔子晚年始发之新义。今试据《论语》孔子其它所言,略加申释。《述而》:子曰:"志于道,据于德,依于仁,游于艺。"孔子之道即是仁道,仁道即人道也。人道必以各自之己为基点,为中心。故其告颜渊曰:"为仁由己,而由人乎哉?"德为己心内在所得。孔子所云之"一贯",即一贯之于此心内在之德而已。孔子不言"性与天道",因性自天赋,德由己立,苟己德不立,即无以明此性;非己德亦无以行人道;人道不行,斯天道亦无由见。故孔子只言己德与人道,而性与天道则为其弟子所少闻也。此德虽属己心内在所得,亦必从外面与人相处,而后此德始显。故曰"据于德",又曰"依于仁"。从人事立己心,亦从己心处人事。仁即是此心之德,德即是此心之仁,非有二也。依据于此而立心处世,即是"道"。孔子身通六艺,时人皆以多能推孔子。然孔子所志乃在道。艺亦有道,然囿于一艺则只成小道。而孔子必教人"游于艺",此所谓"小德川流,大德敦化",则艺即是道而不鄙矣。

曾子曰:"夫子之道,忠恕而已矣。"尽己之心为忠,推己心以及人为恕。忠恕即己心之德也。《孟子》:"子贡问于孔子曰:'夫子圣矣乎?'孔子曰:'圣则我不能,我学不厌而教不倦也。'子贡曰:'学不厌,智也。教不倦,仁也。仁且智,夫子既圣矣。'"(《公孙丑上》)孝悌尽人所能,忠恕亦尽人所能。然孔子又曰:"十室之邑,必有忠信如丘者焉,不如丘之好学也。"(《公冶长》)言忠信,亦犹言孝悌、忠恕,皆属此心之德,而孔子之尤所勉人者则在学。学不厌,亦非人所不能,亦应为尽人所能。

《先进》:"季路问事鬼神。子曰:'未能事人,焉能事鬼?''敢问死。'曰:'未知生,焉知死?'"此章把人事与鬼神,生与死,作一划分。孔子只教人求知人生大道,如孝悌,如忠恕,此应尽人所可知,亦是尽人所能学。孔子不教人闯越此关，于宇宙鬼神己所不知处去求。是孔子言知，极简约平易，可使人当下用力也。《雍也》："子贡曰：'如有博施于民而能济众，何如？可谓仁乎？'子曰：'何事于仁，必也圣乎？尧舜其犹病诸！夫仁者，己欲立而立人，己欲达而达人。能近取譬，可谓仁之方也已。'"天地万物，一切莫近于己。己欲立，始知人亦欲立。己欲达，始知人亦欲达。知如何立己，即知如何立人。知如何达己，即知如何达人。己知欲立达，出于己心。能尽此心，即忠。推此心以及人，即恕。此为孔子言仁之最简约平易处。《述而》："子曰：'仁远乎哉？我欲仁，斯仁至矣。'"人莫不各有一己，己莫不各有一心。此心无不欲己之能立能达。此心同，此欲同，即仁之体。此仁体即在己心中，故曰不远，欲之斯至也。孔子言"吾道一以贯之"，即贯之以此耳。

三、有关晚年著述部分。《子罕》："子曰：'吾自卫反鲁，然后乐正，雅、颂各得其所。'"孔子以《诗》教，诗与乐有其紧密相联不可分隔之关系。中国文字特殊，诗之本身即涵有甚深之音乐情调。古诗三百，无不入乐，皆可歌唱。当孔子之时，诗、乐尚为一事。然"诗言志，歌永言，声依永、律和声"，则乐必以诗为本，诗则以人之内心情志为本。有此情志乃有诗，有诗乃有歌。诗有雅、颂之别。颂者，天子用之郊庙，形容其祖先之盛德，即以歌其成功。又有雅，用之朝廷。《大雅》所陈，其体近颂。《小雅》所陈，则如饮宴宾客，赏劳群臣，遣使睦邻，秉钺专征，亦都属政治上事。故《大雅》与颂为天子之乐，《小雅》为诸侯之乐，《风诗》乡乐为大夫之乐。诗与礼与乐之三者，一体相关，乃西周以来治国平天下之大典章所系。

孔子周游反鲁，用世之心已淡，乃留情于古典籍之整理，而独以正乐为首事。所谓"雅、颂各得其所"者，非仅是留情音乐与诗歌。正乐即所以正礼，此乃当时政治上大纲节所在。孔子之意，务使诗教与礼教合一，私人"修德"与大群"行道"合一。其正乐，实有其甚深甚大之意义存在。孔子又曰："兴于诗，立于礼，成于乐。"（《泰伯》）盖诗言志，而以温柔敦厚为教。故不学诗，几于无可与人言。人群相处，心与心相通之道，当于诗中求之。知于心与心相通之道，乃始知人与人相接之礼。由此心与心相通、人与人相接之诗与礼，而最后达于人群之和敬相乐。孔子正乐，雅、颂各得其所，乃欲使乐之于礼于诗，重回其相通合一之本始。而惜乎时代已非，此事亦终一去而不复矣。

孔子于正乐外，又作《春秋》，为晚年一大事。《孟子·滕文公下》："世衰道微，邪说暴行有作，臣弑其君者有之，子弑其父者有之。孔子惧，作《春秋》。《春秋》，天子之事也，是故孔子曰：'知我者，其惟《春秋》！罪我者，其惟《春秋》乎！'又曰：'孔子成《春秋》而乱臣贼子惧。'"又曰："王者之迹熄而《诗》亡，《诗》亡然后《春秋》作。晋之《乘》，楚之《梼杌》，鲁之《春秋》，一也。其事则齐桓、晋文，其文则史。孔子曰：'其义则丘窃取之矣。'"（《离娄下》）孔子《春秋》因于鲁史旧文，故曰"其文则史"。然其内容不专着眼在鲁，而以有关当时列国共通大局为主，故曰"其事则齐桓、晋文"。换言之，孔子《春秋》已非一部国别史，而实为当时天下一部通史。其史笔亦与当时史官旧文有不同。如贬吴、楚为"子"，讳诸侯召天子曰"天王狩于河阳"。于记事中寓大义，故曰"其义则丘窃取之"。此义，当推溯及于西周盛时王室所定之礼，故曰"《春秋》天子之事也"。

孔子之著史作《春秋》，其事一本于礼。而孔子之治礼，其事亦一本于史。礼有常，亦有变。必前有所因，是其常。所因必有损益，是其变。《孟子》："子贡曰：'见其礼而知其政，闻其乐而知其德。由百世之后，等百世之王，莫之能违也。自生民以来，未有夫子也。'"（《公孙丑上》）孔子即观于其世王者所定之礼乐，即知其王之政与德。居百世之后，观百世之上，为之次第差等，而无有违失。能前观百世，斯亦能后观百世。观其礼，而知其世。

《八佾》："子曰：'夏礼，吾能言之，杞不足征也。殷礼，吾能言之，宋不足征也。文献不足故也。足，则吾能征之矣。'"孔子所言礼，包括全人生。其言史，亦包括全人生。故其言礼即犹言史，言史亦犹言礼。夏、殷两代史迹多湮，典籍沦亡，贤者凋零，若已无可详考；而孔子犹能言之者，周代之礼，即上因于夏、殷，孔子凭当身之见闻，好古敏求，本于人道之会通而溯其损益之由来，历史演变之全进程，可以心知其意；而欲语之人人，则终有无征不信之憾也。《八佾》："子曰：'周监于二代，郁郁乎文哉！吾从周。'"孔子虽好古敏求，能言夏、殷之礼，然折衷而言，主从周代。盖历史演进，礼乐日备，文物日富，故孔子美之也。

无历世不变之史，斯亦无历世不变之礼。知礼之本，斯知礼之变。《八佾》："子曰：'人而不仁如礼何，人而不仁如乐何。'"知孔子言礼乐，其本在仁。而又曰"克己复礼为仁"，则仁、礼二者内外回环，亦是"吾道一以贯之"也。疑辨二十四：《史记·孔子世家》复曰："孔子之时，周室微而礼乐废，《诗》《书》缺。追迹三代之礼，序书传。"又曰："孔子晚而喜《易》、序《彖》、《系》、《象》、《说卦》、《文言》。"此言序书传、作易十翼两事，皆不可信。

第八章　《孔子之卒》（以下略）

七月，《中国近世历史之转变》，刊于《中华文化复兴月刊》七卷七期。此略。

七月七日，撰《孔子与论语之序言》。收入联经《全集》第四册及同前出版社《孔子与论语》页四。其文云：

余少失庭训，赖母兄抚养诱掖，弱冠为乡里小学师，即知读孔孟书。为诸生讲句法文体，草为《论语文解》，投上海商务印书馆印行。获赠书券百元，得购扫叶山房等石印古籍逾二十种，所窥渐广，所识渐进。时为一九一八年，新文化运动，方甚嚣尘上，窃就日常所潜研默体者绳之，每怪其持论之偏激，立言之轻狂。益自奋励，不为所动。一九二二年转教中学，先在厦门集美学校一年，转无锡第三师范。校规，每一国文教师分班负责，随年级自一年递升至四年；一班毕业，周而复始。每年有特定课程一门，曰"文字学"、"论语"、"孟子"、"国学概论"。余按年编为讲义，自《文字学大义》、《论语》、《孟子要略》、《国学概论》，四年得书四种。惟《文字学大义》以篇幅单薄，留待增广，今已失去。其它三种，络续出版。时有中学同学郭君，游学东瀛，与余同事。其案头多日文书，余借读得蟹江义丸《孔子研究》一书，始知《史记·孔子世家》所载孔子生平历年行事多疏误，自宋迄清，迭有纠弹。余在《论语要略》中先撰有《孔子传略》一章，《孟子要略》中续草《孟子传略》。

时国人治先秦诸子之风方炽，余益广搜群籍，详加考订，扩大为《先秦诸子系年》。一九三〇年赴北平，在燕京、北大、清华、师大诸大学授课。默念卫扬孔道，牵涉至广，兹事体大，不能专限于先秦孔孟之当时。抑且读书愈多，乃知所了解于孔孟之遗训者乃益浅，因遂不敢妄有论著。数年中，草成《近三百年学术史》。避日寇，至滇南，独居宜良山中，草成《国史大纲》。转成都，病中读《朱子语类》全部，益窥由宋明理学上探孔孟之门径曲折。避赤氛，至香港，创办新亚书院，乃又时时为诸生讲《论语》。赴美讲学，以羁旅余闲，草为《论语新解》。辞去新亚职务，移居来台：草为《朱子新学案》。又值大陆批孔之声骤起，新近又草为《孔子传》。并汇集港台两地二十年来所为散文，凡以孔子与《论语》为题者，得十六篇，成为此编。回念自民初始知读孔孟书，迄今逾六十年，而余年亦已八十矣。先则遭遇"打倒孔家店"之狂潮，今又嗅及"批孔扬秦"之恶氛，国事日非，学风日窳。即言反孔一端，论其意义境界，亦复堕退不可以道里计。然而知读孔孟书者，亦已日益凋零。仰瞻孔孟遗训，邈如浮云天半，可望而不可即，抑且去我而日远。念兹身世，真不知感慨之何从也。一九七四年七月七日。

八月十五至二十日，《八十忆双亲》，刊于《中央日报》；又刊于十月、十一月《大成》十一、十二期。收入联经《全集》第五十一册及同前出版社《八十忆双亲师友杂忆》页一～二七。摘要略。

九月，《孔子与论语》，收入联经《全集》第四册《孔子与论语》，二〇〇〇年又收入素书楼文教基金会·兰台出版社《孔子与论语》。（复智按：本书系先生将历年研治孔子的单篇论文，联经本原收论文十八篇，《钱宾四先生全集》第四册《孔子与论语》增入相关论文十一篇，合为二十九篇。是书有多篇，如《孔子略史及其学说之地位》、《大哉孔子》、《孔子之教与学》、《孔子之史学与心学》及《中国近代儒学趋势》等均已摘录与补入于相关的年月中，故其大要在此从略。）

九月，于韩国延世大学演讲，讲辞《中国历史上的传统政治》，刊于九月二十一至二十四日《中央日报》。收入联经《全集》第三十册及同前出版社《国史新论》页一二四～一三八。大意谓：

关于"中国历史上的传统政治"这个题目，我特别喜欢"传统"二字，因这传统二字，极端重要。

任何一个民族，任何一个国家，必然有它的传统，并没有平地拔起，凭空产生，来一个无传统的民族与国家。

西方人极看重他们自己的传统；如法国有法国的传统，英国有英国的传统，美国有美国的传统，所以英国不全像法国，美国也不全像英国。

我们东方人，也有我们的东方传统，如中国、韩国、日本，岂不亦各有传统。若我们要学西方人，便也该学他们尊传统的精神，来尊我们东方自己的传统。尊传统并非守旧，在各自传统之下，不妨有各自的新。

说到政治方面，我们今天要推行我们的新政治，但不该忘却自己的旧传统。换言之，在中国该推行中国的新政治，在韩国该推行韩国的新政治，不该也不能，在中国、韩国来推行美国或英国、法国的新政治。

如今天的中国大陆以及北韩，则正是在推行别人家的新政治。推行新政治有三个要点：（一）自己的历史文化传统与民族个性，此即是一民族一国家之传统所在。㈡自己社会的现实情况，此因时代而变。（三）世界趋势。

因有前一项，所以必要尊传统。因有后二项，所以传统虽要尊，但必须随时变。但无论如何变，不能丧失了自己的传统。如汉城只能变成一新汉城，不能把汉城变成巴黎、伦敦、和纽约、华盛顿。

但以上所言，说来似易，行之则难。所以在每一民族中，每一国家，必应有先知先觉的知识分子来研究、来倡导。

此项研究，主要须向自己研究，不贵向别一民族、别一国家去抄袭。此项研究，也非短时期急切可待，亦非一两人的智慧聪明所能完成。

所以政治上层，乃至全社会，须知尊重自己的知识分子，让他们去自由研究，并随时预备接受他们之指导。

而我们的知识分子也该自尊自重，以达自觉自发的阶段，才可有真的救民族、救国家的新政治之出现。

一九七四年　甲寅　八十岁

九月，于韩国延世大学演讲，讲辞《中国历史上的传统教育》，刊于《中央日报》。收入同前出版社页二一五～二二八。大意谓：

在中国文化体系中，教育即负起了其它民族所有宗教的责任。儒家教义，主要在教人如何为人。亦可说儒教乃是一种"人道教"，或说是一种"人文教"，只要是一人，都该受此教。不论男女老幼，不能自外。不论任何知识、任何职业，都该奉此教义为中心，向此教义为归宿。在其教义中，如孝、悌、忠、恕，如仁、义、礼、智，都是为人条件，应为人人所服膺而遵守。

中国的这一套传统教育，既可代替宗教功能，但亦并不反对外来宗教之传入。因在中国人观念里，我既能服膺遵守一套人生正道，在我身后，若果有上帝诸神，主张正道，则我亦自有上天堂进极乐国的资格。别人信奉宗教，只要其在现实社会中不为非作歹，我以与人为善之心，自也不必加以争辩与反对。因此在中国文化体系中，虽不创兴宗教，却可涵容外来宗教，兼收并包，不起冲突。

在中国儒家教义中，有一种"人品观"，把人生的意义与价值作评判标准，来把人分作几种品类。即如自然物乃至人造物，亦同样为他们品第高下。中国人的人品观中，主要有"君子"与"小人"之别。君者，群也。人须在大群中做人，不专顾一己之私，并兼顾大群之公，此等人乃曰"君子"。若其人，心胸小，眼光狭，专为小己个人之私图谋，不计及大群公众利益，此等人则曰"小人"。中国传统教育，亦可谓只要教人为君子不为小人，教人为雅人不为俗人。中国传统教育，因寓有上述精神，故中国人重视教育，往往不重在学校与其所开设之课程，而更重在师资人选。

教育的第一任务，便是要这一国家、这一民族里面的每一分子，都能来认识他们自己的传统。正像教一个人都要能认识他自己。连自己都不认识，其它便都不必说了。

今天，我们东方人的教育，第一大错误，是在一意模仿西方，抄袭西方。不知道每一国家、每一民族的教育，必该有自己的一套。如韩国人的教育，必该教大家如何做一韩国人，来建立起韩国自己的新国家，发扬韩国自己的新文化，创造出韩国此下的新历史。这一个莫大的新任务,便该由韩国人自己的教育来负担。要负担起此一任务,首先要韩国人各自认识自己,尊重自己,一切以自己为中心,一切以自己为归宿。

但这不是说要我们故步自封,闭关自守。也不是要我们不懂得看重别人,不懂得学别人长处来补自己短处。但此种种应有一限度。切不可为要学别人而遗忘了自己,更不可为要学别人而先破灭了自己。今天,我们东方人便有这样的趋势,急待我们自己来改进。

九月十日,第三届中日大陆问题研讨会讲辞《人类文化与东方西方》,刊于九月十四、十五日《青年战士报》;又刊于十月《东亚季刊》六卷二期。收入联经《全集》第四十二册及同前出版社《历史与文化论丛》页一〇~二〇。大意谓:

西方人今天胜过东方,似乎是在其立业上,由东方人眼光看,则其立业亦必有德。所异只在德之大小。即如近代西方之资本主义、帝国主义,其获成立发展,在其背后,亦必有一种德。但其所达则不能大,不能久,因其仍只是小德。东方人理想,则要治国平天下,求其业之能大能久,则仍当还就德上求,不当只从业上求。

今天的西方人,似乎旧路已走到尽头,又要来开辟新路。如何始是一条新路,似乎今天的西方人也不自知,正在闯,正在试。专就东方人言东方,东方人此两百年来,一意学西方,也未尝无成就。要立业,要创新,东西双方不妨有其同。但东方人自有其所以成为东方人之处,东方人自有一条旧路,即其历史文化几千年之积累,即东方人与西方人之相异处。东方人似乎仍应该从异求同。我们似乎不该,也不能,来破己之异以求与人同。孔子之道,似乎东方人仍该着意寻求,努力奉行才是。

九月十四日,《东西文化自有同异》、《为仁由己异中求同》,刊于《中央日报》。此略。

九月二十八日,《孔子之为人及其学与教》,刊于《民族晚报》;又刊于《中华文化复兴月刊》七卷九期。收入联经《全集》第四册及素书楼文教基金会‧兰台出版社《孔子与论语》页一四二~一四九。摘要略。

十月，《知识青年从军的历史先例》，重刊于《中国文选》九十期。收入联经《全集》第四十四册及同前出版社《中国文化丛谈》页一八三～一九五。摘要略。

十月十四日，《谈闽学——寿语堂八十》，刊于《联合报》；又刊于十一月《海外文摘》二百七十一期。收入联经《全集》第二十三册及同前出版社《中国学术思想史论丛》（九）页一八八～一九七。摘要略。

十月十五日，《文化复兴中之家庭问题》，刊于《中央日报》、《台湾新生报》。收入联经《全集》第四十二册及同前出版社《历史与文化论丛》页二九七～三〇三。大意谓：

西方人重视人人能独立，即在家庭亦然。犹忆一九三七年前在北京，一冬天的早晨，去至北海公园，见有三四位美国年轻太太结伴溜冰。她们各带有子女，都只三四岁，在冰上跌倒了爬起，爬起了又跌倒，但母亲们全不理会，只尽情自己在冰上溜，有时溜到很远处。待她们兴尽，才各自提挈小孩上岸。这亦是她们在培养小孩们的独立精神。

我在电影上知道，美国的婴儿，从其摇篮生活起，即和父母隔离，独住一室。父母子女，从不在同室中睡，更不论同床睡。我曾住华盛顿几天，租一私家寓所，每晨看到许多派报童子；据房东太太告诉我，那些派报的，全都是国会参、众两院议员们的儿子。那时是暑假。房东太太说：即在开学后，他们也可在上学前清晨跑街派报，赚一些私房外快。

美国的父母们，既如此般培养子女独立，子女长大了，也自会尊重其父母之独立。父母不曾怜悯其子女之幼小而减低了他们培养子女独立精神之用心，子女也不会怜悯父母老病而转变其尊重父母独立精神之维持。美国家庭，在其文化传统之整个体系中，自有其意义与作用存在；我们不能用东方人眼光来看西方人家庭。

但西方人似乎很有兴趣来求了解我们东方人家庭。有好几次在宴会席上，旁坐遇到年龄相仿佛的男女，虽属初次相识，他们每喜对中国家庭问长问短。我又听人说：梅兰芳去美国演戏，戏中情节和其道白唱辞，都先译成英文发给观众。梅兰芳在台上演《打渔杀家》中萧恩之女儿，对萧恩说："爸爸如何吩咐，女儿自当遵从。"台下美国老太太们，点头称赞，我们有如此般的女儿，那是何等幸福呀！她们之欣赏梅兰芳，却更欣赏在此等处。

十月二十日，《东方人的责任》，刊于《中央日报》。收入同前出版社页二〇九～二一二。摘要略。

十一月，《中庸之道》，刊于《国魂》第三百四十八期。此略。

十一月，《读崔述〈洙泗考信录〉》，刊于《综合月刊》七十二期。收入联经《全集》第四册及同前出版社《孔子传》页一二五～一三三。摘要略。

十一月，《王深宁学述》，刊于《东方杂志》八卷五期。收入联经《全集》第二十册及同前出版社《中国学术思想史论丛》（六）页三四～五七。摘要如下：

黄东发同时，尚有王应麟，字伯厚，自号深宁居士，学者称为厚斋先生，其学亦承朱子。黄梨洲《宋元学案》原稿，以《深宁传》附《真西山学案》。全谢山《宋元学案》，始别为《深宁学案》。窃谓谢山《学案》，于史学有贡献，而于理学为皮外。故谢山于深宁，决不承其学出朱子，然此实自元以下学术界之公论。

《四库全书·困学纪闻提要》有曰："应麟博洽多闻，在宋代罕其伦比。虽渊源亦出朱子，然书中辨正朱子语数条，皆考证是非，不相阿附。"亦明谓深宁之学渊源朱子。

顾亭林特以"博学于文，行己有耻"八字教人。其为《日知录》，极近《困学纪闻》。博学于文，两人固极相似。其重视风俗，而以"行己有耻"四字自律，实亦《纪闻》启之。凡其心不在宋、元之际以及明、清之际之天地大转变、夷夏大反复者，即不足以读《困学纪闻》与《日知录》。亦可谓凡其心不在民族文化绝续兴亡之大者，即不足以与论深宁、亭林两人之为人与为学。深宁言"作经载道"、"因经明道",亦可谓即是亭林"经学即理学"之先声。此种在经学上之见解与抱负,苟非渊源朱子,又岂吕、陆之传乎?清儒如阎潜邱、全谢山,固亦极重深宁,然仅知重其博雅,于深宁明道求通之意,固无所知。惟在彼两人,尚未有汉、宋壁垒之见,而终无免于汉、宋壁垒之继起。徒务博雅考证,虽不为汉儒之纷纷,亦以成此下清儒之拘拘,此亦学术史上一至可惋憾之事也。

东发、深宁二人,乃于朱学流衍中,能兼得博文、约礼之二者。惟东发似稍偏于性道,深宁似稍偏于经史。然虽畸轻畸重,各求一以贯之,固非偏于此而绝于彼。以深宁较之东莱与象山,深宁博文之学,自可兼采并纳,而谢山必谓其综罗文献,兼取诸家,于朱、吕、陆三家之学,和齐斟酌,不名一师,此或可谓乃谢山之自道,而岂真知深宁为学之精神血脉所自乎!

东发、深宁以下,元儒之于朱学,终不能不偏于博文一途。既已仕于元为异族之臣,大节已亏,何论约礼。故如吴草庐,亦仅能肆意于博文。然亦尚知理学渊源,乃转为朱、陆和会之说,是亦其心可谅;而绳之以朱学之正传,则终不能与东发、深宁相拟。明儒继起,惩元之弊,又转而薄文章,重性道,于是有如康斋、敬斋、月川、敬轩、整庵诸人,其于朱学,皆重性理,轻经史,偏向一边。于是而有白沙、阳明之崛起。白沙尊朱,阳明崇陆,要之其薄经史博文之学而不为,则一也。东林高、顾,力欲挽王返朱,然其于经史博文之学,则亦终隔一间。

亭林、桴亭,身为晚明遗民,激于民族大义,怵于亡国亡天下之深痛,其抱道为学,一欲力反之于朱,而二人之学亦各有偏。亭林持论,谓:"性也命也天也,夫子之所罕言,而今之君子所恒言。出处去就辞受取与之辨,孔子、孟子之所恒言,而今之君子所罕言。愚所谓圣人之道,曰:博学于文,行己有耻。"盖其与深宁身世同,故感慨亦同。《日知录》之成书,乃若最与《困学纪闻》相似。然《日知录》书中屡引东发,少引深宁。斯则因性道约礼之学贵能尊传统,经史博文则尚心得。故言性理,不当有背于孔孟。言经史,则非孔孟之所能拘。此在朱子亦复如是。其言格物,一遵二程,而《大学格物补传》,则固是其新创。黄梨洲言:"东发《日钞》之作,折衷诸儒,即于考亭,亦不敢苟同。其所自得者深也。今但言文洁之上接考亭,岂知言哉。"此则梨洲之自为不知言耳。而谢山承之,必以不名一师求深宁,此固不明学术大统之所在矣。

以榕亭《思辨录》较之亭林《日知录》,则榕亭之于性理与经史,约礼与博文,似偏重在前一路。要之亭林、榕亭之学,于此性理、经史,约礼、博文之二者,各能知"一以贯之"之意,此则可以上承东发、深宁而无愧,亦不失为朱学之嫡传。继此以往,如王白田、朱湘淘二人之学,虽亦同尊朱子,然湘淘重在阐发性理,白田重在考证经史,亦复各有所偏轻偏重。凡此诸家之有得于朱学之深浅,则一可于其偏轻偏重间之差别得失而判。至如吕晚村专以民族大义阐朱,虽亦不失为一遗民之知耻者,较之陆稼书之徒则胜矣;若论学术地位,所关者大,晚村尚不能比梨洲,固不能仅以一节而定也。

清儒之专治汉学,则始于元和惠氏。惠半农手书楹帖,曰:"六经尊服郑,百行法程朱。"既已时移世易,要之于满清为顺民,纵不当以深宁、亭林知耻之义相责,纵不能以亡天下之大任绳之,然以汉学、宋学显分为二,即不啻以性理、约礼之学与经史、博文显分为二矣。于是江郑堂既为《汉学师承记》,又为《宋学渊源记》,两记所收人物,乃截然各别。尤可异者,《渊源记》中有《朱泽澐》,即湘淘,而更不见王白田。殆为白田以经史考证途径治朱子,故摈不得纳入于汉、宋之两壁垒欤?而《师承记》之褎然居首者,则曰阎若璩、胡渭。阎氏显然尊崇朱子,其为《古文尚书》辨伪,即承朱子而来。于王深宁亦特知崇重,故为《纪闻》特加笺注。其于亭林《日知录》,曾改正数事,此其重视亭林亦可知。所异者,仅知文章,未通性道,于约礼知耻一节,则有亏矣。江氏所谓汉学、宋学之辨,岂亦仅在于此乎?而江氏书乃以黄宗羲、顾炎武两人抑在汉学之卷末,又以黄宗羲居顾炎武之前,而曰:"梨洲乃蕺山之学,矫良知之弊,以实践为主。亭林乃文清之裔,辨陆王之非,以朱子为宗。故两家之学,皆深入宋儒之室,但以汉学为不可废耳。"此见其多骑墙之见,依违之言,岂真知灼见者哉?又曰:"甲申乙酉之变,二君策名于波浪砺滩之上,窜身于榛莽穷谷之中,不顺天命,强挽人心,发蛙蝇之怒,奋螳螂之臂,以乌合之众,当王者之师,未有不败者矣。逮夫故土焦原,横流毒浪之后,尚自负东林之党人,犹效西台之恸哭。虽前朝之遗老,实周室之顽民。当名编熏胥之条,岂能入儒林之传哉?"江氏之论如此,固无当于平章学术,而亡国之余,必继之以亡天下。学术不明,人道将绝,岂不显而易见乎?

故治汉学,则必反宋学,尤必反朱子,而元和惠氏不足当其任,仍必以休宁戴氏为之魁。此又学术流衍趋势所必至也。郑堂引戴氏之言曰:"六经之至者道也。所以明道者辞也。所以成辞者字也。必由字以通其辞,由辞以通其道,乃可得之。"于是所谓"道"者,乃只存字辞之训释,始与性理无关,身世无关,与出处去就、辞受取与亦无关。然后异族顺民,乃始可以承当大道,无玷无愧。此又元、清两代学术流衍所必有之趋势,所深值后人之警惕者。

干嘉诸儒中,求其著书能略与深宁《困学纪闻》、顾亭林《日知录》相拟者,惟有钱竹汀之《十驾斋养新录》。然竹汀固不菲薄宋儒与理学,抑于朱子有极深之推尊。是固不当仅以汉学与考据掩盖其一切。郑堂于竹汀则曰:"戴编修震尝谓人曰:'当代学者,吾以晓征为第二人。'盖东原毅然以第一人自居。然东原之学,以肆经为宗,不读汉以后书。若先生,学究天人,博综群籍,自开国以来,蔚然一代儒宗也。以汉儒拟之,在高密之下,即贾逵、服虔,亦瞠乎后矣,况不及贾、服者哉!"是郑堂之重博文,似亦知非治经一途可尽;似亦知竹汀之为学,未必即在东原之后。然而其所拟议,则亦惟高密、贾、服而止。似乎上下千古学术之大与富,亦惟有此诸人。干嘉以下,学术分汉、宋,即据江氏之书,亦可见其荒谬之何所至矣。

十一月十二日,《孙中山先生之人与事》,刊于《联合报》;又刊于十二月《海外文摘》二七三期。收入联经《全集》第二十三册及同前出版社《中国学术思想史论丛》(十)页六~一二。摘要略。

一九七五年　乙卯　八十一岁

一　国内大事

一月十一日，中华人民共和国总理周恩来提出"四个现代化"。

四月五日，"总统"蒋中正病逝，副"总统"严家淦宣誓继任为"总统"。四月二十八日，蒋经国就任中国国民党主席。

十二月五日，"行政院"举行十项建设检讨会。

二　事略

先生本年续在文化学院历史研究所任教。赴日本参加亚洲学者会议，并以"中华民国"首席代表身份致辞。

三　著述

春，撰《中国学术通义》之序文，刊于九月二十四日《中华日报》；又刊于《鹅湖》第三期。收入联经《全集》第二十五册及素书楼文教基金会·兰台出版社《中国学术通义》页三～八。其文云：

欲考较一国家一民族文化，上层首当注意其"学术"，下层则当注意其"风俗"。学术为文化导先路。苟非有学术领导，则文化将无向往。非停滞不前，则迷惑失途。风俗为文化奠深基。苟非能形成为风俗，则文化理想，仅如空中楼阁，终将烟消而云散。

中国文化传统，绵亘数千年，乃由吾中华民族所独自创建，自有其独特性之存在。即就中国社会风俗言，虽数千年来历时递变，然亦有其前后相承，一贯不断之独特性。即以当前可目睹者言，全球社会，各地风俗，可谓无一相似。风俗然，学术亦然。中国学术，显亦有其独特性。苟不然，此社会风俗之独特性，又由何来。惟风俗易晓，学术难明。其间分别，如是而已。中国与外族文化之接触，最先为印度佛教之东来。佛教虽为一宗教，而其所内涵之学术意义亦特丰。

佛教之中国化，则胥由中国学术传统中所赋有之独特性之功。南北朝、隋、唐高僧，多兼通内外学，遂使中国学术逐渐渗入于佛教信仰中，而佛教之在中国，乃亦随之而变。

近代中国，与欧西文化接触，双方文化传统各不同，因此上而学术，下而风俗，双方亦各不同。近代国人，乃有"国学"一名词之兴起。或疑学术当具世界共同性，何可独立于世界共同性学术之外，而别标"国学"一名词。不知同属人类，斯必具人类之共同性，然亦何害于各人有各人之个性。即就西方言，不论文学、史学、哲学，英、美、法、德诸邦，纵在同一文化系统之下，亦复有其在学术上各自内涵之独特性之存在。更何论中国与西欧，其相互间，在学术上之不能无相异，事更宜然，理无足怪。

今国人一切以信奉西方为归，群遵西方学术成规，返治中国传统旧存诸学，精神宗旨既各异趋，道途格局亦不一致。必求以西方作绳律，则中国旧学，乃若不见有是处。抑且欲了解中国旧学，亦当从中国旧学本所具有之精神宗旨道途格局寻求了解，否则将貌似神非，并亦一无所知。既所不知，又何从而有正确之批判。

或又谓时代变，斯学术亦当随而变，此固是矣。不仅西方学术，远自希腊，迄于现代，固已时有变。即中国学术亦然。自西周以迄先秦，下经两汉，循至于近代，亦何尝不随时有变。如人之自婴孩而成年而壮而老，岂不亦随时有变。然而各有生命，各有个性。我不能变而为彼，彼亦不能变而为我，此则终有其不可变者。故人贵求自立，谓他人父，而血统终不属，此亦无奈之何者。

今人又竞言复兴文化，又必申言其绝非复古，斯亦是矣。然复兴究与改造有不同。新中国之新文化则仍当从旧中国旧文化中翻新，此始得谓之是复兴。若必待彻底毁灭了旧中国旧文化，赤地新建，异军特起，此又乌得谓之中国与中国文化之复兴。故欲复兴国家，复兴文化，首当复兴学术。而新学术则仍当从旧学术中翻新复兴。此始为中国学术文化将来光明一坦途。

推此言之，如欲创造中国新文学，仍当先求了解中国旧文学。期能从旧文学中翻新复兴，而后乃有合理的中国新文学之产生。若一意模仿抄袭西方文学，决心舍我而从之，此非中国文学之复兴，乃属中国文学之革命，其事易知，不烦深辨。而且以中国人使用中国文字描写中国社会人生，亦绝不能即成为西方文学。邯郸学步，非驴非马，其此之谓也。

要之，中国学术之必有其独特性，亦如中国传统文化之有其独特性，两者相关，不可分割。非了解中国学术之独特性，即亦将无以了解中国文化之独特性。惟从另一面言之，亦可谓不明中国文化之独特性，即无以明中国学术之独特性。今姑举其最大者言之，中国文化之独特性，偏重在人文精神一面，中国学术亦然。中国传统，每认为学属于人，而非人属于学，故人之为学，必能以人为主而学为从。当以人为学之中心，而不以学为人之中心。故中国学术乃亦尚通不尚专。既贵其学之能专，尤更贵其人之能通。故学问所尚，在能完成人人之德性，而不尚为学术分门类，使人人获有其部分之智识。苟其仅见学，不见人，人隐于学，而不能以学显人，斯即非中国传统之所贵。

二月二十至二十三日，《读赵汸东山存稿》，刊于《中华日报》；又刊于三月《书目季刊》八卷四期。案此文后汇入《读明初开国诸臣诗文集续编》中。收入联经《全集》第二十册及同前出版社《中国学术思想史论丛》（六）页一九四～二一〇。摘要略。

三月，《再论灵魂与心》，刊于《中央月刊》七卷五期，原题为《谈心》。收入联经《全集》第四十六册及同前出版社《灵魂与心》页一二三～一三〇。其大意谓：

原始人生活，身为主而心为副。待及历史文化人生活，则心为主而身为副。其间一大跃进，端因人类有语言创始。人类有语言，乃为心与心相通一大机能。人类有文字，乃为心与心相通第二大跃进，第二大机能。文字传达，较之语言传达，可以更细微、更曲折、更深挚、更感动。不仅远地人可用文字传达，异时人，乃至数百千年以上以下人，文字在，即此心在，此心仍可传达。

人生有两世界。一物质世界，身生活属之。一心灵世界，心生活属之。此两世界并不能严格分开，但亦不当混并合一。身生活范围有限，心生活范围无限。身生活差别甚微，心生活差别甚大。身生活乃暂时的，心生活可成为永久的。

西方人生，比较属前一型。中国人生，乃深进入后一型。如希腊人雕刻，重裸体像，直至近代西方，描述女性，首言三围。衣服以贴身或露体为美。中国人重画像，不重雕像；画像重传神。顾恺之作人像，颊上添三毫，便觉神明殊胜。穿衣服，求能掩蔽体状，自具一种美。希腊人建筑，坚固精致，至今尚巍然存在。中国同时代建筑，迄今荡无一存。由希腊上溯至埃及、巴比伦，亦复如是。埃及有金字塔，有木乃伊，中国尧、舜、禹、汤，尸骨坟墓，全已无存。

中国人重心灵生活，故知重语言文字，胜过其它之一切。中国人认为凡人类一切心与心相交相通，而成为人文社会之种种建设，其本皆从人类有文字来，就语言论，流通之广，莫如中国语。就文字论，传播之久，亦无如中国字。由于语言文字而影响及于人心。中国人心量宽大，西方人心量狭小。由于语言文字相通，故心与心亦易相通，遂使中国如一人。不仅空间上同时能使中国如一人，即时间上三千年来文字如一，更使三千年相传之中国如一人。生活既深入心灵界，自会把物质界方面淡忽了。中国文学人生如此，艺术人生亦如此，道德性理人生更如此。至于物质人生，则苟合苟完苟美，每如适可而止。

近代西方自然科学突飞猛进，使中国瞠焉在后。然如印刷术，远在中世纪，已为中国人发明，中国人非无物质发明之智慧，乃是兴趣不属，亦可谓乃是其生活在另一天地中，心灵为主，物质为奴。主人方安居，自不愿为仆隶多费心力。

西方人于心灵人生未获满足，乃求补偿于灵魂信仰。人之前生过去世是否有灵魂，仍属一谜。但纵使有灵魂，灵魂与心不同。躯体是隔别的，灵魂亦是隔别的。心与心贵能相通，合成一大心，此即成一心灵世界。人能进入心灵世界中生活，每一人之躯体小我，亦各得在其心灵上，转成为一大我。灵魂进入天堂，在天堂中生活，仍是每一灵魂各别生活。故天堂生活，当仍与尘世生活无大异。西方个人主义，即从其灵魂信仰四月十六日,《总统蒋公奉安诔辞》,刊于《青年战士报》。收入同前出版社页七九~八一。摘要略。

四月三十日,《现代中国思潮》,刊于《中华日报》。收入同前出版社《中国学术思想史论丛》(九)页一~九。大意谓:

试旁观吾近邻日本。明治维新,乃以天皇万世之一统政府而图谋富强,俾获自卫自保。此在当时亦本不作大变。旧风俗、旧文物、旧信仰、旧传统,日本之所以为日本者固一切自若。其所以易于有成者亦在此。然而移步换形,变不易知,转瞬违其初衷,慕效西方帝国主义,进而为无限之侵略,乃终至于一败堕地。而经此大挫折,一时人心茫然,不知所归向,惟从产业经济之颓垣残壁中暂谋栖庇。其意初若无他求,乃亦幸获成功。然以此较之明治维新,则日本此不到二十年来之所变实远为速而大。社会根本,传统基础,亦已无不随而变。其前途之可忧,将断不在上次挫败之下。举此为例,可见变之非难,而知变之实难。惟知变乃始能明变、应变、备变、防变,而善导其变。此则非少数具大智慧大修养人不足以胜任。明治维新,只因其是出少数领导多数,故得成功。而今日之日本,乃成为一多数无领导之社会。不论在政治上、思想上,苟非有少数人领导,则多数无领导人只在不知不识中求变,其变自会加速日大,而终至于无前途。

抑且变必求其成。庄子曰:"美成在久,恶成不及改。"成之美恶,在事前亦非多数能知。多数则只求速,只求易,只在可见处求,乃易集中注意在物质经济上。如人穿一新衣,住进一新屋,其人则依然故我,并不遽变为一新人。但多数只求变衣变屋,以为如此则己之为人亦已变。殊不知深一层言之,衣屋之变尚微,在衣屋未变之先,而其人只知在衣屋上求变,则其人之本身早已变。心胸变而日陋,品格变而日卑,而其人苦于不自知。今日日本之物质经济,已远胜于明治维新时代,其事人人易知。然若论今日日本全国人之心胸品格,以与明治时代相比,孰胜孰劣,孰进孰退,则非少数具有深识人莫能辨。

一九七五年 乙卯 八十一岁

1707

五月九日,《人生何处去》,刊于《联合报》;又刊于华冈中华学术院编《蒋总统八十晋九诞辰纪念论文集》。收入联经《全集》第四十六册及同前出版社《灵魂与心》页一六〇~一八五。大意谓:

人死后向何处去?耶、佛两教双方之宇宙论及人生论各不同。耶教有上帝、有天堂,人生由天堂因犯罪恶堕落入尘世,故耶教对此人生,主张一种"原始罪恶论"。此尘世即是一罪恶聚,必有一末日,受上帝之总清算。佛教则无上帝、无灵魂,只有此作业轮回之苦海。佛教亦有往生极乐世界之说,但此极乐世界,实际即是一净土、一涅槃,一切皆空,应非如耶教之天堂。

佛教入中国,已在东汉后。耶教更后,其流行已在明代之末。中国人在此两宗教传入以前,自己另有一套信仰。此当以儒家教义为主。子路问死,子曰:"未知生,焉知死?"孔子意,要懂得死后,先要懂得生前。生是此人,死亦是此人。若不懂得生前那人,又如何会懂得死后那人。然则人究是什么呢?孟子曰:"仁者人也。"郑玄说:"仁者,相人偶。"这是说人与人相配搭始成仁,即犹说人与人相配搭始成人。从此义说下,亦可说:人从人中生,亦向人中死。远在孔子前,鲁国人叔孙豹有立德、立功、立言"三不朽"之说。但孔子为何不称述叔孙豹那番话?据今推想,孔子只教人为人则尽人道,且勿管死后。孔子之言人生,主要即在共同此一心,长久此一道,而总名之曰"仁"。至于孝悌忠恕,乃只是此仁心仁道发露之一端。人生即赖此共同之心与长久之道所维持。至于何人能在此人生中死后获不朽,似非孔子所计及。

五月九、十日,《生命的认识》,刊于《中华日报》。收入同前出版社页一五三~一五九。摘要如下:

案本篇乃为"国军退除役官兵辅导委员会"所作之演讲辞,文中强调"把每人的个别心会通成一群体之共同心,又能上接古人心,下开后世心,来发荣滋长我中华民族的历史心与文化心。如此,亦使各人的心生命乃得永存不朽于天地间。"

五月、六月,《顾泾阳、高景逸学述》,刊于《东方杂志》八卷十一、十二期。收入联经《全集》第二十一册及同前出版社《中国学术思想史论丛》（七）页二七〇～二九四。本文分上下两篇，兹撮大要如下：

顾泾阳

明代自阳明崛兴，提倡良知，天下风靡，遂绝少言及朱子。及其流弊襮者，学术界乃有由王返朱之倾向，而顾泾阳、高景逸之东林讲学，实为之唱。阳明弟子如王龙溪、钱绪山、王心斋，皆不入仕途，惟以在野讲学为务。泾阳则曰："官辇毂，念头不在君父上。官封疆，念头不在百姓上。至于水间林下，三三两两，相与讲求性命，切磨德义，念头不在世道上。即有他美，君子不齿。"故讲会中每多裁量人物，訾议国政。其柬景逸有曰："持濂、洛、关、闽之清议，不持顾、厨、俊、及之清议。"然由此激起党祸，与国运同终。明末诸遗老顾亭林、王船山、黄梨洲又转而潜伏田野间，唱为经史实学；或多或少，胥受东林影响。然而清政权高压在上，诸遗老经史实学，本不忘淑世善治，乃复一变为干嘉考据训诂，逃避故纸堆中，而美其名曰"朴学"；此实与东林顾、高讲学精神如南北极之相背，如冰炭之不相容。观于此两百年间之学术转变，亦诚大可慨叹矣。兹篇专就顾、高两人关于理学上由王返朱一转捩观点，略加引述。

泾阳《小心斋札记》有曰："孔子表章六经，以推明羲、尧诸大圣之道，而万世不能易也。朱子表章《太极图》等书，以推明周、程诸大儒之道，而万世莫能易也。此之谓名世。"此犹谓孔子乃上古集大成之圣，而朱子乃中古集大成之圣也。高景逸为泾阳作《行状》有曰："自孟子以来得文公，千四百年间一大折衷。自文公以来得先生，又四百年间一大折衷。"亦即此旨，是东林顾、高讲学，其崇奉朱子之心情具可见。泾阳尊朱，亦尊濂溪。

泾阳辨朱、陆异同，用心甚平，绝不存丝毫门户入主出奴之见。而其辨朱、王异同，则心益宽而语益和。泾阳论学，极重有关"性"之体认。《札记》有曰："吾侪要识性，须从主宰处认取，方有下落。性不离于气，亦必知其有不堕于气者存，而后性之真面目始见。若向气上认取他，这个纷纷纭纭，清浊纯驳，千态万状，将指何者为性？"《札记》又曰："性，天道也。学，人道也。性原于天，本自有定，在昔圣贤之语性，亦自有定。后人却见谓无定，辄以众说混之而性晦。学系于人，随其所入，千蹊万径，本自无定，在昔圣贤之语学，亦自无定。后人却见谓有定，辄以一说格之而学晦。"亦可谓此处"性"即是本体，"学"即是工夫。认识本体，始有工夫可下。实下工夫，始有本体可达。从前人认本体有定，只各人所下工夫可以无定。后人争本体无定，而各人所下工夫，必欲归于一定。泾阳此段辨析，极具见地。

佛家教人寻"父母未生以前本来面目"，不知此本来面目仍应存在于父母既生之后。理在气先，亦在气中。今必欲离弃父母以寻此本来面目，是谓理在气外也。而世俗又认为必待父母既生以后乃始有此面目，是则只能在枝叶蓓蕾上见花，不能在根拨上见花也。阳明言良知，必曰"见父自然知孝，见兄自然知弟"，此亦只重"发人性光"，不免于"养人性地"一面忽了。性地疏于培养，性光亦将晦失。故泾阳极重濂溪之《太极图说》，而又重朱子之《小学》，此是其用心深微处。

《札记》又曰："自古未有关门闭户独自做成的圣贤。自古圣贤，未有离群绝类、孤立无与的学问。这道理是个极精极细的物事，须用大家商量，方可下手。这学问是个极重极大的勾当，须用大家帮扶，方可得手。然后知非朋友无以成其君臣、父子、夫妇、兄弟，非讲习亦无以成其朋友。"此乃泾阳、景逸诸人东林讲学一番精神所在。孔子曰："以文会友，以友辅仁。"孟子曰："以友天下之士为未足，乃上友古之人。"故自泾阳"尚友"一义，自可有东林讲会，又自必转入晚明诸遗老经史实学之一途。显微无间，体用一源，当不以只求反身自得为满足。而陆、王心学之终不免其流弊，亦自可见。至清代之文字狱，乃使经史实学转入故纸堆中。东林既无救于明代之亡，而干嘉儒之经史考据，亦终使宋、明理学关心世道人心一番大道理、大学问精神堕地以尽。后人正当探求其故，不当只在门户意见中辨是非、论得失也。

高景逸

顾泾阳、高景逸同主东林书院之讲会，提倡由王返朱；惟泾阳颇不树门户，而景逸务于辨是非，两家立言多相同，而亦微有异。景逸推尊朱子，曾仿《近思录》例，编钞朱子语为《朱子节要》，《高子遗书》有其《序》，曰："不有孟子、朱子，孔子之道不著。昌黎韩氏曰：'孟子功不在禹下。'而河汾薛氏曰：'朱子功不在孟子下。'可谓知言。"

景逸特别重视"教"，谓："姚江妙悟良知，岂可不谓孔子之学，然而非孔子之教。"又曰："无善之说，不足以乱性，而足以乱教。"景逸此意，亦屡见于他处。《遗书》有《答方本庵书》有曰："立教不可不慎。读《论语》，便见圣人小心，其周物之知，曲成之仁，正在于此。故附会失真者，其真自在。快意下语者，语即流祸耳。"此犹谓无善之说不足乱性，而足乱教也。孔子既曰"学不厌"，又必曰"教不倦"。古代如庄、老道家，后代如干嘉清儒，皆有学而无教。理学中如陆、王，则语即流祸，教而有弊也。景逸之特重朱子，亦重在其立教之无弊；而阳明终自有"快意下语"处，故谓其是"豪杰真色"也。然快意下语流祸，是未能稽万世人之心也。

景逸又极重视静坐，常以朱子语"半日静坐、半日读书"教人。景逸学脉入处在此，故于阳明铁柱宫、阳明洞、龙场驿几段生活经过，了解亲切，较之他人仅于文字言说中求阳明者大不同。而景逸与阳明两人之学术异同，所以尤当为有心治理学者作精详之参寻也。在阳明当时，与阳明持异见者有罗整庵。在阳明身后，与阳明持异见者有高景逸。整庵、景逸两人皆言悟。而两人所悟，亦皆与阳明不同。辨心性亦惟整庵、景逸两人为精。然景逸言明儒，乃特提薛敬轩，少及罗整庵。此层与泾阳稍异，亦值细参。

景逸于阐释《大学》格物致知义，一本程、朱，然于程、朱之改易《大学古本》而又为之作《补传》，则终不信守。又曰："朱子自言：'某一生只看得《大学》透，见得前贤所未到。'子之愿学朱子笃矣，于《大学》反异其指，何也？曰：'朱子格物，规模极大，条理极密，无所不有。知本之义已在其中。若实做朱子格物工夫，自与知本无二。实做知本工夫，自与朱子格物无二。非今日之《古本》与朱子无异指，乃朱子格物原与《古本》无二指也。'"

景逸极尊朱子，而论《大学》版本则不惮有异同。明儒辨《大学古本》者多矣，故特附详景逸之意于此，以待后人之续定。至景逸之谓

"知本"者，窃推其意，外则本之天理，内则本之人心。而人心、天理实一非二。由于天地大自然而生出人心良知，此所谓天降天命。故孟子曰："尽心可以知性，尽性可以知天。"此处乃是知至知止。阳明单提"良知"，未见尽心尽性工夫，景逸则谓之为不格物之致知。阳明嗣又谓"良知生天生地"，是天地转在良知后，犹谓子女生出父母，何其倒置之甚！及晚年又曰"无善无恶心之体"，苟言理，则必及善恶，今乃一扫而空之，无怪龙溪倡四无之论，而阳明不得不首肯。此终堕入了释、老境界。故王学流衍，终必归于三教合一，亦是一种至为自然之趋势也。景逸则举"天人一，古今一，圣凡一，内外一"，以为格物知止之主一功夫之最后最高境界。夫岂谓知本、知至、知止之仅止于各人当下现前之良知而已乎？景逸极称薛敬轩诗："七十六年无一事，此心始觉性天通。"性天通，即是天人、古今、圣凡、内外之合一也。梨洲《学案》亦曰："河东之学，悃愊无华，恪守宋人矩矱，故数传之后，其议论设施，不问而可知其出于河东。若阳明门下亲炙弟子，以往往背其师说，亦以其言之过高也。"此即景逸所称"本朝文清、文成便是两样"，梨洲亦不得不采其说。惟东林顾、高讲学，因其牵涉政事，党论与国运同灭，故后起晚明遗老如顾亭林，虽昆山、无锡同在百里之内，人地相稔，其为《日知录》亦极反阳明，而颇不多称引顾、高。东林遗响，其在清初，虽不骤沉，亦不久延。是岂讲学之与论政，必当判分两途，而终不能合一而并盛乎？此亦治学术史者一深值注意之问题。而景逸之止水自沉，则尤足倍增后人之追悼于无已也。

六月一、二日，《重申魂魄鬼神义——论中国古人言魂魄鬼神义》，刊于《联合报》。收入同前出版社《灵魂与心》页一三一～一四一。大意谓：

中国民族传统文化中，独不自创一宗教。中国人亦无与其它民族同样之灵魂观。此两事乃有甚深关系。中国人独于人心有极细密之观察。中国人常以性、情言心。言性，乃见人心有其数千年以上之共通一贯性。言情，乃见人心有其相互间广大之感通性。西方希腊人好言理性，此仅人心之一项功能而止。中国文化之最高价值，正在其能一本人心全体以为基础。中国古人常兼言"魂魄"。《左传》乐祈曰:"心之精爽是谓魂魄。"是魂魄皆指人生前之心知言。其差别在于:"魄"乃指人心之依随于形体者,"魂"则能超越于身之知,因其超于私而属于公,故异其名曰"神"。人若惟己身之知,则人道将暗塞不彰,故魄属阴。魂能超越己身之知,乃可使人道光昌,故属阳。

人之死,魄随形埋归于地,魂则随气散播于天。所谓鬼神,亦随其生前之魂魄而异。亦有人死而确见其为鬼者,如春秋时郑人之相惊以伯有,子产释之曰:"人生始化曰魄,阳曰魂,取物精多则魂魄强,是以有精爽至于神明。"《史记》张晏注引此曰:"匹夫匹妇强死者,魂魄能依人为厉。"朱子释之曰:"死而气散,泯然无迹者,是其常。道理怎生有托生者。是偶然聚得气不散,又怎生去凑着那生气,便再生。然非其常也。"又曰:"游魂游字是渐渐散。若是为妖孽者,多是不得其死,其气未散,故郁结而成妖孽。"又曰:"人有不伏其死者,所以既死而其气不散,为妖为怪。如人之凶死,及僧道既死多不散。若圣贤则安于死,岂有不散而为神怪者乎?"可见人死曰鬼,鬼者归也,乃言其无此物。至世间确见有鬼,中国古人亦不否认,不谓绝无其事,只谓是一种偶然变态,非事理之常而已。

朱子又曰:"天地间一个公共道理,更无人物彼此之间,死生古今之别。若以我为主,则只是于自己身上认得一个精神魂魄有知有觉之物,即便目为己性,把持作弄,到死不肯放舍,谓之死而不亡,乃是私意之尤者。"此番言论,极为豁达开通。凡认人生前死后,有一灵魂转世,又或认死后灵魂可上天堂享乐,皆所谓私意之尤。故为悲观论者,乃谓人世是一罪恶,必有末日之审判来临。为乐观论者,则务求发展物质,供人身享受,以为人生进步端在此。此皆不识天地之大公理,与夫人类大生命之意义也。

世界各宗教中,与中国传统文化对于人生观念之较接近者,厥为印度之佛教。佛教亦无灵魂观。《魏书·释老志》称其要义,谓:"生生之类,皆因行业而起,三世识神常不灭。"此言"识神",略如中国人言人生前之魂。然中国人言魂不言转世,而佛教则言识神流转,于是有轮回;此则与中国人之人生传统观念大异。朱子又曰:"乾坤造化,如一大洪炉,人物生生,无少休息,是乃所谓实然之理。不忧其断灭也,今乃以一片大虚寂目之。而反认人物已死之知觉,谓之实然之理,岂不误哉!"此论专是针对佛教而发。人类生前之心,有能得人心之同然者。此为由心返性,即孟子所谓"尽心知性,尽性知天",方可谓之由人合天,是即由每一人生前之小生命转进到人类继继绳绳万世不绝之大生命中,而何复有断灭之忧!而人类此一短暂渺小之小生命,乃能寄存于大生命中,随以俱前,此可谓之至神。故小生命归入天地自然则谓之鬼,升进到大生命中而变化无尽则谓之神。中国古人之鬼神观,亦惟如此而止。

朱子又曰:"圣贤所谓归全安死者,亦曰无失其所受于天之理,则可以无愧而死耳。非以为实有一物,可奉持而归之,然后吾之不断不灭者,得以晏然安处乎溟漠之中也。"此论可以指斥其它民族所抱之灵魂观。至于佛教,则并求此三世流转之神识归于涅盘灭尽,以免轮回之苦。此虽与其它民族所抱之灵魂观若有不同,而其同归于挟持私意,违反自然,则一也。

既言鬼神,自有祭祀。孔子曰:"祭神如神在。吾不与祭,如不祭。"此处只言祭神,不言祭鬼。鬼属体魄,已降于土而归于无,自无可祭。故人之所祭皆属神。虽一庸人,当其生,若碌碌无所表其异,然其于子女,生之育之,抚之翼之,生前既心相通,死后必神相感。故古者不墓祭,独奉神主以供祭祀。神主即死者生前神魂所栖。死者之魂,何以能栖于此木?此乃父母子女心相感而若见其如此,所以谓之神。古有神主,无神像。像属形,已为鬼,然见像可以增思,故后世终不废。要之父母之死,其在子女心中即神也。故曰"己不与祭如不祭"。

朱子亦曰:"所谓鬼神者,只是自家气,自家心下思虑才动,这气即敷于外,自然有所感通。"又曰:"奉祭祀者,既是他子孙,毕竟只是一气,所以有感通之理。"由此言之,祭祀必兼重所祭与其主祭者。思虑未起,鬼神莫知。若主祭者漠不动心,何从召其所祭者来享?然则鬼神岂不仍在活人心中乎!故曰:"神不歆非类,民不祀非族。"即山川之神,古人亦只祭其已境内者。鲁人只祭泰山,不祭嵩、华之狱。若或祭之,嵩、华岳神亦不来享。民族文化必尊传统,其要义即在此。

王充《论衡》有曰:"天下无独燃之火,世间安得有无体独知之精?"

又曰："天地之性，能更生火，不能使灭火复燃。能更生人，不能令死人复见。"王氏此言，乃主世间无鬼，却不能论世间无神。鬼以体魄物质言，神则以魂气精灵言。今姑以火为喻。火本非物，乃是一种燃烧作用。然燃烧起于一物，乃可蔓延及于他物。星星之火，可以燎原。人心亦然。心非物，然心之作用，则可起于一心而蔓延及于千万年亿兆人之心。从中国人言之，此种心作用，属魂，不属魄；乃神，而非鬼。惟不能凭空起火，亦必凭于物。故中国人常兼言魂魄鬼神。《庄子·养生主》亦曰："指穷于为薪，火传也，不知其尽也。"薪即指此有涯之生，火乃指此无穷之生。薪为鬼，火则其神也。薪乃生之奴，人则生之主也。《庄子·外篇》又曰："古人之书，乃古人之糟魄。"不知古人之书，乃古人精魂所寓，非糟魄也。今人读庄周、王充之书，尚若与此两人同坐而可上下其议论，则古人之意，何不可以言传？惟读古人书，贵能心知其意。若自心为糟魄，则亦无奈古人书何也。

六月四、五日，《漫谈灵魂转世》，刊于《中华日报》。收入同前书页一四二～一五二。大意谓：

中华民族没有和其它民族一般的灵魂观念，遂使中华民族有与其它民族特异之宇宙观、人生观，而形成其文化之特异演进，此层大堪注意。

若如其它民族所言，人生前有灵魂，死后仍有灵魂。则与佛教理想涅槃真空之终极境界相违异。故佛教虽言投生转世，却不采灵魂转世之说。但其说"业识"，乃与其它民族言灵魂仍是小异大同。至于中华民族之传统观念，则认从宇宙界产生人生界，人生来自自然，亦回归自然，人生与自然之中间，更无另一存在。故每一人之生与死，只是一自然，其过程则全在人文界。

人生短短百年，而灵魂则可以无限转世。如此则灵魂界便来扰乱了人生界。耶稣教信有灵魂，所以耶稣教人该把爱上帝之心来爱父母。正因这一世彼是我父母，上一世，下一世，又不知是何关系。人生只如萍水相逢，灵魂则只与上帝有关系。但在中国，人只在此一世做人，更无前世、来世。彼则正是我此一世之父母，在彼亦并无前世、来世。彼之为我父母，天长地久、独一无二。我不尽孝，机会一失，百身莫赎。此身则只是此身，此世亦只是此世，人生可贵正在此。

又如佛家之说轮回，亦幸而只是一宗教信仰，其事秘密不为人知，并亦无从追究、证实。否则其父若前世是一猪，其母前世是一狐狸，其子前世是一狼，其女前世是一蛇，试问此世如何成得一家庭？亲戚乡党社会相知识人，或其前世是偷、是盗、是杀人犯、是流氓恶霸，如是等等，幸而不自知，又各不知，否则试问又何以相处？故真信轮回，还是出家为僧是第一正道。真信灵魂，则还是如西方中古时期始较是近理生活。惟有中国儒家提倡一套孝悌忠恕人生大道，安分守己，乐天知命，但究竟与宗教信仰灵魂、轮回诸说，有其不相融洽处。

若谓人生界之前后，尚有灵魂界，则人生界实如一戏台，灵魂界则如其后台。演剧者皆从后台化装出演，演毕仍归后台卸装。台前演戏，全非真我，全部人生，那得认真？帝王将相，圣贤豪杰，全属临时扮演，何尝有自我尊严可言？悲欢离合，啼笑歌哭，台下为之感动，台上人宁不自知其虚假？一俟归至台后，便全没有这会事。若人生界背后果有一灵魂界，则全部人生，百万年历史传递，岂不只如在演戏？此与人类所持有之自我尊严感，实不相容。耶稣说：凯撒事由凯撒管，上帝事由他管。人生界全属凯撒事，灵魂界始属上帝事。故凡属宗教信徒，则必具谦卑之德，亦必备出世之情。而中国传统文化精神，则彻头彻尾以人文为本位。灵魂观自所不能接受，而宗教亦不能由中国人自创。

灵魂与生命不同。纵谓灵魂转世有其事，惟首当辨者，灵魂乃人生以后事，非人生以前事。换言之，乃是有了生命乃始有灵魂，并非有了灵魂乃始有生命。而在中国人传统的人生理想、人生修养上，则纵使每人生前有此一灵魂，每人死后仍有此一灵魂，亦贵在能消化此灵魂归入人生，来善尽其人生道义。而此生前死后之一灵魂，则宁可置之不问，把它忘了。即如你上台演戏，该一心一意如台上其它角色共同演出一好戏，却不要只想后台。此是人生大艺术，亦是人生大道义。

孔子"不语怪力乱神"，又曰"敬鬼神而远之"。既不定要否认，却不表其重视。若套用耶稣的话来说，不如说上帝事由耶稣管，世间人生界一切事，还是由孔子管，比由凯撒管，会好得多。

八月一日，日本亚洲学者会议讲辞《中国文化之特性》，刊于《中华日报》。收入联经《全集》第二十三册及同前出版社《中国学术思想史论丛》（九）页八九~九七。摘要略。

九月《中国学术通义》，乃于一九七五年春，先生将其近三十年所撰论文，汇集而成，是书共收入十二篇。是年九月，由台北学生书局初版。一九八四年三版时，又增文两篇，全书共十四篇。收入一九九七年联经《全集》第二十五册《中国学术通义》，又收入了二〇〇〇年素书楼文教基金会·兰台出版社《中国学术通义》。是书中有多篇如《四部概论》、《中国儒学》与《文化传统》、《朱子学术述评》等篇，均已依其撰成或刊出年月，摘录大要分别补入一九四七年、一九六一年及一九六七年。故全书大要于此从略。

九月，《程篁墩文集》，刊于《东吴学报》四、五期合刊。收入联经《全集》第二十一册及素书楼文教基金会·兰台出版社《中国学术思想史论丛》（七）页三八~四八。大意谓：

明代程敏政克勤，有《篁墩文集》九十三卷。其人入《明史文苑传》，不目为理学中人。黄梨洲《明儒学案》亦不列，然其《道一编》，主张朱子、象山始异终同，其论早于阳明之《朱子晚年定论》。后人辨此问题，必加称引，是亦不可以不述。

篁墩论学，初若极尊程朱。《文集》卷十五《婺源明经书院重修记》有曰："性学既微，六经晦者千余年，至宋两程夫子始得圣学于遗经，紫阳夫子宽嗣其传。"篁墩乃谓朱、陆异于早年，同于晚岁，则殊嫌其考之未精也。

篁墩《道一编》渊源，显自草庐。其实草庐乃真有得于朱子道问学之传者。篁墩实乃一文士，于朱子道问学之传，非真有得。其致讥于元儒之纂订编缀，徒见文字，不知心性，则固是矣。然篁墩固不能谓其知心性。是篁墩固不自认为陆学，然亦不得谓其是朱学也。

全祖望《宋元学案·静明宝峰学案》有陈苑静明治陆学"时科举方用朱子，闻静明说，讥非之，毁短之，甚者求欲中之。静明誓以死不悔，一洗训诂支离之习，从游者往往有省。"其弟子曰祝蕃、李存、舒衍、吴谦，称"江东四先生"。此在元儒中之陆学也。而篁墩亦岂其俦乎？

《文集》卷十六《淳安县儒学重修记》又曰："朱、陆之辨，学者持之至今，予尝诵两家之书而窃惧夫人之不深考也。自艾于粗浮之习，而追病夫支离之过，其言具在，炳若日星。今弗究其晚年之同，而取决于早岁之异，其流至于尊德性、道问学为两途，或沦于空虚，或溺于训诂，卒无以得真是之归。"此文则真见为引朱归陆矣。盖篁墩亦主汇德性、问学而一之，而惜乎其已之所学，两面俱不着边际，则其所论，亦终不失为文士之骋其辞章而已。

赵枋《东山存稿》卷五有《陆先生赞》，其文曰："儒者曰其学似禅，佛者曰我法无是。超然独契本心，以俟圣人百世。"篁墩极赏此文，《文集》卷三十八《书赵东山陆子象赞》云："此亦因朱子谓'陆学固有似禅处'一句而发。然历考先正之论象山者博而费，不若东山此赞之约而该也。"然《文集》同卷《书朱子与陆子静书》又云："陆子轮对五札，皆不见所谓禅者。然析理之精，择言之审，百代之下，孰有加于紫阳夫子者哉？殆必有毫厘之差，千里之谬者矣。学者谛玩而自得之可也。"此则又犹豫其辞，一面既不信陆子近禅，一面又谓朱子析理精，择言审，其语绝不虚发。因乃依违不敢作决断。其实朱子论陆学似禅，何止此一处。篁墩既不信象山之近禅，终乃逼出其《道一编》早异晚同之论，自谓于此问题可得一解决。既不贬陆，亦不斥朱，以为可以两获其全。则诚所谓文士之见也。

窃谓朱子虽时以"支离"自惩，然不害其毕生之勤瘁于著述。虽称象山"八字著脚"，然不害时时以近禅致规箴。两人学术自有辨，惟朱子自期反身用力，去短集长，庶几不堕一边。而象山则曰："朱元晦欲去两短，合两长，吾以为不可。既不知尊德性，焉有所谓道问学。"果如此言，则即如篁墩《道一编》所考，朱子晚年深悔痛艾以自同于象山，象山亦终不之许。若象山地下可作，获见篁墩之《道一编》，亦岂遽遂以知言许之。吴草庐谓象山"有得于道，壁立万仞"。赵东山谓象山"独契本心，以俟圣人"。凡此所言，皆有当于象山之性气，亦犹朱子以"八字著脚"许象山耳。至于学术异同，则固当别论。

篁墩于著《道一编》以前，尚有《心经附注》一书。《心经》乃宋末真德秀西山所著，其书亦不见称于黄、全之《宋元学案》。篁墩《附注》，更不为后人称道。惟韩国朱子学者李退溪，极重其书。此后遂为韩国李朝经筵讲本。然退溪之后有李栗谷，有宋尤庵，有韩南塘，皆不深信此书，于篁墩《附注》颇有纠弹。盖篁墩之为此书，其意已渐近于陆氏。黄东发尊信朱子，而不满于西山。篁墩此《注》，亦称引及于东发。然于西山、东发两人学术深浅，则固非篁墩所能辨也。

　　又按：篁墩于孝宗弘治十二年与李东阳主会试，被言事下狱，事白，愤恚发痈卒。阳明二十八岁在京师举进士出身，即出是年李、程之试。阅后十六年，武宗正德十年，阳明编撰《朱子晚年定论》，末附吴草庐一说。则是编承袭所自，亦显可征。惟自草庐、东山、篁墩一脉以至阳明，先则谓尊朱不当贬陆，后乃为褒陆即以斥朱，其间转变之鲜，文字俱在，亦可覆案也。

　　十月二十四日，《生活行为与事业》，刊于《中华日报》。收入联经《全集》第四十二册及同前出版社《历史与文化论丛》页一八三。摘要略。

　　十一月，《现代中国之思想界》。收入联经《全集》第二十三册及同前出版社《中国学术思想史论丛》（九）页一〇～一六。摘要略。

一九七五年　乙卯　八十一岁

一九七六年　丙辰　八十二岁

一　国内大事

一月八日，中华人民共和国总理周恩来逝世。

二月十二日，"行政院"院会通过《修正国外留学规程》，决自今年起停办自费留学考试，留学政策原则不变。

七月二十八日，河北省唐山发生八级强烈大地震。

九月九日，中国共产党主席毛泽东逝世。

十月十八日，我国旅美学人丁肇中荣获本年度诺贝尔物理学奖。

二　事略

先生本年续在文化学院历史研究所任教。

三　著述

一月，《中国学术特性》，刊于《中华学术》三卷一期。收入联经《全集》第二十五册及素书楼文教基金会·兰台出版社《中国学术通义》页一八三～二一六。

一国家一民族之学术传统，必有其特性所在。似乎西方传统偏重"专业"，而中国则尚"通学"。依中国观念，学问应分两类，一为人人应该，亦属人人可能之学问，此即为通学，又一则只限少数人能之，亦只须少数人从事之学问，此即成专业。既属人人应该，又是人人可能之学，而有卓然杰出超类拔萃之成就，达于远非人人所能冀及之境界，此始见通学之可贵。至于专业之学，则有双重限制，内在须视各人材性所近，外在又不须人人从事，如天文历数、种植水利、医药音乐、土木建造等，非不于人生日用有关。然都由少数人专业为之，而政府社会，或公或私，各与一分报酬。在中国古代，此等专业，胥由世袭，所谓"畴人子弟"是也。至于通学则不然。《论语》孔子曰："弟子入则孝，出则弟，谨而信，泛爱众，而亲仁，行有余力，则以学文。"德性实践有余力，乃始及于一切典籍文字。孔门又有言："博学于文，约之以礼。"在幼年初学，则先约礼，后博文。乃其壮年进学，则先博文，后约礼。要之学问从实践起，而仍归宿到实践。此事人人相通，乃一日常人生之共同通道，故名之曰通学。而专业则由各人分别练习，能于此，不必其能于彼。通之与专，其别在此。

依中国人观念，一切人事皆各有道，而尤贵有一宏通之大道。故曰"人能弘道"。可见道由人立。又曰有"三达道"。又曰"大哉圣人之道"。惟圣人之道，乃可通于人人以为道。庄子曰："曲士不足以语道。"今日之所谓专家，自庄子言之，亦一"曲士"。惟《中庸》则曰"致曲"。人生各有一曲，惟贵能推致其曲，以成"大方之家"，斯专家亦为通人矣。故依中国儒家观念，专家非不可贵，但必期专家进而为通人，非欲毁专家而求通人。故孔子曰："执御乎，执射乎，我执御矣。"御之为技，视射为尤下。执御、执射，各守一专门之业，斯亦人道之常。惟求其相互间之通。道家尊天抑人，惟恐人道展衍而害天道，惟恐其由专而害通，故于人道常持悲观消极态度。儒家则主本于天道以展衍出人道，又复本于人道以参赞于天道，故于人道持积极乐观态度。此为儒、道两家之所分。而儒家之道，则终于中国传统占优势。居今日而言世道隆替，此一辨，似不当不加以深切之讨论也。

一月十一日，《天时与人文——中国文化特征之一》，刊于《联合报》。案本文后收入《晚学盲言》，改题名为《常与变》。收入联经《全集》第四十八册及同前出版社《晚学盲言》上篇页六二～八〇。摘要略。

二月，《灵魂与心》一书，由台北联经出版公司刊行。二〇〇一年同前出版社整理新版印行。摘要略。

二月八日，《群与孤》，刊于《联合报》。收入联经《全集》及同前出版社《晚学盲言》中篇页三八五～四〇一。摘要略。

二月二十二日，《自然与人工》，刊于《中国时报》。收入联经《全集》及同前出版社改题名为《自然与人》为页六六八～六七九。摘要略。

三月十七至二十日，《读张穆著〈阎潜邱年谱〉再论〈尚书古文疏证〉》，刊于《中华日报》；又刊于六月《书目季刊》十卷一期。收入联经《全集》第二十二册及同前出版社《中国学术思想史论丛》（八）页二〇〇～二一四。

回忆一九三一年秋，在北京大学讲"近三百年学术史"，编撰讲义，先期分发。翌年春，撰及阎潜邱。窃意"《尚书》古文"一案，早成定论。惟叙述此案，不当不兼及毛西河，因比读《冤词》、《疏证》两书。初谓是西河驳潜邱，乃《疏证》中明明是潜邱驳西河；心大疑惑。两百数十年来学人，亦绝未提及此事。时值春假，首尾七日，在二道桥寓庐第二进一小书室中，闭户思索，穷七日夜之力，完成一篇，快怃无穷。距今已四十四年，犹回忆如新。一日神倦，随手再翻张穆《阎潜邱年谱》，观其撦拾丛碎，排比详整。余为《学术史》时，张谱亦一重要参考，颇加征引。然辞尚简要，弃而不取者尚多。读余《学术史》者，同时未必兼读张《谱》。余言创辟，乃有疑其取证若嫌未足者。今年力已衰，精心钩稽，魄不如前；姑就张《谱》，再事钞撮，亦足为余四十四年前旧稿添助证。然苟细读余《学术史》，则此篇实如买菜求益，大可不必。姑尔成篇，聊资消遣而已。

四月，《明初朱子学流衍考》，刊于"中央研究院"《总统蒋公逝世周年纪念论文集》。本文分上、下两篇，收入联经《全集》第二十一册及同前出版社《中国学术思想史论丛》（七）页一～三五。兹撮大要如下：

上　吴康斋胡敬斋学述

黄梨洲《明儒学案》，崇仁吴与弼康斋褒然居首。并曰："椎轮为大辂之始，层冰为积水所成，微康斋，焉得有后时之盛。"又备引东林顾泾阳、泾凡兄弟及其师刘蕺山称崇康斋为之辨诬诸说。是康斋可谓受有明一代儒林所推重。余谓《康斋集》十二卷，《诗》占七卷，《日录》占一卷，梨洲《学案》仅摘钞其《日录》，康斋为人为学之精神面貌，已显著无遗。惟其《诗》与其《日录》，皆如章衮所谓，乃康斋一人之史，皆自言己事。理学家为诗，上有康节，下有白沙，皆毕生从事于此，而康斋亦然。人皆知康节、白沙诗，而康斋实为其蜂腰，其诗尤平实。康节、白沙为诗，不脱山林湖海气味，康斋则确然一农村老儒。《日录》所谓"淡如秋水贫中味，和似春风静后功"，其诗即此境界。刘蕺山谓"一时诸公，薛文清多困于流俗，陈白沙犹激于声名，惟先生醇乎醇"，亦读其诗而可征。故凡读康斋《日录》，必能兼诵其《诗》，庶乎益可想象一代名儒于其日常平淡淳朴之生活中。至于事功著述，声名言论，皆其余事。其无可称道处，正其无可企及处。顾泾凡谓其"旷然自足，如凤凰翔于千仞之上，下视尘世，曾不足过而觅焉"，是也。

惟余于梨洲《崇仁》一案，仅言其一禀宋人成说，而于其独尊朱子以为高山之仰止者，未加点明，稍感遗憾。康斋《日录》中，屡记梦孔子、朱子，其记梦朱子有曰："梦侍晦庵先生侧，先生颜色蔼然，而礼甚恭肃焉，起敬起仰也。"又"昨夜梦同三人观涨，拟同访朱子，不胜怅叹而觉。"其流连向往诚挚之情有如此。

康斋从游有胡敬斋居仁、陈白沙献章，学皆尊朱子，然敬斋深不喜白沙。梨洲《学案》，则谓："有明之学，至白沙始入精微，至阳明而后大，两人之学最为相近。"湛甘泉若水游白沙之门，亦以濂溪、明道、象山联称，是则白沙途辙显有转向。故罗整庵谓"近世学术之误恐自白沙始"，而敬斋已先言之，则惟敬斋可谓不失康斋之矩矱也。

《文敬集》有三卷，其卷一《复汪谦》有曰："孔子所传，颜、曾、思、孟所学，及孟子没而失其传。周子发其端于前，程子遂扩而大之，朱子又集而全之，故吾道遂大明于宋。元之许鲁斋，观其所行端悫务实，亦非世儒训诂可比。此外诸儒，皆以考索为足以明道，批注为足以传道，求其操存践履者盖寡焉。若双峰饶氏，公迁朱氏，已不免此弊，其流至于陈氏、吴季子等，则其口语乱道，其不得罪于圣门，吾不信也。"

自孔子以博文约礼为教，此下孟子偏约，荀子偏博，不免两歧。北宋理学诸家亦偏约，所谓"吃紧为人"是也。朱子集周、张、二程，并汉、宋诸儒之大成，博文之功，千古无匹，而不失约礼之精神。其诗曰："旧学商量加邃密，新知涵养转深沉。"商量旧学即博文，涵养新知是约礼。如鸟两翼，如车双轮。象山讥其支离，近代人疑其近荀子，此皆不识朱子为学之真与大。元儒在异族政权统治下，吃紧为人，盖所难言。许鲁斋大节已亏，如人陷泥淖中，何立、达可期！故元儒尊朱，终不免走上考索批注文字书本一路。明初《五经四书大全》，皆元儒成业，悬为明代一代之功令，当时诸儒不免心生鄙厌，康斋、敬斋，乃皆在操存践履上努力，而撰述之事非所重。于经史实学博文之功，即敬斋亦已不能与黄东发、吴草庐相拟。影响所及，遂使明代理学，都偏向了约礼一边。前如薛敬轩，后如罗整庵，同属尊朱，同少博文工夫。康斋、敬斋同为醇儒，康斋尚多为诗，敬斋则诗文并罕，益见近里笃实。其为学，既重涵养新知，并亦商量旧学，又若于康斋为一转手，而惜乎终未臻于大成兼擅之境。

敬斋所主之穷理，不仅为修身，并以为治世。由此阐申，则博文一途终不可避。明代理学家，鉴于元儒之弊，因噎废食，似乎于此一途有戒心，遂多眼高空腹之病。即康斋门下，白沙已屡为敬斋所讥斥，而此下终亦不免多要转入象山路上。此因失却康斋、敬斋之谨严，不得谓康斋、敬斋即有以启其机也。

明初理学家，与康斋、敬斋同时，北方尚有曹月川、薛敬轩。虽亦与康斋、敬斋同一尊朱，同尚践履，而双方学问路径似有不同。康斋、敬斋似是从朱子上窥二程，近似于所谓程朱之正传。而月川、敬轩则从朱子上窥濂溪、康节、横渠，应与程朱正传有不同。故康斋、敬斋喜言"心"，而月川、敬轩更喜言"天"。换言之，康斋、敬斋为学，偏重日常人生以至治平教化，而月川、敬轩则多纵论及于宇宙自然理气问题。由康斋转出白沙，由一斋转出阳明。敬斋虽力辨白沙，然梨洲《学案》于康斋、敬斋转少抨击，独于月川、敬轩则不肯轻易放过，即此亦可见明初南北双方学术之有异矣。此贵学者之微辨之。

下　曹月川薛敬轩学述

清《四库全书·曹月川集提要》，称："明初理学，以端与薛瑄为最醇。"今按：两人皆籍北方，月川在先，敬轩在后。

薛瑄，号敬轩，山西河津人。中永乐庚子乡试第一。中进士第，授监察御史。梨洲《学案》引《师说》："前辈论一代理学之儒，惟先生无闲言，非以实践之儒欤？然为御史，未尝诤一言。景皇易储，先生为大理，亦无言。于肃愍之狱，先生仅请从末减，坐视忠良之死而不救，则将焉用彼相矣。先生于道，于古人全体大用，尽多缺陷，特其始终进退之节，有足称者。"今按：言明代朱子学巨擘，必群推敬轩，然犹不免有訾议如此。梨洲《学案》引《师说》又曰："阅先生《读书录》，多兢兢检点言行间，所谓学贵践履，意盖如此。或曰：'七十六年无一事，此心惟觉性天通。'先生晚年闻道，未可量也。"此所评骘，亦有微辞。梨洲之自为评则曰："敬轩所著《读书录》，大概为《太极图说》、《西铭》、《正蒙》之义疏，然多重复杂出，未经删削，盖惟体验身心，非欲成书。"亦不以古人著作例许之。

敬轩推崇朱子，《读书录》卷五又曰："于千余年俗学异端淆乱驳杂中剔拨出四书来，表章发明，遂使圣学晦而复明，大道绝而复续。而俗学异端之说不得以干正，其功大矣。"是敬轩亦明认四书在五经之上也。濂溪、康节、横渠三人之著书立说，则不免有偏重《周易》一经之嫌。朱子虽亦同尊此三人，然明白昭示后人以入圣之门，以上接孔孟之传统者，则《周易》一书，断不能与《语》、《孟》、《学》、《庸》四书为比。故朱子尤特尊二程，而后世儒者又专以程朱联称，其中所以然，惟敬轩此条独加阐发。则敬轩之于儒学大统及其精义所关，断不能谓其无所见。然敬轩之自为学，则实于康节、濂溪、横渠三人有其用心独至者。其学脉乃承月川来，李祯谓"薛河东先生雅服月川"，是矣。而梨洲乃谓敬轩《读书录》，不过为"《太极图说》、《西铭》、《正蒙》之义疏"，是实未深得敬轩为学之要领与旨趣也。至敬轩又特提朱子之《小学》书，而以许鲁斋为继朱子之统，此亦即敬轩自己学脉，皆传自当时北方之学统也。

敬轩为学，笃信谨守，不喜牵引论辨，其病若在少所阐发。此乃敬轩姿性所限，适因白沙、阳明未起，笃遵前规，固若规模未臻于宏大，阐申未及于精微，要自不掩其所长。在孔门亦当在"德行"之列。

敬轩有《诗集》十卷，冲淡高秀，有陶、韦之风。理学家中能诗者，敬轩亦其一人。其中有一首云："蜩鸠笑大鹏，夏虫疑寒冰。语之斯道大，心识何蒙冥。属文箧笥满，读书栋宇盈。徒劳一生力，了无寸见明。谁言点也狂，鼓瑟有深情。"是敬轩之学，谨言慎行，悃愊无华，而其内心慕向，乃在曾点之狂。当时谥曰文清，亦殊得当。而伊尹之任，柳下惠之和，则非其性近。其兢兢检点言行，乃学养所致。梨洲《学案》亦谓其"闻曹月川之风而起"，此言近之。而犹谓其"多困于流俗"，又谓陈白沙"犹激于声名"，乃以专尊阳明，似未能真识敬轩之为人也。

曹端，字正夫，号月川，河南渑池人。生洪武九年正月。永乐戊子举于乡，明年登乙榜第一。其学一以力行为主，守之甚确，一事不容假借。敬轩之学，诚为近之。

彭泽称："我朝一代道统之传，断自渑川曹先生。"陈建曰："曹月川学行犹在吴康斋之右。"孙奇逢则曰："法言矩行，一毫不苟，紫阳嫡派。"又曰："天生成一个铁板道学公，真明代开山，不独冠冕中州也。"

月川之论理气，一承朱子，本可相悦而解，不烦拘泥为辨也。梨洲《学案师说》曹月川条有曰："先生之学，不由师传，深有悟于造化之理，而以'月川'体其撰。反而求之吾心，即心是极，即心之动静是阴阳，即心之日用酬酢是五行变合，而一以事心为入道之路。故其见虽彻而不玄，学愈精而不杂，虽谓先生为今之濂溪可也。"斯评简确，知蕺山之所窥于先儒者，远较梨洲为邃矣。谓月川"以事心为入道之路"者，月川有曰："事事都于心上做工夫，是入孔门的大路。"是也。谓"以月川为撰"者，月川有《月川交辉图诗》。诗曰："天月一轮映万川，万川如有月团圆。有时川竭为平地，依旧一轮月在天。"其弟子谢琚说之曰："以在天之月喻万殊之原于一本，以映川之月喻一理之月为万殊。"盖敬轩日光飞鸟之喻，亦由月川之喻来。两人之学，皆力主于践履，而归本之于一心，然较之陆王言心，则虚实平险自判矣。

梨洲《师说》又曰："先生自谱，其于斯道，至四十，犹不胜其渺茫浩瀚之苦。又十年，怳然一悟，始知天下无性外之物，而性无不在。所谓太极之理，即此而是。"性无不在"，即犹一月之映万川也。敬轩诗"七十六年无一事，此心惟觉性天通"，亦犹月川之所悟。两人学皆平实，而所悟则极圆通。所谓"性无不在"与"性天通"之说，较之阳明之言良知生天生地，岂不遥为平实而深允乎？梨洲于《月川》、《敬轩》两案，皆多浮辨，可以已而不已，则门户意气害之也。

四月六日，故宫博物院追思蒋公逝世周年讲辞《蒋总统的哲学思想第一讲》，刊于《中国时报》。收入联经《全集》第二十三册及同前出版社《中国学术思想史论丛》（十）页八二～九一。摘要略。

四月七日，撰《中国学术思想史论丛》（一）之序。收入联经《全集》第十八册及同前出版社论丛（一）书中。文中有云：

余少孤失学。民国初元，年十八，即为乡村小学教师。授课之暇，阅读每以报章杂志为先导。犹忆见北京大学招生广告，须先读章学诚《文史通义》，余即觅其书读之，至形梦寐间。登一楼，满室皆章氏书，并有未刊本。及余任教北京大学，果得章氏未刊文近二十篇，斯梦之验，则已逾二十年矣。梁任公、胡适之皆盛推章氏，然于"六经皆史"一语，均不得其正解。其它章氏独识孤诣，皆少阐述。近代国人涉猎旧籍，胥不以轻心掉之，即此足以为证。尤其是崇洋蔑古，蔚为风气，美其名曰"新文化运动"。狂论妄议，层出不穷。余就所讥评，一一按其实情，殆无一是。韩昌黎有言，"凡物不得其平则鸣"，人之于言也亦然，有不得已者而后言。余之终亦不免于不得已而后言，则亦昌黎所谓不平之鸣也。既薄有撰述，络续付之剞劂。而六十年来，所为散篇论文，未收入专书，尚犹存箱箧者，兹择其有关学术思想之部分，汇为此编。名曰《中国学术思想史论丛》。

五月八日，庆祝国军军官深造教育七十五周年纪念会讲辞《蒋总统的哲学思想第二讲》，刊于七月七日《中国时报》。收入联经《全集》第二十三册及同前出版社《中国学术思想史论丛》（十）页九二～九九。摘要略。

五月十九日,《现代对退溪学之再认识》,刊于《中央日报》。收入联经《全集》第二十一册及同前出版社《中国学术思想史论丛》(七)页四一五。案本文为韩国庆熙大学演讲辞,先生文中除略述李退溪的学术思想外,又特别强调"士"的观念。文中有云:

如朱子,如退溪,固亦可称为一思想家,然所据乃人类之"通德",所志乃人文之"达道"。退溪教人,如何"成就本原之地,以为凝道广业之基"。其自谓有曰:"滉为学浅陋,惟知谨守先儒定本之说,白直加工,而犹未通解。此外幽深玄远之论,实未暇及。"可知以现代人观念,以一思想家目退溪,退溪决不受。若以西方文化体系中之一哲学家拟退溪,将见其更为不伦。

在现时代人之观念之其学术系统中来了解退溪,恐将终不得退溪为人与其为学之真。一有此等专家分别,即与东方文化传统精神有隔膜而不亲切。

在中国文化体系中有"士"之一名色。为圣、为贤,皆士也。若以孔子为大圣,朱子为大贤,退溪亦至少为一善士。即在孔子、朱子,亦不以圣、贤自居,而惟期求为一士。孟子分有"一乡之善士"、"一国之善士"、"天下之善士"。退溪不仅为韩国一国之善士,亦实为我东方文化体系中,中、日、韩三国共同所尊重之善士,是即天下之善士也。依现代人观念言,退溪至少当为我东方天下一善士。

今日东方文化之最大危机,即在东方社会中,亦已只有了如西方般的专门学者,或分类分科、分职分业的各项知识分子,而渐不见有所谓"士",亦渐不知有所谓"士"。顾亭林言:"有亡国,有亡天下。天下兴亡,匹夫有责。"此所指之"匹夫",即士也。在东方社会上没有了士,则东方文化势必解体,此即顾亭林之所谓"亡天下"。

今天我们中、日、韩三国,一面仍是东方文化之柱石,但一面却也经不起西方惊涛骇浪之冲击。从顾亭林观点,就东方文化立场言,实可谓已有了亡天下之势。

今论我们现代东方人对退溪之再认识,区区之意,认为莫先于认识退溪在东方文化体系中之所谓"士"的身份与地位。士志于道,希圣希贤,而有据于德、依于仁、游于艺之各项工夫。退溪思想,正可谓直接孔子、朱子之大传统，而为此传统中一代表人。

今日预会诸君，窃谓莫先于从退溪之为人与学，来再认识东方文化体系中士之身份与地位，"先天下之忧而忧，后天下之乐而乐"，"天下兴亡，匹夫有责"。认识得此一大纲领，则我们庶可以尚友古人，来重兴我东方文化的天下，亦来为当前世界西方文化作一番补偏救弊之功。

五月二十二日，于汉城"中华民国驻韩大使馆"公开演讲，讲辞《东西文化之一种比较观》，刊于六月三日《中华日报》。收入联经《全集》第二十三册及同前出版社《中国学术思想史论丛》（九）页一○四~一一○。摘要略。

六月，《读段懋堂经韵楼集》，刊于《幼狮月刊》四十三卷六期。收入联经《全集》第二十二册及同前出版社《论丛》（八）页三二七~三三七。大意谓：

段玉裁懋堂于干隆二十八年癸未从戴东原讲学，投札称弟子。时年二十九。东原以非宋訾朱自负，懋堂则以小学名家。然考《经韵楼集》卷八，有《博陵尹师所赐朱子小学恭跋》，其文成于嘉庆十四年己巳，懋堂年七十五。跋中有曰："癸亥，先君子见背，今又七年所矣。归里后所读书，喜言训故考核，寻其枝叶，略其本根，老大无成，追悔已晚。盖自乡无善俗，世乏良材，利欲纷拏，异言諠豗。而朱子集旧闻，觉来裔，本之以立教，实之以明伦敬身，广之以嘉言善行。二千年贤圣之可法者，胥于是在。或谓汉人之言小学，谓六书耳，非朱子所云也。此言尤悖。汉人之小学，一艺也。朱子之《小学》，蒙养之全功也。子曰：'弟子入则孝，出则弟，谨而信，泛爱众，而亲仁。行有余力，则以学文。'朱子之教童蒙，本末兼赅，未尝异孔子教弟子之法也。"东原言"训诂明而后义理明"，一时风气，群以治六书训诂为学问惟一大门径，懋堂尤毕生萃精许叔重《说文》一书。其所为《说文解字注》之付梓，在嘉庆十八年癸酉，仅在此后四年。乃谓"老大无成，追悔已晚"，是其内心愤悱之情，实有大堪注意者。

懋堂跋《朱子小学》文，在己巳之三月，而同年正月，又有为严久能作《娱亲雅言序》，亦在《经韵楼集》卷八。其文有曰："余以为考核者，学问之全体。学者所以学为人也。故考核在身心性命、伦理族类之间，而以读书之考核辅之。今之言学者，身心伦理不之务，谓宋之理学不足言，谓汉之气节不足尚。别为异说，簧鼓后生，此又吾辈所当大为之防者。"东原举义理、考据、辞章为学问三大纲，而以独能言义理自务。懋堂承其师说而变之，谓学问当首重考核。考核当在身心性命、伦理族类之间，而以读书之考核辅之。其意首发于为其师《东原集》作序，而及是又发之；与其师所言，意趣有异，盖其心犹不忘宋儒之理学也。

同年，又有《答顾千里书》，见《经韵楼集》卷十一，书中有曰："《颜氏家训》曰：'今有读数十卷书，便自高大，陵忽长者，轻慢同列，如此以学，求益反自损，不如无学。'子朱子《小学》取之。顾泾阳诲钱牧翁曰：'汝自谓读书多，我有书二本，汝却未读，乃《小学》也。'未有无人品而能工文章者。足下姑读《小学》，何必一再言。"是即考核身心伦理而以读书之考核辅之之意。既曰"学者所以学为人"，又曰"未有无人品而能工文章"者，斯诚宋学宗旨所在。其跋朱子《小学》，必曰"恭跋"。其称朱子，又必曰"子朱子"，斯其一瓣心香之深入骨髓可知矣。

又按：懋堂为《戴东原集序》有曰："玉裁闻先生之绪论矣。其言曰：'有义理之学，有文章之学，有考核之学。义理者，文章、考核之源也。熟乎义理，而后能考核，能文章。'玉裁窃以谓义理、文章，未有不由考核而得者。自古圣人制作之大，皆精审乎天地民物之理，得其情实，综其始终，举其纲以俟其目，与其利以防其弊，故能奠安万世；虽有奸暴，不敢自外。《中庸》曰：'君子之道，本诸身，征诸庶民，考诸三王而不缪，建诸天地而不悖，质诸鬼神而无疑，百世以俟圣人而不惑。'此非考核之极致乎？圣人心通义理，而必劳劳如是者，不如是，不足以尽天地民物之理也。"

懋堂编《东原集》而为之序，事在干隆五十七年壬子，懋堂五十八岁，尚在为严久能作序前十八年。是懋堂虽深佩其师之学，而于其师之说，乃重有引申，加以发挥，而又反复言之；此非有意于背师，乃其幼年濡染于理学，尤其于朱子之言，至老而不能忘。其谓"尽天地民物之理"者，即朱子之格物精神也。故曰"考核在身心性命、伦理族类之间，而以读书之考核辅之"也。此亦犹朱子言"读书曰格物之一端"也，而岂仅经籍训诂之务乎？

七月，《周武王的故事》，刊于《陕西文献》二十六期。此略。

七月，《中国文化的中心思想性道合一论》，刊于《国魂》三百六十八期。收入联经《全集》第三十八册及素书楼文教基金会·兰台出版社《中华文化十二讲》页一～一八。摘要略。

七月，《读罗璧识遗》，刊于《幼狮月刊》四十四卷一期。收入联经《全集》第二十册及同前出版社《中国学术思想史论丛》（六）页五二～五八。

《四库全书·子部杂家》有罗璧《识遗》十卷，《提要》云："璧字子苍，号黙耕，新安人。《宋史》无传。据书中引陈抟《寒在五更头》之谶，称第五庚申后又十五年而祚移，则其成书在宋亡以后，其人盖宗仰程朱之学者。如谓：'宋文章多粹，自伊洛发明孔孟，更觉欧苏气象不长'，又谓：'夫子之道，至晦翁而集大成。诸家经解，自晦翁断定，然后一出于正'云云，其本指可见。然其所说，则多引经述史，考订异同，而不屑为性命之空谈；故其议论，往往精博可取。"

罗氏治学实有跨越诸儒直探六经之意。罗氏敢疑伪《古文尚书》、辨左氏非丘明、疑《周礼》，宜非寻常拘儒所及矣。罗氏虽不切切究论心性，而于理学大宗旨所在实未忽视。

罗氏之学实承理学来。惟不喜谈心性，专治经史，故于理学中乃独尊朱子，不及北宋周、张、二程四家。窃谓其学应与王伯厚《困学纪闻》相似。惟不如王氏之博大。又王氏入元久，其著书深寓亡国遗民之痛，罗氏则似入元未久即卒，又或其年寿不长，其书当大部成于宋代未亡前危殆之际，故不能如王氏之宏通而深沉也。

七月，为李安《岳飞史迹考》作《跋》文。收入联经《全集》第五十三册《素书楼余沈》。摘要略。

七月十日、十一日,《皇帝与士人》,刊于《联合报》。收入联经《全集》第四十八册及素书楼文教基金会·兰台出版社《晚学盲言》中篇,改题名为《帝王与士人》页六四九～六六〇。摘要略。

七月十七日,《物世界与心世界》,刊于《中华日报》。收入同前上篇页一一八～一四七。摘要略。

七月二十六日,《精神与物质》,刊于《中华日报》。收入联经《全集》第二十三册及同前出版社《中国学术思想史论丛》(九)页五九～六六。摘要略。

八月十四日,《再记火珠林占易卜国事》,刊于《联合报》。收入同前论丛(十)页一六五～一七五。摘要略。

十月十六至十八日,《读宗密原人论》,刊于《中华日报》;又刊于十二月《书目季刊》十卷三期。收入联经《全集》第十九册及同前出版社《论丛》(四)页二二四～二四一。大意谓:

远自南梁达摩东来,迄于唐初慧能崛起,佛门中爆出了教外别传之禅宗。从此掩胁一世,越五代,传两宋,几乎整个佛门,全属禅宗天下。而影响所及,则普遍全社会。此在中国宗教信仰乃及学术思想史上,实具有莫大之意义与地位。禅宗虽称"不立文字,直指人心",但其所指示者,究该有一套先后承袭的思想系统。以现代哲学术语言之,应可谓是一套"绝对的唯心论"。所谓达摩传上乘一心之法是也。何以达此境界,则达摩已分别揭示"理入"、"行入"两门。达摩虽为禅宗创始,但仍主借教得悟。其言"行入"之四,则曰:"信解此理,应当称法而行。"信解此理,仍得借教。惟"理入"贵悟,必以渐。既言二入,则必兼"顿""渐"。亦断无只悟不修,有顿无渐之理。如达摩在嵩山少林寺面壁,此属悟后事,故曰"行解相应"。面壁属行不属解,属渐不属顿。

慧能教人禀承《坛经》，自识本心，自见本性，不再上溯诸经典，遂以确成其为教外之别传，即所谓"《坛经》传宗"是也。此下禅宗诸祖师，可谓其着精神处尽在"行"上。神会定南北宗旨，力辨南顿北渐，似乎偏重悟解，却于修行上不免忽了。故后来禅门，终说神会是一"知解宗徒"。细读《神会语录》，取与《坛经》相比，一在知解上，一在修行上，此一差别，亦非难睹。自神会后下迄宗密，此一差别乃益见。

宗密幼业儒典，遇神会法嗣第三传道圆，遂从剃染。其学该于内外，宗说兼通。著有《华严》、《圆觉》等诸经论疏钞，又为《禅源诸诠集》，其序文自言，"所集诸家述作，多谈禅理，少谈禅行。"则其宗旨所在、偏重知解，即"理入"一边可知。又宗密有《禅门师资承袭图》，谓达摩之心流至荷泽，又谓荷泽宗是释迦降出、达摩远来之本意。"将前望此，此乃迥异于前。将此摄前，前即全同于此。"则其于禅宗自慧能下独所推尊于神会者亦可知。今即观于宗密之所从事，而神会之终不得预于曹溪之嫡传正宗亦可知矣。

今当特一提出者，则为宗密之《原人论》。此书可谓近似一纯粹哲学性的论著，专意讨论人类原始；而思辨所及，亦可谓其乃偏涉在宇宙论方面，而明白揭出其绝对唯心论之主张。虽其大义，亦一本佛学与禅宗。然论其趋势所归，则显已有自宗教折入于哲学之倾向。而求其血脉渊源，则不得不谓其乃出于神会。今即就宗密此书，亦可证禅宗一脉，自达摩迄于慧能，此下五家分宗，其精神意态，显不与自神会以至宗密者相似。此亦治禅宗思想者不可不注意之一端。而自另一面而言，则宗密《原人论》所主张之绝对唯心，自哲学意味方面言，亦不得谓其于禅宗诸祖师远自达摩以下一脉所悟，无所阐发。然自慧能以下禅宗诸祖师，终于宗密此书，颇少称道。盖禅宗诸祖师，几乎无不从其日常修行上启悟；而宗密之书，则显从文字言说之思辨上得来；此与《坛经》传宗不立文字、直指本心之大统不得谓无违背。其书中所持之绝对唯心论，亦只可谓是一种哲学思辨，与禅宗诸祖师顿然之悟，其间亦大有径庭。惟此书通论全部佛说，又兼及于中国儒、道两家与佛法之异同，实已远启此下宋代理学诸儒所探讨。虽宋代理学家亦绝少称引此书，但此书在唐、宋之际之思想史上，要当有其一加注意之价值也。

宗密谓"顿悟资于渐修，师说符于佛意"，则其意实欲重挽禅门之新宗，返之佛法之旧教。再泯教与宗而为一。惟一切经典文字，三乘万法，则必以禅宗之直提心性为其真源了义而已。宗密不仅推崇新禅，实亦遵奉旧禅。其论渐修，不仅偏向经典讲解，实亦兼重佛门修持。在其思想义理之探寻方面，题已转入哲学家道路；然其制心修行方面，则依然仍是一宗教家精神。在理论上极推神会，而在修行上，则神会亦不惜背弃。此诚宗密一特出处。其所欲包罗融会者太广，则宜其所主张从事之未能即收宏效。此在宗密亦自知之，而仍不改其涂辙，此即宗密一番宗教精神之最好表现也。然经典知解，究非"一行三昧"之谓。禅宗后起，如山不许人看经，百丈谓："解得三乘教，觅佛即不得"。宗之与教，已成如此隔阂。但禅宗之再演进而至于参话头，已与净土口念"南无阿弥陀佛"无异。禅、净合一，皆在修行，不在知解。

佛学入中国，至是已久历年数。若从宗教修行言，则到禅宗而鞭辟入里，更难有进。若从思想知解言，则会通中国儒、道两家以完成一系统，亦已如箭在弦上，有不得不发之势。宗密之原人论，正其嚆矢也。其书之可值重视者在此。然其事则须待有宋理学家出而始告完成。有宋理学家原本古先儒家言，分别心、性。"心"只限于一切有情，"性"字则兼包有生与无生，此可为宗密更进一解。佛家亦说"性含万法，一切法在自性"。然佛家终是从人生界看性，必言佛性，究不如儒家言性之更为恢宏。又谓"心"属气，"性"属理，整个宇宙，不专以唯气一元说之。唯气一元，则偏近唯物，与中国传统乃至佛家说皆不合。但亦非理气二元，实当谓之理气混合之一元。气必涵理，理必附气。中国古人言"天人合一"，宋代理学家则易之以"理气合一"。其所主张，实较宗密之"心识变成二境"，远于情实为符。且"理"字又兼摄佛家之"因缘"义。理学家言"理气"，已远胜于佛家之言"因缘"。如因种子而生果，瓶缘泥而成。既言因缘，则必有物有气，而理亦寓之。佛家言："佛家一大事因缘出世。"其实宇宙人生之整体，悠久盛大而多变，即是一大事；而此一大事，则亦只是一因缘和合而已。既推阐至此，又何必拘拘焉专为原人一端立论乎？亦可谓专论生命哲学，终是未了，必推论及于宇宙全体，乃始有了义可觅。惟禅宗之专主实际人生，则又当别论。

理学家之可宝贵，在其"吃紧人生"，于宇宙万物之推阐，莫不以人文界为基点而出发。其于人文界，则特重人之心性与修行。此一层，其精神乃特与禅宗为近。但禅宗不脱佛学传统，以出世离尘为主，理学家则以淑人拯世为本。因此禅宗推论宇宙，必归之于寂灭空虚；而理学家论宇宙，则不忽其悠久性与复多性。此乃双方之大异处。宗密初受披薙于道圆，为禅门传法。后又执弟子礼于华严第四祖澄观，获嗣法为华严第五祖。其书亦名《华严原人论》。而澄观亦曾受法于神会法嗣五台之无名禅师。今可谓神会主顿，华严澄观则尚圆，双方本可相通；宗密之称"大宏圆顿之教"者在此，而神会一支之终不得预于曹溪慧能之正宗嫡传者亦在此。理学家提出理气混合之一元论者为朱子。朱子力辟禅学，而于华严亦有所称道。今若必谓理学近禅，则程、朱一派，在修行精神上实近曹溪，而在思辨知解上，则转近华严圭峰，此又不可不知也。

理学中在修行精神上更近曹溪，而于知解上绝不走圭峰一路者，则为与朱子同时之陆象山。至明代王阳明而厥风大肆。阳明晚年，始唱"良知为造化精灵"之说，亦由人生界闯进宇宙界，而提出其三教合一之观点。然阳明在此方面，仅粗抽端绪，王龙溪承之，亦未能有发挥。亦可谓陆、王仍仅留驻在曹溪禅一边，未能如神会以宗密之蕲求由顿达圆之路。象山讥朱子为"支离"，不知伊川、晦庵意欲求圆，由渐入顿，由顿归渐，双方兼顾，实亦不能以支离讥之也。若循此说之，则理学家中之程、朱一派，正于慧能法无渐顿、定慧合一之大宗旨，更能有所推衍深入，确非象山阳明所及也。

神会在滑台大云寺之定南北宗旨，大播神秀"师承是傍，法门是渐"之说，实仅是当时佛门中一诤论。神会意气激昂，而于佛门中一套修行精神，则显见疏远。故此下禅家，于此事皆不愿多谈。甚至神会名字，亦若湮若晦，而其文字著述，亦失落不传。宗密承神会而益进，其努力，更偏在文字知解上，会通禅学于《起信》、《圆觉》、《华严》；而在修行精神上，亦能兼顾，惟不见有持着处，其在哲学思维上，则实能有组织，自寻一系统。故立论归根虽在顿，而亲所从事则属渐。而属文字知解之渐者为更大。因此在曹溪传统下，亦不甚称述。而较之神会，则隐显不同矣。逮及宋代理学兴起，于修行精神上既密近禅宗，而在思维知解上，则较宗密益进。所以在中国全部学术思想史上，禅学终让位于理学，而宗密《原人论》，亦终沦于若阴若晦之列。今特为钩稽出之，加以撮述，庶使关心于儒、佛进退，及宗教与哲学异同之间，乃至于理学中程、朱与陆、王之分别所在者，亦可由此而有所窥入也。

十月三十一日，《纪念总统蒋公九秩冥诞谈复兴中华文化兼觇当前国运》，刊于《中国时报》。收入联经《全集》第二十三册及同前出版社《中国学术思想史论丛》（十）页一〇〇~一一三。摘要略。

十一月十九日，《评骂古人与岳飞史迹考》，刊于《中央日报》。此略。

十二月，《程光裕著星马华侨中之杰出人物序》，刊于《华学月刊》第六十期。此略。

冬至日，撰《中国学术思想史论丛》㈡之序。收入联经《全集》第十八册及同前出版社《论丛》㈡书中。此略。

十二月二十三至二十五日，《读书与游历》，刊于《中华日报》。收入联经《全集》第四十五册及同前出版社《中国文学论丛》页二四二~二五四。大意谓：

行万里路，读万卷书，古人每以游历与读书并言。此两者间，实有其相似处，亦有其相关处。到一新环境，增新知识，添新兴趣，读新书正亦如游新地。但游历必有导游。游罗马、巴黎、伦敦，各地不同。入境问俗，导游者会领导你到先该去的处所。读书亦然，亦该有导读。一美国人去罗马，总会去看梵蒂冈教廷。去巴黎，总会登拿破伦凯旋门。去伦敦，总会逛西敏寺。但总不该去罗马、巴黎、伦敦寻访白宫与自由神像。游客兴趣不同，尽可或爱罗马，或爱伦敦、巴黎，亦可三处全爱或全不爱。但游客总是客，游览则贵能客观。

余尝爱读王渔洋诗，观其每历一地，山陬水澨，一野亭、一古庙、一小市、一荒墟，乃至都邑官廨，道路驿舍，凡所经驻，不论久暂，无不有诗。而其诗又流连古今，就眼前之风光，融会之于以往之人事，莫不因地而兴感，触目而成咏。乃知中国各地，不仅皆画境，亦皆是诗境。诗之与画，全在地上。画属自然，诗属人文，地灵即见于人杰。中国人又称"天下名山僧占尽"，其实是中国各地乃无不为历史人物所占尽。亦可谓中国人生于斯，长于斯，老于斯，葬于斯，子子孙孙永念于斯。三四千年来之中国文化，中国人生，中国历史，乃永与中国土地结不解缘。余尝读中国诗人之歌咏其所游历而倍得此一意，而尤于渔洋诗为然。

久而又悟得，渔洋诗之风情与技巧，固自有其独至，然渔洋又有一秘诀，为读其诗者骤所不晓。盖渔洋每至一地，必随地浏览其方志小说之属，此乃渔洋之善择其导游。否则纵博闻强记，又乌得先自堆藏此许多琐杂丛碎于胸中？若果先堆藏此许多琐杂丛碎于胸中，则早已窒塞了其诗情。然其诗情则正由其许多琐杂丛碎中来。若果漫游一地，而于其地先无所知，无有导游，何来游兴？今日国人，已多不喜读中国书，则又何望其能安居中国之土地，而不生其侨迁异邦之遐想乎？

余亦因游伦敦、巴黎、罗马，乃始于西欧历史文化稍有悟解，较之从读书中得来者，远为亲切。每恨未能遍游欧土。然每念如多瑙、莱因两河，在彼土已兼融古今，并包诸邦；若移来中国，殆亦如四川嘉陵江、湖南湘江之类，只属偏远省区一河流。若如中国之长江大河，在欧美殆无其匹。而如广西之漓江，浙江之富春江，其风景之幽美，恐在欧土，亦将遍找不得。即如洞庭、彭蠡、太湖，以拟美国之五湖，不论人文涵蕴之深厚，即论自然地理方面，其形势风光之优美多变，殆亦有无限之越出。而天台、太华五岳之胜，人文自然，各擅绝顶。又如云南一省，天时地理，云霞花草，论其伟大复杂，应远在瑞士之上。惟瑞士在欧土之中，云南居中国之偏，若加修治，必当为世界之瑞士。以瑞士比云南，将如小巫之比大巫无疑。若如长安、洛阳，较之欧土之有维也纳，在历史人文上，更超出不可以道里计。纵在中国宋后一千年来，不断荒废堕落，然稍经整葺，犹可回复其往古盛况之依稀，供人之凭吊想望于无尽。

故中国地理，得天既厚，而中国人四千年来经之营之，人文赓续自然之参赞培植之功，亦在此世独占鳌头。计此后，在中国欲复兴文化，劝人读中国书，莫如先导人游中国地。身履其地，不啻即是读了中国一部活历史。而此一部活历史，实从天地大自然中孕育酝酿而来。不仅是所谓"天人合一"之人文大理想，而实具有几千年来吾中华民族躬修实践之大智大慧而得此成果，可以有目而共睹。求之历史，不易骤入；求之地理，则惊心动魄，不啻耳提而面命。

十二月，《朱鼎甫学述》及《读古微堂集》、《罗罗山学述》、《朱九江学述》。案后三篇，当作于一九七六、一九七七年间，今俱收录于联经《全集》第二十二册及同前出版社《中国学术思想史论丛》（八）书中，页四一一~四一七。摘要如下：

朱鼎甫学述

清代学术，干嘉时代有汉、宋之辨，道咸以下有今、古文之辨，同光以下又有中、西之辨。晚清之际，求能于此三大分辨各有所剖析评骘，自具一标准，自成一系统，不涉意气，不蹈门户，不尚空言，有根据而求一见之于实际之履行者，则惟朱一新之《无邪堂答问》一书，庶足当之。

一新字蓉生，号鼎甫，浙之义乌人。张之洞督两广，延聘为端溪书院山长，复主讲广雅书院。无邪堂即广雅之堂名。一新卒于光绪甲午之夏，年仅四十有九。整一年，乙未夏，乃为余之生日。幼时治学，仅知有康有为、章太炎。一新以浙人讲学于粤，乃余懵无知，久而始知之。草为《近三百年学术史》，曾著其驳论康氏之今文学。今草斯篇，距一新之卒，已八十有三年。距余之草为《近三百年学术史》，亦且五十年矣。益增余对一新之懵无知而内疚无已。稍摭其言，以赎余愆。

一新之言曰："学问与学术，古人于此二者多合，今人多分，亦学不逮古之征。琐碎穿凿，自谓能振汉儒之坠绪，不知此特班孟坚所诃为禄利之路然者。若董江都之传经，刘更生之校书，曷尝不重师承，不求实是，而能远绍微通，兼通大义，夫岂如汉学者所云乎！"

又曰："学问之坏，不过鄙陋而已，于人无与也。学术之坏，小者贻误后生，大者祸及天下。故必博考宋、元、明、国初儒者之说，证以汉儒所传之微言大义而无不合，始可望见圣贤之门庭。汉儒所谓'实事求是'，盖亦于微言大义求之，非如近人之所谓'实事求是'也。然此皆求知之事，知之而不能力行；虽望见其门墙，犹不得入，而可以训诂自画耶！"鼎甫每以汉学、宋学相提并论。窥其意，似主从清初明末诸遗老，上溯宋、元、明、两汉以及六经，即全部中国儒学史，综合汇通，以阐明圣贤之微言大义。自今言之，实即国家民族历史文化传统精神之所在，而建以为学术之蕲向。至于乾嘉所提倡之训诂，乃学问上初学入门之途径，则无当于昌明学术之大任也。

读《古微堂集》

晚清今文学骤起，以树异于乾嘉经学，其主要人物，群推魏默深与龚定庵。余著《近三百年学术史》，详龚略魏，斯篇乃以补其缺。已见于旧著者，此不复详，读者其兼观焉可也。

乾嘉经学考据之业，盛于吴、皖，而默深崛起湖湘，故其最先治学，受吴、皖之濡染者少。姚永朴为《魏默深传》，谓其年十五，补诸生，乃究心阳明学，尤好读史。嘉庆十九年，以拔贡入都，从胡承珙问汉儒学，从姚学塽问宋儒学，又别受《公羊》学于刘逢禄。诗古文词则与董桂敷、龚自珍相切劘。然其最先著作，如《大学古本》、《孝经集传》及《曾子章句》诸书，皆带宋学气息。似受姚学塽影响更大，亦与其先所从入者有关也。及道光十一年，代贺长龄编《皇朝经世文编》，由此留心时务，志在用世。此亦湘学影响，与吴、皖有异。及屡游京都与江、浙，交游日广，濡染既深，乃始从事经学考据。其首先一书为《诗古微》，自述受朱子以下迄于王船山诸人之影响。则其泯除汉、宋门户，显仍与吴、皖经学异趣。

《古微堂内集》三卷曰《默觚》，分上中下，中卷《学篇》十三，下卷《治篇》十六。上篇不别标题，盖通"学"与"治"，而尤以"人"为之主。其书为体略以濂溪之《通书》。此盖魏氏有意自成一家言，故编之为《内集》。其它文字皆入《外集》。其遗稿虽经后人整理，非默深生前所定，然疑其盖本之默深之己意也。其《默觚》上有曰："学之言觉也，以先觉觉后觉，故莘野以畎亩乐尧、舜君民之道。学之言效也，以后人师前人，故傅岩以稽古陈恭默思道之君。觉伊尹之所觉，是为尊德性。学傅说之所学，是为道问学。自周以前言学者，莫先于伊、傅二圣，君子观其会通焉。"干嘉学尚经，默深则必由经通史。故其言学，兼"觉"与"效"，即兼"尊德性"与"道问学"。如此言之，经必成为史，史必上承经。即所谓"心必验于事，事必本于心，人必资于法，法必本于人，今必本于古，古必验于今"之旨也。是其言史，亦异乎如章实斋之言矣。实斋必分亭林、梨洲而两言之，默深极尊亭林，然不谓亭林之学偏于经。实则干嘉经学，默深意，亦绝不许其能上承亭林。凡外乎史而言经，皆无当于默深之意，此默深之所以为卓也。

默深为学，殆可谓有其志未竟其业，引其端未伸其绪，树其门墙而尚未备其百官宫廷之美富。而时变已亟，群震于其《海国图志》之类，方竞于通洋务；又如河漕海运，醝政银制，凡默深所用心者，后人驰逐其小节，而茫昧其大体；是亦气运所乘，而教化之功有所不逮。晚清一代之学运，读默深《古微集》，诚使人感慨于无既也。

罗罗山学述

清代经学考据，盛于吴、皖，而湘学犹知重义理，尚经世。罗山罗泽南，当推巨擘。惜其在军旅中，年五十而卒，其能潜心于学者，乃四十以前事。其学宗紫阳，黜姚江。

罗山论学最有贡献者，当推其阐申气质之性。其言曰："告子论性诸说，后世言性之失者，皆不出其窠臼。杞柳，性恶之说也。湍水，扬子性善恶混之说也。'生之谓性'，佛氏'作用是性'之说也。'性无善无不善'，苏氏、胡氏之说也。孟子辨明其谬，以未言气质之性，无以解诸子之惑。宋儒发明气质之性，而阳明复谓'心之体无善无恶'。佛氏曰：'不思善不思恶时认本来面目。'阳明之言，固释氏之邪说，亦告子之真派也。"

凡罗山之学，上自孔、孟，下至周、张，非有新论奇说，而止以程、朱之说说之。罗山之学尽此矣。罗山以四十后始补廪，此下乃以醇儒为名将，一时部曲，多其讲学门徒；而卒于军中，功业未毕，亦可谓其学业亦未竟也。祸乱既平，世变日亟，西学东渐，罗山之著述，遂在若存若亡间，竟亦无大影响于后世。钩稽斯篇，感慨何极。

朱九江学述

晚清之儒，有广东南海朱稚圭次琦，人称九江先生，亦知确尊朱子，惜其著书无传。今据其弟子简朝亮所为《九江年谱》，略撮其论学语，以觇一斑，以为余《研朱余沈》一书之殿。

清儒汉、宋门户之见，自嘉、道以下，已渐知于康成外尚当有朱子，然其视朱子，实尚在康成下。稚圭始谓朱子"又即汉学而稽之"，又谓其"使孔子之道大著于天下"，其视朱子，已在康成上。又曰"治孔子之学，无汉学、无宋学"，尤为大见解。非深识儒学大统者，不易语此也。

又曰："读书之实五，曰经学、史学、掌故之学、性理之学、辞章之学。经明其理，史证其事。以经通经则经解正，以史通经则经术行。掌故者，古今之成法也。本经史之用以参成法，则用法而得法外意矣。性理非空言也。性理者，所以明吾学之大皆吾分也。用之无所骄，不用无所歉。古来材大而器小，或矜伐自用，若管仲、姚崇、李德裕、张居正者犹讥焉。吾以为性理之书谊如《懿戒》，足以自箴矣。欧阳氏曰：'文章止于润身，政事可以及物。'夫文章非及物者乎？君子之学，以告当世，以传来者，书以明之，诗以歌之，非文章不达也，皆及物者也。南宋而后，古文之首寖衰，天下必当有兴者，二三子其志于斯乎！"干嘉专经而不能通之以史，所以致于丛脞而无用。章实斋、魏默深皆已微窥其意，至稚圭乃始明白昌言之。稚圭曰："史之于经，犹医案也。故治史必通经。"又分史与掌故为二，盖史明事变，掌故以通制度。即李申耆以下，以《通鉴》、《通考》为二通之说也。章实斋"六经皆史"，皆谓王官之所掌，此则偏掌故言。又谓"浙东史学皆本心性"，此史指事变言。稚圭分而二之，则更明显矣。稚圭言理学，义旨更宏达。理学中本应包经、史、掌故。凡以经世致用之学，皆吾分内事。若管、姚、李、张诸人，非无功业，而滋诟病，以其不知理学也。故务功业者不能不通理学，而理学中自应有功业，非可排除功业以自成其为理学也。理学家忽视文章，特写一病。稚圭于经、史、掌故、性理之外，又特增辞章一门，更为宏达之见。其前如戴东原、姚惜抱，言学皆分义理、考据、辞章，曾涤生又加经济一项，以稚圭意绳之，皆为未当。干嘉诸儒意欲以汉学摈宋学，遂言考据。考据乃治学中所有事，岂能自成为学？稚圭言五学，独不及考据，其识卓矣。抑且五学实一学也，如戴、姚之割裂而三分之，决无当于孔子论学之道，亦无当于朱子论学之道也。

一九七七年　丁巳　八十三岁

一　国内大事

一月十八日，"立法院"三读通过《平均地权条例》，政府将根据这个法案，全面实施平均地权，此为继三七五减租及耕者有其田之后的重要土地改革。

三月三日，台湾省六种地方自治法规，完成第七次修订，公布于今年地方选举开始实施。

六月二十七日，中国钢铁公司举行高炉点火典礼，使我国钢铁工业迈入新里程。

七月二十二日，中共已恢复邓小平党、政、军一切职务。中共在三中全会中通过开除四人帮党籍，并免除其党内外一切职务。

十一月十六日，我国首部核能发电机正式发电，电力供应迈入核能发电时代。

二　事略

先生本年续在文化学院历史研究所任教。冬，胃病剧作，几不治。起笔作《师友杂忆》。

三　著述

岁首，为《中国思想史》增订版撰《例言》。收入联经《全集》第二十四册及素书楼文教基金会·兰台出版社《中国思想史》页一六。摘要略。

初春，撰《中国学术思想史论丛》（三）之《序》文。收入联经

《全集》第十九册及同前出版社《中国学术思想史论丛》（三）页四。摘要略。

二月五至七日，《评胡适与铃木大拙讨论禅》，刊于《中华日报》；又刊于三月《海潮音》五十八卷三期。收入同前出版社《论丛》（四）页二四二～二五四。大意谓：

胡适与日本铃木大拙曾对中国禅学有过一番书札往复的讨论。胡书大意谓："禅是中国佛教运动的一部分，中国佛教是中国思想史的一部分。只有把禅宗放在历史的确当地位中，才能确当了解。这像其它哲学思想宗派是一样的。"铃木书大意是说："禅必须先从内在来领会。只有在做过这种领会之后，才可去研究禅的历史外观。"

今从第三观点，认为两人说各有是，亦各有非。各有得，亦各有失。

胡适对中国禅学，并无内在了解，先不识慧能、神会与其思想之内在相异，一意从外在事象来讲禅学史，是其病痛所在。不仅讲禅学犯此病，其全部中国思想史，几乎全犯此病。

胡氏又提出当时禅宗祖师们的一套困学教育法，认为这方法以"不说破"为原则，可分三阶段。"鸳鸯绣出凭君看，莫把金针度与人。"禅师们在第一阶段时，不把事情用和平语言解释，鼓励沙弥去自己思考，自己发现。第二阶段则是禅师们的"机锋"与"棒喝"。于是转入第三阶段，由沙弥们去行脚。用此来说禅宗发展史，乃只是外皮形相。并未触及禅学思想之内在深处。而且胡氏以伪撰与捏造来说神会，与以不说破来说整体的禅师说教，似乎都是以一种不正常乃至不良的心理和行为来解释轰动一世的思想；与其解释儒家思想，正犯了同样相似的大病。

铃木的回答是说：历史是一种公共财产，可说是客观的东西。但历史的角色或创造者，却不是历史家可做客观掌握的。构成他的"个体性"或"主观性"的，不能从"历史性"的考察去获得。因此它距离客观考察，只能被各人自己去领会，自己去直观。深入它内在的奥秘，不是历史家的事情。胡适未能了解这一点。

铃木此层，亦可商榷。如孔子梦见周公，领会到周公之内在奥秘，而周公则是一历史角色与创造者，但确为孔子的客观所获得了。历史是公共客观的。但同时必为个别主观所考察而认取。孔子用自己主观来领会周公，但孔子所领会，同时亦即是客观的。孔子领会周公，是领会周公之个体性与主观性；但同时即领会到周公之时代，与其在此时代的创造与所成的角色，亦即是同时领会了周公时代之历史内涵的共同性。铃木谓历史每个人都可接近，是仍认历史只是一形式，未能跳出胡氏的圈套。

铃木又谓，胡氏没有资格来就禅论禅，禅必须从内在去了解，不从外在。胡适知道禅的历史环境，但却不知道禅本身。此层仍可商榷。研究慧能的禅，不能不知慧能禅的历史环境。至少从达摩到弘忍是如何，神秀与慧能是如何，南岳青原与神会又如何。全撇开了慧能当时禅的历史环境，又如何来直参慧能禅之本身是如何？

铃木又说：仅从智性分析不能解释禅，智性是关乎语言文字与观念的，永远不能接触到禅。禅必须先从内在领会，只有在做过这种领会之后，才可去研究禅的历史外观。此层一样可商榷。禅宗"不立文字"，但至少弘忍是以《金刚经》"应无所住而生其心"一语来启悟慧能。慧能亦以一部《坛经》来教人依持。我们今天，也只从禅的历史来领会禅。历史不仅是外观，而语言文字也可作内在领会之凭借阶梯。

铃木又说：胡适似乎提出道生顿悟以为是禅宗思想的开端，但顿悟却是佛教的根本本质。佛陀在尼连禅河畔菩提树卜的开悟，亦就是顿悟。在禅宗史中，慧能是独步的，他的教训，是"禅那"与"般若"为一，确实是革命性的。在慧能之前，两者被认为是分开的。道信与弘忍都未能将禅那和般若的同一和分别说清楚。神会对顿悟教训之强调，并未能完全反映出慧能的真精神。铃木这一番话，已透入禅的历史来讲，可谓能从内在来领会。但还可有商榷。佛法远从佛陀起，有其内在，同时亦有其外在。慧能亦然。隋唐以下，佛教中国化，慧能禅的革命，亦有其中国化的深厚的外在意义。外、内不可分，专从禅那与般若之分合为言，似乎于慧能的个体性与主观性方面，终嫌未尽把握到。

三月，撰《故总统蒋公逝世三周年追思》。收入联经《全集》第二十三册及同前出版社《论丛》（十）页一一四～一一九。摘要略。

三月二十一至二十四日，《读契嵩镡津集》，刊于《中华日报》；又刊于六月《书目季刊》十一卷一期及八月、九月《海潮音》五十八卷八、九期。收入联经《全集》第二十册及同前出版社《论丛》（五）页九一～一〇九。大意谓：

月前曾草《读宗密原人论》一篇，认为佛学中禅与华严联合，其思想路径，可为宋代理学开先河。因念契嵩《镡津集》，可证余说，遂续草斯篇。

契嵩已在宋仁宗时，七岁出家，十三得度落发，十九而游方。当是时，天下之士学为古文，慕韩退之排佛而尊孔子。契嵩作《原教》、《孝论》十余篇，明儒、释之道一贯，以抗其说。

惟其时方提倡韩愈古文，而契嵩特著《非韩篇》。盖佛学极盛于唐，独韩愈辞而辟之。自晚唐下迄五代，天下大乱，社会大群，亟亟不可终日。苟非光明治道，即方外亦无以自安，佛道亦无以自存。其时儒学尚未盛，而智圆特于韩愈加以提倡。及契嵩继起，儒学已臻光昌，释氏地位日降，契嵩乃转其辞锋，援儒以卫佛，而于韩愈乃加讥贬。即于此两人，亦大可觇世运学风之变矣。

契嵩治学著书之主要宗旨，在援儒卫释，其思想理论，多可与后起理学家言相呼应。契嵩明白提出孝道，又明白提出一"情"字，皆见契嵩在僧人中之特出处。

昔程子游佛寺，曰："三代礼乐尽在是矣。"契嵩以一僧人，极重儒道，盛推《中庸》，而曰学《中庸》主要在学礼乐。其言礼乐，所指不在佛门，而更要在俗世所谓之王道。其重学、重礼乐、重王道，皆于程朱为近，与陆王为远。契嵩畅论世俗所谓礼乐王道之事，不可谓无见。故契嵩实不仅援儒卫释而已。同时如欧阳修、李觏之专业儒学者，或反不如契嵩之儒、释兼参，而别有深入。余尝谓中国历史求如西方之文艺复兴，惟宋代较近似。如智圆、契嵩，则是当时由真转俗之先锋人物也。

四月，《再论中国社会演变》，刊于《史学论集》。收入联经《全集》第三十册及同前出版社《国史新论》页四〇～六〇。摘要略。

四月二日，"中央研究院"纪念先总统蒋公逝世二周年讲辞《治统与道统——从中国文化来看国父与故总统孙、蒋二公及当前之学术界》，刊于五月"中央研究院"《三民主义研究所专刊》；又刊于八月《史学汇刊》第八期。收入联经《全集》第二十三册及同前出版社《中国学术思想史论丛》（九）页四九~五八。大意谓：

中国文化一大特色，即学术必求能领导政治，而政治必求能追随学术。有关人事方面之责任，学术界应更高更重于政治界。故做一大官，绝不能如当一大师之受人尊敬。做一大官，乃随时事；当一大师，乃千古事。此所以中山先生亦教人要立志做大事，不要做大官。

中山先生之革命，浅识者谓其渊源自西方，而中山先生必自居为上承尧、舜、禹、汤、文、武、周公、孔子之大传统。是在中山先生之心意中，不欲专自居为一政治人物。在其开创民国，并不认为仅是一治统更新，而更求有道统之复兴。

今日余应"中央研究院"之邀来作此讲演。"中央研究院"属于"国立"，但专从事学术上之自由研究，实亦寓有历史传统，政府专置学官，道统不隶属于治统之遗意。第一任院长蔡元培有言："读书不忘救国，救国不忘读书。"窃谓此两语亦有传统意义。惟其能读书不忘救国，乃有历史上道统之出现。惟其能救国不忘读书，乃有历史上治统之持续。此二语，实与子夏所言"学而优则仕，仕而优则学"，义趣相同。中国历史上之传统政府，必知尊崇学术。政府中官员，上自帝王，下至宰辅，以及全国中外僚吏，多以不忘读书为其职责外之职责。而历史传统中之读书人，亦多以出仕从政为职志。孔子曰："不仕无义。"其或不仕，亦志在卫道，故孔子曰："士志于道。"盖志道其主，而求仕其次。中山先生言"知难行易"，亦犹言知道难而从仕易也。在中国历史传统中，亦有决不出仕而自求其道如道、释，但亦为掌治统者所容忍与礼事。要之治统则决不轻道统，而自愿屈居其下。今日而求中国之现代化，宜亦于中国自本自根之历史传统中求之。

四月三日，《国父及蒋公思想均在治统之外更重道统》，刊于《中央日报》。摘要略。

五月，《世界局势与中国文化》一书，由台北东大图书公司刊行。二〇〇一年由联经《全集》第四十三册及素书楼文教基金会·兰台出版社整理新版印行。摘要略。

五月，《中国学术思想史论丛》（一）及《中国学术思想史论丛》（二），两书由台北东大图书公司刊行。二〇〇一年由联经《全集》第十八册及同前出版社新版重印。摘要略。

六月二十三日，撰《中国学术思想史论丛》（四）之《序》，收入联经《全集》第十九册及同前出版社《论丛》（四）页四。文中有云：

犹忆一九四三年春，卧病成都华西坝，累月不能下楼。一日，闲卧楼廊，忽思读书消遣，乃取《朱子语类》有关讨论宋代者七卷，逐条阅之。初谓一时觉倦，即可闭目小憩。无伤精力。不意七卷完，精力愈来，遂顺序读至终编。又逆而上溯，约可两月余而全书竟，病亦良瘥。是夏，避暑灌县云岩山，借得山僧《指月录》，循诵毕而返。是冬又病，偶忆胡适之《神会和尚集》，借来枕上翻阅。翌春，写《神会与坛经》及《禅宗与理学》两篇。是为余撰述唐代禅宗问题之第一期。此后即放弃不理。一九六三年在九龙沙田和风台，又闲翻佛书，续成《读六祖坛经》等数篇，是为余撰述唐代禅宗问题之第二期。惟此期所成迄未发表。一九六八年之冬，又在台北善导寺偶讲《六祖坛经大义》，信胡氏之说者纷起讨论，余所答辩，此皆不存。后又续成《读宗密原人论》及《评胡适与铃木大拙讨论禅》诸篇，是为余撰述唐代禅宗问题之第三期。兹所荟萃。前后亦越三十有余年矣。所知犹昔，而岁月已逝。回念前尘，岂胜惋怅。

六月六日，《悼念苏明璇兄》，刊于《中华日报》副刊；又刊于十月《新亚生活月刊》五卷二期。收入联经《全集》第五十册《新亚遗铎》页六二〇~六二六。

案先生在新亚书院十七年，为一生服务最久之机构，此期间，对新亚贡献大而与先生交情尤挚者，则为苏明璇先生与沈燕谋先生。今两人俱已逝世，故悼念苏明璇先生，而连带述及沈燕谋先生。

沈燕谋先生年长于先生，然执弟子礼二十年如一日，先生之《庄子纂笺》初即为沈燕谋先生斥资付印，先生之《论语新解》亦因其鼓励而成。新亚图书馆之创办及新亚在农圃道之新校舍建筑事宜，亦皆沈燕谋先生擘划之功。

苏明璇先生任职于亚洲基金会，为先生作传译，使新亚能屡获国外之援助，"其居间传译之功，则绝非仅止于口舌之能事"。苏明璇先生后服务于新亚校长室秘书室，任职积极，而自守拘谨，公私分明，故先生云："明璇在新亚，在我是感到绝不能少此人，而在人则或可感到不觉有此人。明璇之可爱重处，正在其能善尽职务，而使人不觉此职务与此人之可重。"

六月七日，《中国文化与中国艺术——丁君星五大哉中华序》，刊于《中国时报》；又刊于《海外文摘》第三百三十四期。收入联经《全集》第五十三册《素书楼余沈》。摘要略。

六月十三至十五日，《雅与俗》，刊于《中华日报》。收入联经《全集》第四十八册及素书楼文教基金会·兰台出版社《晚学盲言》中篇页六九二。摘要略。

七月，《中国学术思想史论丛》（三），由台北东大图书公司刊行。二〇〇一年联经《全集》第十九册及同前出版社新版重印。摘要略。

七月三至五日，《中国家庭与民族文化》，刊于《中华日报》收入联经《全集》第四十八册及同前出版社《晚学盲言》中篇页四〇二。摘要略。

八月，《朱子学流衍韩国考》，刊于《新亚学报》十二期。本文分述明、清时代韩国朱子学者李退溪、李栗谷、宋尤庵、韩南塘四人。收入联经《全集》第二十一册及同前出版社《中国学术思想史论丛》（七）

页三三二。撮要如下：

　　自余为《朱子新学案》成，即续草《研朱余沈》，略述朱学流衍。起于黄东发、王深宁宋、元之际，下迄清代之钱竹汀，所得不逾二十人。稿垂成，适今秋赴汉城，得获韩国李朝先贤研讨朱学诸集，归后雒诵整理，撰《朱学流衍韩国考》，以附《余沈》之后。

　　韩国先贤治朱学，首出大师当推李滉退溪。肩随者为李珥栗谷。踵后者为宋时烈尤庵、韩元震南塘。举此四人，可概其余。兹分篇略述如次。惟所述限于研宋一端。余于韩史未有寻究，如诸贤出处，以及当时诸贤所极重视之议礼诸端，有关韩国史迹者，皆不敢及。

李退溪学述

　　李滉字退溪，生于明孝宗弘治十四年辛酉，卒于明穆宗隆庆四年庚午，年七十。退溪著述极丰，复有《朱子书节要》一种，其《序》见于《文集》卷四十二。有曰："晦庵朱子，挺亚圣之资，承河、洛之统。就其全书而论之，地负海涵，虽无所不有，而求之难得其要。至于书札，则各随其人才禀之高下，学问之浅深。审证而用药石，应物而施炉锤。或抑或扬，或导或救。或激而进之，或斥而警之。心术隐微之间，无所容其纤恶。义理穷索之际，独先照于毫差。规模广大，心法严密。其所勉勉循循而不已者，无间于人与己。故其告人也，能使人感发而兴起焉，不独于当时及门之士为然。虽百世之远，苟得闻教者，无异于提耳而面命也。窃不自揆，就求其尤关于学问而切于受用者，表而书之，凡得十四卷。视其本书，所减者殆三之二。夫人之为学，必有所发端兴起之处，乃可因是而进。书札之言，其一时师友之间，讲明旨诀，责勉工程，非同于泛论。何莫非发人意而作人心也。昔圣人之教，程、朱称述，乃以《论语》为最切于学问，其意亦犹是。"可知退溪为学，重要主于心术隐微与夫躬修实践之际，而不喜为泛论，其意亦端可见矣。

　　退溪于朱子以后理学诸书，尤重真西山之《心经》，与程篁墩之《附注》。篁墩《心经注》未为中国明代理学诸儒所重视。今在中国流传者，亦是朝鲜刻本，盖始自退溪所提倡也。真西山《心经》一书，其在中国理学中所应占之地位与价值究如何，此乃另一事。而退溪之学，得力此书，其所自认，盖无可疑。盖退溪以内本一心、真知实践为学，不喜作泛论，更不喜为考据，其学风则然，而其从入处则在此书也。

退溪于程、朱学，又最守一"敬"字，奉为心法。其于朱子前，独尊李延平，其于朱子后，明儒中首重曹月川。果能由延平、月川、敬轩三人以进窥退溪之学脉，亦可谓虽不中亦不远也。

退溪又曰："大抵通天下万物，只此一理，故义理语言，若笼统合说，则无不可同。牵引指说，则无不近似。终无奈当初圣贤立言本意不如此，不足以发明经训，适足以晦真理，乱实见。此学者之通患也。古人所以终身讲学，惟日不足者，岂不以义理微密处，易差难明如此，及至下手着脚，又忒不易，而又不容休罢故耶？"此仍见退溪论学，重在对圣贤经训，先儒遗言，慎密体会，笃实践行。至于广为牵引，笼侗立说，骛空谈，骋高论，最所切戒。其平日与朋辈理气，辨心性，凡所阐发，率多类此。惟晚年与奇明彦讨论七情四端异同，往复数次，引起此下对此问题之不断净议，要之此等辨论，似非退溪为学精神所系。偶有未照，亦未足以病退溪也。

李栗谷学述

李珥字叔献，号栗谷，生明世宗嘉靖十五年丙申十二月，时退溪年三十六。栗谷年十九染禅学，越年知其非。二十三岁谒退溪，时为退溪之五十八岁。栗谷作诗有"溪分洙泗派，峰秀武夷山"之句。宋尤庵《紫云书院庙庭碑铭序》，有"栗谷尝南游，访退溪李先生，辨论义理，退溪多从其说"语。退溪之卒，栗谷年三十五。栗谷不寿，卒在万历十二年甲申之正月，年四十九，实则仅四十七年又不足两月也。

退溪生前，栗谷屡与通函，质疑问难。窃参双方往复，亦可窥退溪、栗谷两人性情与其为学所重之相歧处。大抵栗谷好明辨，退溪主笃行。退溪晚年与奇明彦辨四端七情之说，栗谷颇不以退溪说为然。辨四端七情，又牵连及于理气之辨。栗谷《答成浩原》有曰："四端是七情之善一边，七情是四端之总会。朱子理发于气之说，亦不过曰四端专言理，七情兼言气云尔。非曰四端则理先发，七情则气先发也。退溪因此而立论，曰：'四端理发而气随之，七情气发而理乘之。'非特七情为然，四端亦是气发而理乘之也。窃详退溪之意，以四端为由中而发，七情为感外而发，以此为先入之见，而以朱子发于理、发于气之说主张而伸长之，做出许多葛藤。《易》曰：'寂然不动，成而遂通。'虽圣人之心，未尝有无感而自动者也。必有感而动，而所感皆外物也。天下岂有无感自发之情乎？特所感有正有邪，其动有过有不及，斯有善恶之分耳。罗整庵以高明超卓之见，亦微有理气一物之病。退溪之精详谨密，近代所无，而理发气随之说，亦微有理先气后之病。老先生未捐馆舍时，珥闻此言，心知其非，第以年少学浅，未敢问难归一，每念及此，未常不痛恨也。"此函所论，心必感于物而动，理必乘于气而发，此无可疑者。而退溪分别四端七情，乃谓四端由中而发，七情感外而发。乃又以由中而发者曰"理发"，感外而发者曰"气发"，则大背于朱子之所论于理气矣。

栗谷之学，擅于明辨。其为辨，尤擅于各从其所言之异以为辨。栗谷言，人心之动皆由外感，凡外感皆属事物，然非谓只言事物而吾心即在其中；故栗谷之言为学工夫，虽不能离事物，而主要尤在于一心。其答成浩原书又曰："位天地，育万物，许大神妙不测，是圣人之能事，其实不过学问之极功耳。岂可舍学问之功而别求一种圣人道理耶？足下以格致诚正断然为学者事，以其尽头归之于颜子，而求圣人于格致诚正之外，此正释教拂迹超凡圣之机权，非吾儒之的论也。低看圣人固不可，求圣人于高远怳惚之境，尤不可也。"此辨极重要。圣人亦从学问工夫来，舍却学问工夫，即无以求圣人。圣人一若纯理纯善，然其学问工夫，则仍不脱气一边事。舍却气，即无以见理。栗谷之论，宋儒所谓"体用一源，显微无间"，栗谷可谓深得其旨。若必别求圣人境界于格致诚正工夫之外，则是略用求体，略显求微，不自免于高远恍惚之境矣。

栗谷《与奇明彦书》有曰："能得固有浅深。就其浅者言之，则不惑亦可谓之能得。就其深处言之，则非不思而得，不勉而中，则不可谓之能得之极功。"栗谷言义理，皆力窥深微，而其言工夫，则一臻平实。此条可以想见栗谷心中由平实达深微之一番想象，与其所向往之终极境界之所在。

栗谷身后，宋尤庵有《紫云书院庙碑铭》，于栗谷推崇备至，有曰："诸老先生尝论之，曰：'不由师传，默契道体似濂溪。一变至道，潜思实践似横渠。发明极致，通透洒落似明道。博约齐头，集而大成，又似乎晦翁夫子。'后之君子，夷考于遗编，则知斯言之不诬也。"可知韩国后贤之尊奉栗谷，洵可谓无以复加矣。

宋尤庵学述

宋时烈，字英甫，号尤庵，生于明万历三十五年丁未。十二岁，父睡翁常责励以圣贤事业。睡翁卒，受业于金沙溪，为栗谷再传。卒于明毅宗崇祯六十二年己巳，年八十三。崇祯十七年甲申明亡，此已在明亡后四十五年，为清康熙之二十八年。《尤庵语录》论复雠有曰："彼虏夺取中国之地，左衽中国之民，非雠而何！"后人承其志，故为年谱，仍以崇祯纪元。

尤庵未尝有别号，年八十，尝与友争是非，友戏之曰："子言多，不可谓一言寡尤，吾当以尤名子室。"遂号尤庵。及病笃，强书训诫辞付子孙，曰："朱子于阴阳义利白黑剖判之勇且严，如一剑两段，不敢少有依违因仍之意，此正《大学》诚意章事也。其壁立万仞而功被万世，反有过于思、孟者。然非读书穷理之至，何以与此！此《大学》之教所以必先于格致也。"又曰："朱子之学，以穷理存养、践履扩充为主，而以敬为通贯始终之功。"至于临箦，而授门人真诀，则曰："大地之所以生万物，圣人之所以应万事，直而已。"明日又请，曰："道理只如此，但须刻苦坚固。孔子曰：'人之生也直，罔之生也幸而免。'孟子所以养浩然之气者，亦惟此一字而已。是孔、孟、朱三圣同一揆也。然不能读书明理，则以不直为直者亦有之矣。吾师门之教，如此而已。"

当尤庵时，韩国理学已就衰，至有如尹镌之徒者起，尤庵所谓"此亦可见世道之变"也。尤庵于三十六岁时，即已严辞斥尹镌。其生平直，至于临箦之前，每以"直"字训人，意即在此。韩元震称其"义秉《春秋》，闲先圣，拒诐淫"，主要即指此。

兹就《宋子全书》摭述其有关讨论义理思想之大要，尤以其讨论为学途径者为先，以见尤庵论学之大概。《大全》卷一百三十一《杂著》有云："人之所见，切不可差。所见差，虽所行善，终与恶同归矣。是故穷理是《大学》第一大事，而栗谷论人，每以识见为先。"此条在戊辰，乃尤庵卒前一年，可谓是尤庵之晚年定见。为学主以穷理为先，即承栗谷学脉也。

《紫云书院庙庭铭碑序》记述栗谷之学有曰："格致、存养、践履三者，为终身路径。其用功最深于《小学》及四书、《近思录》，目夜覃思，不明不措。必至于各极其趣。故其探赜辨论之精，可质前圣而无疑。又谓省察之功，常在知行之间，而不可少缓。故虽事物丛沓之时，闲居幽独之地，其所以辨别天理、人欲者，愈严愈密。及其养之深，积之厚，则行之于身，措之于事，皆沛然有裕，无所凝滞，而品节不差。以至于道全则德备。"此虽尤庵记述栗谷为学，然特提出格致、存养、践履三者会通用力、齐头并进之要旨；此即尤庵之自所奉行，为其从事于学之矩矱，而实可与孔门之言博、约，《中庸》之言尊德性、道问学互相阐发。而尤庵又特拈后代宋儒理学所标格致、存养、践履三语，更使人易于参入。而并无浮论力辨，只平白道出，不失为治理学者开示门径一极有价值之意见。

又《附录》卷十八《语录》有云："先生尝示人以《资治通鉴》，曰：'中原之人，无娶同姓者。惟王莽之妻姓王，刘聪之妻姓刘。今人必欲效篡贼及胡羯之所为，何哉？'"此虽一小节，然其读书之博，与其随事之引发，诚有如溥博渊泉之时出也。

韩南塘学述

余获读韩国诸贤研治朱子学之最先一书，厥为韩南塘之《朱子言论同异考》。此书及《李栗谷集》，台湾皆有藏本。今年游汉城，获韩国友人赠以李退溪、宋尤庵两人全书，皆韩国新印本。又于奎章阁图书馆得读《韩南塘文集》。此书韩国无新印本，余仅影印其朱子言论同异考六卷，《文集》卷二十六又二十八至三十共四卷。惜未影印其《年谱》，遂不能详其生卒及其师承渊源。惟择其论学要旨著于篇，以为余著《朱学流衍韩国考》之殿。

《南塘集》卷三十《偶书》有云："程、朱以后，得圣人之道者，莫如栗谷、尤庵二先生。"此文在癸丑，应为清康熙十二年。南塘学脉，即承栗谷、尤庵两人。其平生持论，主要亦在辨理气、心性两大纲；一奉朱子为圭臬，即遵栗谷、尤庵二人遗规也。《朱子言论同异考》，尤庵先有此书，南塘承之，所辨益详益精，为治朱学者一必读之参考书，中国无有也。惟谓《语类》所记皆是定论，此亦有误。

人心道心、理气互发之说，李退溪主之，李栗谷、宋尤庵非之。朱子意只谓形气易有私，故人心由此生。若其心无私，则饥饱寒燠之类，虽发于形气，亦可谓之道心。栗谷、尤庵辨此皆甚明白。南塘推阐过密，又辨形气与心气有别，此则节外生枝，似可不必也。又栗谷之辨退溪，主要在发挥理气不相离，人心无二本，南塘之说是矣。然理即寓形气中，饮食男女发于形气，亦寓有理。惟囿于形气则另有私。不为形气之私所囿，而通之于道义之公，此即栗谷所谓"气不用事"也。天地间道义之公，亦无不发于形气也。而南塘又强分心上气与形气为二，转增纠葛，是亦失之。至云"食色感则人心发，道义感则道心发"，不知食色中亦有道义，道义中亦有食色，所辨只在其心之公与私而已。南塘十九年前辨此未臻明晰，十九年后仍未豁然，亦可惜也。

又《南塘集》卷二十七《王阳明集辨》有曰："鸟喙之不可食，人皆知之。未食而知，亦不过闻人之言、见人之死而得之也。则知之资于闻见，又可废耶！如曰才知其不可便不食，则与前所谓食而后知味者不同，亦无奈于知之先于行矣。"又曰："阳明尝以食味行路喻之。食其味，然后方知其味之美恶。行其路，然后方知其路之险夷。未有舍味与路，直求之吾心也。穷天下之理皆如是。"此为辨知行。其它类是辨别明畅者尚多，不俱举。故南塘之学，终是疵不掩醇，可以上跻于退溪、栗谷、尤庵之列，为朱子学流衍韩国一殿军也。

八月十至十二日，《内与外》，刊于《中华日报》。收入联经《全集》第四十九册及同前出版社《晚学盲言》下篇页九七三。摘要略。

九月，撰《中国学术思想史论丛》（七）之序。收入联经《全集》第二十一册及同前出版社《论丛》（七）页四。其文云：

余治宋明理学，首读《近思录》及《传习录》，于后书尤爱好。及读黄、全两《学案》，亦更好黄氏。因此于理学各家中，乃偏嗜阳明。一九三〇年春,特为商务印书馆《万有文库》编撰《王守仁》一册,此为余于理学妄有撰述之第一书。一九五四年来台北,流亡丧乱,群思振奋。"总统"蒋公提倡王学,友好劝余重刊旧著,遂稍加增润,改名《阳明学述要》,由正中书局印行。前后相距,则已二十有余年矣。然余于此二十余年中,思想逐有变。一九三七年在南岳,多读宋明各家专集,于王龙溪、罗念庵两集深有感。余于程朱,亦素不敢存菲薄意。及一九四四年在成都华西坝,病中通读《朱子语类》百四十卷,又接读《指月录》全部,因于宋学深有体悟。一九五一年、一九五二年,写《中国思想史》及《宋明理学概述》两书,于旧见颇有更变。及一九六〇年赴美讲学耶鲁,始创为《论语新解》,前后三年,逐章逐句,不惮反复,乃知朱子之深允。一九六四年,始竟体通读《朱子文集》百二十一卷,翌年又再读《语类》全部。遂于一九七一年,完成《朱子新学案》。前后凡六年。此后又为《朱学流衍考》,自黄东发以下,迄于清代之罗罗山,逐家参究;乃于王学,更深觇其病痛之所在。余不喜户之见,本编汇集讨论明代学术,乃若于王学多有指摘。回视最先所为《王守仁》一书,则已相距四十七年矣。犹念一九一六年、一九一七年间,余授课于本乡荡口镇之鸿模小学,暑假护送学生至苏州考中学,随身独携阳明《传习录》,于考场外客室中研玩不辍,距今则逾六十年矣。虽此六十年来,迭经丧乱,而古人书本,迄未放弃。尤于宋明理学家言,是非得失,始终未敢掉以轻心。读斯编者,于编中各篇著作年月,及先曾刊布之诸种,幸能循其先后,统加披阅。余纵未敢自认为已得定论,然毕生心力所萃,决不愿于先贤妄有轩轾,则区区之诚,所欲掬诚以告于读者之前也。又余为《读明初开国诸臣诗文集》一篇,收入前编,发明元儒皆高蹈不仕,隐遁林野,其风迄明之开国不变。尤于读《草木子》一书有深感,因悟宋、明两代政风不同。宋崇儒道,明尚吏治。永乐族诛方正学一案后,明儒淡于仕进之心,益潜存难消,故吴康斋特为明代理学之冠冕。阳明稍不然,乃游其门者,皆多无意于科第。故王学末流,惟盛唱人皆可以为圣之高论,而治平大道,多不顾及。道、释两家乘机暗滋,而三教同归之说遂成时代之潮流。东林、蕺山起而矫之,而明祚已不永。此亦治明代理学者一极当注意之问题也。此乃关涉明史之部分,此册所收各篇,于斯未有详论，故特著于此，幸读者其继续深研之。

九月，撰《续记姚立方诗经通论》。收入联经《全集》第二十二册及同前出版社《论丛》（八）页二三五～二三八。大意谓：

清儒自负在释经，然皆腐心故纸堆中，与性灵无涉，故于《诗》为尤逊。立方《诗经论旨》又曰："诗何以必加圈评，得无类月峰、竟陵之见乎？曰：非也。予以明诗旨也。知其辞之妙而其义可知，知其义之妙而其旨亦可知。诗之为用，与天地而无穷，《三百篇》固始祖也。苟能别出心眼，无妨标举，忍使千古佳文遂尔埋没乎？爰是叹赏感激，不能自已，加以圈评，抑亦好学深思之一助尔。"

干嘉以下，皆以经学视《诗》。及同治朝滇南有方玉润，作为《诗经原始》。因其人僻在边裔，未染苏、皖经学家习气，乃亦能继立方之后，以文学视《诗》。清代两百四十年，则亦仅此两人而已。然朱子《诗集传》，亦正为能以文学视《诗》，故使立方、玉润，同走此路，而有同异。自民初以来，提倡白话诗，则如立方所云由其辞以赏其义旨者，诗辞既所厌恶，义旨亦无可赏。而近人言文学，又特赏男女恋爱，又必尊民间草野。故既鄙斥宋儒，而又必循晦翁《集传》而更进一层，一若凡《诗》均能说成是民间之自由恋爱而后快。立方所谓"诗之为用，与天地而无穷"者，不三百年，而其用固已穷矣。盖今人之尊洋抑己，更甚于干嘉之尊汉抑宋。此皆内心郁结，激发而为门户，而皆失其性灵之真。余读清初诸儒书，如亭林、船山诸家，窃谓赏其性灵，当尤更重于求其旨义。旨义有辨，而性灵则同。如立方盖亦性灵中人也。较之潜邱，远为胜之。潜邱可谓之读书人，然不能为读诗人。干嘉以下，殆皆为读经人，非读诗人。今以后人，殆亦将不能读诗，故余读立方之《诗经通论》而不禁有深慨也。

九月，《器与识》，刊于《中华日报》。收入联经《全集》第四十九册及同前出版社《晚学盲言》下篇页九九三。摘要略。

十月，《中国历史上的名将》，刊于《青年战士报》。收入联经《全集》第三十册及同前出版社《国史新论》页三二九。摘要如下：

案本文主旨在阐述中国历史上名将之风范，先生云："中国文化传统上有一特殊之点，即对'文''武'观念向不作严格之区分。历史上名将大帅，带兵打仗，赫赫当时，垂誉无穷的，极多数是文人学士，儒雅风流，而非行伍出身的专门人物。明太祖时，百司请立武学。明祖曰：'文武不分途。'明祖崛起草莽，文武均非堪当，但他却说准了中国历史上的文武关系。本文正要从中国历史来证明明祖这句话。"

"在上古封建时代，贵族阶级，内执政柄，外总兵戎，文武绾于一身。而且亦惟贵族，才有当兵资格。所以男子生则悬弧门外，成为古人之习俗。春秋时，晋、楚战于城濮，晋文公将出师，谋元师，赵衰曰：'郤縠可，说礼乐而敦《诗》《书》。'举此一例，可概其余。"

"下逮战国，有《孙子兵法》，其书著者尚不详。然至今备受欧美各国崇重，定为他们最高武学校的教本。此书并不专讲军事，亦可谓所讲乃兼及最高的人生哲学与政治哲学。军事本是人生中一事，而附属于政治。不懂得人生，不懂得政治，那懂得军事。故最高军事哲学，必从最高人生哲学、政治哲学中发挥而来。"

先生又举例说："如吴元济蔡州之乱，李愬平之。史称其'俭于奉己，丰于待士。知贤不疑，见可能断'，所以成功。凡中国历史上称道一武将成功，决不专重在其临阵打仗上。而韩愈《平淮西碑》，乃多叙裴度事。愬不平，诉碑辞不实。诏磨之，由段文昌重撰。此事极滋后人之讥议。李商隐有《读韩碑诗》曰：'公之斯文不示后，曷与三王相攀追。'苏轼诗：'淮西功业冠吾唐，吏部文章日月光。千载断碑人脍炙，不知世有段文昌。'其实东晋淝水之战，领兵当前线者，乃谢玄、谢石。而当时及后世，群推谢安。安与玄山墅围棋，永为历史上美谈。玄是安之兄子，石乃安弟。安特举此两人。有人说：'安违众举亲朋也。玄必不负举，才也。'已而果然。中国人意见，文事必先于武力，安内必先于攘外，故政治必先于军事。汉高祖亦有功臣、功狗之喻。裴度与谢安，同是文人，而史臣亦以韩碑意赞裴度。但却不能说此乃中国人之重文轻武。而如张巡之与雷万春，尤更显然。此亦所谓人伦之一端。人伦即天道，何谓文武高下，而又岂昧者之所识乎！又如柳公绰亦文人，亦在蔡州役中有贡献。此等事全部《二十五史》到处可觅,姑举于此,以当一例。"

先生文末云:"以上拉杂陈述中国历史上之名将风范,智、仁、勇三德兼备,军务、政事乃至于人生大道之融通一气;此之谓"明体达用",乃中国文化传统中之理想人格,大圣大贤之规模,而岂以搏斗格杀为能事,以暴虎凭河为果决之所堪同日并语。故中国文化传统中之将才武德,非熟读历史上之名将事迹,则不足知之。而如《孙子兵法》之宏深哲理,苟非具此知识,亦不能真切了解。如赵括之徒读兵书,则仅足供人以嗤笑与鉴戒。

今日国人,率认中国文化重文轻武,又谓中国传统积弱不振。诚使其然,又乌能有此绵历数千年,广土众民,一举世无伦之大国家之屹然常在。中国人又曰:'止戈为武',此即《孙子兵法》所谓'以不战屈人之兵'也。此非文德,又乌足以言武事?今日国人,亦率知中国民族爱好和平;然非能止戈屈人,又乌有和平之可期?当今大难当前,吾负责护国卫民之三军将士,其共研此义。而亦待全国上下,共晓此义,乃能相与以有成。苟使武人而不通文,文人而不习武,亦惟有愧对吾民族先人而已。"

十月,《为诽韩案鸣不平》,刊于《联合报》。收入联经《全集》第四十五册及同前出版社《中国文学论丛》页二八六~二九一。摘要略。

十月,《安定与刺激》,刊于《中华日报》。收入联经《全集》第四十九册及同前出版社《晚学盲言》下篇页九八六。摘要略。

十月,撰《明代大儒丘文庄公丛书序》,刊于一九七八年七月四日《中央日报》。收入联经《全集》第五十三册《素书楼余沈》。此略。

十月《丘海汇编》、十一月《文艺复兴》第九十七期。此略。

十二月九至十一日,《中国文学史概观》,刊于《中华日报》。收入联经《全集》第四十五册及素书楼文教基金会·兰台出版社《中国文学论丛》页四九。大意谓：

西风东渐，学者乃竞倡新文学，群捧曹雪芹，一时有"红学"崛兴。岂彼辈乃求以"红学"济世乎？沉浸于旧文学传统稍深者，终觉不能仅此儿女亭榭，即为文学之上乘，乃相继比附，认为《红楼梦》乃影射清初朝廷君臣事迹。此若稍近传统之意，然终亦无奈考据之实证何。而一时意见，则以西方为例，谓文学何必牵附上政治。然不悟中西历史双方不同。读中国文学作品，必牵涉到其作者。考究作者，必牵涉到其身世。其生平是何等人，乃可有何等作品，就中国传统言，则吴敬梓、曹雪芹决不能与蒋心余相比。阮大铖更不能与孔东塘相比。推而上之，李白为诗仙，杜甫为诗圣，圣终胜于仙，此亦人更重于诗。谢灵运不如陶潜，宋玉不如屈原，文学作者为人之意义与价值更过于其作品。故曰："一为文人，便无足观。"此非轻视文学也。中国传统观念下，人的意义与范围，非一职一业可限。故重通人，尤重于专家。有德斯有言，言从德来。诗言志，诗由志生。不能即以诗为志，更不能即以言为德。失德无志，更何诗文足道！中国传统以人为本，人必有一共通标准。作者之标准，更高于其作品，作品之标准，必次于其作者，此即文运与世运相通之所在。西方文学单凭作品，不论作者。欲求在中国文学史中找一莎士比亚，其作品绝出等类，而作者之真渺不可得，其事固不可能。在中国传统文学中，必于作品中推寻其作者。若其作品中无作者可寻，则其书必是一闲书，以其无关世道人心，游戏消遣，无当于立德、立功、立言之"三不朽"而谓之闲。是则在中国传统观念下，可谓始终无一纯文学观念之存在。岂仅无纯文学，亦复无纯哲学，纯艺术，乃至无纯政治，并无其它一切之专门性可确立。一切皆当纳入人的共通标准之下而始有。所谓政治性上层文学，以其建立在人群最高共通标准上，故曰"雅"。所谓社会性下层文学，以其无此最高共通标准，故曰"俗"。若政治而无此最高共通标准，仅凭某几人之权力地位，此乃霸道，非王道，亦非中国传统观念下之所谓政治也。

西方历史演进，与中国不同，更要在社会之下层，与各业之专门化。近百年来，中国染此风尚，知识分子各自分业，可以终身与政治绝缘。若谓此是政治性上层文学，则必相鄙斥不齿。若谓此是社会性下层文学，则必群加推崇。但若专就中国文学史言,则显有此上下层之别,而上层为主,下层为附。下层文学亦必能通达于上层,乃始有意义,有价值。如乐府,如传奇,如词曲,如剧本,如章回小说,愈后愈盛,必不当摒之文学传统之外,此固是矣。然如《诗》、《骚》、如辞赋,如李、杜诗,如韩、柳文,亦同样不得摒之文学传统之外,决不当以死文学目之。纵谓其已死,乃死于今日以至后代。其在中国文学史上之地位,则栩栩如生,活泼常在,绝不能死。即在将来,其果死不复生乎?此亦大有问题。中国人生几乎已尽纳入传统文学中而融成为一体,若果传统文学死不复生,中国现实人生亦将死去其绝大部分,并将死去其有意义有价值之部分。即如今人生一儿女,必赋一名。建一楼,辟一街,亦需一楼名街名。此亦须在传统文学中觅之。即此为推,可以知矣。至新文学,其果当专限于神怪、武侠、恋爱、侦探等,而更不许较上层题材之加入否。其果专为游戏消遣,庸俗闲暇所赏,而不许有人生更高共通标准之加入否。若真能为一部像样得体的中国文学史,确实以死者心情来写死者,果真能使死者如生,则有了此一部中国文学史,对此下新文学之新生,旧文学虽死,宜亦有其一分可能之贡献。此则本篇之作意也。今之提倡新文学者,其亦有意于斯乎?

十二月,撰《摘录龙溪集言禅言三教》。收入联经《全集》第二十一册及同前出版社《中国学术思想史论丛》(七)页一九五~二〇六。大意谓:

四十年前在南岳衡山,读《王龙溪》、《罗念庵集》,各为文以识之。今年重校旧稿,再翻两集,续录《龙溪集》中言禅、言三教诸条,缀为斯文。虽不能尽,亦足以见其旨要矣。

龙溪曰:"吾儒与禅家,毫厘不同。""维摩所说经,亦须理会。此印证法也。""固非以维摩为榜样。""儒与禅毫厘之辨,亦可以默而识矣。"此谓"毫厘之辨",即犹谓无大异也。又曰:"吾儒之学,与禅学、俗学,只在过与不及之间。"此言"过与不及",即其无大异处。俗即不及,禅则过。凡读儒书而异阳明者,则皆俗学也。

又曰:"慈湖之学得于象山,超然自悟本心,乃易简直截根源。禅之学，外人伦，遗物理，名为神变无方，要之不可以治天下国家。象山之学，所谓儒者有用之学也。世儒溺于支离，反以易简为异学，特未之察耳。"此以象山、慈湖为儒，晦庵为俗，而儒与禅之辨亦见。禅学"外人伦，遗物理，不可以治天下国家"，此其与儒异。至其"自悟本心"则一也。儒与禅同出心源，皆非向外面借路。晦庵"言句承领"，则不免为俗学。

程、朱主"性即理"，陆、王主"心即理"，心、性不分，近于佛学。龙溪承之，故以"虚寂"为性，"觉"为性，"格物"即格此规矩之在我者。必主物不外心，而主心与物一。故"致知"即"格物"。如此则禅自与儒为近，程、朱乃与儒为远也。

龙溪之毕生讲学，自谓乃得阳明印证，亦可谓是一种禅的精神也。龙溪不讳言禅与佛，又常兼言二氏。龙溪又喜言三教合一，而一缩之于其师之言良知。故曰："三教之说，其来尚矣。老氏曰虚，圣人之学亦曰虚。佛氏曰寂，圣人之学亦曰寂。世之儒者，不揣其本，类以二氏为异端，亦未为通论也。人受天地之中以生，均有恒性，初未尝以某为儒，其为老，其为佛，而分授之也。良知者，性之灵，以天地万物为一体，范围三教之枢，不徇典要，不涉思为，与百姓同其好恶，不离伦物感应，而圣功征焉。学老、佛者，苟能以复性为宗，不沦于幻妄，是即道、释之儒也。为吾儒者，自私用智，不能普物而明宗，则亦儒之异端而已。"是谓儒、释、老皆在复性，老、释非异端，而异端转在儒。

《龙溪集》凡明白述及禅与二氏与三教之会合者，其意大率本诸阳明。主张事上磨练，而不许存功利之见。主张内本心性，而深忌作博文记诵之功。此即象山所谓"心即理"，乃及"尧、舜以前曾读何书"之说也。集中屡引濂溪、明道，此亦陆、王学者所共同赞许。惟龙溪于禅与二氏不惮昌言，此则象山之所无，而阳明则固已启其端矣。

龙溪又曰："天泉证道大意，原是先师之教本旨，随人根器上下，有悟有修。良知是彻上下真种子。智虽顿悟，行则渐修。譬如善才在文殊会下得根本知，所谓顿也。在普贤行门参德童五十三善知识，尽差别智，以表所悟之实际，所谓渐也。此学全在悟，悟门不开，无以征学。然悟不可以言思期必而得。悟有顿渐，修亦有顿渐。着一渐字，固是放宽。

着一顿字，亦是期必。放宽便近于忘，期必又近于助。要之皆任识神作用，有作有止，有住有灭。未离生死窠臼。若真信良知，从一念入微承当，不落拣择商量。一念万年，方是变识为智，方是师门真血脉。"此之谓以禅证儒。苟非明得禅学，又如何通得王学。然在龙溪当时，尚亦有以儒证禅之言，而此下则直率改变路头，以禅证儒。而王学之流行，乃群推龙溪之为功最伟也。

十二月，撰《记公安三袁论学》。收入同前书页二五五～二六九。大意谓：

四十年前，曾撰《龙溪略历》及《念庵年谱》两篇，备著两家论学之异，并透露此下王学演变之消息。顷重阅旧稿，因念公安三袁之学，大可为之作证佐，而梨洲《学案》未及此三人；因加缀辑，以成斯篇，聊记当时之学术风气。义非表扬，读者审之。

袁宗道，字伯修，万历十四年会试第一，有《白苏斋集》二十二卷。其言曰："三教圣人，门庭各异，本领是同，所谓学禅而后知儒，非虚语也。今之高明有志向者，腐朽吾鲁、邹之书，而以诸宗《语录》为珍奇，率终身濡首其中而不知返。闲来与诸弟及数友讲论，稍稍借禅以诠儒，始欣然舍竺典，而寻求本业之妙义。"是知当时已群然逃儒皈禅，伯修矫之，借禅诠儒，则其所以为儒者亦可知矣。

伯修论学实从龙溪来。伯修以"空"诠诚，则三教可归一矣。万物皆归一空，事业无所加损，功力又不假毫毛，然则人之为人，既不剃发为僧，果当从何种行径，为何等人物乎？伯修乃最赏龙溪之论乡愿。伯修于龙溪外又深推李卓吾。有曰："李卓吾先生有《四书义》数十首，余最爱某某二股云云，看他彻的人，出语自别。"如卓吾可谓非乡愿，乃可谓真儒，由其看的彻，亦由其学佛然后知儒也。

袁中道，字小修，乃伯修幼弟。万历三十一年举于乡，又十四年成进士。伯修不寿，小修则一承其兄之学而言之益明豁。其次兄中郎称之，曰："弟喜读老子、庄周、列御寇诸家言，旁及西方之书，教外之语，欲与一世豪杰为友。其视妻子之相聚，如鹿豕之与群而不相属也。"是小修之为学，亦能三教同源，而不为乡愿之归者。有《珂雪斋前集》二十四卷与《近集》十卷，今略缀其语如次。

其述伯修之言曰："至宝原在家内，何必向外寻求。吾试以禅诠儒，便知两家合一之旨。"又曰："饶德操曰：'欲为仲尼真弟子，须参答磨的儿孙。'予则曰：'欲为答磨的儿孙，须参仲尼真弟子。'"是伯修以禅诠儒，而小修主由儒参禅；兄弟间似有小异，然其一宗阳明则同。

小修极尊龙溪，尊罗近溪，亦尊李卓吾，又极尊王塘南。江右王门，犹多主修，故为小修所重。然小修则言悟与修，实亦一本于禅。其言曰："食色，习也，非性也。非一生之习也，多生之习也。若属于性，性即成恶。若一生习，谁其教之？故曰多生之习也。"此其汇儒归释尤可知。言"多生之习"，即犹佛氏之所谓"业"。小修以"业"诠习，较之伯修以"空"诠诚，尤为深挚矣。

袁宏道字中郎，万历二十年进士。三袁中名最著，入《明史文苑传》，而以兄伯修、弟小修附之。有《中郎集》四十卷，由竟陵钟伯敬增订。其言亦最放。自言"未弱冠，即留意禅宗。"又曰："学道不学禅，谈星不谈义，爱曲不爱音，读诗不读字。"又曰："当代可掩前古者，惟阳明一派良知学问而已。"岂不以阳明近禅，故特加称许乎？

阳明以下，则推尊龙溪、近溪。观其言，虽亦禅、儒同讥，然要之，其尊禅贬儒之意亦可见。然中郎尊禅而不逃俗，毕竟当为何种人，则有待论定也。其言曰："看来世间毕竟没有理，只是事。一件事是一个活阎罗。若事事无碍，便十方大地，处处无阎罗矣，又何法可修？何悟可顿耶？"然则依中郎之意，不仅可以无修，亦复可以无悟。无悟可顿，乃直跻"悟"之最源头处也。

三袁皆以文学称，当时称为公安派，中郎尤其魁杰。兹姑拈其论文之两则为例。一曰："《金瓶梅》从何得来？伏枕略观，云霞满纸，胜于枚生《七发》多矣。"又一曰："少年又谐谑，颇溺《滑稽传》。后来读《水浒》，文字益奇变。六经非至文，马迁失组练。"民元以来，新文化运动跃起，高呼"礼教吃人"，"打倒孔家店"，无忌惮之风，有过于万历。倘言儒，必喜龙溪、近溪乃如李卓吾之徒。倘言禅，则无修无悟，惟可有惊叹。惟当时新文学家亦遂称道及于公安，然惮窥其全书，因亦不知其学之出于龙溪、近溪，又直跻于禅而超之，否则或可为三袁更张声气也。

一九七八年　戊午　八十四岁

一　国内大事

四月，由顾颉刚主持的中国第一次用新式标点点校的《二十四史》已由北京中华书局全部出版，前后历时达二十年之久。

五月二十一日，国民大会选出蒋经国为"中华民国"第六任"总统"，谢东闵为"副总统"。

五月二十六日，"立法院"院会同意孙运璿出掌"行政院"。

六月十二日，著名学者暨前中国科学院院长郭沫若在北京逝世，终年八十七岁。

八月，中华少棒代表队荣获世界少棒冠军。

十月十七日，桃园国际机场首次试航成功，明年一月中旬启用。

二　事略

先生本年续在文化学院历史研究所任教。本年常病，目不能视。十月，抱病赴香港任新亚书院"钱宾四先生学术文化讲座"主讲人，以三周时间作连续六次之公开演讲，讲题："从中国历史来看中国民族性及中国文化"。先生自谓"此实余三十年向学一总题"。

三　著述

一月，《中国学术思想史论丛》（四）一书，由台北东大图书公司刊行，二〇〇一年收入联经《全集》第十九册及素书楼文教基金会·兰台出版社整理新版重印。摘要略。

一月，《读陈建学蔀通辨》，刊于《华冈文科学报》十一期。收入联经《全集》第二十一册及同前出版社《中国学术思想史论丛》（七）页二三五～二五四。摘要如下：

陈建字廷肇，号清澜，广东东莞人。明嘉靖七年举人，知山东信阳县，著《皇明通纪辑要》及《皇明从信录》，尤著者为《学蔀通辨》。张夏《雒闽源流录》称："嘉靖壬寅，朝议进宋儒陆九渊于孔庙，清澜闻之，忧道统将移，学脉日紊，乃发愤著《学蔀通辨》，以破王氏所编《朱子晚年定论》。详著朱、陆始终不同之迹。阅七年，戊申书成。"清澜之自序有曰："朱子晚年悔悟，与象山合，其说盖萌于赵东山之《对江右六君子策》，而成于程篁墩之《道一编》。至近日，王阳明因之，又集为《朱子晚年定论》，颠倒早晚，矫诬朱子，以弥缝陆学。建为此惧，究心通辨，《前编》明朱、陆早同晚异之实，《后编》明象山阳儒阴释之实，《续编》明佛学近似惑人之实。岂敢自谓摧陷廓清，断数百年未了底大公案。而朱、陆、儒、佛之辨，庶几无蔀障混淆之患。"要之自有清澜之书，而篁墩、阳明所定朱子晚年学同象山之说遂成过去。此亦元、明两代间学术上一大公案也。

清澜此书，《前编》重在著朱、陆晚年之冰炭，《后编》在辨陆学之为禅。《续编》在辨禅学之乱真。《前》、《后》、《续》三编外，又有《终编》上中下三卷。清澜自谓"《前》、《后》、《续》三编辟异说，《终》一编明正学。"其书愈后愈深入，愈见精语络绎错出。若专以辨正篁墩、阳明之论视此书，亦失此书用力所在矣。

清澜此书《续编》三卷，备引朱子辟佛语而详阐之，并盛推朱子之功在此。从来研朱学而专一在此发挥，则当推清澜此书。清澜又曰："愚尝因此而通究之。达摩以前，中国文士，皆假庄、列以文饰佛学。达摩、慧能而后，中国文士，则假儒书以文饰佛学矣。水心叶适氏曰：'佛学至慧能自为宗，此非佛之学然也。中国之学为佛者然也。'愚按：假庄、列、假儒书、阳儒阴佛三者，皆是以中国之人为非佛之学，以中国文字为非佛之书，诪张为幻也。问之则曰：'吾学，心学也。吾之学，非虚空而寂灭也。'世衰道微，程、朱世不常出，儒者知不能知，力不能救，坐视其荡佚纵恣，猖狂叫呶而不返也。愚故集程、朱遗论，著为此编，以俟后之君子。"今按：清澜此之所指，实为中国学术思想史上一绝大问题。最近一般学者，又好言宋代理学实渊源于禅宗。则清澜此编之意义价值，实远过于其辨朱、陆之早晚异同也。

清澜评象山，颇引《草木子》。其剖析儒、释，则似启发于胡敬斋。此等处，盖其学问得力所自。其《终编》之下卷有云："朱子尝谓：'读书如猛将用兵，直是鏖战一阵。如老吏断狱，直是推勘到底。'愚谓此辨真是与象山、篁墩、阳明诸人鏖战一阵，直是推勘到底。昔严沧浪《诗辨》，自谓'参诗精子'，而引释妙喜自谓'参禅精子'以况。使沧浪见愚此编，得无有'辨禅精子'之戏耶？"又曰："朱子一生，释群经以明圣道，辩异学以息邪说，二者皆有大功于世。然释经明道之功，天下莫不知之。至于辟异息邪，则近世学者未之尽知也。区区述为此编，然后朱子辟异息邪之功著矣。盖尝谓释经明道，朱子之功也显诸仁。辟异息邪，朱子之功也藏诸用。"此两条，清澜综述其著《通辨》之用意。盖辨朱、陆早晚同异，仅是著此书之最先动机。继辨象山、阳明之阳儒阴释，又继而辨佛学禅家之近似惑人，乃清澜此书最大用力所在。

一月，《道家的政治思想》，刊于《道教文化》一卷五期；又刊于《古今谈》第一百五十至一百五十二期。收入联经《全集》第七册《庄老通辨》。摘要略。

春，《师友杂忆》序文先成。收入联经《全集》第五十一册及素书楼文教基金会·兰台出版社《八十忆双亲师友杂忆合刊》页三一。摘要如下：

余八十初度，撰《忆双亲》一文。读者多劝余继述生平经历，以飨并世。余念自幼志学，老而无成，妄有自述，岂不腼颜。惟生平师友，自幼迄老，奖劝诱掖，使余犹幸能不虚度此生。此辈师友往事，常存心中，不能忘。今既相继谢世，余苟不加追述，恐其姓名都归澌灭，而余生命之重要部分，亦随以沦失不彰，良可惜也。惟余所欲追忆者乃远从七十年前开始。逃避赤祸来港台，亦已有三十年之久。古人以三十年为一世，以今思昔，皆已恍如隔世。而况忧患迭经，体况日衰，记忆锐退，一人名，一地名，平常自谓常在心中，但一临下笔，即渺不可寻。有时忽现脑际，未即写下，随又忘之，苦搜冥索，终不复来。而又无人可问。如为第一篇果育学校事，当前相识已无一人同历其事者。第二篇写常州府中学堂事，在台有一人，在港复有一人，年皆长于余，皆垂垂九十矣。余所思，未必即彼所知。此皆前清时代之事。下逮民初，亦复如是。故凡余所述，皆属一鳞片爪，而已费九牛二虎之力。但既到老不忘，则可确证其为余生命中之重要部分，务求叙述真实，亦属余对生命之自惜。纵属一鳞片爪，在余则弥自珍重。而余之生命，在此时代，亦属可有可无。增余一人不为多，减余一人不为少。惟此七十年来，世风时态，骤转亟变。余所追忆亦可使前世风范犹有存留。读此杂忆者，苟以研寻中国现代社会史之目光视之，亦未尝不足添一客观之旁证。有心世道之君子，其或有所考镜。是则凡余之所杂忆，固不仅有关余一人之事而已。又余双目已不能见字，信笔所至，写成一字即不自□，工拙更不可计。亦有心中极明白极清楚之事，不敢放笔。若以白话文写出，则更恐浪费纸张，浪费读者之光阴。故下笔力求其简，庶亦可告罪于万一耳。知我罪我，是在读者。

春，撰《中国学术思想史论丛》㈤之《序》文。收入联经《全集》第二十册及同前出版社《论丛》（五）页四。摘要略。

初春，撰《荣卓亚女士书画集序》。收入联经《全集》第五十三册《素书楼余沈》。摘要略。

六月，《太炎论学述》，刊于《中央研究院成立五十周年纪念论文集》。收入联经《全集》第二十二册及素书楼文教基金会·兰台出版社《中国学术思想史论丛》（八）页四三八～四五五。大意谓：

太炎之学，可分四支柱：一为其西湖诂经精舍俞樾荫甫所授之小学；一为其在上海狱中所诵之佛经；一为其革命排满从事政治活动，而连带牵及之历代治乱、人物贤奸等史学理论；一为其反对康有为之保皇变法，而同时主张古文经学以与康氏之今文经学相对抗。而其崇信印度佛学，则尤为四支柱中擎天一大柱。然太炎既非一佛徒，又非一居士。其佛学，仅如西方人抱一哲学观点，乃依之以进退上下中国之全部学术史，立论怪诞，而影响不大。一因其文字诘屈，读其书者不多。一因其纵观博览，所涉既广，而民初以来读书风气已衰，读其书者，如泛大海，仅求其船之靠岸而止，大海渺茫，固非意存。故幸而其思想在当时及身后，

亦未有何力量。否则其为祸之烈，恐当尤驾乎其所深恶的后起"新文化运动"之上。而主持新文化运动者，亦仅以"死老虎"目之，置之不论不议之列。近世则群敬以为大师，或目以为怪人。然固无知其立论之怪。

《菿汉微言》明倡佛学，乃太炎学之正面。太炎于中国历代人物，一一凭佛义，判其高下，定其差别。后起新文化运动，一尊西法，亦如太炎之一尊印度。惟诸人懒治故绪，故于中国固有，汗漫挥斥，一丘之貉，曾不再加以剖辨；则于太炎为逊耳。

太炎与康氏所遭时变同，惟康氏读书不如太炎之多，而论学则前后多变。太炎可谓终身蠹书丛中，而持论则少所变。曰古文经，曰阳明心学，曰佛学，几皆终身焉。此见康、章两人性格之异，不得以变为非、不变为是，亦不得以不变为非、以变为是也。然两人皆用世心亟，亦同于崇佛，亦皆不修居士行，而亦同是近代士风之楷模。欲知近代学风之所起，诚于此两人不得不有知也。

太炎长于小学，而不精训诂。博极群书，而不擅考据。其好庄尤甚于老，而喜颜亦若尤甚于孔，以其尤为出世，与佛书近也。至论政治，太炎则曰："政治之论，老子已足。"又曰："老子譬之大医，医方众品并列，指事施用，都可疗病。五千言所包亦广矣，得其一术，即可以君人南面矣。"又曰："若以政治规模立论，荀子较孟子为高。"是太炎果得志于政治，亦追随老聃、荀况而止耳。如儒统所争王霸、义利之辨，恐非所厝意。亦未见其于当时，能有大兴起、大作为也。要之"儒不如释"之一见，自足限太炎之所至矣。当清末民初之际，学者菲薄传统，竞求一变以为快，太炎与南海康氏，其表率也。皆无师承可言，然亦可微窥朱九江、俞曲园之未尝无其影响矣。深识之士，亦将有会于斯篇。

七月，《中国学术思想史论丛》（五）一书，由台北东大图书公司刊

一九七八年　戊午　八十四岁

行。二〇〇一年收入联经《全集》第二十册及同前出版社整理新版重印。摘要略。

七月，撰《中国学术思想史论丛》（六）之《序》。收入同前出版社《论丛》（六）页三。摘要略。

七月一日，《一个中国人读索尔仁尼琴哈佛讲词》，刊于《中央日报》。收入联经《全集》第四十三册及同前出版社《世界局势与中国文化》页三一八~三二四。摘要略。

八月五日，撰《周宣德先生八十寿序》。收入联经《全集》第五十三册《素书楼余沈》。摘要略。

九月三十日，《果育学校——师友杂忆之一》，刊于《联合报》。收入联经《全集》第五十一册及素书楼文教基金会·兰台出版社《八十忆双亲师友杂忆合刊》页三三。摘要略。

十一月，《中国学术思想史论丛》(六)，由台北东大图书公司刊行。二〇〇一年收入联经《全集》第二十册及同前出版社整理新版重印。摘要略。

十一月，《从中国历史来谈中国民族性及中国文化》，刊于《新亚生活月刊》六卷三期；又刊于一九七九年五月二十一至二十八日、六月十三至七月四日《联合报》。案本文为先生应邀赴香港中文大学新亚书院"钱宾四先生学术讲座"首任学术演讲人，六次演讲稿。翌年即出版问世。收入联经《全集》第四十册。二〇〇一年素书楼文教基金会·兰台出版社整理新版印行。摘要略。

十一月十四日，《新亚中学第一届毕业典礼讲词摘要》，新亚中学摘录。收入联经《全集》第五十册《新亚遗铎》。摘要略。

十一月十四至十六日，《常州府中学堂——钱穆回忆录》，刊于《联合报》。收入联经《全集》第五十一册及素书楼文教基金会·兰台出版社《八十忆双亲师友杂忆合刊》页四四。摘要略。

十二月，《人生三步骤》，刊于《中华日报》。收入联经《全集》第三十九册《人生十论》及二〇〇一年素书楼文教基金会·兰台出版社整理新版印行页一二二～一三五。摘要如下：

（一）我们讲人生三步骤，第一步骤应为"生活"。它的意义与价值是来维持和保养我们人的生命存在的。……进一步说，我们是为要维持保养我们的生命才有生活，并不是我们的生命为着生活，而是生活为着生命。换一句话讲，生活在外层，生命在内部。生命是主，生活是从。讲到人的生命发展过程中的第二个层次，即是人的"行为"。换句话讲，也可以说人的生命应表现在人的"事业"上。

（二）此一部分却不能仅求其最低限度之满足，而应有其无限发展之期望。今天我们每一人要一职业，亦成为生活中一手段。职业当然也可说是一种行为，而我们应该另有一种行为，超乎职业之上的，并扩大到职业之外的。举中国古人所讲，则是修身、齐家、治国、平天下，这才算是我们的行为。……那么就该讲到我们人生的第三个阶段，第三个步骤了，这就是我们人生的"归宿"。

（三）人生要有开始，可是也要有个归宿。我们整个的人生都该有个归宿。中国人讲归宿同一般宗教的讲法不同。中国人只从人生来讲人生。中国人讲人生的归宿在"人性"。天命之谓性。……为甚么我们中国人要提倡孝呢？中国人认为孝是我们人的天性。……我们如能圆满我的天性，完成我的天性，自会得到"安乐"两字做我们人生最后的归宿。……我们中国人又常言德性。甚么叫德呢？韩愈说："足于己无待于外之谓德。"可是"德"就是"性"。我们人生最后的归宿，就要归宿在此德性上。

（四）身体之内有个"心"，生命之内有个"德"。"德性"乃是由天所赋，人的生活到死完了，人的德性可以保留在你的儿孙身上。亦可保留在大群人的身上。人的生命归宿就在此。所以我们做人：第一：要讲生活，就是物质文明。第二：要讲行为与事业，修身齐家治国平天下，是人文精神。第三：最高的人生哲学要讲德性性命。德性性命是个人的，而同时亦是古今人类大群共同的。人生一切应归宿在此。我想我们人生不能超出此三步骤。中国古人讲人生就是这三个步骤。

一九七九年　己未　八十五岁

一　国内大事

一月一日，美国与中华人民共和国建交。

出境观光规则于一月公布实施，三日起受理登记。

二月十五日，"行政院"院会通过将桃园国际机场命名为中正国际机场。二十一日，举行启航典礼，将于二十六日正式启用。

十二月十日，高雄发生"美丽岛事件"。

二　事略

先生本年续在文化学院历史研究所任教。夏，赴港出席新亚三十周年纪念会。

三　著述

一月十一日，撰《邢湄邱先生集序》。收入联经《全集》第五十三册《素书楼余沈》。摘要略。

一月十六日，《东西文化比较观——人物与事业》，刊于《中央日报》。收入联经《全集》第四十九册及素书楼文教基金会·兰台出版社《晚学盲言》下篇页一〇二四~一〇四一。摘要略。

一月二十四日，《三兼小学——师友杂忆之三》，刊于《联合报》。收入联经《全集》第五十一册及同前出版社《八十忆双亲师友杂忆合刊》页六六~七六。摘要略。

二月十二、十三日，《鸿模学校梅村县立第四高等小学——师友杂忆》，刊于《联合报》。收入同前书页七七～九六。摘要略。

二月十二、十三日，《杂论中国音乐》，刊于《中华日报》。收入联经《全集》第四十五册及同前出版社《中国文学论丛》页一九五～二〇五。改题名为《略论中国文学中之音乐》。摘要略。

三月，《中国和平统一之前展》，刊于《中央月刊》十一卷五期。收入联经《全集》第二十三册及同前出版社《中国学术思想史论丛》（十）页二四八～二五六。摘要略。

三月六、七日，《后宅初级小学——师友杂忆》，刊于《联合报》。收入联经《全集》第五十一册及同前出版社《八十忆双亲师友杂忆合刊》页九七～一一〇。摘要略。

四月，撰《文昌悬志序》，刊于六月十四日《中央日报》。收入联经《全集》第五十三册《素书楼余沈》。摘要略。

五月二日，撰《从中国历史来看中国民族性及中国文化之序一》。收入联经《全集》第四十册及素书楼文教基金会·兰台出版社该书页三。摘要如下：

一六七七年之夏，金耀基院长自香港来台，访余于士林外双溪素书楼寓庐。是为余两人初次之相识。耀基告余，拟为新亚创办一"学术文化讲座"，即以余名名之。邀余作首次讲座之讲演。谓此讲座，当每年举办一次，广邀中外学人，集多方意见；庶可资号召，提兴趣，渐成风气，鼓无研讨。或亦有当于当年新亚建校之宗旨，倘余赞同，彼返港后拟即设法筹募款项，作为基金。俟有成绩，再以相告。此事创始虽微，积久或可得巨效。耀基言辞恳切，余漫允之。不数月，耀基来信，筹款已有头绪，决于翌年秋正式举办。乃余于七八年初春，忽婴眼疾，逐时加深，不能见字，即报纸上大标题亦模糊不能辨。然念耀基诚挚之意，初亦谓尚有十月之隔，或可临时小愈。耀基亦坚请，告余：临时如不能亲自出席，亦当由余任首讲，邀人代读一论文即可。余终亦无以拒之。卒于是年十月赴港，以一月之期，分作六次讲演。仅就余平日积存胸中之素念，稍分层次，略抒梗概。事后乃根据当场录音，粗加整理，再交耀基由校方付印，即今出版之此稿是也。余每念：初办新亚时，赤手空拳，曾无丝毫之凭借；乃蒙校内外各方共襄艰难，使新亚获有今日之成就。今耀基创始此一伟大之构想，而余竟亦以盲眼空腹，谬膺其最先之第一讲，正与余往年之始创新亚同其轻率。幸耀基不怠不倦，此稿问世，耀基已续聘英国李约瑟教授来为此讲座之第二讲。此下逐年规划，按期有人来赓续此讲座，焉知不蔚成巨观，乃与新亚同跻于日新又新，而有其无量之前途。耀基又来书，嘱余于此稿付印前加为一序。余除自陈其内心之惭疚外，特于耀基对此一事之擘划经营，深思密虑，有其无穷之盼望焉。爰又不辞而序之。

五月十六、十七日，《情感人生中之悲喜剧》，刊于《中华日报》。收入联经《全集》第四十五册及同前出版社《中国文学论丛》页一六四。大意谓：

中国人生以内心情感为重，西方人生则以外面物质之功利为要。此亦中西双方文化相异一要点。故西方人不重感情。自然科学亦不关感情事，可不论。耶稣教信人生原始罪恶论，人性惟有罪恶，乃必以上帝之心为心，以上帝之爱爱父母，爱全人类。哲学探讨真理，亦不能羼杂情感。然人生不能无情，西方人乃集中言男女恋爱，不分是非善恶，一任自由。故恋爱亦如求取外面物质功利，所爱既得，此情即已。故曰结婚乃恋爱之坟墓。又主离婚自由。苟使外面别有所爱，或对此已有所厌，自可另谋所求。夫妇成家，亦属外在事变之一种。功利所在，则苟安之而已。中国人则不尚男女之爱，而特重夫妇之爱。由夫妇乃有家庭，有父母子女，由此再推及于宗族、亲戚、邻里、乡党，而又推之全社会，全人类，皆本此一心之爱。此爱在己，但不轻易发之。故未成年人，则戒其言爱。必由父母之命，媒妁之言，慎重选择。所爱既定，则此心当郑重对之，死生不变。此心之情感，实即吾生命所系。不如西方人，乃若以生命系之外面物质功利之追求。此乃中西双方人生观一大不同之所在。

西方文学最喜言男女恋爱，中国文学则多言夫妇之爱。

近代国人又好言《红楼梦》，以为近似西方文学中之悲剧。然贾家阖府，以仅有大门前一对石狮子尚留得干净，斯其为悲剧，亦仅一种下乘之悲剧而已。下乘悲剧，何处难觅！而且大观园中，亦仅有男女之恋，非有夫妇之爱。贾宝玉出家为僧，亦终是一俗套，较之杨四郎，虽同为一俗人，然在杨四郎尚有其内心挣扎之一番甚深悲情，不脱俗，而见为超俗。贾宝玉则貌为超俗，而终未见其有脱俗之表现。衡量一国之文学，亦当于其文化传统深处加以衡量。又岂作皮相之比拟，必学东施效颦，乃能定其美丑高下乎！

六月，撰《从中国历史来看中国民族性及中国文化之序二》。收入联经《全集》第四十册及同前出版社该书页五。大意谓：

中国人及中国，历史悠久，文化深厚，至今举世莫与伦比。中国人在此亚洲东部一块土地上，自狭小渐跻广大，自寡少渐臻众多，绵延五六千年；可称创建了一代表性的民族国家，一线相承。其间纵有不断变化，要之，能自成一天下，自有一传统，屹立常在，堪谓举世人类一奇迹。

除东亚外，尚有西欧，异军特起。论其历史文化，乃与东亚中国差堪匹敌。乃双方接触少，各自发展，不相关涉。直到最近五百年来，西欧势力逐步震撼了全世界，而东亚亦受其影响。

中国人及中国，虽自古独立成长，在其自所占有之天下中，自生自育。然其人富敏感性，虚衷好学。凡所遭遇，莫不以其诚挚之同情心，和平之同化力，力求变异为同，化敌为友。史证明显，不烦缕述。远自明末利玛窦东来，中国学人与其交往，如徐光启等，即亦深受浸染。惟惜明、清易代，此风不继。直到清干隆末，其时中国社会正值盛极而衰，久安思变。而西欧势力则日益强大，威锋迫人。魏源默深著《海国图志》，及代贺长龄纂《经世文编》，一面注意国外形势，一面注意国内政治变革；正可透露出清代嘉、道以下知识分子学术思想转入新途，以求因应之一新趋向。

而不久洪秀全、杨秀清崛起，凭借耶教，煽动愚民。洪秀全自称"天弟"，奉耶稣为"天兄"，创建太平天国；所至焚毁孔庙，盛倡女权，兴办新科举，政治、文化兼求革命。后人虽称之为开此下民族革命之先河，其实洪、杨以专崇西化、打倒中国传统为其起脚点，于是激起了曾国藩、胡林翼、江忠源、罗泽南一辈旧式知识分子之义愤，起而反抗。湘军之真精神、真动机，实为保卫民族文化，抵御西化侵入。而满清政权，遂亦得苟延其残喘。

真正之民族革命则端自辛亥始。孙中山先生之"三民主义"，首曰"民族主义"，远溯文化传统，直自尧、舜、禹、汤、文、武、周公、孔子以来。此与洪秀全之天兄、天弟之号召，既绝相违异；亦与一辈专以中山先生比拟之于美国华盛顿者，仍有径庭。华盛顿美国革命乃"争民主自由"，而孙中山先生之辛亥革命乃"尊民族传统"。此非甚深体会于吾中华民族历史文化大传统之精义所在者，莫能知。

中华民国创建以来已近七十年，而国步杌陧，违离初志益远。几于今不如昔，人有同感。一方面固是牵于外患，而另一方面实多发自内乱。不仅对外维艰，实亦对内无方。窃谓今日我中国人自救之道，实应新、旧知识兼采并用，相辅相成，始得有济。一面在顺应世界新潮流，广收新世界知识以资对付；一面亦当于自己历史文化传统使中国之成其为中国之根本基础，及其特有个性，反身求之，有一番自我之认识。然后能因病求药，对症下方。若果自我迷失，岂有不得其体乃能见其病，而有海外异方可资救治之理？

民初以来之"新文化运动"，误认为我自己固有旧传统与海外新潮流一若水火之不相容，冰炭之不共存；非破除一分旧，即开不出一分新。一面高倡"打倒孔家店"，一面又叫"全盘西化"。提倡西化，为求自救。果使西化与自我敌体对立，则用药即以自杀，复何良医足云？

自新文化运动中转出共产运动，至其尊奉马、恩、列、斯，则与洪、杨之尊天父、天兄何异？惟宗教尚属世界性，尊奉马、列则显属西化。至其得操政权以来，亦已三十年；而中国人之旧传统、旧习惯、旧性情、旧风俗，依然尚存；当感破除之不易。及今则国将不国，人将无生，尚何"共产"之可期?

余幼孤失学,弱冠即依乡镇小学教读为生。然于当时新文化运动,一字、一句、一言、一辞,亦曾悉心以求。乃反而寻之古籍,始知主张新文化运动者,实于自己旧文化认识不真。今日国人方竞以好古守旧自詈。中国文化中亦并无一普遍历久之共同宗教,而今日之崇尚西化,则已俨成一宗教。所谓期求文艺复兴,亦只期求西化而止,复何所谓"复兴"?迷失了自己,而求复兴,则中国古籍一番旧知识显不可弃。要之,中国人与西方人各自走了一段历史路程,难可一一相比。故欲从西方史来认识中国人,则必将面目全非,而亦更无性情、精神之可言。

去年冬,曾应香港中文大学新亚书院之邀,去作讲演六次,根据录音写成此集。讲法又略有不同,而大意则一仍旧贯。所根据尽皆旧材料、旧知识,然于国人回头认识自我,求对我中国之旧传统、旧精神稍有了解;或于此下寻求开新自救之道有所帮助,则诚生平恳切以求之一大希望所在。知我罪我,斯在读者。

六月,撰《历史与文化论丛之序》,收入联经《全集》第四十二册及同前出版社该书页七。摘要略。

七月,《中国学术思想史论丛》(七)一书,由台北东大图书公司刊行。二〇〇一年收入联经《全集》第二十一册及同前出版社整理新版重印。案本书中有《读刘蕺山集》一文,页二九五~三〇五。因未著撰述年月,故特录于此,其大意谓:

余少年读黄梨洲《明儒学案》,爱其网罗详备,条理明晰,认为有明一代之学术史,无过此矣。中年以后,颇亦涉猎各家原集,乃时憾黄氏取舍之未当,并于每一家之学术渊源,及其独特精神所在,指点未臻确切。乃复时参以门户之见,意气之争。刘蕺山乃梨洲亲所受业,亦不免此病。

《蕺山集》卷三三《申皇极之要疏》有云:"古之帝皇,道统与治统合而为一。及其衰也,孔、孟分道统之任,有宋诸儒继之。洪维我太祖,表章朱熹之学,以上溯孔、孟,直接尧、舜以来相传之统,人心之正,几于三代。"又卷九《方逊志先生正学录序》，谓："先生早师宋潜溪氏，接考亭之正传。予少知学问，辄向慕先生，私心谓国朝理学之传，必以先生为称首。"蕺山于明儒首尊方正学，实亦即以尊朱子也。并兼举治统、道统，则受东林影响。王学末流，龙溪、泰州，变成一种社会运动，置上层政治于不问，则决无当于儒学之正统也。

蕺山论有明一代儒统，不废薛、胡；其论有明一代道统、治统之合一，则尤拳拳于东林之顾、高。此乃其论治、论学之最大着眼处。而以学朱子讲紫阳为终极，固并不有丝毫朱、王门户流俗之见存其心中也。

蕺山于王学，自谓多所疑，而窃自附于罗整庵之与顾东桥。凡其自立说，皆当于此窥之，自不当目蕺山为王门之嫡系传宗也。蕺山并非无取于阳明良知之说，惟必渊源紫阳相为羽翼，乃可无弊也。蕺山论学之主张由王返朱，其最简易明白者，在主张教人读书。惟其引朱子以半日静坐、半日读书为教人法，则实误承之高忠宪。而蕺山论学之多承忠宪，亦据此可知。

《南雷集》有《子刘子行状》，篇末叙蕺山论学，谓"先生始从敬入门，中年专用慎独工夫。慎则敬，敬则诚"是梨洲亦谓蕺山之学，乃从程、朱入，并终其生未变也。然梨洲所举蕺山论学，终不免偏在陆、王心学之一边。

《行状》又曰："先生常语羲：'阳明之后，不失其传者，邹东廓、罗念庵耳。'"梨洲晚年为《明儒学案》，时主江右王门，即承此旨而来。然其持论，殊不免仍陷于程朱、陆王宗派门户之争论中而未能自拔，因奉阳明为有明一代理学之中心；而尊蕺山，则若为王学之殿军焉。其言曰："识者谓五星聚奎，濂、洛、关、闽出焉。五星聚室，阳明子之说昌。五星聚张，子刘子之道通。岂非天哉！岂非天哉！"其言固未斥濂、洛、关、闽于儒统之外，其推尊蕺山不为不至，然实于蕺山论学之纠矫王学以欲上反之于濂、洛、关、闽之精神，则湮没而未彰。其同门恽日初，并以高、刘两人为正学，而梨洲力辨之，必谓高忠宪未脱禅门路径，蕺山则醇乎其醇。然蕺山固极推崇景逸。此两人同为当时学风有自王返朱之倾向中之特出人物，故治晚明学术史，于此两人当特加注意。梨洲知恶讲堂锢习，而转治经史实学，亦从此学风转变而来，惜乎梨洲不自知。

必于高、刘两人分高下，似不如恽日初之转得师门宗旨。故其晚年所为《学案》，亦仅可为治明代儒学者一必要参考书而止。其于明代儒学之始终流变，乃及各家学术之大趋向，及其于儒学大统中轻重得失离合是非之所在，则颇少窥入，而仍以宣扬王学为其书之最大宗旨。则恐绝不可谓其合于师门蕺山之精神也。

七月，《回忆少年同学时——费子彬作瀛海回春录序》，刊于《大成》六十八期。案本文为一九五六年八月作。摘要略。

七月十五、十六日，《东西文化比较观——国家与政府》，刊于《中央日报》。收入联经《全集》第四十八册及素书楼文教基金会·兰台出版社《晚学盲言》中篇页二八三。摘要略。

七月十六日，《漫谈改革社会风气》，刊于《中央月刊》十一卷九期。收入联经《全集》第四十二册及同前出版社《历史与文化论丛》页三一四。摘要略。

八月，《从中国历史来看中国民族性及中国文化》，由香港中文大学出版社刊行。一九九七年与二〇〇一年先后收入联经《全集》第四十册及同前出版社整理新版重印。按本书分六讲，共计一四四页。撮要如下：

一 引言

我们生在今天这个时代，我们就应该在今天的时代中来做人、做学问、做事业。大部分的人不能认识时代，只能追随时代，跟着这个时代跑。这一种追随时代，跟着时代往前跑的，这是一般的群众。依照中国人的话来讲，即是一种流俗。每一个时代应该有它一个理想，由一批理想所需要的人物，来研究理想所需要的学术，干出理想所需要的事业，来领导此社会，此社会才能有进步。否则不认识这个时代，不能朝向这个理想的标准来向前，此即是流俗。流俗又如何能来领导此社会？所以每一个时代，不愁没有追随此时代的流俗，而时代所需要的，则是能领导此时代的人物、学术与事业。

但这种人物、学术、事业，在同一时代中，可以是各式各样的，可以是多采多姿的，并不是清一色的摩登，一蓬风的潮流。甚至于同一时代中，可以有正相反的两方面人物、事业、学术，而同样是这一个时代所可有的最高的标准。

这是一个新旧世界正在大转变的时代。第一次世界大战、第二次世界大战，是这个世界变动的关键。当时的人要为第二次世界大战定一名称。因第二次世界大战与第一次世界大战不同。当时的欧洲人，认为民主政治是一个天经地义不可改变的政治体制。将来只要有人类，理想标准的政治就是民主政治。而现在是非民主政治和民主政治的战争。在近代西方可算是第一次。所以他们要另造一个名称。不过他们只是依据西方观点来另造名称，我是一中国人，要想把中国人观点来替这次大战另造一名称，称之曰"开辟世界新文化的战争"，又称"新时代战争"。新时代来临，殖民地解放，各处殖民地的旧文化复兴，和欧洲文化平等存在，人类社会就会创出此后世界的新文化来，就是由一种文化统治的世界，我就称之曰"新文化""新世界"。此即所谓民族解放、民族自决、民族自由。我们中国人亦可以照我们中国人自己要跑的路跑。

今天的世界是解放了，但不幸从殖民地解放出来，反而成了次殖民地。今天世界的一切灾祸便从此发生。像我们中国最先想学德国和日本，后来想学英国和美国，最后又想学苏维埃。这就因我们中国始终陷在孙中山先生所说次殖民地的地位之故。如中国与越南，却又是民族解放后最凄惨最不幸的一回事。他们实在过分信仰以前的帝国主义、西方民族，而对他们自己的民族则太不自信了。

我觉得中国人要救中国，只有一条路，就是中国的文化。我并不是要讲中国文化高过了西洋文化，我亦并不认为明天的世界不再是西洋文化的世界，定是中国文化的世界了。这些都是文化评价问题，我只想来讲文化认识问题，我们先该认识我们自己的文化。有好多人对我讲，你讲中国文化，中国人不听；你向外国人讲，倘使外国人赞成了，中国人都会赞成。我说：你的讲法同我的想法不同。外国人不会了解我的话，因为他是外国人。最多他们只是一知半解，他拿外国人的观念来了解我的话，总是隔一层。只有中国人肯听我话，才能真了解。可是我们中国文化在今天，亦只能救中国。要等世界各民族都能自救，到了那时，各民族各文化慢慢儿汇合调和起来，或许会并成一个所谓"世界大同"。这个境界，天下太平。不是今天，我想还远。

二　中国人的性格

今天我讲"从中国历史来看中国的民族性"就是看我们中国人的性格。在中国传统思想里，最看重这个"性"字。西方人亦未尝不讲人的性，可是他们所注重的是"自然"的性，然中国人的讲法这乃是"先天性"。而中国人所讲的性字，更看重"人文"方面，可说是先天和后天打成一片来讲的。

我今天要讲的是"分别性"与"和合性"。向来中国儒家、道家、其它各家讲人性，从未提到这两个名词，这是我今天所特别提出的。

怎么叫"分别性"呢。我们从先天自然方面来讲，人有男性、女性的分别，这是最基本的。不仅人是这样，动物，乃至于植物，有生命的，除掉最低级的微生物不分雌雄性别外，都分性别的。中国人称一阴一阳，男女就有阴性、阳性的分别，没有人不懂得这个分别的。我们也可以说，严格讲来，男人、女人各是人的一半。必待男婚女嫁，始合成一完整的人生。所以说"男大当婚，女大当嫁"。可见人生在"分别性"之上，还有一个"和合性"。当然也有独身不结婚的，但这只是人类中间的极少数。

人生有他的分别，就有他的和合。所以分别性与和合性其实只是一个性。先天的自然是男女分别的，后天的人文则是男女和合的。人类由后天人文所组成的社会，仍并不能离开先天自然而独立，只有在先天自然之上，加进了后天人文。所以先、后天亦应是合一的。这才是人类天性的完成。这里面包括着分别与和合，在其和合中则仍还有分别。这只照分数讲。他的分别性比和合性占的分数多，反过来，或许他的和合性比分别性占的分数多。好像我们一个人的两只手，其实功用是一样的，或是我惯于多用右手，或是我惯于多用左手。这里边只是一个分数之不同而已。

我认为中国人的天性,所谓我们的国民性,是和合的分数比较多过分别的。我们人的中间,一定有大人、有小孩,所谓父母子女。没有小一辈的,人类就要断了。但没有老一辈的,小一辈的也就无从出生。自然生人,甚至于其它动植物,都有男女,有长幼。这个分别每个人都知道的。然而特别是我们人类,幼小的要靠长大的,而长大的要保护抚养幼小的。这是从古到今,可能将来几万年、几十万年下去,都是这样。所以自然人生必有男女长幼的分别。而人文社会则必有男女长幼的和合。就组织成了家庭。也可以说,整个人类,各个社会,都有家庭,这个家庭就是男女长幼的和合。而中国人的家庭则比较和合性更多过了分别性。而拿西方人的家庭比我们,似乎他们是分别性多过了和合性。

中国人讲人,不重在讲个别的个人,而更重在讲"人伦"。人伦是指人与人相处中的一种共同关系。要能人与人相处,才各成其为人,若人与人过分分别了,便就无人伦。人伦是要人与人互相配搭而成的。故说夫妇为"人伦之始"。有夫妇才能有父母子女,乃及其它一切和合与分别。这分别从后天的和合来。我们社会的变化,就是人与人的关系的变化,而中国人比较最看重人与人的关系。这关系是两个,一个是先天的分别,一个是后天的和合。从和合再生出分别来,则是后天的分别了。中国人看重后天人文,所以说中国人比较更多看重和合,因而家庭占了社会重要的第一位。

从家庭讲到国家。我们拿一个很简单的例子来看,西洋史同中国史的分别。西洋史从希腊开始。有了希腊人,就有希腊的社会、希腊的民族,亦可以说有希腊的文化。然而始终没有一个希腊国。希腊的半岛很小,然而他们有一两百个城市。他们不能组合成一个国家,不是不能,我想他们或许不喜欢组合成一个国家。我们只能这样说,其实雅典人并不希望同斯巴达人组成一个国家,斯巴达人对雅典人亦一样。其它各城市人亦都一样。那么我们只能说是希腊人的天性如此。他们并非不和合,他们有很多和合的地方,然而不能不承认他们的分别性超过了和合性。从分数上比较,他们的分别性要到百分之六十,和合性只有百分之四十。

希腊之后有罗马。其实罗马亦是一个城市。罗马人兴起后,又合并了意大利半岛,这是一种向外征服。所以这个国家从来就叫罗马,不叫意大利。罗马帝国不能称之曰意大利帝国。他的国家仍是个罗马。意大利是罗马帝国的征服地，正如马其顿征服希腊一样。再从意大利半岛向外，到地中海四边，罗马帝国是相当大的，欧洲、非洲、亚洲的许多部分都在罗马帝国之内。然而我们只能说是罗马帝国，罗马还是这一帝国的主要中心。这是一种向外征服。征服与被征服，这就是分别性多过了和合性。

那么中国呢，中国到了秦汉，说是统一了，但不能称为秦国、汉国，他还是一个中国。我们不讲秦，且讲汉。汉高祖是中国长江北岸江苏省丰沛一带人，然而汉代之兴，并不能说是丰沛人的向外征服。我们中国人从来没有这个想法。中国是怎么成为一个汉代的呢？这是一个政治性的向心凝结。这个心不在丰沛，在长安。当时中央政府所在地在长安，即称汉代，不能叫汉国。国家还是个中国，而汉代只是中央政府一个朝代的名称。今天我们亦称汉代为汉帝国，唐代为唐帝国。帝国是西方名称，如罗马帝国。汉代、唐代不能称为汉帝国、唐帝国。因为汉代、唐代都是中国人向心凝结所组成的政府名称。重要的还是一和合性。

美国的联邦是分别性多过了和合性，中国的分省是和合性多过了分别性。这是从东西双方历史的不同所看出来的人性不同。我喜欢这样，他喜欢那样，亦可说是一种国民性的不同。西方人好分，是近他的性之所欲。中国人好合，亦是近他的性之所欲。今天我们中国分成两个，然而我们人的脑子里还是不喜欢分，喜欢合。大陆喜欢合，台湾亦喜欢合，乃至两个政府所辖地以外，全世界的中国人，亦都喜欢合。这不是一个理论，说国家一定要合。那么荷兰同比利时为什么不能合。如果照荷兰、比利时的例，我是江苏人，江南、江北应可分为两个国。至于两个国好呢，还是一个好呢？这不是好坏的问题，是喜欢不喜欢的问题。怎么知道我不喜欢呢？我拿中国四千年的历史来看，中国的国民性他们喜欢合。我拿西洋历史来看，他们的民族性喜欢分。他们有拉丁、条顿、斯拉夫等几个民族，而我们中国人在从前的中国历史上，亦时见有异民族加入，到今天都同化了，只成为一中国人。直到中华民国成立后，我们所谓汉、满、蒙、回、藏五族共和，依然有五个民族，但仍要合，不要分，同认为是中国人。

所以我们讲文化没有一个纯理论的是非。东方人的性格与生活，和西方人的有不同。东方人的夫妇关系和西方人又有不同。东方和合为一个国家，即中国。西方分别出各个国家，如英、法、德、义、荷兰、比利时、西班牙、葡萄牙。没有一个纯理论的是非，来判定他们谁对谁不对。只能说我们东方人比较喜欢这样，西方人比较喜欢那样。

我们今天以后的世界，是要走上民族解放、各从所好的路。你从你所好，我从我所好。并不主张文化一元论，并不主张在西方、东方、印度、阿拉伯各种文化内任择其一，奉为全世界人类做为惟一标准的共同文化，我想今天不是这个世界了，而是要各从所好。在理论上，我很难讲中国文化高过了西方文化。也可以说，西方文化未必高过了中国文化。因为两种文化在本质上不同。我不反对西方，但亦不主张一切追随西方。我对文化的观点是如此。

我在近代的中国人中，最敬佩孙中山先生。他曾说，中国人的自由太多，不是太少。我为他这句话，回想中国历史上，至少言论一项，可算是很自由的了。即如伯夷、叔齐，他们反对周武王伐商纣，但他们仍有他们的自由。直到今天，中国人还是推崇伯夷、叔齐。可见反对方面的意见，在中国常被容忍的。这正因中国人的民族天性，和合性多过了分别性之故。

三　中国人的行为

上一堂讲的比较偏重讲"人"，今天这一堂比较偏重在"事"。其实这两个是不能分开的。人一定要有事，而事一定是人做的。并不能严格分开。不讲事，人即无存在；不讲人，事即无来历。但是人和事还是有分别。西方人讲历史比较偏重"事"，中国人讲历史比较偏重"人"，这是分数的关系。中国人比较看重人物，西方人比较看重事情，两者只是比较在分数上略有不同。

事绝不是由一人做的，单独一个人不能成什么事。事一定由多数人，一个集团来创成的。在这个集团中间，定有个领袖，领导这个集团。有集团，就有领袖。有领袖，就有集团。两者又是不可分的。可是在分数上又是不同的。有的是看重领袖，有的是看重集团。倘使看重领袖，这个领袖就是普通所谓的"英雄",领导这个集团来做成某一件事情。

我看西方历史似乎近是一种"英雄性"的。如讲政治,古代从亚历山大到罗马凯撒,到了近代法国的拿破仑,这不过是举几个代表性的例子讲。这是由一领袖,领导一个集团,而成功了那时的一番事业。这都带有一种英雄性。而中国呢?"集团性"更重于英雄性。所以好像不见英雄性,所谓不见英雄性,同显见英雄性,这中间亦是一个分数的比较。我这不是一种议论批评,而是讲事实。需把中国和西方历史作详细比较,便知我话的意义。

我想举一个例讲。古代不讲,我们讲秦代末年,所谓楚汉之际。项羽西楚霸王和刘邦沛公,两人争天下。显然项羽带有英雄性,而刘邦像似没有英雄性。两人相比的话,项羽是一英雄,刘邦不是一英雄。刘邦得天下后,成为汉高祖。他说:"我能用萧何、韩信、张良三人,而项羽只有范增一人,不能用,所以我得了天下。"从来读历史的人,没有人不承认汉高祖这句话讲得切实。拿今天的眼光来看,萧何是一个后勤,张良是一个参谋,韩信是一个前敌的大统帅。西方人在一两百年前的近代,他们对军事才开始有这三种分别的观念。本来军事一切,似乎都由一大统帅来完成;而我们中国人,至少在两千年以前,已懂得在军事上有这三种的分别了。虽然那时并没有特定的三种名称,但从汉高祖话中所讲,萧何、张良、韩信三人的职务,拿近代的观念来讲,显然是后勤、参谋和统帅三方面。有许多观念,中国人早发明在先,而西方人则远起在后。类此之例还很多。

从中国历史上的政治、学术、经济三方面,来看一切事业的背后,主要都不是一英雄性,由一个人来领导、创作、主使,而是一集团的合作。照我们今天近代的观念,个人主义就要反对社会团体,社会主义就要反对个人自由。共产主义讲组织,资本主义讲自由,好像双方互不相容。而中国人有领袖、有徒众、有组织、有自由,其间亦有等级,而又有其平等性。

我特别要讲,"人权"二字中国向来没有。中国人只讲人性、人情、人道、人品,不讲人权。如论政治,亦只论职位,不讲权力。君亦是一职,臣亦是一职。只说君位高出于臣位,不讲君权高出于臣权。在家庭中，父母亦各占一职、一位，说不到父权、母权。说到学术界，我们今天有所谓"权威学者"。学术那有权威可言。我们中国人两千五百年来崇奉孔子，这是两千五百年中国学术界的自由，那里是孔子一人的权威？

现在我们所常用的一切字句、名词，倘一一追求它的来源，如"权威学者"、"奴隶社会"、"专制政治"等，这些话究从何时起？我劝诸位不要讲变了，我们的一切言语、一切观念，都已通体变了。我们的头脑全不是旧头脑了。至少我可以说一句，诸位今天的头脑和我当小孩时的一般头脑完全不同了。连我现在亦随着变了。因为不变便不能讲话，我亦只得用现代观念来讲现代话，否则我们之间如何得相通？

可是我们读书又不同，我们读的是一百年前到三千年前的书。我们该虚心把自己的现代头脑放在一旁，客观的来读古人的书，然后知道它和我们中间的异同。而后再用你的主观来批判它的是非、高下、得失。我并不反对一个人用他自己的见解去批评这个对、那个不对，这个好、那个不好，这是个人的自由。然而我们的知识则该客观。这是我这六次讲演的大义。

四 中国人的思想总纲

上面我们讲到中国人的性格，它是偏向那一方面的。又讲到中国人的行为，中国人做事怎么一套方式的。今天我们讲的是中国人的思想，中国人想些什么，怎么想法。这都从中国三四千年来的历史，具体客观的看，然后再会合起来，就是我们的人生。其中包含有三方面，一是性格，一是行为，一是思想。每一个人，他的人生脱离不了这三方面。

我此三讲，都把西方历史来比。不怕不识货，只怕货比货。我们拿西方人同中国人一比，对于中国人的性格、行为、思想，都更容易明白一些。并不是要比较那个长、那个短，那个是、那个非。因为有个比较，容易明白。

我现在先举"统之有宗，会之有元"这两句话，就是讲中国的思想史，在它的外形上是什么样子的，是怎么一种形态。譬如说，明儒学案是中国一部理学史，是明代的思想史，亦可以说是明代的哲学史。其中最主要的乃系王阳明一家。由阳明本人又分出他的弟子们，各家各派，似乎普遍及于全国。主要的如浙中？王门、江右王门、泰洲学派等，都是阳明门下的。我们可以说，把他们各家的思想会合起来，都是共同尊奉阳明一人的。所以说"统之有宗"。

如我们每一家庭，都有他们的祖先。但在祖先中，又有"祖"与"宗"之别。"祖"是指的最先共同第一个，"宗"则是由祖下分出的。如讲王位传统，汉高祖是汉代开国的第一祖。汉文帝、汉武帝为此下汉代王统所推崇的，这只称宗，不称祖了。讲到学术传统，孔子是儒家第一祖，阳明则是明儒中的一宗了。中国历代的思想史，都如明代般是统之有宗的。

现在再讲到"会之有元"。"元"就是最先共同第一个，等于是祖宗的"祖"了。中国人观念常说："木有本，水有源。""本源"二字是中国人最所看重的。我曾说，一个民族是一个大生命。生命必有它的本源。思想是生命中的一种表现，我们亦可说，思想亦如生命，亦必有它一本源。有本源就有枝叶，有流派。生命有一个开始，就必有它的传统。枝叶流派之于本源，是共同一体的。文化的传统，亦必与它的开始共同一体，始成为一生命，这是中国人观念。现在我们要讲新，要讲变。但从中国人观念讲，从旧的变出新的，那新的中仍该有那旧的存在着，一线相承，还是那一体。

中国思想一大特点，即是要求和合更胜过要求分别。这是与研究西方思想之大不同所在。我在十年前，曾经提出一个主张。我说我们中国人，应有几部人人必读的书。西方人人必读的第一部，应是耶稣的《圣经》。中国人所人人必读的书，朱子选了一部《四书》。我个人则认为，我们今天一个知识分子，一个读书人，应该读四部书：一部是《论语》，一部《孟子》，第三部是《老子》，第四部是《庄子》。读了这面，还应读那面，这就叫"一阴一阳"。在中国思想界里，一正一反，一积极一消极。

这四部书都是古代的。若要再读后代的，则我更举三部。一是禅宗慧能的《六祖坛经》。第二部是朱子选的《近思录》。第三部是王阳明的《传习录》。这三部书都是后起的。拿唐朝以下的三部，汇合上战国时代的四部，可成为中国新的"七经"。我想读了此七部书，始可知得我这次所讲中国思想史"统之有宗，会之有元"的所在。但这只不过是我一人的说法而已。

下一层要讲到中国思想史的内容，这问题较难讲。让我挑选朱子的两句话"通天人、合内外"六字来讲。中国人就喜欢讲"通"讲"合"，像讲"统"讲"会"一般。中国人就不喜欢过分讲分别，所以中国能成这样一个大民族，大国家，就是这个道理。中国人不喜欢讲我是一广东人、福建人、浙江人，而更喜欢讲我是一中国人。不仅要讲人与人通，还要讲人与天通。

耶稣《圣经》里说"上帝的事我管，凯撒的事凯撒管"。这就把人与天分别讲了。但是耶稣终于钉死在十字架上，凯撒要来管你，你又怎么办？直到今天西方的宗教是教你的灵魂，教你的死后，你生前他不管。直到今天西方的宗教和政治两个是要分别的，神圣罗马帝国终成一梦想。今天罗马教皇仍只管耶稣上帝的事，绝不能兼管各国凯撒的事。

天主教、耶稣教亦各自分别。回教另成一套，佛教又是另外一套。回教同样讲天，但与耶教不同。佛教又只讲出世，不讲天，讲来世。世界人类的各大宗教又如何把来会通，这是人类此下一大问题，此处暂不讲。

中国人则要讲"通天下"，这是中国思想史里一大问题。既把天能通到人一边来讲，则讲人生亦即如讲天命了。故孔子亦讲通天人，老子亦讲通天人。他们在讲人生，就通到天命上去。天命、人生通为一体，这是中国人想法。人生是有古今之变的，要把此变来通为一体。读历史不能只懂古代不懂现代，亦不能只懂现代不懂古代。现在大家喜欢讲"变"，我们中国古人亦讲变，但在变之上又要讲一个"通"。

"通天人、合内外"这六个字，是中国思想的大总纲，是归本回源的大问题。通天人是知识问题，亦有行为。合内外是行为问题，亦有知识。当然阳明讲"知行合一"，这个是中国传统的一个大道理。知识一定要包括行为，行为一定要包括知识。倘使诸位将来研究中国思想，无论研究那一家、那一派，那一个时代，这六个字，我认为是中国思想里面一个主要的内容。"统之有宗，会之有元"，就统会在这"通天人、合内外"的六字上。

五　中国人的文化结构

上三次之讲演，是从人、从事、从思想三方面来讲中国的国民性。可以说，是从人生的总体，来讲中国人怎么样变成为这样的中国人。我认为，是由于中国人的天性。今天所要讲的，是中国人的文化。从中国人而发展形成的一种中国文化。

"文化"二字，从西方说来，是一个新名词。而在中国，则此一词已甚古老。《易经》上说："观乎人文以化成天下"，不就是今天我们所说"文化"二字的意义吗？简单说来，文化是我们人生大的总体，一切人生都包括在内。我们要研究文化，就先该认识文化。要认识文化，就该认识文化的各部分。文化的大体系，是由其各部分配合成的。所以研究文化，应该讲文化的结构。文化是由其各部分相互配合结构而成，不能不明其结构，而单来讲文化精神、文化体系，这是空洞的一句话。

我认为今天以后，研究学问，都应该拿文化的眼光来研究。每种学问都是文化中间的一部分，在文化体系中，它所占的地位，亦就是它的意义和价值。将来多方面这样研究，配合起来，才能成一个文化结构的比较论。

今天我来讲人类文化，我认为应有四大部门，就是宗教、科学、道德和艺术。亦可以说是，古今中外，中国人、外国人、古人、今人，乃至将来的人，一切人生都不能缺少这四个部分。可是这四部门在各个文化体系中间，它所占的地位，以及它的意义与价值，是各不相同的。

大概西方文化比较重要的是宗教与科学，而中国文化比较重要的是道德与艺术。这是双方文化体系结构的不同。宗教与科学两部门，有一共同点，都是对外的。宗教讲天，讲上帝；科学讲自然，讲万物；都在人的外面。而道德与艺术都属人生方面，是内在于人生本体的。道德是由人生内部发出。中国文化里讲艺术，亦由人生内部发出，与道德是大致相同的。所以西方文化精神偏向外，中国文化精神则偏向内。

宗教与科学虽是同向外，而中间有一相冲突处。这一点是近代西方文化所遇到的最大困难一问题。承认了科学家所讲的天文学，便再不能承认宗教里讲的拿地球作宇宙中心的观念，这是宗教里的天文学，不可能再存在。试问上帝在那里？愈照现代科学的天文学研究下去，便愈不可想象。这是科学同宗教冲突的第一点。

又如讲科学里的生物学。倘如达尔文的"生物进化论"能成立，那么亚当、夏娃在上帝那里犯了罪，被贬到世间来，才有了我们人类，这说法就不该再存在。这是科学与宗教冲突的第二点。

再拿第三点来讲，有关灵魂与心的问题。试问人类生前一切有关心理方面的现象，与其死后能上天堂或下地狱的灵魂，究竟双方有什么样的关系？此层现在西方人尚未详细讲到。即退一步言，在西方的科学观念中，人类是否有灵魂，是否有天堂与地狱之存在，亦尚都是问题。总之一句话，论到西方文化的结构，似乎不可能有了科学，便不再要宗教。但今天西方科学日益发展，而与宗教信仰处处冲突，遂使宗教信仰日益淡薄，此是一不可否认的事实。怎么样来挽救，这是今天西方文化的一大难题。

讲到中国文化，我提出两点。一是道德的，一是艺术的。道德与艺术，都是人生内部自发的，而这两个亦是内在相通的。我可以先讲一个结论。最高的道德，就是最高的艺术。最高的艺术，亦即是最高的道德。我们不要认为道德是一种拘束，是一种教条。用俗话讲，道德是个规矩，方的圆的。这样叫做方，这样叫做圆，是有一定的。从其表现在外面的形式来讲，这不即是一种艺术吗？当然科学亦要讲方圆，但科学与艺术则不同。这人不规矩，譬如方桌不方，圆桌不圆，这就是不艺术。所以没有不道德的艺术，亦没有不艺术的道德。

先讲第一点道德。先把道德与宗教做一比较。中国文化体系内，亦并非无宗教，古代就有，直到今天还是有。然而在文化结构中，不成一要项，没有它重要的意义与价值，它的地位并不重要。但不能说，中国文化里无宗教。中国人讲道德，重要在尽一己之心，完成我一己之德，外面的功效亦可置之不问。所以道德绝不计较功利。然而中国人却又深信，惟有道德始是人群中最有功利的。虽以瞽叟为父，而有舜之孝。虽以商纣为君，而有比干之忠。家破可以出孝子，国亡可以出忠臣。家可破，国可亡。而忠孝大德一样可以存在。既有忠孝大德，则家破可以复兴，国亡可以复存。人类之所以与天地常在，则惟道德之是赖。所以道德乃成为人类最大功利之所在。这可说是中国人的一种宗教信仰,亦可说是中国人的一种人文科学了。

讲到艺术。在中国,艺术与道德差不多,竟可说是一而二,二而一的。我们中国人的人生是一个艺术的人生。中国的艺术就是中国人的人生。儒家多言道德,道家多言艺术。中国的最高艺术理论都在《庄子》一书中。所以道家是偏近艺术的。中国的文学家,无一不兼通道家的。而儒家是偏重道德的,中国的文学家,亦无一违背了儒家的。我此刻只在《庄子》书中举出《养生主篇》的"官知止而神欲行"这一句话来讲。"官知"之"官",是指我们耳、目、口、鼻、心五官而言。耳听、眼看、舌尝、鼻嗅、心知,这叫"官知"。这都需凭借我们身体上物质的器官而生的。都要把来停下,才能"神欲行"。庄子所说的"神欲",是你精神内发的。既不凭借物质,而它的对象亦不再是物质的,这才是艺术的最高境界。儒、道两家,一正一反,得成为中国文化结构中之两大干柱。乃中国人生两大精神之所在。我们若忽略了一面,终不会透彻尽那一面。

近代又有人说,庄老思想偏多讲物,近于西方的科学。西方的科学有许多都从东方学去,譬如化学中的水银,即从中国道家长生炼丹术而来。但科学终是功利的,而中国道家的主要精神是艺术的。中国的艺术与道德,论其主要精神是应同属于自然的、生命性的。故中国艺术的真境界,亦绝不落于物质的、功利的方面。我们尽从外面看,绝不会得到其真精神所在。所以我认为西方文化重在宗教与科学,而中国文化则重在道德与艺术。同样含有对人与对物之两面,而其精神则确然有不同。

六　结论

我这六次的讲演,可以说是根据中国的旧材料,来批评我们现在的中国。或许诸位认为我们今天希望改造一个新中国,不需要这许多旧材料来批评,来解说。可是这话,我觉得是有问题的。有了旧的,才有新。没有了旧,亦就无所谓新了。

这里有两个大原则,第一个原则,我们必须根据历史的旧传统,才能希望发展出此下新的来。第二个原则,任何一种改造,只能寄托于少数人的身上。我们讲一个国家，一个民族的文化改造，其责任不在多数，而在少数。

在中国封建时代有两样东西，西方封建社会中绝对没有。一是都市，一是士。西方封建时代的贵族只有堡垒，没有都市。他们的都市兴起，封建就崩溃了。西方封建社会中有教堂，离开堡垒中的贵族而独立。中国的士，是参加进封建贵族而活动的。从管仲到孔子都如此。而孔子以后，就变成所谓"四民社会"。

自战国直到清代末年，中国社会都由少数的士来领导，来教化。他们不事生产，不讲究私人的家庭经济。孔子说："士志于道，而耻恶衣恶食者，未足与议也。"一个士应该志于道，就是从事于文化造产，再不顾虑到他私人及其家庭的物质生活。这就是我所说的，中国的士所有的一种宗教精神。他们的物质生活，则待社会来供养。这是中国文化的精神。

我们不讲古代，讲后代。如宋代的范仲淹，他是一贫家子。他父亲死后，母亲养不活他，再改嫁。他亦改了姓，不姓范，而姓他后父姓朱。范仲淹在应试为秀才时，乃即以天下为己任，"先天下之忧而忧，后天下之乐而乐"。这不像一宗教信徒吗？今天一个资本家，有谁在以天下为己任？这是中国的士。

到了明末清初有顾亭林，亦是中国一个士。他家与范仲淹不同，家里有奴婢近千。他家是江南昆山一大富户，但他一人离了家，避到北方。他说："国家兴亡，肉食者谋之。天下兴亡，匹夫有责。"他说的"国家兴亡"指政治言，"天下兴亡"指文化言。明代政府亡，这是政治问题，他不做官，不能负其责。而中国民族文化的责任，他虽是一匹夫，亦得负责。这亦是中国士的精神。

政治由民主，教育便不能由民主。西方从来没有像中国一般的士来管政治，所以逼出他们的民主政治来。宗教家是不管政治的，科学家亦不管政治的，哲学家、文学家他们在政治上亦无一定的出路，所以他们亦都是不管政治的。史学家至少该懂得政治，但在西方，史学是最后才兴起的，这和中国社会、中国历史显然有不同。这就是我说的双方文化传统不同。

我这六次讲演，所讲的全是些旧材料，但对以后新活动至少有参考的价值。我认为中国人为中国的将来,一定不该轻忽中国的一切旧材料。而这个责任,则在今天少数中国人的身上。这个少数人,从前中国称之为"士"。将来你们纵不再承认有士,但是还得由少数人来负责、来领导。诸位今天已在少数人之列,诸位倘使喜欢像西方般的民主政治,拿出勇气来,到街上去讲演竞选,这亦不错。而我们今天的大学生,只要小职位,只要拿一分薪水养家活口。国家天下大事,则全置脑后。这又怎么行呢?诸位已是少数,总要有人肯负大志,有大抱负、大理想才对呀!

我这六次讲演虽极平常,但诸位不要仅当作一番空理论来听,需能反而求诸己,立志来做一个民国以后新的士。总希望在诸位中,能再出一范仲淹,一顾亭林,这是我这六次讲演的希望所在。我们的国家民族才庶几有前途。

当代学者对《从中国历史来看中国民族性及中国文化》的评论

郭齐勇教授在《中国民族性与中国文化精神——钱穆论历史、民族与文化》一文之末尾说:钱穆指出,近世以降,中国急切地先学德、日,后学英、法、美,又学德意,再学苏俄,都学遍了,但都碰壁了。要学的学不到,要打倒自己五千年来文化历史政治社会的深厚传统,急切的又打不倒,这是近代中国最大的痛苦和迷惘。……钱先生致力于发掘中国文化系统的独特性,反对所谓"中国比西方落后一个历史阶段",仍处于"中古"或"封建"诸说,反对不加分析地把东西双方或中西双方历史文化传统与性格的不同,看成是一古今之别。他并不是盲目的守旧者。他认为中国文化是随着时代而改变的,主张吸收、融合世界各国文化新精神以求"变"求"新"。他对中国文化传统的生命力抱着无比坚定的信心,并把世界文化前途放在中国文化上。他着力重建中国人对中华民族的情感和对中国历史的尊重,强调要在国家民族之内部自身,求其独特精神之所在,作为国家民族永久生命的泉源。这些思考,都是值得我们反复咀嚼、借鉴、吸取、发扬。(见香港·中文大学·新亚书院《钱宾四先生百龄纪念会学术论文集》)

八月十三日，《创业与垂统》，刊于《中华日报》。收入联经《全集》第四十八册及同前出版社《晚学盲言》中篇页六三五~六四八。摘要略。

九月，撰《中国学术思想史论丛》(八)之《序》文。收入联经《全集》第二十二册及同前出版社《论丛》（八）页五。摘要略。

九月二十八日，《大哉孔子》，刊于《中央日报》。收入联经《全集》第四册及同前出版社《孔子与论语》页九~一六。其大要如下：

一、孔子乃中国一圣人。"圣"之一字，为中国传统文化中一特有名称。人格修养，达于某种境界，某种标准，则尊为"圣"。中国文化主要在讲究如何做人。以今语说之，可谓中国人做人道理是"大群主义"的，与西方社会之崇奉"个人主义"大不同。个人主义乃求在大群中完成其个人，大群主义则主以个人来完成此大群。故一主"分"，一主"合"。一重"争"，一重"和"。大群和合之最先一步则为"家"，其更大象征则为"国"，尽其量则曰"天下"。中国文化之主要目标，处家则求"家齐"，处国则求"国治"，处天下则求"天下平"。其一切工夫，则从各个人之"修身"做起。修身指人之品德言。具此品德始能成此事业。其事业最明显之表现则为政治。人能具此品德，成此事业，始为"圣"。……

二、略。

三、自孔子以后，中国乃有四民社会，农、工、商之上有士。为"士"则学孔子。此乃中国之学统，亦即道统之所寄。士希贤，贤希圣，圣希天。有一乡之士，有一国之士，有天下之士。以友天下之士为未足，乃上友古之人。孔子乃古之至圣先师，尊师孔子，亦上友古人之极则矣。……

四、……故凡为中国社会中之一士，尊奉孔子，不啻为半个和尚，抑且可谓是一双料和尚，因其不忧一己身家之生计，而更以大群天下为虑。遁世而无闷，独立而不惧。而中国社会乃亦能善养此一辈士，历两千五百年而不衰益盛。

五、略。

六、……孔子曰："焉知来者之不如今。"中国人之为中国人，已历五千年于前，焉知其不再历五千年于后。而孔子其人，既崛起于前，又焉知孔子其道，不再复兴于后？要之，孔子乃一中国人，孔子所学亦学其以前之中国古人而已。今中国人能自振拔，使后世犹有中国人，则正孔子之所欲学。孔子其人，与其道，终亦必应有再兴起再光昌之一日。

十一月，撰《悼亡友张莼沤先生》。收入联经《全集》第五十一册及同前出版社《八十忆双亲师友杂忆合刊》页四〇七~四〇九。摘要如下：

案先生抗战后讲学于昆明五华书院，得识张维翰（莼沤）先生，先生创办新亚，张莼沤先生自愿任国文课一班，不受薪，以为相助。"其后粤人在港者，如梁君寒操，陈君伯庄辈，皆来新亚任教。港政府熟知其人皆中土闻人，政界先辈。故新亚虽极简陋，而港政府不加忽视。其端则自莼沤启之也。"

十一月下旬，撰《双溪独语序》。收入联经《全集》第四十七册及同前出版社该书页三。文中有云：

一九七二年秋迄于翌年一九七三年夏之一学年，余为阳明山华冈文化学院历史系硕士博士班研究生授课，共其讲堂所讲撰写成文，共得三十篇，络续刊载于学院所编之《文艺复兴月刊》，而名之曰《双溪独语》；因诸生皆来余寓素书楼受课，楼对外双溪。余告诸生："凡余所讲，虽亦引经据典，述而不作，了无新义，然诸生骤闻之，或将疑其与平日所受课不同；即在报章杂志及其它学人新著作中，亦少及此等话；不啻若为余今日一人之独语。然苟留在心头，他日多涉古籍，当亦知非余一人之独语也。然欤！非欤！则待诸生自定之。"稿既成，拟续有改订。乃余此下方忙于汇集旧作，编为《中国学术思想史论丛》一书，前后共八册（注）；未及完编，而余双目忽失明，不能见字。而此稿藏箧笥前后已达七载，再不能复有改定。弃之可惜，姑以付印。聊述其成书之缘起与经过焉。

《钱宾四先生全集》编者案：钱穆先生于一九八八年曾续编成现代史部分，未及出版，先生遽然逝世。今整编《全集》，已将遗稿编为《中国学术思想史论丛》第九、第十两册。

十二月十日，《中学教书时代》，刊于《中国时报》。摘要略。

一九八〇年　庚申　八十六岁

一　国内大事

南回铁路兴建工程正式开工。

增额国代及立委选举,在台闽地区举行投票。

十二月二十五日,著名学者顾颉刚因脑溢血逝世,终年八十七岁。

二　事略

先生本年续在中国文化大学历史研究所任教。夏,与三子拙、行、逊,及幼女辉,会于香港,三十二载未见,得七日相聚。

三　著述

一月,撰《我对于中国文化的展望》,刊于三月《书目季刊》|三卷四期。收入联经《全集》第二十五册及素书楼文教基金会・兰台出版社《中国学术通义》页三二七。摘要如下:

案本文乃为"学生书局"二十周年而作。先生文中云:"做学问本不限在读书一条路上,但读书总是做学问的一条路。在文化中,不能没有读书做学问人。陆象山欲问朱子,'尧、舜以前曾读何书来。'王阳明提倡良知,教人'各自向事上去磨练'。若谈文化问题,连不读书人的一般生活趋向都须顾及。中国古人在此方面,亦已有过极多争论。至少中国古人,亦曾注意到文化问题,更注意到不读书、不做学问人的如何做人和生活问题。孟子曰:'子归而求之,有余师。'又曰:'不屑之教诲也者,是亦教诲之而已矣。'今日谈文化问题,自亦该注意到此,不该以专家学者自限。无论开新守旧,中国古人一些话,亦仍该注意到。总之,盼我们各自下苦心,努力为人,自己寻向上去,乃是一条人人该走的路。"

二月十一日，《宗教与道德》，刊于《中华日报》。收入联经《全集》第四十九册及同前出版社《晚学盲言》下篇页一一八七～一一九五。摘要略。

三月，《六经的学术价值》，刊于《天然》一卷三期。摘要略。

三月，《读朱舜水集》，刊于《华冈文科学报》十二期。收入联经《全集》第二十二册及同前出版社《中国学术思想史论丛》（八）页一六～二三。大意谓：

朱舜水乃明亡后一大儒，梁任公曾按其生平，为作年谱。一加诵览，有典型不远、精神如在之感。惟恨甲申崇祯殉国，舜水年四十五岁，虽学已有成，而国事鼎沸，曾未有表现之机会。此后四十六岁，即亡命日本。五十八岁在安南，强毅方正，镇静不屈，几罹殒身之祸。六十一岁之冬，始获在日本定居。此亡国后十七年之生命，长在波涛崎岖中，未获一日之安，亦未有寸尺之展布。及其定居日本，至八十三岁而卒。只身寄居异域，穷困讥谗，出乎寻常。而获得当时日本上下之师事礼养。至其开启此下日本文化之新生，乃在日本学人自治其本国史为之研考论定。惟舜水定居在日前后二十三年，虽其心存祖国，要之乃若完全是一日本历史上人物，于吾中华故土，可谓关涉至少。然其品格之卓越，德行之淳至，则固纯粹是一中华大贤之传统，读者一览梁氏《年谱》，当可依稀得之。惟梁《谱》详其行事经历，略其学思传承。今欲稍加补述，而所可窥见者，亦只剩其居日后之几许篇章文字可资寻索。除其针对日方而发者以外，其专对祖国历史文化学术演变有所阐申，殆实无几。盖其时尚在日方江户初期，佛学风靡全社会，尊朱乃受韩国李退溪影响。其创始第一人，即由释转儒，由僧回俗；彼邦其时学术界情况，即据此一端可推。及舜水在日定居时，日人已知有阳明，已知有朱、王异同，亦知有儒、释之辨。舜水原籍余姚，乃阳明同乡，惟舜水颇不喜阳明之讲学，既惩创于晚明之世风国事，其所追寻，乃儒学之大统，而志在经世；于当时理学家讲堂锢习，门户积见，实深排斥。

舜水不喜辨门户，然明谓陆不能及朱，则意有偏尊显矣。细读《舜水全集》，可谓舜水乃一提倡"儒学"之人，非提倡"理学"之人。舜水论学大旨，重实功实用。又奉程、朱为准绳，则以为学与修身必合而为一也。如其以李梦阳、薛敬轩并举，李梦阳固非一理学家。又谓王龙溪"何足复道"，而王弇州"犹少长于数子"，王弇州亦绝不预于理学之流。然李梦阳、王世贞名列文苑，要不失为一儒者，故舜水称引及之。舜水亦不乐于北宋洛、蜀之辨。可见舜水论学，不拘拘于当时所目"理学"之樊笼也。后世奉程、朱为理学创始，然程、朱在当时，特从孔、孟经义求重昌儒学耳。其所辨对象，在专意文章诗赋与老、释异端之二者，不如后起反程、朱者，更在古经字句间标新立异，重起门户也。大抵舜水尊程、朱，亦以其为"儒学"而尊之，非以其为儒学中"理学"一门户而尊之。陆象山有言："尧舜以前曾读何书来"，此乃在"理学"中争门户；舜水亦言："禹、稷、契、皋陶、伯益所读何书"，此乃于"儒学"中重实功实用；其意自不同。若以舜水拟之当时之明遗民，则其论学之意，当近顾亭林。亭林谓："经学即理学也，舍经学安所得理学哉。"其意实亦不满于陆、王在理学中更创门户耳。黄梨洲虽亦同时走上经史实学之途，然仍不忘理学中之门户，此则与亭林、舜水不同。惟舜水终老异邦，其学与亭林亦有异，乃颇多似于陆桴亭，在社会民生之实功实用上用心。亭林矢志不仕清廷，然身在北方，接近政治界，故其论著，多着意治平之大经大法。以待后起之新王。舜水在异国，桴亭在闾里，措意乃多在社会民间，更近程、朱所提倡之格物。要之三人皆能言制度，亭林所重在政治制度上，桴亭、舜水所重在社会民间制度上。日本之得益于舜水者亦在此。所谓制度，皆即古代儒家之所谓"礼"也。若专就此一点论，则桴亭对当时之影响，似远逊于舜水。因舜水居异国，故其效特显也。又如桴亭颇有取于明初之刘诚意，而舜水则不许方正学为通才，亦两人意趣相似处。朱子于古人尊陶潜，于时人尊岳飞，舜水于明末高、刘，亦不许其为巨儒鸿士，又岂得专就理学一标准裁量古今人物乎？至于干嘉诸儒，乃标榜汉学以与宋学争门户，更无实功实用可言。陆、王在理学中争门户，干嘉在经学中争门户，惟亭林、桴亭、舜水，较更着眼孔、孟儒学之传统，故此三人，乃同尊程、朱；而三人之为学，亦各自不同，然此乃流派之不同，非是门户之各别也。

四月，撰《中国学术通义三版弁言》。收入联经《全集》第二十五册及同前出版社该书页九。摘要略。

四月，《中国人生哲学》，台北故宫博物院演讲。收入联经《全集》第三十九册及同前出版社《人生十论》页一三六～二〇七。摘要如下：

中国人生哲学　第一讲

（一）这套学问即叫做"文化学"。"文化"这两个字，英国人最先叫做 Civilization，德国人继之，改称为 Culture。中国人把 Civilization 翻成文明，把 Culture 翻成文化。这"文化"与"文明"两词，在中国已有两千多年的来源了。《易经》上说："观乎人文，以化成天下。"又说："天下文明。"这是我们这两词的来源。……文化二字讲得浅，就是人生的花样。我们从里面讲，宗教、科学、哲学、文学、艺术、政治、法律、经济，一切的一切，都是人生的花样，都从各自的文化展演出来。文化表显在外面的，就是我们的"人生"。而我特别先要讲的，是讲一百年来的中国现代人生。

（二）我们在一百年前，康有为、梁启超就讲变法维新。这只是在政治上求变求新，当时有一句话，"中学为体，西学为用"。而当时的讲法，我们应该以中国人的学问为体，西洋人的学问为用。……到辛亥革命，创造了中华民国。下面不久就又来"新文化运动"。新文化运动提倡一口号，所谓"全盘西化"。重要的是批评我们的旧中国、旧思想，要变出新的来，有两项，一称赛先生，指科学；一称德先生，指民主。

（三）中国人究竟要怎么样的变？我们开始要学德国、日本，以后要学英国、法国，今天我们要学的是美国。我们的变，已经变得很大了。……我们要求变、我们要求新，其实就是要学西方人，而我们不知道西方人是不变的。其它各国他们亦都不变。所以我说西方人是喜欢分的。西方人同西方人中间分，那么西方人同其它的人当然更分了。……所以我说，西洋文化"贵分不贵合"。……今天我们中国人最崇拜美国，并且谦虚好学，一意要学他们。但是中国人还是中国人。中国人到了美国，传子传孙两百年了，还是个中国人。日本人到了美国去，亦还是个日本人。可是美国人并不讲究和合与同化。中国人是最主张"和合"与"同化"的。……五胡乱华时，中国国内有匈奴人、鲜卑人等，但到后便尽变为中国人了。蒙古人、满洲人跑进中国，亦就变成了中国人。中国人喜欢和合，所以就能同化。西方人喜欢分，所以就永远分。犹太人全世界跑，世界各国都有犹太人。犹太人在唐代亦早来到中国，但中国没有犹太人，他化了。这是两方人生一大不同。我们的国歌说，"以建民国，以进大同"。这是中国人的想法。但不知西洋人不要大同。你去读西洋史，看现代的西洋各国，可见他们实在没有一大同的理想。……我们今天的西化，实在似是而非，仍不是西方化，否则中国早不能成为一中国。

（四）西方人政府就代表了国家。中国人是说，一个国家，必有一政府，这里面就显有大不同。而中国则国家的上面还有一天下。……北宋范仲淹为秀才时，就以天下为己任，他说："先天下之忧而忧，后天下之乐而乐。"这个天下，就是指整个的社会。又如清初顾亭林说："国家兴亡，肉食者谋之。天下兴亡，匹夫有责。"可见"天下"两字，中国人自有一个讲法，这是超在一政府的政治之上的。……又如"自天子以至于庶人，一是皆以修身为本"。修身就是讲一个做人的道理。……西方教育中有宗教一项，从小孩教到老人，每礼拜要进教堂，这是西方教做人的所在。中国没有宗教，是讲孔子之道的。孔子称为至圣先师，皇帝亦要祭孔。孔子的地位还在皇帝之上。从秦始皇到清朝宣统皇帝，没有一个做皇帝的敢说我的地位在孔子之上。孔子是天下的，皇帝是一国的。孔子是讲的人生大道，政治是人生中一职业。

（五）中国人既看重了做人道理，便不再有人权之争。……从中国的人生里面，可以来讲到中国的文化。……世界文化里有一套中国的，一套印度的，一套阿拉伯的，一套非洲的。正如在西方文化里，有英国、法国、西班牙、葡萄牙等，现代又有美国的，苏维埃的。我们要在这里面平心观察，我们总该要认识我们自己。能保留的，便该保留。能发扬的，便该发扬。不能一天到晚求变求新。我们已经变得够变，新得够新了。

中国人生哲学　第二讲

（一）简单讲西方人生是以个人主义的功利观点为主。而中国以前的旧人生，可以说不看重个人，而看重大群的。可以说是以"群体"主义的"道义"观点为主。孔子论语讲"仁"，西方就没有这个字。西方人翻译中国书，比中国人翻译西方书来得谨慎。他们翻译论语"仁"字，只用拼音，还另写一个中国的仁字在旁。因为他们没有恰当的一个字来翻译中国这个仁字。东汉郑玄康成说："仁者，相人偶。"偶字从人，便是偶然的偶。所以人与人相遇成偶，并不专指固定的两人，只要偶然相遇，都称偶。便得有一番仁道。……世界上一切事情都要有个"搭配"，都要能相偶才成。在这配搭相偶中，必该有个道，这就是孔子所讲的"仁道"。

（二）这里又要讲到我们的"心"。《孟子》书里说："仁者，以爱存心，以敬存心。"不相爱，又那能相敬呢。中国古人又特别看重这"敬"字。孔子《论语》第一个字是"仁"字，第二个字是"礼"字。我们对父母，不能只知爱，不知敬。《论语》上说："至于犬马，皆能有养，不敬何以别乎。"……孟子又说："爱人者，人恒爱之。敬人者，人恒敬之。"你爱他，他也爱你；你敬他，他也敬你。我们一个人生下到这人群中来，必有他相处的对象，必有他所处的环境。我们总要在对象与环境中，有我"可亲""可尊"的，这才是人生最大的幸福。所以孔子言仁，常兼言志。表现在外面则是礼。所以孔子言仁又常兼言礼。"仁"与"志"与"礼"，则是中国人讲的人生大道，亦可说是理想的人生。……所以中国人在人群中，必先知道有他可尊可亲的对象，这是中国人的人生哲学。所以中国的人生哲学不讲功利，要讲道义。西汉董仲舒说："正其谊，不谋其利。明其道，不计其功。"可见中国人观念，"功利"是和"道义"对立的。对人爱与敬，是人生的道义。若为计功谋利，则并无爱敬可言。……我们是一个中国人，我们尊中国，亲中国，这是我们的道义。我们便会懂得亲孔子尊孔子，因为孔子便是教导我们这番道义的。

（三）我是要来讲中国人，整个历史整个社会的中国人。天、地、君、亲、师，我小孩时就知道这五个字。这五字怎么来的，我记得出在

《荀子》书中，荀子到今天两千年。我特别注意到这五个字，是在一九四九年，我避赤祸到香港。见到每一层楼广东人家的门外都有一块写上"天地君亲师"五字的小牌位。牌位前一小香炉，烧着三支香，也有点着一对蜡烛的，这是广东人的风俗。我在那时深深感觉到，天地君亲师五个字传了两千年，传遍了全中国，亦传到香港。香港的房子小，这牌位只能放在门外。我今天就拿"天地君亲师"五个字来讲一讲。人生在世，照中国人讲法，主要就是天、地、君、亲、师这五个字。第一个我们讲天，全世界人莫不知尊天，只有印度佛教说"诸天"，这是说各方的天，这是佛教的说法，把天的地位似乎降低了。其它回教、耶稣教，乃至于我们中国没有教，都尊天。现在我们试问天上有没有一个上帝？上帝又是怎么样的？回教和耶教讲的不同。佛教不讲到上帝。中国人固然讲天，亦讲帝，但后来就只讲天不再讲帝了。孟子说："莫知为而为者，谓之天。"那么孟子说天，又和以前人说法大不同了；但孟子仍尊天，至少是没有一个上帝了。……孔子《论语》说："知之为知之，不知为不知，是知也。"知道我所知的，又知道我所不知的，这才叫"知"。中国古人看重知，亦同样看重不知。似乎天较可知，而帝较不可知，所以多言天，少言帝。……中国以农立国，广土众民，赖地而生，所以中国人看重天，亦同样看重地，这又是中国文化传统一特征。……庄子则说："道生天生地，神鬼神帝。"把天和地平等连说，便把天拉近了。把帝和鬼平等连说，便把帝更看轻了。今天西方的科学像天文学地质学之类，亦都为生天生地来找出一道理来。中国古人则只讲他们知道的。不讲他们不知道的。所以多讲天，少讲上帝，而且地和农民的关系更深更大，所以中国从道家庄子以下，常连讲天和地，而更重要的，是在讲此天和地之道。

（四）现在再讲生天生地之道。人死为鬼，究竟人死了有没有变为鬼呢？大家讲天上有个上帝，但究竟有没有个上帝？那上帝和鬼对我们这个世界上又会发生甚么作用呢？作用就在这道上。所以我们人亦只该合道就得了，不必再去问上帝。……"天"字下边为甚么要连带说个"地"字呢？这又是中国人特别的。天上有个上帝，天生民而立之君，我们人由君来管，即是由天来管。天可尊，君亦可尊，但不可亲。中国人想法，总喜欢从人类，从自己内部近处讲出去。……倘使我们大家要亲天，一切事都要请天来作决定，那么天不是就太麻烦了吗。于是天只有派一君来管我们，称之曰"天子"，天之子就代表了天。我们要祭天，亦由天子来作代表。……这是一套中国的人生哲学。北京有个天坛，这是皇帝祭天的所在地。……古代有诸侯，他们亦不能祭天，只能祭他们自己国内的名山大川。这在中国人讲来是礼。天只能由天子来祭，诸侯只祭自己国内的名山大川。……国之下又有城。每一城就各该有一神来管，称为城隍。每一城的外边各地，又有土地神。……我们去祭土地神，只表现着我们一个心。儿子孝父母，亦不讲物质条件，只重在你的一个心。你心能孝就够了。若定要讲物质条件，互相比较下来，多数便不能称为孝。……西方人是重分的，所以他们就政教分离，中国则主政教和合，孔子这样教，皇帝亦得这样管。道只是一个道。……上帝是我们接触不到的，一座泰山，一条黄河，一个城的城隍，一个乡村的土地，是我们可近可亲的。我们人生要有个可尊的，亦要有个可亲的。天可尊，而地则比较上更可亲。"天"与"地"配合起来，就可尊又可亲，这就如我们的父母一般。

（五）而天地只是个自然。我们要在人群中找一个可尊可亲的，就轮到"君"。中国人说"天生民而立之君"，人群中必该有一君。这是我们中国人群体的人生观。我们中国的政治只重"道"，不重权。所以中国人只说有"君道"，不说有君权，道统犹在政统之上。……中国则君道、臣道、民道是和合为一的。远从神农皇帝以来，唐、虞、夏、商、周，下及秦始皇，到今五千年，中国人都称炎黄子孙，结成一大国。全世界古代文明有四区域，埃及、巴比伦多大，他们早亡了。印度屡受外国人统治，自己没有历史。只有中国，广土众民，长期统一，经过了四、五千年到现在。虽有朝代更迭，中国仍是一中国。所以我常说，中国人的政治见识是全世界没有的。……中国人的政治领袖是一皇帝，这是不错的。但皇帝又怎么样来专制呢？至少要有两个条件。一要有钱，一要有兵。但是中国政府的财政，不由皇帝管。像汉朝大司农，管理政府财政。少府是管理宫廷财政的。皇帝只能用少府的钱，不能用大司农的钱。这就是君权亦有限制的。……说到兵，历代的兵额，《二十五史》、《十通》都明白记载着。全国军队都不是皇帝私人养的，亦不由皇帝管。皇帝凭什么来专制呢？说到政府用人。中国自秦以下，不是一贵族政府。汉、唐、宋、明朝廷上的大臣，能有几个是皇帝的本家。但中国历代政府都有制度。朝代可变，然而制度则大体不变。赋税制度，兵役制度，选举考试制度，都是从古到今，一线相承，大体不变的。皇帝亦在此一制度下。要说专制，只能说是由制度来专制皇帝，但并不由皇帝来专制制度的。……为什么我们中国人连说"天、地、君"？君应该是一个可尊可亲的。……中国俗话又说，"天高皇帝远"。皇帝虽亦同是一人，但其政治地位高了远了，就觉得并非可亲。所以我们天地君之下，还要有"亲"。各人家里有父母，这就各人有他可尊又可亲的对象了。

（六）中国人做人为什么叫修身呢？但中国人认为每人总必有一身，所以中国人讲做人就要讲修身。人生便在此身上做起。没有这个身，怎么有这个人呢？……现在问这身从何来？不是由父母来吗？但我们大家的身体总是父母生的，父母不该是可尊可亲吗？所以我们中国人说修身，最重要的是要孝敬父母。……中国秦以前的社会，在各诸侯之上，还有一个仅拥虚名的东周天子。西周封建开始有周武王、周成王，有周公制礼作乐。中国当时是一封建政治。中国有中央政府，那么中国那时该叫什么社会呢？我想应称为"宗法社会"。既重宗法，必然会看重家庭，所以我们特别看重"亲"，即父母与天、地、君并称。……中国社会特别看重家庭，一定要讲个孝道。父母是我们最可尊最可亲的。

（七）再说中国人讲天地君亲的道理是谁，就是师。而中国人的"师"，是和天、地、君、亲相配合，亦成为中国人可尊可亲一对象。中国人说"作之君作之师"，这是天道。孔子为中国至圣先师。朝代是要换的，而孔子至圣先师的地位则终不换。……"天地君亲"之下，有个"师"，由师来发明，来领导人遵守天道、地道、君道、亲道，教育的地位还远在政治地位之上。

中国人生哲学　第三讲

（一）今天我想拿一本古书《大学》来讲，讲这书里的身、家、国、天下四个字。当然人生有各项专门的知识，专门的职业。可是人与人之间，总该有一套共同的方面，可以相互认得说得的才是。……西方有一本耶稣教的《新约》，不仅法国、英国、美国，全欧洲各国，从小到老，几乎没有一个人不读这一部书的。这可算是他们一本人人共同必读书。……中国的《论语》，在汉朝时，已普遍成为识字人，一本人人必读的书。初入小学便读《论语》。……汉朝人到了大学阶级，就读五经。当时说，五经是周公所创始，孔子所编定的。亦可说中国的孔子，就等于西方的耶稣。直到南宋，距离孔子时代已远。五经比较难读，于是朱子又提出四书来，教人读了四书，再读五经。朱子所定的四书，照时代讲，《论语》孔子的，《大学》曾子的，《中庸》子思的，最后为《孟子》。而朱子教人，则先读《大学》，次及《论语》、《孟子》，最后始读《中庸》。……所以人人进私塾，先读《大学》、《中庸》，再及《论语》、《孟子》。而《大学》成为中国识字人一本人人最先共同必读的书，则亦已是六七百年以上的事。……一个民族实在总该有一本两本人人共同必读的书。我们中华民族九亿人口，如果没有一本两本大家共同必读的书，这对民族国家的前途相当严重。西方人有一本《新约》，回教民族亦有一本《可兰经》，印度人我不知道，这些今天我不讲，我是要从《大学》来讲中国人的旧人生。

（二）《大学》有三纲领八条目，我今天只从八条目下面四项修身、齐家、治国、平天下，来讲中国的旧人生。《大学》说："古之欲明明德于天下者，必先治其国。欲治其国者，必先齐其家。欲齐其家者，必先修其身。"照着秩序连贯而下。《大学》又说："自天子以至于庶人，一是皆以修身为本。"这即是《论语》所说的"吾道一以贯之"。中国人从古到今，都讲"修身"二字，这可说是中国人讲道，即人生哲学，一个共同观念。……而齐家治国平天下，则从修身层累而上。

（三）我特别要讲一点中国人讲的家。家的组织，有两个最重要的成份。首先第一是夫妇，没有夫妇怎么有家呢？所以中国人说，"夫妇为五伦之始"。第二才及到父母子女。……而中国人的家庭，尤其重要的是"贤妻良母"，没有女性，又怎么成家庭呢？

（四）（略）

中国人生哲学　第四讲（略）

四月二十九日，《中西知识问题》，刊于《中央日报》。收入联经《全集》第四十九册同前出版社《晚学盲言》页一〇四二，改题名为《知识与德性》。摘要略。

八月十四日，为"中央研究院"召开中国第一次汉学会议所撰《中国学术与中国文化》，刊于《中央日报》；又刊于九月《四海之友》十二期。收入联经《全集》第二十三册及同前出版社《中国学术思想史论丛》（九）页六七～七二。摘要略。

九月一日，《大陆往哪里去》，以笔名"隐言"发表，刊于香港《中国人》月刊二卷九期。收入同前《论丛》（十）页二〇〇～二〇六。摘要略。

九月二十八日，《教师节感言》，刊于《文艺复兴》一百一十八期。收入联经《全集》第四十一册及同前出版社《义化与教育》页三〇二～三〇八。摘要略。

十月一日，《我也来批评周恩来》，刊于香港《中国人》月刊二卷八期。收入联经《全集》第二十三册及同前出版社《论丛》（十）页一七六～一八一。摘要略。

十一月，《中国通史参考材料》，由台北东升出版社印行。按：联经《全集》第五十四册《总目·钱宾四先生全集编后语》云："《通史材料》则原为先生在北大通史课堂编发学生之辅助读物，先生以原编材料未完，且其后屡有增改，而其要义亦已写《国史大纲》之中，故不主再予重印。然书肆寻获流传海外初编讲义，乃以付梓，非先生意也。"

十一月一日，《大陆亦举行辛亥革命七十周年的纪念吗?》，以笔名"隐言"发表，刊于香港《中国人》月刊二卷十期。收入联经《全集》第二十三册及同前出版社《中国学术思想史论丛》（十）页一九三，改题名为《欢迎大陆举行辛亥革命七十周年纪念》。摘要略。

十二月一日，《再论大陆往哪里去》，以笔名"隐言"发表，刊于香港《中国人》月刊二卷十一期。收入同前页二〇七。摘要略。

十二月十五日，《致中央日报函》，未发表。收入同前出版社《论丛》（十）页一二九（附）。摘要略。

十二月三十日，《维新与守旧》，刊于《幼狮学志》十六卷二期。收入同前出版社《论丛》（九）页一七～三五。摘要略。

一九八一年　辛酉　八十七岁

一　国内大事

九月三十日，中共人大委员长叶剑英发表《进一步阐明关于台湾回归祖国实现和平统一的方针政策》，即一般通称的"叶九条"。

十一月十一日，"中华民国行政院"成立文化建设委员会。

二　事略

先生本年仍任中国文化大学历史研究所教授。假期中，偕夫人再去香港，与前来港的长女易、长侄伟长晤聚半月，至是五子女于两年内分别见面。

五月，受邀参加香港宋史研讨会首次大会致词。

三　著述

一月，《双溪独语》，由台北学生书局刊行。一九九八年收入联经《全集》第四十七册。二〇〇一年素书楼文教基金会·兰台出版社整理新版重印发行。

案本书共三十篇，凡八十四节；篇、节并无分目。本书所述，不蹈畦径，别立机抒，自衣、食、住、行，以至夫妇婚姻，五常五伦，人品雅俗，再进而就思想文化诸观念作深入之阐发，如道德与知识、进与止、常与变、久与速、内与外、争与让、群与己、职与权、工作与娱乐、储蓄与消费、隐藏与显露、少数与多数等，皆竭其两端，致广大而尽精微。先生所述或引经据典，或能近取譬，真知灼见，溥博渊泉，不择地而出。兹撮其论"衣服"一节，以见一斑：

近代人常以"自然"与"人文"作为相互对立的两观念。但此两者间,实难有一明晰之划分。中国古人分言"草昧"、"文明"。照理,草昧时代应更多接近自然,而文明社会则应人文方面更多。但不能说文明社会即违反了自然,而且草昧时代,更有许多反而不自然的。又且草昧与文明之间,也没有一条可以明确划分的界线。

中国古代,儒、道两家思想,对自然、人文,偏轻偏重,或从或违,有着很多深微的分歧。姑从衣、食、住、行说起。人生不能脱离衣食住行,但衣食住行之逐步进展,究算是自然,抑算是人文?其间便多有异见。

先言"衣",中国人每以"衣冠文物"连言。在儒家看来,衣代表人文极重要的一项。孔子曰:"微管仲,吾其被发左衽矣。"易大传说:"黄帝垂衣裳而天下治。"要治天下,便该有衣裳冠服之制。《小戴礼》说:"正其衣冠,尊其瞻视。"瞻视属于身,衣冠乃身外之物,但不能衣冠不正而专求尊瞻视。正衣冠正是尊瞻视一项必然连带的条件。瞻视属于自然,但必要尊瞻视,便是把人文来加在自然上。所以说:"礼者,天理之节文。"若谓自然即是天理,也得要加以节文,但有了节文仍还是天理。可见由儒家言之,自然、人文并不能也不该划能分界,更贵能相通合一。

孟子说:"室中有斗,披发缨冠而救之可也;乡邻有斗,披发缨冠而往救之则惑矣。"尤如子路在卫遇难,兵矢交集,还得正缨结冠而死。好像衣冠还重过了生命。日本武士道之切腹自杀,也成为一礼。在切腹前,剃须梳发,沐浴既毕,便得改穿白衣,外加礼服。此种风习无疑乃演变自中国之儒家。此可说,衣冠绝不是身外之物,而是我们生命中一种庄严表现。有了衣冠,生命才庄严。子路之正缨,日本武士道之切腹,正为要庄严其生命,虽临终也该有一个庄严的结束。满清入关,严令薙发,当时有"留发不留头、留头不留发"之峻令,但社会反抗迭起,有像画网巾先生等人,冠发尊严即代表看民族尊严,与孔子被发左衽之说,

先后两千年,精神一贯。亦可说,变了冠服,可使生命血统失其庄严,并可使文化传统失其存在。

道家看法便不同。庄子云:"宋人资章甫适诸越,越人断发文身,无所用之。"章甫乃远自殷代以来沿用的一种礼帽,但越人裸体,在皮肤上

刺花纹，不着衣裳。断了发，更不用戴帽子，何论是礼帽。在庄子口气中，显然有菲薄当时人文社会那一套冠裳之制的意思。庄子将死，弟子欲厚葬之，庄子曰："吾以天地为棺椁，万物为赍送，葬具岂不备。"弟子曰："恐乌鸢之食夫子。"庄子曰："在上为乌鸢食，在下为蝼蚁食。夺彼与此，何其偏。"西汉有杨王孙，治道家言，遗命薄葬，亦只要裸体入棺，不烦衣服缠裹。可见道家把"衣"与"身"分别看，衣服只是身外物。东汉王充疑生人见鬼，仅是一种心理作用。谓果人死为鬼，衣服无生命，不能随人同死。则鬼只应是裸体，不该见鬼穿衣服。王充喜道家言，在其心念中，衣服、身体，明属两事。人身来自自然，衣服则属人文。儒家好言礼，坐必跪，不箕踞。管宁流亡海外，随身一木榻，跪坐二十年，榻上膝印宛然。道家则箕踞自便。同属此身，道家不喜禁跽拳曲，只放任自然。何论衣服是身外物，道家更不愿在此上费讲究。

古代希腊人雕刻人像，注重裸体，似认裸体才见真美。披上衣服，便把人体真美部分遮掩了。直到近代，西方画家描绘人像，必用模特儿。亦时有天体会，认为脱去衣服，始是接近自然。如刘伶脱衣裸形在屋中，皆是同一意想。惟中国社会究是以儒家为骨干，直至近代，我们的西画家乃及艺术学校要雇用模特儿，还是一难事。

身体属于天然，衣服出自人文，中国儒家讲究"天人合一"，在身体上披穿衣服，事极自然，并不见有冲突，而且益增身体之美观与大方。脱去衣服，反而觉是不成体，不像样。换言之，削除了人为部分，反见得不自然。儒家主张，人文即从自然中来，而回成自然。强作分别，转属多余。

一月一日，《七十年后中华民国之新形势》，刊于《台湾日报》。收入同前出版社《论丛》（十）页一八二～一九二。摘要略。

春，撰《三论大陆往哪里去》。收入联经《全集》第二十三册及同前出版社《论丛》（十）页二一四～二二一。摘要略。

三月，《中国学术思想史论丛》（八），由台北东大图书公司刊行。一九九八年收入联经《全集》第二十二册及二〇〇一年同前出版社整理新版重印发行。摘要略。

八月四日，撰《朱子四书集义精要随札》，刊于一九七二年《故宫季刊》十六卷一、二期。案本文后收入联经《全集》第十册《宋代理学三书随札》。先生于文前有云：

朱子成《论语孟子集注》、《大学中庸章句》，为其毕生瘁精尽力之作。而务求简明，下语不多。在其《文集》、《语类》、《四书或问》诸书中，逐章逐句，讨论发明，为《集注》、《章句》所未及者，实繁有之。后人荟萃为《朱子四书集义》。元初刘因静修加以删节，为《朱子四书集义精要》。其书后世少流传。故宫博物院就元刊本重为印行。余自八十后，两目模糊，不能读书。惟此书字大逾恒，勉得诵览。又可遇倦即止，不须通篇读下。余八十七岁生辰之前，天暑溽蒸，偶取此书，晨夕伏案，借资消遣。随有札录，管窥蠡测，聊以成编。工毕于一九八一年八月之四日，在余八十七生辰后二十五日。先后亦几两月之久矣。耄老荒昧，仍复惜而存之，读者幸加鉴谅。

九月，撰《海忠介公全集序》，刊于九月十六日《中央日报》。收入联经《全集》第五十三册《素书楼余沈》页九一～九三。摘要略。

九月二十八日，《中国文化传统中之士》，刊于《台湾日报》。收入联经《全集》第三十册及素书楼文教基金会·兰台出版社《国史新论》页一八二～一九九。大意谓：

中国文化有与并世其它民族其它社会绝对相异之一点，即为中国社会有"士"之一流品，而其它社会无之。中国士流之影响与贡献，主要在社会。

辛亥革命，民国创建，政统变于上，而道统亦变于下。民初即有"新文化运动"，以批孔、反孔，打倒孔家店为号召。孔家店中之伙计，即本文所谓社会下层之士。自此以下，社会有民无士。上无君，下无士，此则庶及可谓之全盘西化矣！西方民主政治，亦非全国独尊一政统，尚有"财统"，即资本主义。西方选举权，主要操纵在财统。学统并不占重要地位。学校教师，乃及报章杂志，各项刊物，言论自由，此可谓之"学统"。但与结党竞选，仍属两事。宗教信仰，政教分离，信仰自由，此之谓"教统"。依中国人观念言，西方学统转近教统，政统则转近财统。政教分离，可谓互不相关。此又与中国政统之附属于"士统"，即国人之所谓"道统"者，有绝大之不同。近代西方又有"工统"。劳工亦争平等、独立、自由，集团罢工。故西方政治，学统、教统在政治上均不占重要地位，而惟一操之于财统、工统之手。但崇尚多数，则财统亦终必转归于工统。最近如英、美现状，已具其端倪。其集党竞选，争取多数，以成政府，亦可称之曰"党统"。但党统、政统绝不与中国历古相传之所谓道统与士统有相干。此为中西文化一绝大相异处。

孔子曰："士志于道，而耻恶衣恶食者，未足与议他。"故中国士统，决不成为一财统。西方之学，分门别类，各成专家，各有其统。中国则修身、齐家、治国、平天下，吾道一以贯之，乌有为一士而不志于人群之治平大道者？故西方有各别之系统，而中国则士统即道统。但亦决非宗教组织，不成一教统。孟子曰："士尚志。"又曰："劳心者食于人。"士非一职业，则又异于工统。中国人又言，"君子群而不党。""众人之诺诺，不如一士之谔谔。"一为士，务求谔谔出众，岂肯结党以自附于多数？故亦决不成党统。中国之士则自有统，即所谓"道统"。此诚中国民族生命文化传统之独有特色，为其它民族之所无。

最近西方，又有不许诸统之分别存在而独许有一党统之趋势，是为共产党。在此党统之下，财统、学统、教统、工统，均不许有其自由，而惟听此一党之独裁。此为当前之苏维埃制。中国人亦多慕向于此，而有毛政权之出现。一九八一年来，先有中西文化之争。西化既得势，继之有民主与极权之争。换言之，乃美、苏之争；而中国自身，则退处于无传统无地位。

今乃有复兴文化之号召，则以创建民国之孙中山先生之"三民主义"为张本。首为"民族主义"，则应有民族传统生命与传统精神之认识。次为"民权主义"，中山先生言权在民而能在政府。政府有能，则不待一一听命于民众。最后为"民生主义"，中山先生亦曾言民生主义即共产主

一九八一年 辛酉 八十七岁

义。但断不能谓共产主义即民生主义。大学言："不患寡，而患不均。"则中国传统之经济理想较近社会主义，不近资本主义。而中国传统之士，亦为一无产阶级。中山先生之意，不许有财统之成立。至于党统，中山先生谓国民党乃一"革命党"。是谓在革命时可有党，革命成功后是否仍须有党，则中山先生未之明言。惟中山先生既主政府有能，则更不须听命于党。中山先生所倡之"五权宪法"，如考试权，立法权，监察权等，皆属政统，不属党统，又可知。

中山先生之"三民主义"，乃属长期之建国纲领，而非一时之施政方针。故仍当归于道统，不属治统。此为中山先生之先知先觉，深体中国五千年相因之文化大传统而发，不得以西方人近代之思想言论相比附。此则阐扬中山先生之三民主义者，必当深切体会之一大前提。而中国此后是否仍须有士之存在？又如何使士统之复兴？此则亦我国家民族大生命特有精神之所在，所尤当深切考虑讨论者。

十月，撰《再论中国文化传统中之士》。收入同前页二〇〇～二一四。大意谓：

中国传统之士，其对前有崇奉，其对后有创新，二者可以相和合。孔子为中国两千五百年来学人所共奉，尊之曰："至圣先师"。但孔子亦有所崇奉，故曰："甚矣，吾衰也，吾久矣不复梦见周公。"而此下儒学传统中，虽永尊孔子，亦非无创新。性与天道，孔子罕言之，而孟子主性善。孔子极推管仲，尝曰："微管仲，吾其被发左衽矣。"而孟子则曰："子诚齐人也，知管仲、晏子而已矣。"又曰："仲尼之徒，无道桓、文之事者。"孟子言养气之功，"养气"两字不见于《论语》。其它《孟子》书中持论，不见于《论语》者何限，然孟子曰："乃吾所愿，则学孔子。"孟子终无一言疑及孔子，而自有孟子之创新。

孔子以下两千五百年之儒学传统，可谓"时各有变，人各相异"。于同一崇奉中，不害其各有创新；于各自创新中，亦不害其同一崇奉。此为中国学术思想一特点。释迦创设佛教，然崇奉释迦亦可人人成佛，并亦人人自创新说；此为佛学传统与中国儒学有大体相同处。故佛教在印度虽终衰歇，而仍盛行于中国。耶稣为上帝独生子，崇奉耶稣，不能同为上帝之独生子。而于耶稣教义亦不能多有新创立新发挥；此为耶教来中国不能如佛教之昌行之一大理由、一大原因。此可见文化传统乃人心向背之所在。

故中国学术思想乃由四围共向一中心，其中心地位愈高，则四围向之者愈广，如孔子是已。故其中心之相同，不害四围之互异，但终见一共同向往之大同而已。西方之学则由四围各自发展；无一共向之中心，故其为学乃日趋于相异，而卒不能建一大同处。耶教虽为一共同信仰，惟究于学术有异。一切有传统，无创新，此则乃其与自由思想之大相异处。西方学术则惟见其相异，不见其大同。故西方之为学，可以互不相通，乃无一并尊之对象。

今国人崇慕西化，每好以中国与西方相拟，如以孔子比希腊之苏格拉底。不论其为学，专论其为人。不论其为人之种种方面，而专论其一生之行踪。孔子周游天下，苏格拉底则为一雅典人，其足迹或未出雅典一步。则此两人见闻之广狭，心胸之宽窄，宜亦即此可推。如柏拉图，或足迹囿于雅典一市。而中国先秦诸子，则极少终其身只拘于一乡一里，一城一市之内者。惟道家如庄周，或不喜远行，然其宾朋往来如惠施，则终为一天下士。中国先秦时期，即此一节，已显与西方古希腊相异。故中国得成其为中国，而希ε则终为一希腊。此亦论中西文化一至堪注目、亦极易相比之一节。

近代国人震于西化，凡所蕲向，一如邯郸之学步。而于自己国家民族社会传统历史传统，不再细心研寻。无本之木，无源之水，苟有成就，亦必非驴非马，丧失了自己，亦学不像他人。倘果学像，则中国应可分数十小国，成立数十政府。割裂相争，庶得近似。否则惟当求美化，不能求欧化。而此后美国犹太人、黑人与欧洲白人成为鼎足之三，中国又急切难有此希望。但国人又好以中山先生"民族、民权、民生"之三民主义，改为林肯之"民有、民治、民享"。人心如此，亦诚一无可奈何之事。要之，中国是中国，西方是西方，历史路线本属分歧。不知此下国人究当如何努力，以期彻底西化之完成，则惟有企而待之，急切间恐无可意想耳。

十一月十二日，《孙中山先生一一六年诞辰纪念辞》，刊于《台湾日报》。收入联经《全集》第二十三册及同前出版社《中国学术思想史论丛》（十）页一三～一九。摘要略。

十二月，《人生之阴阳面》，刊于《幼狮学志》十六卷四期。收入联经《全集》第四十八册及同前出版社《晚学盲言》（上篇）页二〇四～二二五。摘要略。

十二月，《中国历史上的政治制度》，刊于《史学汇刊》十一期。收入同前书页二九八～三一一。摘要略。

一九八二年　壬戌　八十八岁

一　国内大事

四月二日，中国国民党"十二全"通过《贯彻以三民主义统一中国案》。

八月十七日，中共与美国发表《八一七公报》。

九月二十二日，英国首相撒切尔夫人访问北京，与中共商谈香港问题。

十月二十三日，诺贝尔文学奖得主索尔仁尼琴来华访问。

二　事略

先生本年续在文化大学历史研究所任教。十月十日，先生之回忆录《师友杂忆》完稿。

三　著述

三月，《黄帝与蚩尤大战之涿鹿在山西运城盐池附近》，刊于《山西文献》。摘要略。

四月五日，《先总统蒋公逝世七周年纪念辞》，刊于《青年战士报》。收入联经《全集》第二十三册及素书楼文教基金会·兰台出版社《中国学术思想史论丛》（十）页一三四～一三八。摘要略。

五月七日，《五伦之道》，刊于《青年战士报》。收入联经《全集》第四十八册及同前出版社《晚学盲言》（中篇）页四四七～四六二。摘要略。

六月二十七日，《客观与主观》，刊于《青年战士报》。收入同前书页一三三四～一三四五。摘要略。

七月，将《史记地名考》以前考述地理诸文编为《古史地理论丛》，由台北东大图书公司刊行。一九九七年编入联经《全集》第三十六册。摘要略。

案《师友杂忆》云："今年春，许倬云自美返台，面告余，彼曾集大陆此数十年来新出土诸铭文详为考订，乃知余论周初地理可相证明，余闻之大喜。"

七月六日，美国夏威夷召开"国际朱子会议"，为撰《略论朱子学之主要精神》，刊于一九八三年一月《史学评论》第五期。收入同前出版社《中国学术思想史论丛》（五）页二五一～二五九。大意谓：

中国学术有一特征，亦可谓是中国文化之特征，即贵求与人同，不贵与人异。孔子自言其为学曰："述而不作，信而好古。"人之为学，能于所学有信有好，称述我之所得于前人以为学，不以自我创作求异前人为学。为学即是学为人，而为人大道则在人与人之相同处，不在人与人之相异处。不仅儒家如此，即墨家亦然。墨主兼爱，视人之父若其父。称天志，尚同。继儒、墨而起者，有道家。其持论则更求同不求异。老子曰："同谓之玄，玄之又玄，众妙之门。"故在古人中特举一黄帝。其人愈古，则愈不见其与人之相异处。则道家亦同是"述而不作，信而好古。"

窃谓中国之有孔子，犹如西方之有耶稣。朱子则如耶教中之马丁路德。其于儒学中之最大贡献，则为编有《论孟集注》与《学庸章句》之四书，以上驾于汉、唐相传之五经之上。而唐代之《五经正义》，递传至宋以后，乃成为《十三经注疏》。愈会通，愈和合，以愈见其共同之一是。此乃中国之学术特征，亦即中国之文化特征。

干嘉时代之清儒，提倡汉学，则如耶教中之天主教，力反马丁路德之新教。而在中国，则新教终盛于旧教。如同、光以下，曾国藩为《圣哲画像记》一文，陈澧为《东塾读书记》一书，其论学亦皆尚同不尚异，皆述而不作，信而好古，决不高抬一己，以求杰出于前人。则可谓千古一致之最相同处，无他异也。

但孔子在中国决非一宗教主，其所信、所好、所述皆在古，同属人类，而非高出人类之上帝。故亦不高抬一己，以出于前人之上。中国学术如是，文化亦如是，而孔子之在中国，其地位乃若有更超于耶稣以上者。今日吾人果能从此一点上来研究朱子之学，则庶最能获得其主要精神之所在耳。

十月十日，《青年战士报刊三十周年纪念祝辞》，刊于《青年战士报》特刊。收入联经《全集》第四十四册及同前出版社《中国文化丛谈》页三一九～三二五。摘要略。

十月三十一日，《先总统蒋公九六诞辰献辞》，刊于《青年战士报》。收入联经《全集》第二十三册及同前出版社《论丛》（十）页一三九～一四五。摘要略。

冬，《读周濂溪通书随札》，刊于《故宫季刊》十七卷二期。案本文后收入联经《全集》第十册《宋代理学三书随札》页二一七～二二〇。兹举一例以见先生之卓识：

《通书》有《势章》，谓："天下，势而已矣。势轻重也，极重不可反，识其重而亟反之，可也。反之，力也。识不早，力不易也。力而不竞，天也。不识不力，人也。天乎！人也何尤。"中国人主一天人，合内外，识与力在人在内，势则在天在外，故曰"天势"，又曰"时势"。孔子曰："道之不行，我知之矣。"是孔子已识其势之不可反矣。然势只在轻重之间，只是一数量问题。轻重之分即是理，则"势"亦仍是一"理"。惟有常理、有定理，无常势、定势。势有变而理无变，理有必争势有不可争。故中国人重理不重势。理在我，尽其在我斯可矣。物极必反，在我无躁心，安以待之而已。西方人重外，势则在所必争，但亦终有不可争者。第一次世界大战，英、法人与德人各在濠沟内，呼吁祈祷，上帝助我，早获和平。然上帝究助谁，两边濠沟中人各不知。既所不知，复亦何争。孔子则曰："我之祷久矣。"安分守己，乐天知命，尽其在我，斯不争。识之早，则易为力，此乃中国人生。否则且安毋躁，此亦中国人生也。

势亦有动静之分，如言时势，则属动。言地势、形势，则属静。中国乃天下一统的民族国家，就历史文化大统言，其全国首都宜在北方黄河流域，不宜在南方长江流域。又宜在黄河上游，不宜在黄河下游。周室东迁，**静势已变，不易再振起**。孔子以平民讲学，后世尊为至圣先师。然曲阜孔林仅供全国瞻仰，两千年来之贤士大夫，能至孔林一瞻谒，此乃毕生幸事。然曲阜终不能为人文荟萃集居讲学之所，则地理形势所限，亦无可奈何者。战国时，齐、秦东西对峙，齐之临淄、稷下，为学术集中区，然统一大业，终不在齐而在秦，此亦有静势使然。

汉、唐建都长安，最得静势之宜。政治首都同时即为人文荟萃之区。东汉都洛阳，其势已不如西汉。宋都汴，地理静势最下。宋亦为历代统一政府中最弱之一代。其时人文则集于洛阳，皆避首都不居，是亦静势使然也。濂溪湘籍，终隐庐山，非二程继起，理学亦难宏扬。横渠游洛而名彰，而关学终自成一派别。朱子居闽，象山居赣，别有湖南与浙东。学术分野，皆由地理静势助成之。明、清建都燕，而学术人文则荟萃江南。阳明生于浙，而为江西巡抚，其学流衍之盛，亦得地理静势之助。而东林起于无锡，亦江南人文荟萃区也。清干嘉之学分吴、皖，实则皖学自戴东原北游京都，传其业者亦多在吴。论述中国历史人文，不得不兼重其地理静势之归趋。

西方地理形势易于外展，艰于内集。无论在政治上、学术上，易分不易合，此亦静势所限。而各地气候不同，此亦一种静势。其影响人文者皆至大。近人好论中国、印度、欧洲文化三系统，大体可以天时地理之静势为之说明。濂溪所谓"天乎，人也何尤"，此之谓矣。

通书论势偏人事，偏动势。故特加静势一边以资发明。司马迁言："明天人之际，通古今之变。"势者，即天人之际，而古今之变亦无以逃之。明乎此，则知人事之用力所向矣。

十一月十七日，《欣赏与刺激》，刊于《中华日报》。收入联经《全集》第四十五册及同前出版社《中国文学论丛》页二二七～二三二。大意谓：

"奇文共欣赏，疑义相与析"，此是陶潜诗中之两语。"欣赏"二字流传为普通口语，迄今千数百年。陶诗本以论文学，实则一切艺术皆然。尤其是人生，该艺术化，也该懂得有可欣赏。近人对文学艺术以及人生，每喜用"刺激"二字。刺激与欣赏，意味大不同，兹试加以分析。

姑举一浅明事为例。饮茶习惯在中国已历千数百年的历史。唐人饮茶，本富刺激性，略如近人喝咖啡，故茶中必加以杂味，或甜或咸，有如牛羊乳之类，喝了一杯，即不想再喝。卢仝七杯茶，遂以驰名全国，至今犹为人知。但此后茶品变，煮茶方法变，茶味不再富刺激性，使人能晨晚随时饮，随时欣赏，为中国人生休闲中一大乐趣。主要一点在使茶味淡，乃觉味长，并有余味，留在口舌，而又不伤肠胃。饮茶成为中国人生普通流传一艺术，其中大有深义。中国人言"君子之交淡若水"，淡则能久，情味深厚。酒食相征逐，则成为市道交，其味浓，若够刺激，惜不能久，情味浅薄。其间主要差别更在时间上。

《中庸》言："人莫不饮食也，鲜能知味也。"中国饮食，知重求味。西方各品分别烹煮，再同置一器中。五味亦分别置器中，由食者亲自加配。中国则预先配成，和合烹煮，故曰"肴"。"肴"者，淆也。先已混淆，然后调制出真味来。又西方人进食，先来一品，吃完续来第二品。中国则各品同置桌上，由进食者自加选择，不必先此后彼，而同时皆得一番调和。此如夫妇父母子女，西方人只是同居一宅，即成为家。而中国人则在一家中，其相互情感又加种种烹煮锻炼始得家庭之真味。故西方人于家庭似少甚深特殊之情味，而中国则不然。其对家庭情味深厚，并觉离此则无相近似之同样情味可觅。

故中国人于情味贵淡，贵和，贵单纯，少变化。此间有内、外之别。物在外，凡所接触则成内。人与天地万物相接触，即成为我生之一部分。非以我之生来接触万物，乃因接触万物而成我之生。故凡所接触，必感其与我相和相合，共成一生，乃有情味可欣赏。所欣赏者即吾生，非在生外。身外万物时时刻刻在变动中，此时此刻所接触，他时他刻即离去。与我接触，皆成我生。接触变，即生在变。故凡所接触，皆觉有味。"采菊东篱下，悠然见南山。山气日夕佳，飞鸟相与还。此中有真意，欲辩已忘言。"采菊、见山皆吾生命之一部分，此中真意乃吾生命内在自发之一种欣赏情绪，显非外来刺激，与《天方夜谭》中之能言鸟有别。子在川上，曰："逝者如斯夫。"生命即如逝水，前水已去，后水随来，而水与水间，共成一流，同是水滴，无大差异。惟其同是一水，故觉情味之无穷，可久可长，而更深更厚。孔子以水流喻人生，人生之可欣赏者正在此，真意宛然，诚非言辩所及矣。

夫妇和合，乃一寻常事。然积以岁月，则其味长矣。西方文学好言恋爱，此乃一种刺激，非可欣赏。正以其味浓，不可持久。非结为婚姻，即反目相离。反目后，更有相视如仇敌者。结为婚姻，而往日恋爱之情亦即消失，不可再觅。若求长日恋爱，又不可能。所以卢彤七杯茶，乃驰名全国也。

要求刺激，亦必先有一番要求刺激之心情；必其人在忙碌中，在复杂变动中，在不安定不宁静中，在苦闷烦躁中，在如是等之心情中，乃求有刺激。刺激必从生命外面来，非即其生命。欣赏则即在生命中，与生命为一。如长途跋涉，偶得片刻停车道旁，喝一杯咖啡，即匆匆再赶路，亦觉有味。果在此匆忙中，饮一杯中国茶，便嫌味淡，不够刺激，不尽兴。

中国人饮茶，另有一番情味。在安闲无事中，心气和平，或一人独品，或宾朋聚赏，或幽思，或畅谈，不能限以时刻，或羼以他事。否则茶既淡而无味，饮之亦仅解渴，无可欣赏。今日国人乃亦求于饮茶中找刺激，诚不知味之尤矣。

十二月一日，《漫谈新旧文学》，刊于《中华日报》；又刊于九日《香港时报》。收入同前书页二〇七~二一五。大意谓：

民初新文化运动之主要一项，乃为新文学运动。大意谓文学须是人生的。旧文学已死去，新文学方诞生，当用通俗白话文写出，不该再用文言文。但我认为中国旧文学亦是人生的。如《诗经》"一日不见如三秋兮"，《楚辞》"悲莫悲兮生别离，乐莫乐兮新相知"，何尝不是人生。即当前一小学生、初中学生，对此辞句，亦何尝难读。而元、明以下，白话说部如《水浒》、《红楼梦》诸书，其中难识之字，难懂之语句，亦并不少。专以文言白话来作新旧文字之分辨，此层似尚未臻论定，还值研讨。

我绝不反对白话文，我曾在初级小学亲自试验过白话文教学一年。四年级生可写八百字文理通顺的白话文，三年级生可写四百字，较之文言文省时省力。但我不主张提倡白话而废止文言，尤不主张不教学生读文言古书。直至目前，大学文学院中文、历史、哲学诸系学生，多不能通读古籍，这对国家民族前途实有莫大影响，有心人不得不注意。

中国文学必重涵蓄，须读者作同情之体会。故虽常情，亦觉情深。若直率道出，情味淡了，则转若无情。今必模仿西方文学来表达中国人情，则惟有失真，最多是浅了，不能深入。此似应为今日提倡白话新文学者所注意。

十二月十八日，《品与味》，刊于《青年战士报》。收入同前书页二一六～二二六。大意谓：

人之一切行动作为，胥本乎其情志。诗言志。故观于诗，乃可以知史。中国古人言"诗书"，诗在书前，即此意也。如《春秋左氏传》，其中记载及女性者亦何限。而此诸女性，可敬可尊，可歌可泣者又何限。战国策中亦多女性。秦汉之际，西楚霸王项羽亦可谓一世人豪矣，兵困于垓下，夜饮帐中，为诗曰："力拔山兮气盖世，时不利兮骓不逝。骓不逝兮可奈何，虞兮虞兮奈若何。"项王自顾不暇，乃为姬歌，斯亦爱之深念之切矣。虞姬闻项王诗，即席在歌舞中自杀。身为女性不能冲锋陷阵，自杀身死，亦以慰项王之心。战国时人已言："忠臣不仕二主，烈女不事二夫"。虞姬亦得谓之烈女矣。项王终突围而至乌江，曰："何以见江东父老。"则不渡。实则项王之心，若渡乌江，亦将无以见虞姬于地下耳。司马迁为《史记》，特述及虞姬，但未加褒语。后世读者，皆知敬虞姬。人品高下，自有公道，岂烦加褒。

中国女性之美，不仅出诸名门闺秀，实已普及全社会。晚明有柳如是，乃一歌伎。慕于钱谦益之名，而屈身为之妾侍。谦益乃当时大诗人，又为朝廷大臣，年事已老。柳如是以一年轻美女，天下慕趋之，而终归身于谦益，举世传为美谈。柳如是名益扬。不久明亡，清廷宠召谦益，亦以笼络人心。而谦益不能拒。柳如是以为耻，为之自尽。谦益死，清廷列之《贰臣传》，仍以买收人心。而柳如是乃如天上人，举世仰望。此亦中国数千年人品标准，岂偶而已乎！近间陈寅恪著有《柳如是别传》为谦益晚节辩诬，但对柳如是则更推崇备至。惜余已不能读其书，此不详论。

又中国有婢女，见之小说戏剧者，如《西厢记》有红娘，如《白蛇传》有青蛇，亦如男性中有老家人，如《三娘教子》剧中有老薛保，此皆圣贤中人。列诸《古今人表》，断当不在中等以下。又如《红楼梦》林黛玉有婢紫鹃，薛宝钗有婢莺儿。读其书，亦宁得以小婢视之？西方小说剧本中之女性，皆出想象创造，然何尝创造有如此人物来。我无以说之，亦仅曰中国人情味厚，西方人情味薄而已。然今国人竞慕西化，则曰此乃中国封建社会奴性使然矣。情味之薄，乃尤甚于西方。

中国山水园亭亦不宜辟为近代之观光游览区。近代之观光游览必广揽游众，乃可赢利。故凡属胜境，惟求通俗化，遂使群客奔波尽兴，实则人看人。倘兼以歌唱舞蹈，愈撩乱，则愈活跃，心神无片刻安顿处，斯为观光之成功。凡属观光，乃求动，不求静。乃求热闹，不求清净。此乃近代人心一大趋向。中国风景皆求清赏，"鸟鸣山更幽"，始觉此山中之深趣。"山中方七日，世上已千年"。倘亦男女杂沓，喧哗拥挤，转眼即过，则七日亦在一瞬间。此始是近代观光客游览客所要求，如此才感快意。

十二月二十日，《诗与剧》，刊于《青年战士报》。收入同前书页一三四～一四二。大意谓：

近代中国人竞慕西化，即文学、艺术皆然。百年来，社会竞效西方演话剧，而终不盛。中国之平剧及各地方剧，大体皆诗化。遇所欲言，必以歌唱出之，不用白话，因白话表达不到人心深处。凡属喜、怒、哀、乐、爱、恶，真情内蕴，皆非言辞能尽。于是歌唱淫液，嗟叹往复，所谓"诗言志"，乃属一种情志，人生主要乃在此。故平剧、地方剧莫不歌唱化，亦即是诗化。西方人之小说与剧本，惟因情不深，乃偏向事上表演，曲折离奇，惊险迭出，波谲云诡，皆以事胜，非以情胜。如平剧中《三娘教子》一段，其子长跪台前，三娘长幅唱辞，不在辞，而在声，此即艺术深处，为白话剧所不能有。又如《苏三起解》，在途中唱叹不尽，仅一解差相随，情意万千，在话剧中又如何表出？故知中国人生决不能戏剧化，而必诗化。中国戏剧亦诗化。而白话剧则终不能紧扣中国之人心。即此一小节，可概其余矣。

一九八二年　壬戌　八十八岁

一九八三年　癸亥　八十九岁

一　国内大事

六月二十六日，中共领导人邓小平提出两岸和平统一的最新构想（邓六条）。

七月十五日，英国首相撒切尔夫人与邓小平会商完毕。

八月十五日，中共总书记胡耀邦宣布，自一九九七年七月一日起香港主权归中华人民共和国所有。

二　事略

先生本年仍任文化大学历史研究所教授暨故宫博物院特聘研究员。

三　著述

一月，《八十忆双亲师友杂忆》合刊本，初由台北东大图书公司刊行。一九九八年收入联经《全集》第五十一册。二〇〇〇年素书楼文教基金会·兰台出版社整理新版重印。先生曾自缀数言简介此书曰：

余之一生，老而无成。常念自幼在家，经父母之培养；出门在外，得师友之扶翼；迄今已八十八年。余之为余，则胥父母、师友之赐。孟子曰："知人论世"，余之为人不足知，然此八十八年来，正值吾国家民族多难多乱之世。家庭变，学校变，社会一切无不相与变。学术思想，人物风气，无不变。追忆往昔，虽屡经剧变，而终不能忘者，是即余一人真生命之所在也。年八十，遂为《忆双亲》一书；数年后，又续为《师友杂忆》一书。此册乃合刊此两书，共为一编。读者庶亦由此一角度，有以窥此八十八年来国家、社会、家庭、风气、人物、思想、学术一切之变，而岂余之一身一家琐屑之所萃而已乎！善论世者，其终将有

获于斯书。（按：以上见《全集》本出版说明）

一月十一日，"中央研究院"纪念蔡元培先生一百一十五岁诞辰讲辞《学术传统与时代潮流》，刊于翌日《中央日报》；又刊于二月《大成》第一百一十一期。收入联经《全集》第二十三册及同前出版社《中国学术思想史论丛》（九）页三六~四八。大意谓：

学术传统属于旧，时代潮流属于新。一新一旧，是否必相冲突、相矛盾，抑可融通和合，会为一体？此是从来一大问题。我们是否可从孑民先生的思想与行为上来得些启示或参考，乃本人此讲之要旨。

孑民先生著有《中国伦理学史》一书，余读此书早在六十多年前。今不论此书内容，姑就其书名言。中国从来无"伦理学"一名，但人伦大道，伦常之道，乃中国学术传统之所重。伦理学之名称，当起自日本。要之，乃西化东渐后所有。孑民先生写此书，亦本日本人著作来。但亦可知孑民虽系当时一新人物，而实抱有甚深之旧观念。

一般趋慕时代潮流者，乃多反对自己民族国家旧传统，认为非排旧无以开新，成为一时之新风气。但孑民先生似乎不如此想。其在北大引进陈独秀、胡适之诸人，提倡新文化运动，开创时代新风气，但同时北大亦容留有辜鸿铭、林琴南诸人，则显是当时之旧人物旧传统。又报载北大曾聘浙江马一浮任教，一浮覆电云："礼闻来学，不闻往教。"拒之。此电显为设辞，而不愿应聘之情，则浮于其辞矣。又梁漱溟应北大聘，自谓予来任教，乃为抱不平。著有《东西文化及其哲学》一书。此为一种新旧思想之冲突，更属昭然。亦由此可见孑民先生在当时，实主张新旧兼容，开放新风气，而又容纳旧传统，以求冶之一炉。

今再述及胡适之。适之讲学形成新潮流，而其题材则尽属旧传统，此为一不可诬之事实。其次，适之在留美前，其母曾为订婚。及其在美，有一女友，亦留学治西史，为一名学人。但适之返国，终遵前约成婚，夫妇偕老。此事极为当时人称道。其时离婚新娶之风已盛，而适之拘传统伦理旧观念，此一层，恐亦于适之学风骤振有影响。又适之返国，即任教于北大，名震朝野，而适之终为一学人，不入仕途。仅在对日抗战时，一度任驻美大使。退任归国，即任北大校长职。来台后，又任中央

一九八三年　癸亥　八十九岁

研究院院长职。其重学轻仕，固亦可谓近似西方学者风格，但亦可谓仍守中国学人之旧传统。据此诸点，适之虽成一时代新人物，亦可谓仍存有中国旧传统。果使其纯为一崭新人物，则恐于时代影响不如是之大。知人论世，此层亦大值注意。

王静安早治甲骨文，但为《殷周制度论》则取材古经典，而甲骨无可据。其在清华研究院诏示来学，求通甲骨，必先精读许氏《说文》。静安在当时虽同受新潮流称赏，然其重视旧传统亦可由此证之矣。但其衡论文学方面，则更受当时人重视。提倡新文学，为新文化运动中主要一潮流。《静安文编》乃其早年作。静安初亦治德国哲学，《文编》中论及《红楼梦》，谓西方文学尚悲剧，为文学上乘，而《红楼梦》同得其趋。其后为宋元戏曲考，亦新潮流、旧传统合一，更受普遍诵读。子民先生亦曾治《红楼梦》，引证书中故事，比附之于清初朝政。此又子民先生深抱旧观念之一证。盖中国学人旧观念，轻视说部，必比附之于修、齐、治、平之大道，乃有意义价值可言。以《红楼梦》比附清初朝廷故事，其来有自，非子民先生首创。而适之则抱西方新文学观念，详考曹雪芹生平，专以西方小说来看《红楼梦》。一时此风蔚起，乃有"红学"一新名词出现。此则显与子民先生异趣。胡适之于子民先生，终其生，惟加推敬，礼崇弗衰。此亦适之为人可谓不失旧风格之一证矣。

新文学运动中，鲁迅、周作人兄弟崛起，尤名重一时。然周氏兄弟在日本，为太炎弟子，曾译西方说部《域外小说集》，尽用古文体，似效林琴南。则当时新潮流中人物，其深染旧传统洗礼，周氏兄弟亦其一证。

根据上述，当年新文化运动成为时代一新潮流，而其与学术旧传统乃处处有牵涉，几成一不可分割之势。

抑在民初，学术风气蓬勃弥漫，遍于全国，新文化运动特其中较显一浪潮而已。欧阳竟无在南京，创支那内学院，宏扬佛学。余诸老友熊十力、汤锡予、蒙文通，尽出其门。北方又有颜、李学之宏扬。其它不胜举。即如徐世昌，沉沦宦海，退总统位，亦有《清儒学案》一巨著。徐树铮在北洋军阀幕府中，亦提倡桐城派古文。汉奸郑孝胥，有《海藏楼诗》行世，又有书法亦得人欣慕。民初国家动荡，民不安生，乃学风四起，一如清初。惟西化已东渐，精微、高明皆有不足。但亦见中国学术传统生命旺盛，有经衰乱而重兴之精力。一时新旧纷杂，新者未可谓之无刺激、无掀动；而旧者亦不得谓之尽属无意义、无价值。新潮流与旧传统，若相冲突，又若相和会，乃使人有牵缠搅扰，莫知适从之慨。但亦有左右逢源，头头是道之乐。自七七抗战，此风骤歇。共党得势，政府播迁来台。回视往年，俨如隔世。今则又是另一时代之新潮流突起，而学术旧传统则竟当于何处寻觅乎？

一月十二日，《文化中之语言与文字》，刊于《中华日报》；又刊于二月二十五日《香港时报》。收入联经《全集》第四十五册及同前出版社《中国文学论丛》页二三～二八。大意谓：

所谓"现代化"，亦不过为西化一变相新名词。乃又有"纯文学"一名词出现，则试问当具如何条件始得称之曰"文学"？又当具如何条件始得称之曰"纯文学"？凡此皆可不加讨论，人云亦云，众口一辞，而论自定。故今日已不待有如秦始皇帝之焚书，而线装书自可扔毛厕里不再须讨论。文化惟竞出新口语，竞创新口号，竞立新名词，而一切自随而化。要之，余之所言，惟求文言与白话相承相通，而后始有文化传统之可言。孔子曰："言之无文，行之不远。"实则孔子意亦只求语言白话与书籍文字之相通。中国人每一语言，必求通之文字。语言属现代化，文字则传统化，现代与传统相承，乃可行之久远。故中国之"言"，亦能日变日新；而惟中国人之"文"，则可三千年相传而不变。而今人则不务求之文，而仅惟求之言，而又尊称之曰"白话"，无根源、无规律，随意所欲，出口即是。此诚不失为中国传统文化一大突变。旧者已扫地无存，而新者即萌芽方茁。求如西欧，求如美国，恐亦终难如意。是亦为国人一憾事，究不知将何道以赴。惟有再待新口语，再增新名词之不断出现，或庶有此一日。则惟有拭目待之矣。

一月二十四日，《恋爱与恐怖》，刊于《中华日报》。收入同前书页二三三～二四一。大意谓：

恋爱对象专，攫得此对象，在我始见为充实，此之谓恋爱之占有。或投身此对象，亦见有充实，此之谓恋爱之牺牲。西方人对生活其它方面，亦必择一专一对象，始有着手处。但外面对象终有一不易分别，不可捉摸之浑然一存在，西方人之恐怖感即由此生。中国人生以己为主。己之立，则一切皆由己作主宰，乃不觉有恐怖感。(以下略)。

四月，《中国文化演进之三大阶程及其未来之演进》刊于《香港时报》，五月香港《明报月刊》十八卷三期。六月《文艺复兴》一百四十三期转载。一九八三年，曾收入《宋代理学三书随札》一书，一九九八年收入联经《全集》第三十七册《文化学大义》，二〇〇一年素书楼文教基金会·兰台出版社整理新版印行页一三七～一五五。其大要如下：

中国文化演进已历五千年之久，为并世其它民族所莫及。其演进可分三大阶程。

(一)中国为一氏族社会，氏族即成为群。在此群中，可分两大统。姓从女，乃"血统"。氏从男，主要以职业分。政治更其大者，是为"政统"。

……是则中国之氏族社会，虽重血统，而同时即重道统。惟其重道统更过于其重血统，乃于同血统中，尊一拥有上智至德者为始祖。一属自然，一属人文，而实似以人文来定自然。中国传统文化"天人之际"、'古今之变'，其要乃在此。"血统"属于"天"，"道统"属于"人"。

而西周封建，则更见为进步而特出。不仅分封姬姓，及其外家姜姓，又封殷之后裔，使其传统不绝。更又兴灭国，继绝世，把历史上所有诸氏族，只要其曾有建树，对历史有贡献者，遍加封建。此等诸侯，则可以代表全中国社会历史经历中有功德建树之各氏族。使政统与血统，更为密切配合，融成一体，乃得称之为"道统"。此实为中国传统文化最本源、最基础一要点。

而西周封建，其事创于周公，乃更完成此道统之大。

由"血统"中创出"政统"，又由正统中完成"道统"，而使中国成为一"封建一统"之国家。此可谓是中国文化进展之第一阶程。

(二)中国社会乃一氏族社会，而中国历史则即为以"贤、圣"为领袖，以少数领导多数，以人物为最高中心之历史。……在中国古人观念中，即不啻以一大圣大贤为人类大群之代表。故"尊圣"、"尊贤"，即是

"尊众"、"尊群"。尊重人类,亦是尊重天意之一种表示。何尝有近代人之所谓帝王专制呢?

(三)西周东迁,春秋时代,以前政治一统之大业,则几于崩溃。乃有至圣先师孔子其人者出。孔子当时所想慕者,乃为周公。换言之,孔子心中不望为一圣君,仅求为一贤相。然终不得志,其道不行,仅开门授徒,成为此下战国时代之一家言。

战国时代诸子百家继起,实亦同尊孔子,多志为相,不志为君。

迄于汉代,而儒家定为一尊。汉武帝表章五经,罢黜百家,周公、孔子同受崇拜。孔子所作《春秋》,亦列为五经之一。帝王治道,则必本诸经。其时则"经学"即为"道统",显然已超出"政统"之士。

唐、虞、三代,乃由政统中产生出道统。汉武帝以下,则必尊道统以为政统。以前是圣君用贤相;此下则必用贤相,乃得为圣君。

政统乃大部分出自学统,即道统。"学统、道统"乃更重要于政统。可谓中国历史一大变,乃中国文化进展之第二阶程。

(四)中国自"封建政治"一转而为"郡县政治",血统即不在政统中占重要地位。

汉儒自武帝后,即有名言谓:"自古无不亡之国。"此即谓君位血统不可常,故与其招汤、武之征诛,不如遵尧、舜之禅让,于是遂有王莽之新朝出现。"学统"之更超于血统,此亦一证。

近人讥中国为帝王专制,每举秦始皇、汉武帝为例。其实此两人皆深具历史知识与文化意味。秦始皇则主进步论,重近代,轻古代。汉武帝则与秦始皇适反其道。主张尊古,故于先秦百家中最尊孔子儒家,立五经博士。而创建重古尊孔之"五经博士制"。倘以近代人眼光论之,则秦始皇观念较近西方欧洲文化之意见,汉武帝则纯粹中国民族文化之大传统。此一分别,惜近代国人乃无有加以注意者。此亦一大堪惋惜之事。

但中国政府虽已变成一尊"道统与学统"之政府,而社会则仍为一氏族社会,重血统。两汉士人进入政府,得一官位,必退而敬宗恤族,使一宗一族人尽得沾溉。此则政治上层少数,仍与社会下层多数有其紧密相系处。而自古代农、工氏族外,又得学业氏族,为"士族"之创兴,亦不得不谓非中国社会一进步。

降至魏晋，中国乃成为"士族"之天下。南朝如此，北朝亦然。自士族社会进而为士族政治，使社会多数进入政治少数之机会又益增。就中国文化传统言，则仍不得不谓之一进步。

（五）唐代再臻统一，而较之两汉，则又有进步，唐太宗随其父高祖在军中，其幕下即有"十八学士"，较之东汉光武中兴时已过之。西汉开国，乃一平民集团，士人极占少数，更远不能与唐初相比。

其次宰相一职，唐代分中书、门下、尚书三省。中书出命令，门下掌封驳，君权已由相权正式代之，而相权分掌于多人。此亦显较汉代为进步。

尤其是唐代科举制度，社会学人可得自由应考，进士地位远较两汉太学生为门路广而更受重视。此皆学统在政统中更得较高地位，社会多数又多得参加，两者又紧相联系。然论学术大统，则唐代之《五经正义》依然承袭两汉。

于是有韩愈出而提倡古文，著为《原道篇》，又为《师说》。而韩愈则以"为师传道"自任。于是尊孔而为学崇师，更重于为政而出仕从君。而其视孔子之为学，则更重于其入仕，而渐脱离于周公。孟子则追随孔子。周、孔同尊遂渐转为孔、孟同尊。……韩愈又为《伯夷颂》，则所重在野更过于在朝，为师更重于为君。

宋兴，与汉、唐又不同。其相赵普谓："助君以半部《论语》得天下，又将助君以半部《论语》治天下。"宋代诸帝王，重士有过于汉、唐，而《论语》一书之尊显，亦汉、唐两代所不如。

胡安定苏、湖讲学，朝廷取以为法，又聘安定主其教。而其后起王安石，乃重唱尊《经》，有意为"新经学"。司马光则继《左传》为《资治通鉴》，以史学通治道。则孔子地位，自在汉、唐诸君之上矣。……以王安石、司马光之为相言，其地位亦远在其君之上，至是则不啻为君者乃"尊师"其相。王安石为"经筵讲官"，主坐讲，君则立而听。则相位之更重于君位，而师道之更尊于君道，其事皆从宋代起。社会下层之士，乃有转超于政治上层君相之上者。其在中国文化展演之阶程上，不得不谓其又进了一步。

而其时乃有周、张、二程理学家之兴起。盖道统既尊于政统，师道既高乎治道，则进而在朝不如退而在野。为士者既以师道自任，则在己之修养磨炼，乃更重于出仕以从政。

南宋朱子继承二程，定《论》、《孟》、《学》、《庸》为四书，为之作《集注》与《章句》。宋代以下，四书乃凌驾于五经之上。治学者必先四书，乃及五经，于是孔、孟之新传统乃继周、孔旧传统而代兴。在野之师道，乃始正式凌驾于在上之君道。此当可谓中国传统文化演进之第三阶程。

（六）但就实论之，元代虽异族入主，其政治大统一切制度，亦多依循前代，一仍唐、宋，无多更易。科举亦仍旧贯。考试课目，则遵南宋朱子新传统，先四书，后五经。明、清两代一遵无变。然元代诸儒则终多不应举。而书院讲学遍于全国，地方官到任必先赴书院听讲。此又道统尊于治统之一明白确切之表示。

明祖废宰相制，成为皇帝一人独尊，此制更要不得。而明成祖以"灭十族"罪方孝孺，其为君自尊，尤更远甚秦始皇之上矣，则更尤要不得。此下明代诸君，亦终难与宋相比。

明代诸儒乃亦一承元代之风，以不出仕为高。吴康斋、胡敬斋隐于田野，陈白沙隐于海澨，王阳明一人独例外，然亦先遭龙场驿之贬谪，及其平宸濠之乱，而亦几遭不测。满清入主，重来异族之统治。晚明诸遗老，亦相率不仕。李二曲居士室，顾亭林则流浪山、陕间，王船山、黄梨洲皆隐晦以老，朱舜水则乘桴海外。政乱于上，学兴于下，较之元初，抑更远胜。

（七）今言政统，则汉、唐为盛，宋已衰，惟明代若差堪与汉、唐相拟。此外则辽、金、西夏割据，蒙古、满洲入主。宋以下之中国，远不如宋以前。然论学统、道统，则宋以后尤盛于宋以前。社会下层递有进步，中国依然是一中国，而旺盛繁华递有升进，亦一不可掩之事实。

顾亭林言："国家兴亡，肉食者谋之。天下兴亡，匹夫有责。"此亦言政统失于上，而道统则犹可保存在下。

西化东渐，乃有太平天国兴起，以耶稣为天兄，洪秀全为天弟，到处焚烧孔庙。曾国藩乃以在籍侍郎，发动湘乡团练，平其乱，维系中国文化，功在民族。孔庙犹得存在，道统仍见承传，此非曾氏之功而何？

下迄清末，康有为起于粤，章太炎起于浙，皆以书院讲学传统，一主今文经学，一主古文经学。要之，以中国旧传统言，皆似以社会下层之道统上憾政府上层之治统。独中山先生乃以革命大业，创建民国。此诚中国历史上一大开创，一大进步。

中山先生之"辛亥革命"，始可称之为一正式"民族革命"，既非太平天国可比，亦非明太祖开国可比。中山先生之以第一任正式大总统让之袁世凯，汤、武征诛，继之以尧、舜禅让，有宋理学家之所提倡，中山先生正其人矣。

洪宪称帝，北洋军阀擅权，政复乱于上。中山先生退隐在沪，开创"三民主义"作为讲演。虽其辞若只讨论政治，然首寇以"民族主义"，即以道统驾治统之上。又称"民有权、政有能"，则民权虽在社会下层之多数，而行政之能，其责任则在上层政府之少数。其重视上层治统之少数，亦上承中国文化传统之理想而来。"民生主义"一端，乃屈居三民主义之最末。又非专指衣食物质生活言，乃指社会多数之人生言。而民族主义则兼涵并容以前历代之古人，更属大多数。而能明得此民族历史之传统大义，则少数中之尤少数，其职任当为最难。

故中山先生之创为三民主义，乃自居为"先知先觉"，名其党人为"后知后觉"，而全国民众则为"不知不觉"。此一分别，尤更为远异于西方结党从政之普通意见，而深入中国五千年来传统文化之道统、政统之内在精处，有非极高深识之士之所能知。中山先生提倡此义，岂非我中华民族一天赋之大圣而何！

中山先生又于五权宪法中加入监察、考试两权。考试权乃中国传统政治最高机能所在，使社会多数与政府少数紧密相通。政府之"能"直接出于民众之"权"，其要在此。故中山先生乃主我民族传统自古相承之考试权，而不主当前西方盛行之选举权。虽亦言及选举，而不仅对被选举人有限制，并对选举人有限制。其所限制，则皆在考试权中。此尤不失中国传统之重视少数，而此少数之又必出于多数之精义。

（八）黄梨洲《明夷待访录》，其《原君》、《原臣》诸篇，发挥中国传统民主政治之精神所在，其书尚在法国卢骚《民约论》之前。卢骚《民约论》仅本空想，而梨洲则根据中国传统史实。孔子以前，圣君贤相之相传，实即代表治统不离道统，早已是一种"民主"精神。秦、汉以下，天子为王室之主，宰相为政府之主。君位世袭，由氏族观念来。而政府中之相权，实即代表社会之"民权"。君不必圣，而相则必贤。梨洲《待访录》深斥明祖废相为中国政统有失道统意义之最大一关键，乃一针见血之论。

梨洲《待访录》又有《学校篇》，主张学校当为政统中公议之发源地。此一层，亦汉、唐以下诸儒所未发，而其论则从明代之东林来。

今再进一层言之。学校为立国百年大计，其最高权能，应尤在政府之上来领导政府；不应尽在政府下，受政府之统制。又学校为考试之本，而考试则为政府用人之本。政府成员来自考试，考试内容则定于学校之理想。

宋代有胡安定创兴之书院，王荆公更新考试，此种精神，至朱子之定为四书，元代之更新科举制度，而后教育为考试大本之理想，乃有开始实现之端倪。

晚清变法，依康有为主张，先废科举。而孙中山先生五权宪法中，又特设有考试权。其深识远见，超出于康氏者难以量计。

故政府用人之本在考试，而考试之本则在学校。学校在野，为学统道统之养育发源地。而考试则在上，为选贤用能之惟一根据。

唐代之中书省，如今之立法院；门下省，如今之监察院；尚书者，如今之行政院。合此三院，乃成一相位，而全部政府任务实已由此而定，此当最可取法者。

（九）中国则必有"统"，血统本之"自然"，政统出于"人文"，而道统则"一天人，合内外"。由多数中演出少数，又由少数中演出更少数，而其更少数，又必回归于大多数之同然以为定。

故中国人重少数，而少数必宗于"道"，而此道又必传于"师教"。孔子为至圣先师，乃为全中国人两千五百年来所崇仰之惟一人物，为其它人所不可及。

依中山先生之三民主义，首重"民族主义"。依中山先生之五权宪法，必尊"考试制度"。又依中山先生军政、训政、宪政之三阶段，于全国平定后，实行训政，则应重"学校"。道统必在正统之上，而少数则必从多数中来。权力非所重,"道义"乃其本。庶亦有合于现代民主政治之大潮流、大趋势,而不失为中国文化演进之第四进程矣。

即以中山先生之在广州组成革命政府,然仍赴北平与段祺瑞、张作霖言和,盖亦以政治理想非一蹴可几,故主政则必崇道。主让不主争。中山先生之北上言和,亦有孔子"不党无争"之意。如其辛亥革命之让位于袁世凯,言教不如身教,中山先生乃得为现代中国政治界理想一完人、一表率。"行道"尤重于主政,即中山先生一生之表现而见矣。岂必掌握政权,乃始得为行道之张本乎?民族文化传统固如是,中山先生之躬行实践亦如是。"天生德于予",中山先生其亦无愧矣。中国此下之希望,则终系于中山先生所倡之道,岂不昭然乎?

若必一依西方,专以多数为重,必以分党竞选为民主政治之正规,则亦当分教会与学校于治统之外,政教分离,庶可稍减其病痛之大。否则政权乃为社会大众惟一崇奉之对象,政统超乎道统之上,恐中山先生生平提倡革命,身为党魁,亦断无此意想。

春,《近思录随札》,刊于《故宫季刊》十七卷三期。案本文后收入《宋代理学三书随札》,见联经《全集》第十册。摘要略。

二月十二日,《论当前国人之忧患意识》,刊于《中央日报》;又刊于《中央月刊》十五卷四期。收入联经《全集》第四十三册及素书楼文教基金会·兰台出版社《历史与文化论丛》页三〇七~三一三。摘要略。

四月十一日,《中国文化演进之三大阶程及其未来之演进》,刊于《香港时报》;又刊于六月《文艺复兴》一百四十三期。收入联经《全集》第三十七册及同前出版社《文化学大义》页一三七~一五五。摘要略。

五月,《论政治思想与传统文化的关系——答香港明报月刊问》,刊于香港《明报月刊》十八卷五期。收入联经《全集》第二十三册及同前出版社《论丛》(九)页二二二~二二七。摘要略。

夏，《中庸与易简》，刊于《故宫季刊》十七卷四期。收入联经《全集》第四十八册及同前出版社《晚学盲言》上篇页一六五～一七八。摘要略。

夏，撰《中国文学论丛》之《再序》。收入联经《全集》第四十五册及同前出版社该书页三～四。文中有云：

自念幼嗜文学，得一诗文，往往手钞口诵，往复烂熟而不已。然民国初兴，"新文学运动"骤起，诋毁旧文学，提倡新文学，甚嚣尘上，成为一时之风气。而余所宿嗜，乃为一世鄙斥反抗之对象。余虽酷嗜不衰，然亦仅自怡悦，闭户自珍，未能有所树立，有所表达，以与世相抗衡。

但亦仅以如此，乃能粗涉四库，稍通经史；凡余之于中国古人略有所知，中国古籍略有所窥，则亦惟以自幼一片爱好文学之心情，为其入门之阶梯，如是而已。

今年已老，双目模糊，书籍文字，久不入眼。前所诵记，遗忘亦尽。学无成就，亦惟往年爱好之一番回忆而已。重编此书，惭汗何极。

夏，撰《宋代理学三书随札》之《序》。文中有云：

余自八十后，双目模糊，已不能再读书，但亦不忘时有所撰述。一九八一年之秋，迄于一九八二年之夏，为文化大学史学研究所诸生开讲周濂溪《易通书》及朱子、吕东莱所合编之《近思录》。随讲随作札记。又元代刘因所编《朱子四书集义精要》一书，字体大，略能诵读，亦写为札记。合编为《理学三书随札》。于余旧撰《宋明理学概述》，及所收入《中国学术思想史论丛》中自宋以下有关理学诸篇，以及《朱子新学案》一书，或有重复义，或有新出义，读者合而观之，亦可见余对理学见解之一斑。

六月十八、十九日，《再论中国小说戏剧中之中国心情》，刊于《中华日报》。收入联经《全集》第四十五册及素书楼文教基金会·兰台出版社《中国文学论丛》页一八四～一九四。大意谓：

中国人知常亦知变，有变始有常，有常必有变。惟常曰"大常"，变曰"小变"。积变成常，斯亦可矣。变而失常，则为中国人所不喜。男女之爱必多变，夫妇之爱乃有常。然夫妇之爱亦不能无变。如春秋时楚灭息，楚子强纳息夫人为后，息夫人不能拒，而夫妇间三年不言，古今贤之。又如王昭君，以一荆楚乡女进入汉宫，未蒙知宠，愤而请嫁匈奴，一跃而为一国之后。然而离乡去国，昭君心下如何？宋代欧阳修、王安石相继为诗哀之，清代乃有《昭君出塞》一剧。欧、王深具民族感，清代人亦同具此感，故诗与剧中之表达昭君哀怨，实具深教。苟仅以中国文学为一种艺术，亦复失之。三国初，蔡文姬归汉，有《胡笳十八拍》，昭君当年心情，亦约略可想。要之，中国诗文小说剧本，主要皆在传一心。此心虽亦一人一时之心，而必为万世大众正常之心。其中纵有变，而不失一常。中国文学之可贵乃在此。若如《水浒传》，潘金莲、西门庆之事，此乃描述武松兄弟之爱，侠义之行，而以此丑事为烘托。潘金莲既不足道，西门庆亦为人所不齿，岂有意写此传世？《金瓶梅》之不成中国文学，亦不烦多言，而早有其定论矣。

蒲留仙《聊斋志异》，男女私情，缠绵悱恻，则多归之于狐狸精。其情足贵，其事则非人世所有。要言之，中国人非不懂男女之爱，亦非无情于此种爱，而忧深虑远，乃觉人生大事尚有远超于此以上者。果使过分重视此等事，则终不免为人世多造悲剧。试看曹雪芹《红楼梦》，贾宝玉、林黛玉、十二金钗，大观园之一幕，岂不昭然若揭？惟待西化东渐，人心变而高捧此红楼一梦，认为如此境界，始是人生。而中国文化之传统理想，则尽抛脑后。亦惜更无高文妙笔以挽转此厄运。然而《红楼》故事之制为剧本，演之舞台，则尤二姐、尤三姐之刺激感动，乃更有胜于黛玉之葬花、晴雯之撕扇补裘之上。可见人心终难骤变。此中消息，宜可深省矣。

夫妇转为父母，于是父母子女转生另一种爱。此乃人类爱情一极自然之转进。人生有男女，有长幼，此为人类群居最大两差别。中国人极重家，把此男女、长幼两差别结成为夫妇、父子两伦。而人类群居之道，于异中得同，于同中得异，亦即于一家中可加体会，可加推扩，而深得其情趣之大本大源之所在矣。

余又爱观《四郎探母》及《王宝钏》两剧。《探母》剧中杨四郎有夫妇之爱，有母子之爱，有兄弟姐妹之爱，有叔侄之爱。凡所接触，人与人之间，又莫不有一分爱，而情形则错综复杂。又加以异民族两国军事之争。杨四郎之处此剧变，其言行得失，不可以一概论。要之，全剧以一"爱"字贯彻，观剧者可自得之。王宝钏一剧亦然。同在异国异民族间，同有军事斗争，同是一夫两妻，有家庭纠纷，同样涉及前一代、后一代之种种复杂情况，处身其间，是非得失亦难详论。然而亦同有一"爱"字贯彻。人生岂不亦可以一"爱"字尽之。实则全中国，全社会，全部历史，全部文学，莫不以一爱字贯彻其间，惟不专于一男女之爱；此则吾今日国人所叹以为不如西方之一要端矣。

七月，《忆锡予》，刊于北京《中国哲学史研究》总第十二期；又收载北大出版社《燕园论学集》。收入联经《全集》第二十三册及同前出版社《中国学术思想史论丛》（九）页一九八～二〇三。改题名为《忆汤锡予先生》。摘要如下：

余与锡予交，其时已成《先秦诸子系年》，方为《近三百年学术史》。锡予告余，"君好藏《竹书纪年》，古今异本几尽搜罗，予窃慕之。愿藏《高僧传》，遇异本必购取。"其日常随身亦必携一本《高僧传》，累年如是。则佛、法、僧三宝，锡予所慕，最在"僧"之一宝；即此一端可以想见其为人为学之大要矣。"人能弘道，非道弘人"，当由僧侣来宏扬佛法，非可以佛法来宏扬僧侣。锡予之为人为学，则非欲以僧侣来宏扬佛法者，实乃以中国人来宏扬中国传统之道。此则读锡予书者不可不知也。

七月，《中西宗教比较》，刊于《东方杂志》十七卷一期。收入联经《全集》第二十五册及同前出版社《现代中国学术论衡》页一～二一。改题名《略论中国宗教》。摘要略。

八月二十三日，《略论中国音乐》（一），刊于《中华日报》。收入同前页二六三。摘要略。

八月三十日，《略论中国音乐》（二），刊于《中华日报》。收入同前书页二七二。摘要略。

秋，《道与理》，刊于《故宫学术季刊》一卷一期。收入联经《全集》第四十八册及同前出版社《晚学盲言》上篇页一四八～一六四。摘要略。

九月，《略论中国哲学》，刊于《东方杂志》十七卷三期。收入联经《全集》第二十五册及同前出版社《现代中国学术论衡》页二二。摘要略。

九月三十日，《略论中国音乐》（三），刊于《中华日报》。收入同前书页二七九。改题名《略论中国音乐》。摘要略。

十月，《宋代理学三书随札》，初由台北东大图书公司刊行。一九九八年收入联经《全集》第十册。二〇〇一年素书楼文教基金会·兰台出版社整理新版重印。摘要略。

十月十二日，《略论中国音乐》（四），刊于《中华日报》。收入联经《全集》第二十五册及同前出版社《现代中国学术论衡》页二八八。改题名《略论中国音乐》。摘要略。

冬，《灵魂与德性》，刊于《故宫学术季刊》一卷二期。收入联经《全集》第四十八册及同前出版社《晚学盲言》上篇页二二六。摘要略。

冬，撰《现代中国学术论衡序》，收入联经《全集》第二十五册及同前出版社该书页五。其文云：

文化异，斯学术亦异。中国重"和合"，西方重"分别"。民国以来，中国学术界分门别类，务为专家，与中国传统通人、通儒之学大相违异。循至返读古籍，格不相入。此其影响将来学术之发展实大，不可不加以讨论。

晚清之末，中国有两大学人，一康有为，一章炳麟。其时已西化东渐，而两人成学皆在国内，未出国门一步。故其学皆承旧传统。康氏主今文经学，章氏则主古文经学。而世风已变，两人虽同治经学，其崇儒尊孔之意实不纯，皆欲旁通释氏以为变。康氏著有《新学伪经考》、《孔子改制考》，并自号长素，其意已欲凌驾孔子。其为《大同书》，虽据《小戴礼记·礼运篇》"大同"一语为号召，但其书内容多采释氏。惟康氏早已致力实际政治，谋求变法维新，故其宏扬释氏者并不显。章氏以为文排满下狱，在狱中读释氏书，即一意尊释，而排满之意则无变。自号太炎，乃尊顾炎武之不仕清廷，而亦显有凌驾顾氏之意。此下著书，皆崇释抑儒，孔子地位远在释迦之下。如其著《国故论衡》，一切中国旧传统只以"国故"二字括净。"论衡"则仅主批评，不如阐申。故曰："中国有一王充，乃可无耻。"其鄙斥传统之意，则更昭之矣。惟其书文字艰拗，故其风亦不扬。

章氏去日本，从学者甚众，然皆务专门，鲜通学。惟黄侃一人，最为章氏门人所敬，则以其犹守通学旧轨。康氏门人少，惟梁启超任公一人，早年曾去湘，故亦受湘学影响，如尊湘乡曾氏。先创《新民丛报》，后改为《国风报》。创刊辞中大意谓，国风相异，英、法皆然，中国亦当然。其识卓矣。后为《欧洲战役史论》，叙述当时欧洲第一次世界大战之来源，提纲挈领，要言不烦。如任公，实当为一史学巨擘。惜其一遵师旨从事变法维新之政治活动，未能专心为学，遂亦未臻于大成。

及第一次欧洲战役既毕，任公游欧归来，草为《欧游心影录》一书。大意谓，欧洲文化流弊已显，中国文化再当宣扬。其见解已远超其师康有为游欧归来所草《十三国游记》之上，而亦与太炎大不同。惜任公为学，未精未纯，又不寿，年未六十即辞世，此诚大可惋悼矣。

与梁任公同在北平讲学者有王国维静安。先治西学，提倡《红楼梦》。新文学运动受其影响甚大。然静安终以专治国故，名震一世。当时竞治殷墟龟甲文，而国维教学者，应先通许氏《说文》为基础。可谓当矣。惜静安亦不寿，先任公而卒，亦大堪惋悼。

胡适之早年游学美国，归而任教于北京大学，时任公、静安亦同在北平。适之以后生晚学，新归国，即克与任公、静安鼎足并峙。抑且其名乃渐超任公、静安而上之。盖自道、咸以来，内忧外患，纷起迭乘，国人思变心切，旧学日遭怀疑，群盼西化，能资拯救。任公以旧学加入新思想，虽承其师康氏，而所学实有变。适之则径依西学来讲国故，大体则有采放太炎之《国故论衡》。惟适之不尊释。其主西化，亦不尊耶。而其讥评国故，则激昂有更超太炎之上者。独静安于时局政事远离，而曾为宣统师，乃至以留辫投湖自尽。故三人中，适之乃独为一时想望所归。而新文化运动乃竟掩胁尘嚣，无与抗衡。风气之变，亦诚有难言者。

旧学宏博，既需会通，又求切合时宜，其事不易。寻瑕索疵，漫肆批评，则不难。适之又提倡新文学、白话文，可以脱离旧学大传统，不经勤学，即成专家。谁不愿踊跃以赴。其门弟子顾颉刚，承康氏"托古改制"义，唱为疑古，著《古史辨》一书，尤不胫而走，驰誉海内外，与适之齐名。同时有冯友兰芝生，继适之《中国哲学史》首册之后，续为《中国哲学史》一书，书中多采任公诸人批驳胡氏意，其书亦与适之书同负盛名。对日抗战时，余与芝生同在湘之南岳，以新撰《新理学》手稿示余，嘱参加意见。余告以君书批评朱子，不当专限"理气"一问题。朱子论"心性"，亦当注意。又具论"鬼神"，与西方宗教科学均有关，似亦宜涉及。芝生依余意，增《鬼神》一篇。并告余，朱子论心性，无甚深意，故不再及。并在西南联大作讲演，谓彼治哲学，乃为神学。余治史学，则为鬼学。专家学者，率置其专学以外于不论，否则必加轻鄙，惟重己学有如此。于是文学、史学、哲学，及考古发掘龟甲文等各项专门之学，一时风起云涌，实可谓皆自新文化运动启之。

但适之提倡新文化运动，其意不在提倡专门，凡属中国旧学，逐一加以批评，无一人一书足资敬佩。亦曾提倡崔东壁，然亦仅撰文半篇，未遑详阐。适之晚年在台湾出席夏威夷召开之世界哲学会议，会中请中、日、印三国学人各介绍其本国之哲学。日、印两国出席人，皆分别介绍。独适之宣讲杜威哲学，于中国方面一字不提。则适之所主持之新文化运动，实为批评中国旧文化，为新文化运动作准备。当时有唱"全盘西化"之说者。而适之仅提倡"赛先生"科学与"德先生"民主两项。于宗教则避而不谈，又主哲学关门。适之有"大胆假设、小心求证"一语。其所假设者，似仅为打倒孔家店，中国旧文化要不得。一意广泛批评，即其小心求证矣。至"民主"、"科学"两项，究当作何具体之开创与设施，则初未之及。亦别有人较适之更作大胆假设者，如线装书扔毛厕，废止汉字，改为罗马字拼音等。又如陈独秀之主张共产主义。适之对此诸端，则并无明白之反对。要之，重在除旧，至于如何布新，则实未深及。

不幸而日本东侵，又继之毛政权上台。政府播迁来台，而一切情势大变。台湾惟科学、民主两项仍在提倡。而中国旧文化、旧传统、旧学术，则已扫地而尽。治学则务为专家，惟求西化。中国古书，仅以新式眼光偶作参考翻阅之用，再不求融通体会，亦无再批评之必要。则民初以来之新文化运动，亦可谓已告一段落。

继此当有一大问题出现。试问此五千年抟成之一中华大民族，此下当何由而维系于不坏？若谓民族当由国家来维系，此国家则又从何而建立？若谓此一国家不建立于民族精神，而惟建立于民主自由。所谓"民"，则仅是一国家之公民，政府在上，民在下，无民族精神可言，则试问西方国家之建立其亦然乎？抑否乎？此一问题宜当先究。

又所谓分门别类之专家学，是否当尽弃五千年来民族传统之一切学问于不顾？如有人谓，非先通康德，即无以知朱子。但朱子之为学途径与其主要理想，又何尝从先知康德来。必先西方，乃有中国，全盘西化已成时代之风气，其它则尚何言。

早于治朱子必先通康德之说之前，已有人主张不通西洋史即无以治中国史。于是"帝王专制"与"封建社会"之两语，乃成为中国史之主要纲领。又如谓非取法西方文学，即无以建立中国之新文学。于是男女恋爱、武力打斗，乃为现代中国新文学必所共有之两项目。以此而言，一切学术，除旧则除中国，开新则开西方。有西方，无中国，今日国人之所谓现代化，亦如是而止矣。

余曾著《中国学术通义》一书，就经、史、子、集四部，求其会通和合。今继前书续撰此编，一遵当前各门新学术，分门别类，加以研讨。非谓不当有此各项学问，乃必回就中国以往之旧，主"通"不主"别"。求为一专家，不如求为一"通人"。比较异同，乃可批评得失。否则惟分新旧，惟分中西，惟中为旧，惟西为新，惟破旧趋新之当务，则窃恐其言有不如是之易者。

此编姑分宗教、哲学、科学、心理学、史学、考古学、教育学、政治学、社会学、文学、艺术、音乐为十二目。其名称或中国所旧有，或传译而新增。粗就余所略窥于旧籍者，以见中西新旧有其异，亦有其同，仍可会通求之。区区之意，则待国人贤达之衡定。

十二月二十七至二十九日，《略论中国艺术》，刊于《中华日报》。收入联经《全集》第二十五册及同前出版社《现代中国学术论衡》页二四六。摘要略。

冬，撰《中国历史精神》，此文为阳明山庄专题研究教材所写。收入联经《全集》第三十二册及同前出版社《中国史学发微》页一〇六～一四二。文前"提要"中有云：

中国自古乃一宗法社会，由"亲亲而尊尊"，乃有封建政治。故由社会大群形成政府，而政府民众上下可如一家。西方自古乃一工商社会，向外市场活动，其重要性尤胜过于其向内之乡土安居。故西方如古希腊，有城邦，无国家。罗马则向外扩展成为一帝国，乃由政府来控制社会大群，非由社会大群来形成政府。故其上下间，有尊而无亲。

亲亲尊尊，人贵能"尚贤"。中国古代，由宗法社会演进而成四民社会，"士"之一流品高居农、工、商之上。又演进而为士人政府，则已由封建统一转而为郡县统一。除君位世袭外，宗法在政治上之地位已不重要。而社会中又渐有门第兴起，此乃由士族宗法所形成。魏晋下分为南北朝，南朝乃由士族门第来操纵政府，北朝政府则由胡族与中国之士族门第合力组成。直至隋唐推行考试制度，门第之势力又渐衰，然士阶层之势力则更盛。

下至宋代，儒家张横渠言："为天地立心，为生民立命，为往圣继绝学，为万世开太平。"此见中国士人在历史上之至高之地位与其至大之任务。元、清以异族入主，政府变于上，而社会则安于下。社会不变，斯政治传统亦不能大变。社会则依然一四民社会，政府亦依□一士人政府。故清儒顾亭林言："国家兴亡，肉食者谋之。天下兴亡，匹夫有责。"其所谓"国家"，即指政治组织言。其所谓"天下"，即指社会结构言。而中国士人之思想学术一项，逐更占重要之地位。惟其主要则仍重其人内在之"德性"，而非外在之权位。

故中国历史，士人德性远重于权位。"德性修养"为人品高下分别一最高标准。性、道合一，事业纵败于一时，而其传统影响，则终大成于千古。德性列下品，则事业纵荣于一时，亦必贻身后以耻辱。事业成败见于历史之记载，而德性高下则属个人内心之修养。中国古人言立德、立功、立言为"三不朽"，又其贤而有德者亦多必有言。故中国之士主在立德，次之在立言，而其立功不仅在己，又赖于外在之机会，惟其立德、立言之功，则可长垂于历史，永传于后世。

中国历史重人品，德性为上，才能为下。才能低，德性无缺，亦为完人。才能高，而德性有缺，则为奸为邪，为非人。其事业则为罪恶，财力权势更所不计。一国之经济武装，皆一本于人道。平安和睦为人生一大理想，而富强则非所求。此始为中国之历史精神。

冬，撰《中国文化特质》，为阳明山庄专题研究教材所写。收入同前书页一四三～一八三。文前"提要"中有云：

文化即人生，人生有其长成之过程。在此过程中，时时"变"者为"生活"。而有其一不变者贯注其中，此之谓"常"，乃"生命"。惟生命有长有成，乃生活之目的。而生活则仅为生命长成之手段。

此一不变者，中国人谓之"性"。此一过程与其终极目标，中国人谓之"道"。"性、道合一"乃为中国人生最高理想，亦中国文化一最大特质。

"性"为个人小体生命所各别具有，"道"则人群大生命之共同趋向，由此以成其悠久广大之大生命。

性之合于道者谓之"德"。德具于内，不待外求。食、衣、住、行物质生活，皆须赖于外。苟求之外而忘其内，丧其德，有生活，无生命。生活日变，在今日而已忘其昨日，亦将不知有明日，此之谓"无常"。无常则是人生一大苦痛。生活不能日新又新，而生命能之。生活不能进步无疆，而生命能之。生活只有变，而生命则有常。

生活赖于外，而生命则成于己。生活人相异，而生命则群相同。生活无大小,而生命则有大小之别。生活不能脱离自然,而生命则乃融成人文。中国人言人生,则曰"性命"。此之谓"一天人,合内外"。

中国人在生活中表现其生命者为"礼"。"礼"在外,属人文。"仁"在内,属天性,亦即属自然。由天性自然之仁,演化出人文行为之礼。社会结构,政治组织,皆本于仁而立于礼。

生活维持为手段,生命成长为目的。"知"为手段,"行"为目的。中国人则必言"知行合一",或言"知易行难",或言"知难行易",行以生其知,知以成其行。

孔子仁礼并言,又仁智并言。仁属行,智属知。违于仁为不智,戾于行为无知。故中国人言"德行"。又言"学问"。学与问皆属行。行有常,在外为道,在内成德。

生活是可分别的,生命则是共同和合的。由共同和合的大生命中演化出小生命,非由分别的小生命中可凑合为大生命。大生命属天,属自然。人是小生命,乃有生活。

生活必多欲,生命则多情。欲必向外争取,情亦向外而求和合。中国人生大道有"五伦",皆本于情,非本于欲。中国文化最重人情,但不重物欲。欲当知足,情无止境。道由情来,不由欲来。日新又新,日进无疆,乃指德言。德亦主情不主欲。多欲即缺德。近代科学进步,乃以供人欲,非以养人情。情愈薄而世愈乱。中国古人早以为戒。

道见于群,德本于己。中国人尚德,为己即以为人。西方人尚欲,欲必求于外,取于外,于是乃为人而失己。虽主个人主义,而成唯物史观;物为主,人为奴。其实人已物化,更何己之有。今人又好分言物质人生与精神人生。其实此心多欲,亦是一种精神状态。惟中国古人言"精神",则此心之物欲减之又减,达于至精,乃得通神。此乃中国文化一最高境界,亦非今人所谓之精神。

中国人重德不重业,尊品不尊位。尽在抽象虚无处着想,不在具体实有处用力。遂建其道义共通之大,而避免了功利分割之小。中国乃成为五千年广土众民大一统之民族国家。而此即为中国文化一特质。

天地和合是一大生命,道是生命进程。在其进程中,演化出人类小生命。在人类生命中,又演化出中国人。所以说:"中国一人,天下一家。"在中国人中，又演化出各别小我个人来。在各别之生命中，明道、行道、传道，即由其小生命来明得此大生命而行之传之，使每一小生命各自获得其大生命。

宋儒张横渠言："为天地立心，为生民立命，为往圣继绝学，为万世开太平。"即此义。中国文化特质亦此义，无他旨。

一九八四年　甲子　九十岁

一　国内大事

五月二十日，蒋经国、李登辉就任"中华民国"第七任"总统"、"副总统"。

六月二十三日，中华人民共和国国家主席邓小平提出"一个国家，两种制度"，简称"一国两制"。

二　事略

先生获颁"行政院"文化奖章。

七月，偕夫人赴港，在港门人为先生庆祝九十寿辰。大陆四子女与嫡孙亦来香港新亚书院聚会贺寿。

三　著述

春，《中国史学略论》，刊于《故宫学术季刊》一卷三期。收入联经《全集》第二十五册及素书楼文教基金会·兰台出版社《现代中国学术论衡》页九九。改题名《略论中国史学》。摘要略。

一月，撰《中山先生之三民主义与民族文化》。收入联经《全集》第二十三册及同前出版社《中国学术思想史论丛》（十）页二〇~二六。大意谓：

西方人主"国为民有"，则其国事自当由其民来处理。故林肯解放黑奴，亦使黑人平等有选举权，迄今乃有黑人出而竞选总统者。中国人言政治则重"道"不重"权"，故常言"治道"、不言"治权"。中山先生之"民权"二字，乃采自西方，但中山先生明言："权在民，而能在政。"

中国传统主张"贤能政治",不主张"多数政治"。贤能始得明治道来代表多数,而多数则并不能明治道来选出贤能。果能选出贤能,亦不当再由多数来加以监视。故中山先生之所谓民权,实即中国传统"国以民为本"之义,与西方之昌言"民治"有不同。

中山先生之"知难行易"论,分人为"先知先觉"、"后知后觉"、"不知不觉"三等。芸芸者氓,则应在不知不觉之列,当受领导、受照顾,而无领导人、照顾人之能;岂有所谓"民治"乎?即言"选贤与能",亦属中国人理论。西方则主张人人平等,惟有少数服从多数。政治领袖则称为人民之"公仆",不言贤能。中西文化传统不同,斯言论思想亦不同。若心论多数,则中华民族最占世界人口之最多数。今国人又只敢言"国",不敢言"天下"。只求中国服从西方,更不敢从天下言多、少数,主张西方应服从中国。而又何"民治"之云?

一月,《中国儒家思想对世界人类新文化所应有的贡献》,刊于《自由青年》七十一卷四期。收入联经《全集》第四十三册及同前出版社《世界局势与中国文化》页一五八~一六六。摘要略。

一月,《略论中国文学》,刊于《东方杂志》十七卷七期。收入联经《全集》第二十五册及同前出版社《现代中国学术论衡》页二三四。摘要略。

三月三日、四日,《略论中国心理学》,刊于《中华日报》。收入同前书页六六。摘要略。

四月,撰《蒋经国总统李登辉副总统就职庆典献言》。收入联经《全集》第二十三册及同前出版社《中国学术思想史论丛》(十)页二二八~二三七。摘要略。

夏,撰《中国教育思想史大纲》。收入联经《全集》第三十二册及同前出版社《中国史学发微》页二二九~二七〇。摘要如下:

案中国之教育思想本与学术发展互为表里，故先生此文纵论中国古今教育思想，提纲挈领，亦不啻一部中国学术史大纲。

先生认为："传统最大称儒家。孔子为春秋末最大一儒。一部中国史，乃一部中国人文化成史，亦即一部中国文化史，亦即一部中国儒学精神史。

"中国圣学，乃为人之学，即作为一理想模范人之学。故为人之学即尽性知命之学。中国儒家讲为己之学可分四大步骤：一修身，二齐家，三治国，四平天下。修、齐、治、平，一以贯之，则为儒学精神。

"中国文化有两大特点，与西洋文化不同处：一在其重视'史学'，一在其重视'教育学'。而皆自孔子创发之。孔子春秋重视人事褒贬，此即历史学与教育之相通处。中国史学，指点出治国平天下之人群大道来。中国教育，则从此大道中来培植其领导人才，为其最高目标。故在中国文化体系中，道统更高于治统，而师道亦更高于君道。"

先生特别推重宋代之学风，认为："宋代儒学大兴。书院讲学之风，师道之兴，乃更为此下中国儒学史上最大一特点。两汉经学不啻乃言教。魏晋南北朝门第教育限于家庭。唐代可谓无师道。宋儒之尊师道，则尤较战国为胜。故汉儒为经师，宋儒为人师，宋儒影响深入于全社会、全人生，其于中国民族之文化传统贡献为尤大。

"蒙古入主，元代兴起，而儒学又大变。主要者在为儒则不务仕进，而务于书院讲学。元代又定制，全国设书院。地方官上任，其首先第一事，即为赴书院听讲。故元代中国，政亡于上，学存于下，为中国历史上一奇迹，亦为中国文化传统精神一特色。

"王阳明谪居贵州龙场驿，发明'良知'学说，为中国学术史上绝大一佳话，然儒学自孔孟以来，修身、齐家、治国、平天下，其道主上流，不主下流；其学皆有出有处，有进有退。王学乃一主下流，不主上流；在野不在朝，有处不出，有退不进。乃有儒、释、道三教合一之说。'学术'与'政治'划成两截，不仅在儒学中为一大变，即就战国诸子百家言，亦成为一大变。教育之风遂亦因而大变。"

论及近代，先生认为清末之康有为、章太炎，此岂得谓有当于中国之文化传统。故清代之亡，中国实无儒，亦无学。乃以派赴英美留学生代其缺,而胡适则为之魁首。乃有"新文化运动"之兴起。新文化运动之对中国旧传统,则有"疑古运动"。其对西化,则曰赛先生、德先生,曰"科学",曰"民主",乃为新潮流之两大目标。同时又有反英美民主政治者出现,改遵马克思、苏维埃之共产主义。陈独秀唱于前,毛泽东继起后。凡不能出国留学者,除旧则从事"疑古",开新则为"共产革命"。

中华民国之建立,乃始于孙中山先生之"辛亥革命"。中山先生尽瘁于政治活动,非于传统学术能作深入之研究,但其心情则极深关切于传统。晚年唱为"三民主义",首则为民族主义。又创为"五权宪法",于西方民主政治立法、司法、行政三权外,又加以考试、监察两权。欲以考试权代替选举权,以学术来代表民意。其用心乃独出于同时诸学人之上。

近人言民主,则尽为英美式之民主。尊意见,不尊学术。言科学,则为自由资本主义社会下生活所需之一种手段。故当前之一切向往,实无以超出于民初之新文化运动。所谓"现代化",实主以现代中国化于英美,非求中国人文之自化。中山先生之冥心独会,则非近代国人之所能共喻而共晓。

今日国人,欲明三民主义,先当明其主脑为首之民族主义。欲明民族主义,先当明吾侪之同为一中国人,同为从事于当前中国政治与社会之革新运动,以重振吾民族之传统文化。欲明吾中华民族之传统文化,则儒学为其中心。而孔子为集儒学大成之至圣先师。

八月二日,《新亚与雅礼合作三十周年庆祝酒会致辞》。收入联经《全集》第五十册《新亚遗铎》。摘要略。

十一月,《整体与部分续篇》,刊于《东方杂志》十八卷五期。收入联经《全集》第四十八册及素书楼文教基金会·兰台出版社《晚学盲言》上篇页一。摘要略。

十一月十二日,《孙中山先生诞辰谈中华文化复兴》,刊于《台湾日报》。收入联经《全集》第二十三册及同前出版社《中国学术思想史论丛》（十）页二七。摘要略。

十二月，《现代中国学术论衡》，由台北东大图书公司刊行。一九九八年至二〇〇一年先后收入联经《全集》第二十五册及同前出版社整理新版重印。案本书计分十二目，都二十六篇。《略论中国宗教》两篇、《略论中国哲学》两篇、《略论中国科学》两篇、《略论中国心理学》两篇、《略论中国史学》四篇、《略论中国考古学》一篇、《略论中国教育学》三篇、《略论中国政治学》两篇、《略论中国社会学》两篇、《略论中国文学》一篇、《略论中国艺术》一篇、《略论中国音乐》四篇。兹撮要如下：

略论中国科学

中西科学有不同。中国科学乃人文的，生命的，有机的，活而软。西方科学乃物质的，机械的，无机的，死而硬。有巢氏构木为巢，燧人氏钻木取火，建筑、烹饪长期发展，亦人文，亦艺术，但不得谓之非科学。自房屋建筑，进而有园亭，有山林名胜，有河渠桥梁，深发自然风情之结构，通中国精美绝伦者到处有之，谓非有一种科学精神贯彻其中，又乌克臻此。但在中国学术界，无独立科学一名称，亦曰"人文化成"而已。故在中国，乃由人文发展出科学。在西方，则由科学演出为人文。本末源流，先后轻重之间，有其不大同。

烹饪为中国极高一艺术，举世莫匹。但烹饪中亦自有科学。即论茶之一项，自唐以来千数百年，其种植、其剪采、其制造、其烹煮，又如茶炉、茶壶、茶杯种种之配备，以及各地泉水之审别，茶品之演进，与夫饮茶方法之改变，饮茶场所之日扩日新，苟写一部中国饮茶史，亦即中国社会史、人文史中重要一项目。其处处寓有科学方法贯彻其内，则亦可谓与中国科学史有关。

神农尝百草，为中国医学之开始。中国医学之对象，为人之整体、一全生命。西方近代医学则必自尸体解剖入门，其视人身亦如一机械。各器官则如机器中各零件，医学即修理此各零件，而似乎忽视了整体生命一认识。西方医学亦知有血脉，但无"气"之一观念。人之一切知觉记忆，则在人身之脑部，而无中国"心"之一观念。中国人所谓心，非指胸口之心房，亦非指头上之脑部，而所指乃人之整体全生命之活动。此观念亦为西方人所无。

依中国人观念言，一身之内，气属形而下，心属形而上，此则仍是一种人文观。若就自然方面观，以宇宙整体言之，则气属形而上，心应属形而下。此则中国医学可通于西方之哲学神学，而与西方医学转有不同。司马迁言"明天人之际"。人身为一整体全生命，此属小生命。宇宙亦为一整体全生命，则属大生命。故中国医学属生命的，即犹谓中国科学乃生命的。而西方科学则显属非生命的，此则中西科学之大异处。

中国医学主要在切脉，方寸之脉之跳动，即可测知其全身，而病况由以见。西方人诊病则必分别人身各部位各器官而加以判定。故中国医学乃生命的、有机的，而西方医学则属机械的、无机的。

中国医学之用药亦主有机的。神农尝百草，百草亦各有其生命，生命可与生命相通，故用草为药可以治人病。西方人视人身如一机器，属无机的，故其用药亦用无机的，由化学制成。此"有机""无机"一分别，依中国人观念言，可谓科学亦当本源于哲学，但西方则分别为两种学问。中国乃无独立之科学，亦无独立之哲学，一切知识贵能会通和合，乃始成其为学问。

中国人又有静坐、养气、养神，以延年益寿之术。养神节养其心，心亦即是神。西方人则惟知运动健身，不知静坐养神，此又观念不同而方法亦随之不同之一例。中国人又能在静坐中预知外面事，如宾客远道来访，未到门，而坐者早知之。此事古今皆有，但既非科学，亦非哲学，今人则称之谓神秘。惟生命既可与生命相通，则预知宾客来访，亦非神秘。但中国人则认为非人文要道所寄，故虽有其事，惟任其偶而有此发现，置不深究。

人之心神既可与远道宾客相交接，乃亦可与死者心神相交接。死生界限，迄今仍难定。又如客死他乡，其生命机能或未骤绝。中国有"辰州符"，念咒焚符，使死者随其步行，历数日数百里之遥，抵达死者家门，乃始倒地不起。此事极神秘，但非人文要道，中国人乃亦置不深究。

但论其始，必有人先通此术，乃以传人。其如何得通此术，倘详述经过，亦一绝大科学问题，不得谓之乃神怪。

中国方士神仙长生之术，发明有铅汞配合之方，流入西方，遂有今日之化学。

中国人发明火药，已知用炮，流入西方，遂有近代西方枪炮火器之开始。明初三保太监郑和下西洋，先西方人直达非洲。西方之有远洋航行，亦自中国指南针之传入。可谓近代西方之殖民政策帝国主义，则胥得中国科学之翼助。然在中国则止而不前。可以富、可以强，而中国人乃终认其为于人生大道利少而害多，乃不更进一步加以运用，以成如近代西方富强所赖之科学。此岂诚是中国人之愚而无知，抑故步自封，守旧好古，而不求进步之谓乎？此非会通全部中国史，深知其文化传统之神通妙用所在，则无以释之矣。

略论中国心理学

中国人言心，则既不在胸部，亦不在头部，乃指全身生活之和合会通处，乃一抽象名词。西方人言心，指其分别隔离处言，故在西方心理学中，情非其要。西方哲学根本不言情。心与心各别分离，故亦不言爱。其言爱，仅两处。一曰男女之爱，又一则爱上帝。上帝爱万物，乃以上帝之心爱及万物。即父母，亦推上帝之爱爱之，非己心直接之爱。除此各别心理外，乃有群众心理，与变态心理。实则变态心理乃是一种病态心理。中国人言及人生大道必本于心，此等心应属"理想心"。孔孟儒家、庄老道家莫不皆然。宋明理学家中陆、王特称为"心学"，所言亦属理想心。而陆、王亦不失为一理想人物。西方如弗罗伊德，主张变态心理。即其本人，亦仅为一心理学专家。求其用心，亦终不免有病态变态处，绝不得称之为人类之理想心。

中国人言心，则与西方大异。西方心理学属于自然科学，而中国心理学则属人文科学。何以必亦称之为科学，以其亦据人生种种实际现象言，有实际材料可证可验，故当称之为科学。惟一重自然，一重人文，斯不同耳。实则人文亦是一种自然，西方则从自然推言及人文，中国则从人文推言及自然，先后轻重缓急又不同。

西方人言心仅属人身之一部分，其身与外面接触，则有种种欲，亦有种种所不欲。所欲则迎之，所不欲则拒之。其实西方自然科学之种种发明，皆与此有关。中国人则认心为一身之主，故身之所欲、所不欲，转属次要地位。而心之所欲、所不欲，则更属主要地位。中国之人文科学，乃由此而建立。

中国人言"人生多福"。始自婴孩，终于耄老，胥可见矣。此"福"字犹如"三十辐共一毂"之"辐"字。有其限度，非共同会通于他辐，即不得成其用。若单独一婴孩，单独一耄老，又乌见其有福。福从示，即神，即能通。如从心之"愊"，果能与人相通，则见为悃愊纯一之诚。若其固己自封，未能通于人，则成为心之郁结。又如"逼"字，相互向外，则惟见其相为逼迫，无以见自由。故人之自由，乃通于人、与于人以为自由，非争于人、取于人以为自由。老子言："既以为人己愈有，既以与人己愈多。"心与心相通之作用有如此。西方民主自由，乃下争于上以为自由。通商自由，乃我敢于彼以为自由。在我则为自由，在彼则为逼迫矣。西方人不重安分守己，务求向外争取，则惟见一"逼"字。中国人能知安分守己，其心向内，则为一"愊"字。其能心与心相通，则为一"福"字。西方人生则不知一福字。即就文字学言，而文化大体亦可见。

故人生多福在能"通人我"。其能侍奉人、供养人者亦是福。如父之慈子之孝皆是，故有婴孩，有耄老，即一家之福。范仲淹为秀才时，"先天下之忧而忧，后天下之乐而乐"。其忧天下之忧，此即其心之大通，此即其生之多福矣。中国人之人生哲学主要在此，其心理学主要亦在此，此即大学所谓："在明明德，在亲民"也。故中国人言心，乃一大自由，大作用，而身则仅为其一工具。西方人则认心只为身之一工具，此则大异其趣矣。

略论中国史学

中国思想之伟大处，在其能抱有"正反合一"观。如言死生、存亡、成败、得失、利害、祸福、是非，曲直，莫不兼举正反两端，合为一体。其大者则如言天地、动静、阴阳、终始皆是。

今言前后。空间有前后，时间亦有前后。依空间言，眼前面前谓之前，一切行动必向前。倘须向后，则须转身，仍向前。但时间则过去谓之前，未来谓之后。人之一生，自幼到老，乃从未来向过去，始谓之向前。今谓人自幼童向青年，向中年老年，则成为从过去向未来，乃退后，非前进。成为由生到死，过一日则少一日，渐近死，渐离生，岂不成为人生之倒转。

人生贵有"积"有"成"。生日积，则幼童成为青年，又由青年积成为中年老年，此之谓"寿"谓"福"。人生须多寿多福，待其死则此生已毕，非为由生进到死，乃为其生已尽，变而为死。但生死正反可合，实为一体。在我之前，早已有生。

父母即我之前生。由父母生我，我乃父母之新生，父母乃我之旧生。亦可谓父母乃我之前生，我乃父母之后生。使无父母之前之旧，又何来有我之后之新。新旧有如前后，亦正反相合。中国人好言"水源木本"，木属有生，末不得离其本。水若无生，逝者如斯，一若其流日离其源以去，实则流即其源，无源则无流。故自然日新，而实永恒是一旧。人文亦岂得违于自然，则何可舍其旧，而新是谋。

中国乃一宗法社会，一身小生命之上，尚有一家之大生命。我生以前，有父母祖宗。我生以后，有子孙传世。而旧尤重于新。家则必称旧家，人则必尊老人。人老家旧，中国人则谓之福。

由人生之积而旧，乃有成，乃有史。一人有一人之史，一家有一家之史，一国乃有一国之史。以孔子为例，孔子一人有其史，其家亦有史。自孔子迄今，已传七十余世。自孔子以前，尚可推溯以至于商祖契，当亦有数十世。则孔子一家已历四千年以上。其实中国每一人、每一家皆然，惟孔子可供作标准之一例。而中国亦已历五千年而长存。

然则人生向前，乃向古老往旧之前，而日积日成。此后未来，胥当向此过去而前进。近人言历史不可变，人生则胥向此不可变而前进，即向此已成之局而前进。在其过程中，则不断有新的发现。祖宗乃一家之旧，子孙则此一家之新。一切新旧则胥向此旧而前进。故曰："周虽旧邦，其命维新。"倘无新，则其旧将失去，不得仍为旧。惟中国乃为举世其它民族中之最旧者，历世已五千年以上。即读一部中国史，例证显然矣。

今人乃谓历史乃由旧向新，实则新在后，旧在前，历史与人生皆当向前，不当向后。若向后，则成倒退，乌得谓之前进。今惟当由未来前向过去，不当由过去倒向未来。因过去在前，已显已知，已有定有成，乃有意义与价值。未来则尚隐不知，无定无成，乃无意义价值可言。今一世人则群求鄙弃此已见、已知、有定、有成之有意义与价值者，转身倒向于尚隐不知，无定、无成、无意义与价值之一途而迈进，遂使此世界落实到今日不知明日之悲局，是诚大可浩叹矣。

人之求知，亦惟知其过去之旧，不能知其未来之新。中国史学言"鉴古知今"，凡其所知于今后者，亦本于其知于前古者，而推以为知。故孔子曰："述而不作，信而好古。"苟于其前古一切不信不好，则自我创造亦惟无把握冒昧危险之一途，他又何言。

故求深切体会中国民族精神与其文化传统，非治中国史学无以悟入。若如宗教、哲学、文学、科学其它诸端，皆无堪相伯仲，相比拟。

略论中国考古学

近代国人率以"好古守旧"自谴，认为乃吾民族一大病痛。然知古始能好，保旧始能守，不知不保，又何好何守？乃自来中国学问中，独无"考古学"一门。《论语》人人必读，孔林则可到可不到。西化东渐，始知西方有考古学，有考古专家。一时惊动欣羡，于是近代中国乃有考古学之崛起。

中国人观念，"古今"一体。苟无古，何有今。今已来，而古未去，仍在今中。好古实即为好今。"新旧"亦然。如人之暮年，幼龄之生仍未去，幼龄仍在暮年中。人之老，怀念其幼生而好之，此亦人生之好古守旧，又何责备之有。爱其暮年遂亦爱其幼龄，爱其幼龄亦将爱其暮年。果谓幼龄已失，暮年已到，此语肤浅，未切实情。中国人重生命，重时间，古今新旧一体视之，不严加分别。西方人则重空间，重外物，生命无常，转不如外物之可久。如古埃及之金字塔，迄今历三千年无变。而埃及人之生命，则可谓已经百变而非旧。故在埃及，实非埃及人之可贵，乃此金字塔之可贵。其它各地亦然。故西方人重物不重人，考古之学亦仅考其物，非考其人。人则求新求变，无古之足贵。即如埃及之木乃伊，亦谓人死，其灵魂他年当重归此身复活，故设法保留此身，使能不腐。则无怪西方人重其身，乃更过于其人之生命矣。

中国人则不然。尧让天下于舜而死，舜未尝为尧筑大墓传万世，盖尧之生命犹有不死者在，即其生前之一"让德"是矣。舜心不能忘尧，亦让天下于禹，斯亦舜之好古守旧。禹得舜禅，亦不欲传位其子，而让之益。然天下民众则记念禹之治水大德不能忘，乃拥戴禹子启居天子位。依中国人观念，其父死其生命则仍传之子，爱戴其子，即犹爱戴其父。然则尧之死，天下民众何以不爱戴尧之子，而爱戴舜。盖其时洪水未平，尧之用舜，即用以治水，舜又能用禹以治水，则爱舜即犹爱尧，亦即以爱天下民众之生命。尧、舜之为大圣，有此让德，亦惟其爱天下民众之生命，乃远胜于其子之获为天子，乃以成其让。故明其心，斯可明其人与事之内情矣。

埃及金字塔耗费多少人力，经历多少岁月。塔之成，而埃及则随之以衰亡。尧、舜、禹三代，耗费人力亦甚巨，经历岁月则有限。而中国人从此遂得安其居，乐其生，逾四千年以迄于今，尧、舜、禹功德之大，而其坟墓则不传。然则中国人所好之古，所守之旧，则在其人之大德。自《尚书》迄于司马迁之《史记》，以及先秦诸子百家之言及事者，亦可谓既详且备，此即中国之考古学。惟所考，重人不重物，则与西方有不同，如是而已。

略论中国教育学

中国教育主要在教人如何好好做一人。而尤要在教其"心"，从"性情"方面做起。男女老幼同此心，同此性情，同样要做一人，亦有其同样要到达之境地。故中国教育最要者，乃为社会教育。小而家庭教育，大而国家教育，亦同属社会教育之一部分。而学校教育则稍异。家庭、国家、社会教育，主要在性情上。学校教育则在教其性情外，又需教其各人之才智。中国人所谓小学，主要在家庭、社会。大学则在国家，在学校。私塾乃小学阶段，书院则为大学阶段。此又与近代教育源自西方者大异。

亦可谓小学乃属一种"自然教育",天地君亲皆师也。大学则是"人文教育",必当别有师。即君亲亦当受教,亦当有师。深一层言之,可谓天地之教亦在师。中国人言尊师重道。天地亦有道,但无师,则其道无以明,亦何由尊?《中庸》言:"致中和,天地位焉,万物育焉。""中和"即是道,亦即是人之性情。师教立,人之性情达于中和,而天地始得其位,万物始有其育。使人之性情失其中和,则不仅万物失其育,即天地亦失其位矣。此非天地万物位育之道亦待师教乎?张横渠言:"为天地立心,为生民立命,为往圣继绝学,为万世开太平。"亦此意。然而天地万物之与人群,之与人群中之圣贤之足为人师者,则相互和通会合,仍属一体。故圣贤大师之为教,亦本于天地万物人群以为教。中国人所谓"通天人,合内外",亦可谓即是"自然"与"人文"之会合。此则中国文化最高深意之所在。

略论中国文学

中国乃广土众民大一统之民族国家,所谓"统"者,乃自上而统下,故其文学亦自上而下。古希腊小市寡民,其文学亦自下而上。中国人重生命相通,故其文学亦重心性,自内而外。西方人重事物相异,故其文学亦重于异,鄙其同。即言平剧,脸谱服装,台步动态,歌唱道白,皆于相异处会通和合同为一体,主要在其剧情。而剧情则主在人之心性。孝、悌、忠、信,凡属人心,无不皆同。西方剧情则重外在之事物,必求其相异。平剧中脸谱亦非人生之真面目,其歌唱亦异于人生之真言辞,则脸谱与歌唱亦即是一创。宋代理学家"气象"二字,乃可为之说明。理学家重要在指出圣贤气象,平剧则表演寻常各色人之气象。此亦一气相通,有其大传统之所在。

晚清曾国藩编有《古文四象》一书,亦以气象论古文。然非逐篇朗诵,以声音贯通之,则不易得其阳刚、阴柔分别之所在。观气象,又必兼以辨音声,斯则古文亦与平剧用意相通。其实自《诗》、《骚》以来,辞赋诗词何一不重音声,又何待至于戏剧而始然。此又中国文学古今传递一共通点。今人提倡白话诗、白话文,唱之诵之,无声调,无情味。又模仿西方人为话剧,把日常现实人生依样葫芦搬上舞台,重事不重情,事非真事，则情亦非真情，与中国文学传统之意义价值乃迥异。中国人生则期望其能文学化，艺术化，亦即可谓期望其能戏剧化。人生而真能如戏剧，现实人生一如舞台人生，岂不回肠荡气，可歌可泣，为人生大放一异彩乎。此诚中国人生、中国文学一至高之意义价值所在，戏剧亦其显明之一例。

故居今言文学，果真欲提倡新，莫如复兴旧。古代《诗》、《骚》乃其含苞初放期，唐、宋则其群艳灿烂期，明、清则其凋谢零落期。然终为同一花朵，同一生命。器物可以除旧布新，生命则有起死回生。贞下起元，循环往复，一阴一阳之谓道，此惟中国人能知之，能言之。韩昌黎言："好古之文，好古之道也。"昌黎能文起八代之衰，今人提倡新文学，宜当于昌黎有所师法。昌黎又言"不平则鸣"。今人提倡新文学，亦若于古人旧文学有不平，惜乎其不能鸣，则待后起能鸣者再鸣之。果有能鸣者，亦恐非若今之新文学之所为矣。

略论中国艺术

昔俄国文豪托尔斯泰有言，科学乃发现，艺术则是创造，此辨极具深义。科学发展，人类已能登上月球。但此种种可能之理，实是早已存在，不得谓由人类智力所创造。凡属科学真理皆然。艺术则不然。如一乐曲，天地间原无此乐曲，乃由人类创造而有。如中国人画山水，并非天地间真山真水，乃由艺术创造而成。

艺术有创造，亦有模仿，但模仿亦是一种创造。如伯牙鼓琴，乃是模仿天地自然之高山流水而成。伯牙之琴声，但已净化其模仿之痕迹，非钟子期则不知其深趣。

中国艺术境界，创造更胜过模仿。如画山水，一山一水，乃经画家百方观察，心领神会，其模仿工夫亦已融化脱尽。跃然纸上者，乃其意境之创造，但亦不得谓与天地间自然山水有不同。

不仅山水，即画人物、禽兽、虫鱼、花鸟，亦莫不然。如画人，颊上三毫，传神阿堵，主要在能传其神，不在其貌。传其貌。此是素描工夫。传其神，则须画家之心领神会，精灵相通。则乃是一种创造，而非模仿。

西方人分宇宙大自然为真、善、美三项。哲学、科学求其真，宗教求其善，艺术求其美，故亦称美学。中国人不主分，不特立艺术美学一名目。但中国人非不知美。姑以女性言，《诗》曰："美目盼兮，巧笑倩兮。"其美不在目与口，乃在盼与笑，更在盼与笑者之心。使其盼与笑不真不善，则亦无美可言。又曰："窈窕淑女，君子好逑。"窈窕非色，乃其行，其心，其德。故曰"未见好德如好色者"。孟子曰："充实之谓美。"中国人论美，在德不在色。

东施效颦。西施之笑非不美，而颦则尤美，故东施效之。人生有笑有颦，有忧有乐。西方人以悲剧为文学之上乘，然西方人生则终以求喜求乐为目的。求之不得，乃成悲剧。中国则不然，孔子曰："《诗》可以兴，可以观，可以群，可以怨。"怨乃人文心理中之更高级者。心忧则有颦，怨则更不止于颦。儒家人生最高理想不当有怨。孔子称伯夷、叔齐"求仁得仁又何怨"。屈原作《离骚》，司马迁释之曰："《离骚》者，犹离忧也。"儒家人生理想亦不主有忧。孔子曰："人不堪其忧，回也不改其乐。"周濂溪教二程寻孔、颜乐处，乐则人生本体，当为人生一最高境界最高艺术。

略论中国音乐

余尝谓中国人重和合，西方人重分别，此乃中西文化大体系歧异所在。随时可以作证，即论音乐，亦不例外。

中国古人称"丝不如竹，竹不如肉"，丝竹乃器声，肉指人声。中国人亦知分别人声、器声，而乐则以人、器声和合为上。金、石、丝、竹、匏、土、革、木，器声中有此八类分别。但金声玉振，则和合此八类，有首有尾，有始有终，会成一体。而器声又必和合之于人声。《古诗三百首》，必于人的歌唱声中和合以器声。此乃中国音乐之主要所在。自《楚辞》、汉乐府以下，实皆以人声为主，直迄近代无变。西方人则器声、歌声终不免有分途发展之势，此则双方不同之显然可见者。

但和合中仍必有分别，而分别中亦仍必求和合。西方乐器中如钢琴，即在一器中亦可演奏出种种分别来，而和会为一，故钢琴可以独立为一声，而自见有种种和合。相传西方钢琴乃由中国之笙传入后演变而来。

但笙之为器在中国,则数千年无变。虽亦可独立吹奏,然其声简单,无特别可甚深欣赏处,终必和合于其它器声中,乃始见笙之为用。其它乐器皆然。

如琴为中国主要乐器。诗曰:"钟鼓乐之,琴瑟友之。"则琴亦每和合于其它乐器以为声。若其单独演奏,如伯牙之鼓琴,下至于嵇康之《广陵散》,非不擅一世之名,而其传则终不久。又如后代之琵琶,亦可独立演奏,上自王昭君之出塞,千至浔阳江头之商人妇,琵琶声非不飞扬震动于人心,然琵琶声亦终必和合于歌声。而且亦终不能以琵琶声来作中国音乐之代表。故其分别发展终亦有限,较之如西方之钢琴,则远见其不如。

故中国音乐之发展,则必在其和合上求,不能在其分别上求。但在和合中必有一主。西方音乐主分别,在其分别中亦多求和合,而在其和合中则不再有一主,此又双方一大分别。如钢琴可奏种种音、种种曲,但其为主者则只是此音此曲,不能在此音此曲外更有主。西方之大合奏,集种种乐器,但所奏只是此曲此调,非别有主。中国音乐则于会合成乐之外又有主。此乃中西文化体系一大分别所在,不可不加以严格之分别。

中国音乐重在人心,故重歌唱。而一人唱更必有三人叹,乃见其和。孔子唱于前,而两千五百年来之中国人叹于后。一部中国文化史,正如听一场歌唱,不外一"和"字。西方则无此境界,无此情味,有唱无叹,其它尚复何言。听西方音乐,如智者之乐水。听其一进行曲,正如有人在迈步向前。听中国音乐,则如仁者之乐山。"水流心不竞,云在意俱迟。"天地生人,中西双方性格不同,情味亦异。国人一意好学西方,恐终不免有"虽欲从之,末由也已"之叹。此诚一无可奈何之事也。

西方一切专门之学,以"物理学"为主,而"数学"实为之基础。中国一切通才之学,以"心理学"为主,而"音乐"实为之基础。中国古人重礼乐,未有礼而无乐者。孔子之终日不舍其琴瑟,亦可谓之重乐矣。中国人言"知心",亦言"知音"。中国后人或于音乐一项稍疏,未闻学人必通乐。然中国文言亦尚声,中国之文学尤以音为重,如诗是矣。散文亦寓有音乐妙理,故读其文玩其辞亦贵能赏其音。高声朗诵,乃始得之。中国古文,字句章节,长短曲折,亦皆存有音乐妙理,非精究熟玩者不能知。今人务求变文言为白话，但白话中亦有语气，有音节，亦同寓音乐妙理，不可不知。

中国音乐中尤重"余音"，长笛一声人倚楼，余音绕梁，非笛声之不绝，乃吹笛者心声之不绝。中国诗必押韵，不仅赋礼，其它如颂，如祭文，如箴，如铭文，皆押韵，皆"以声传心"。惟韩退之《祭十二郎文》不押韵，而哀伤之心亦传达无遗。此乃中国散文之精妙处。故中国人常言"文气"。气则以声传。今日国人力戒言旧文学，仅知有文字，不知有声音气象，旧文学之精妙处，则尽失之矣。

即专论元剧、昆曲，何一不主声。流为平剧则更显。余尝谓平剧乃人生之舞蹈化，图绘化，音乐化。实则更以音乐为主。人物之贤奸高下，事情之哀伤喜乐，莫不寄于声。即全剧亦只一片乐声而止。故谓中国人生乃一"音乐人生"，宜无不可。而平剧歌唱之最着精神处，则尤在其余音缭绕，往复不绝。而中国古人所谓之流风余韵，乃人生一至高境界，今国人亦复不加理会。所谓音乐人生，换言之，实即"艺术人生"，亦"唯心"的人生。西方则音乐、歌唱、戏剧各别分途。戏剧不以歌唱表达，则情味不深厚。歌唱不兼戏剧表演，则不落实不真切。音乐离了歌唱戏剧，则仅得为人生中技巧表达之一项，绝不能使人生音乐化，或音乐人生化。西方音乐尚器，亦可谓是唯物的，乃离于人心以自见其美妙，而西方人则亦可谓是唯物的人生。故西方人生又可谓之乃数理的人生，物则莫不可以数计也。

一九八四年　甲子　九十岁

一九八五年　乙丑　九十一岁

一　国内大事

"行政院"院会通过劳动基准法实行细则。

台湾省、台北、高雄两院辖市及各县（市）议员、县（市）长选举。

二　事略

先生本年仍任文化大学历史研究所教授，暨故宫特聘研究员。

是岁，先生生辰犯病，大惧《晚学盲言》文稿不得终迄。继而知夫人未修改之稿已无多，心乃大定。

三　著述

一月十一、十二日，《中国人的己与道》，刊于《中央日报》。收入联经《全集》第四十九册及素书楼文教基金会·兰台出版社《晚学盲言》下篇页八三三。改题名《己与道》。摘要略。

夏，撰《蒋蔚堂珍帚斋文集序》。收入联经《全集》第五十三册《素书楼余沈》。摘要略。

八月，撰《回忆黄季陆先生》，刊于一九八六年四月《传记文学》四十八卷四期及《中国地方文献学年刊》。收入联经《全集》第五十一册及素书楼文教基金会·兰台出版社《八十忆双亲师友杂忆合刊》页三八九。文中有云：

居今日，求新并不难，求旧则甚不易。孔子曰："后生可畏。"据今日言，非日务趋新之可畏，能尚如有旧规矩旧典型方可畏。唱一新歌，作一新画，创一新论，做一新人，皆不难。能保留得一些旧模样，纵不能放进百货公司为畅销商品，或犹得放进博物院供人闲暇中一欣赏。今则一意羡慕西化，昌言进步，则后生之可畏当远出古人之上。故西方人实自我取消，中国人乃始肯定承认其自我。而季陆为人如前之有伊尹之为"圣之任"，后有范仲淹为秀才时即"以天下为己任"，宜非一仅供人欣赏人。

今吾民族正在求变求新中，日日变，日日新，则前代人乃日在落后中。如季陆在当前，已成传统与时代中一夹缝人物，他年犹当作何论定，今皆无得而言矣。当今之世，乃新旧交替夹缝时代，正贵有新旧夹缝人物乃得善处。而惜乎此等人物不易遇，亦不见重。此固可为季陆一人惜，亦足为当前一时代叹矣。然此等语，不得遇如季陆其人者言，又岂能与当代人言。我念当代，又焉得不念及季陆。

执笔及此，不仅为季陆悲，季陆地下有知，不知又将何以语余。余与季陆虽不得为深交，而于季陆终当为不能忘一至友，亦即在此等处。季陆已辞余而去，今乃欲求有如季陆其人者，终不再得。思念之难忘，余生平之爱读史籍，亦如此。季陆晚年每见余必谈史，或意亦在此，惜未及作深言。今则惟增念旧之情，他又何言。

十月九日，撰《纪念张晓峰吾友》，刊于十一月十一日《中央日报》；又刊于十二月《大成》第一百四十五期。收入同前书页三七五。摘要如下：

复智案：本年八月二十六日"总统府"资政、文化大学创办人张其昀病逝。先生文中记载：一九二一年间，以北京大学陈独秀、胡适为首之《新青年》杂志，提倡"新文化运动"，轰动全国；而南京中央大学诸教授，如柳诒征、吴宓等，则起与抗衡，创为《学衡》杂志。先生之大体意见，与《学衡》派较近。张其昀（晓峰）先生其时亦在南京中央大学任教，专精中国地理，驰誉全国。

抗战期间，张晓峰先生创办《思想与时代》杂志，先生之学问思想，"自为《思想与时代》撰文时，已专对文化问题上有所发挥，此下乃一转意向，多于文化问题着眼。"

张晓峰先生任教育部长时，因国内轻视学人，故特邀先生担任"文化教育访问团团长"，组团访日。创办文化学院（今之文化大学）时，又以"华冈教授"名义聘请先生任教，故先生谓："此下著述不辍，迄今当逾百万言，亦可谓胥出晓峰之赐。"

先生又云："晓峰与余之友情，亦自有一番进退出处辞受之共同理想，为之植根，固非名位交、势利交、酒肉交、声色交之可比。"

十一月，《进与退》，刊于《东方杂志》十九卷五期。收入联经《全集》第四十九册及同前出版社《晚学盲言》下篇页一一二一～一一四一。摘要略。

十一月，《广与深的人生艺术：从鸡鸣犬吠谈起》，刊于《国文天地》六期。收入同前书页一二三二。改题名《广与深》。摘要略。

十二月十二日，撰《严庆祥先生书序》。收入联经《全集》第五十三册《素书楼余沈》。摘要略。

一九八六年　丙寅　九十二岁

一　国内大事

增额"中央"民意代表（"国大代表"、"立法委员"）计选出一八四名。

二　事略

先生九十二岁寿辰，在素书楼为文化大学史学研究所学生上最后一课，临别赠言："你是中国人，不要忘记了中国。"至此，正式告别杏坛。

惟应允素书楼弟子辛意云、邵世光、何泽恒、郑瑶锡、蔡相辉、戴景贤、韩复智等的恳请继续为他们授课。每周一次，每次三小时。下课后，有时还被留下来陪先生用晚膳。

先生受聘为"总统府"资政。

三　著述

二月十五、十六日，《心之信与修》，刊于《联合报》。收入联经《全集》第四十九册及素书楼文教基金会·兰台出版社《晚学盲言》下篇页八四九。摘要略。

三月十、十一日，《丙寅新春看时局》，刊于《联合报》；又刊于《联合月刊》。收入联经《全集》第二十三册及同前出版社《中国学术思想史论丛》（十）页二三八~二四七。摘要略。

四月，撰《怀念我的母亲》，刊于五月十一日《联合报》。收入联经《全集》第五十一册及同前出版社《八十忆双亲师友杂忆合刊》页三五七

~三六四。文中有云：

> 我母亲的一辈子，可用论语上"贫而乐"三字来作形容。但使我最难忘怀的，是辛亥年那一年的夏季，我十七岁，得了伤寒病，误用了药，几乎不救。我母亲朝夕不离我身旁，晚上在我床上和衣陪眠，前后七个星期，幸而我终于痊愈了。我之再得重生，这是我一生中对母亲养护之恩最难忘怀的一件事。现在我的外双溪住宅，取名素书楼，就是纪念当年在七房桥五世同堂第二大厅素书堂我母亲护养我病的那番恩情。

四月，为"教育部人文社会科教育指导委员会"撰《中国民族性与中国文化之特长处》，刊于七月《台湾教育》第四百二十七期；又刊于九月《联合报》。收入联经《全集》第三十二册及同前出版社《中国史学发微》页一八四～一九七。大意谓：

孟子曰："伊尹圣之任，伯夷圣之清，柳下惠圣之和，孔子圣之时。"和之一德，最为中国民族特性之尤普遍尤杰出者。

中国史学，实乃一种超出寻常的人生哲学，亦是一种超出寻常的人生科学。一切学问尽包在史学之内，而史学乃超乎一切学问之上。

中国一切学问又最重礼。修身、齐家、治国、平天下皆尚礼。今天中国人要求昌明民族文化、民族精神，求知方面重在"史"，重行方面则在"礼"。当前如有大儒出，其重责大任，一在"为民修礼"，一在"为国修史"。史重在"褒贬"，礼重在"因革"。

今天中国人则仅知有西方之"法治"，不知有中国之"礼治"。故人生仅求不犯法，不再讲礼。非有法律规定，乃尽可放纵自由。因其放纵自由，乃再加以法律规定。《公羊春秋》分世界为拨乱世、升平世、太平世三种。今天的社会，则只可谓其乃一拨乱世。至于乱之能拨与否，则尚在不可知、无可止之境。中国以往之历史，则至少可称为在升平世。虽未达到太平世，而中国人生究有此一理想。史籍具在，不得轻肆妄加以否认。

今日人类除商场与战场外，惟有运动场，乃属群相聚处。然每一运动会，必出于争。不得已，始有和局出现。"礼之用，和为贵"，此则惟中华民族乃有此文化。故今天做一中国人，苟求不忘本，苟求仍为一中国人，有两大任务不可忽弃：一曰读史。一曰守礼。"可生"则曰"礼"，"可存"则曰"史"。舍此两者，中国人当不再有传统之生存，亦更何其它民族生存之足言。

七月，《今年我的最后一课》，刊于《海外学人》第一百六十八期。收入联经《全集》第四十三册及同前出版社《世界局势与中国文化》页三六二～三七五。摘要略。

七月，撰《多数与少数》。案本文后收入联经《全集》第四十九册及同前出版社《晚学盲言》下篇页一二四八～一二七四。摘要略。

七月，台湾中国历史学会讲辞《历史与人生》，刊于七月十四日《联合报》。收入联经《全集》第三十二册及同前出版社《中国史学发微》页一九八～二〇九。大意谓：

历史乃人生之记载，亦即人生之写照。人生乃历史之方然，历史则人生之既然。中国人称"史鉴"，既往之历史，乃如当前人生一面镜子。人不能自见其面貌，照镜可见。亦如人不能自知其当前之生，鉴于以往之历史，乃如揽镜自照。出镜见己，亦如读以往之史而知己当前之生。其间实无大相异处。

人生惟一新，历史亦同然。但其新转瞬即成为旧。生之存其旧者，占十之九，开新仅十之一。正因其有旧，乃始成其生。故中国人又曰："人惟求旧，物惟求新。"物无生，乃可惟新是求。人有生，则惟旧是保。历史即人生之旧，人生乃历史之新。故历史必本于人生，乃始为真历史。人生必源自历史，乃见为真人生。史必真而成其古。生必传而见其今。一属天，一属人。太史公《史记》谓"究天人之际，通古今之变"，其大义乃在此。

八月八日，《怀念我的父亲》，刊于《联合报》。收入联经《全集》第五十一册及同前出版社《八十忆双亲师友杂忆合刊》页三六五～三七二。文中有云：

古人言有一乡之士，有一国之士，有天下之士。先父穷居乡间，未获上进，不得为国士天下士。然其为一乡之士，则余自先父卒后，稍读古书而渐知。先父虽病中废学，然常为乡党邻里持平处事。孔子曰："听讼吾犹人也，必也使无讼乎！"先父之日常勉励劝告，每能使乡里达于无讼。相争两造来告，先父必为之评判其双方之是非曲直，并告以退让谦逊之道，无往而不确得其宜，有以深入于双方之人心，而符其所愿望。使争端得终止而平安。

其时乡里间尚有"吃讲茶"之俗。持争双方，群集市区某一茶馆中，或十余桌或二、三十桌，不禁余众旁听，相互发议，或别请仲裁人发表意见。是非定，争议息，茶会散。即当时上海租界吃讲茶之积俗亦甚风行。但先父则向不出席吃讲茶。相争双方惟由一二人来舍讲述请示，先父告以从违，每事必深获双方之同情。曲直遵让，相互折服。积久之讼，片言而解。此实中国传统文化中地方自治一型式一情态。吾自幼小有知识，即从不见县官下乡，亦不见乡人进县城涉讼。更无所谓警察或军人。乡人相争，自在其乡获得解决。除每年缴纳租税进入县城外，一县官民各自相安，不相干涉，此非一种中国式之地方自治而何！而获致此种自治者，则其权在四民中为首之士，而不在其它之农、工、商三阶层。此实中国传统文化中大值探讨讲究之一端。

而今人则群以"专制"二字轻诬中国，对于负责地方自治，平息相互争议者，则诬之为土豪劣绅。窃谓《论语》有所谓"文质彬彬"之君子，即如先父，庶堪当之。故谓先父乃一君子士绅则可，谓之乃一土劣则千万不相涉。谓先父乃一中国传统士人最后具体之一例则可，谓先父乃开前古未有之局，为适应时代当时一创造人物，则又大不可。此则先父生平，非为有意讲究中国文化传统者一具体之实例而何？

但先父可谓乃中国两千五百年来士传统之最后一代，继此后乃渐不见有所谓"士"。先兄仅应科举考试一次，此下即科举废，乃有新式学校之教师。有国民，有专家学者，有知识分子，而更无旧传统之所谓士。当前则更有所谓青年，或民众代表，或党人，而更无所谓士。故自先父之殁，方可谓中国传统之士阶层自此灭迹，不复再见。此在中国文化史上，乃不得不谓是可追念可惋惜一绝大之变化。

中国人言："虽无老成人，犹有典型。"如先父，不寿而殀，纵不得谓是一老成人，而余则自为孤儿，读中国书，积八十余年来，窃谓吾父不愧为是一两千五百年来四民之首之"士"传统之一典型，则所堪深信而无疑矣。今自先父之卒，八十年来，再一深思，惟此一意，可以传先父于不朽。真所谓"建诸天地而不悖，质诸鬼神而无疑，百世以俟圣人而不惑者"。

九月二十八日，《中国传统文化中之师道》，刊于《联合报》。收入联经《全集》第四十一册及同前出版社《文化与教育》页三〇九～三一六。摘要略。

十月二十一日，撰《晚学盲言序》。收入联经《全集》第四十八册及同前出版社《晚学盲言》页一一。其文云：

余八十生辰，即撰述《八十忆双亲》一文，嗣又续撰《师友杂忆》一书，毕生往事常在心头者，几若无遗。八十三、四岁，双目忽病，不能见字，不能读书，不能阅报，惟赖早晚听□视新闻，略知世局。又以不能辨认人之面貌，稠人广坐，酬应为难，遂谢绝人事，长日杜门。幸尚能握笔写字，偶有思索，随兴抒写。一则不能引据古典书文；二则写下一字即不识上一字，遇有误笔，不能改正。每撰一文，或嘱内人搜寻旧籍，引述成语。稿成，则由内人诵读，余从旁听，逐字逐句加以增修。如是乃获定稿。费日费时。大率初下笔，一小时得千字已甚多；及改定，一小时改千字亦不易；内人为此稿所费精力亦几相等。余九十一生辰屡犯病，大惧此稿不得终迄。内人告余："未读稿已无多"，心乃大定。直迄于余九十二生辰后又百日，而全书稿乃定。

此稿共分三大部：一、宇宙天地自然之部，二、政治社会人文之部，三、德性行为修养之部。大率皆久存于心，偶尔触发，漫无条理，又语多重复。倘能精心结撰，或当更多阐申，或宜更多删节，此则非盲目老年之所能从事矣。惟余之为此书，亦不啻余之晚学，爰题名为《晚学盲言》。又本书虽共分九十题，一言蔽之，则仅为比较中西文化异同。或深或浅，或粗或细，随笔所书，得失难定，幸读者有以正之。

十一月，《民族历史与文化》，刊于侨务委员会《海华杂志》。收入联经《全集》第三十二册及同前出版社《中国史学发微》页二一九～二二八。摘要如下：

"民族""历史""文化"三名一体，一而三，三而一，三名称实是一事实。苟非有此民族，又何来有其历史与文化。苟使其无文化无历史，又何来得成此民族。

司马迁《太史公书》成，其《自序》有曰："究天人之际，通古今之变，成一家之言。"此三语实为中国史学家最要一术语。何谓"究天人之际"？因人文不外乎自然，离却自然即不得有人文。历史记载乃属人文方面事，但必明白了人文与自然之分际所在，乃能记载得宜。西方宗教家过分重视了自然之天，又谓天堂中有上帝，人类皆由天堂中所降谪之灵魂而生；于是人生界尽成一罪恶，必死后灵魂重得返天堂，乃为一了局。而人生则必有一世界末日，不可避免。此则其视天太尊，视人太卑。而西方人又要凭科学来战胜自然，克复自然。此则又人太尊，天太卑了。皆非司马迁之所谓"究天人之际"。既其对天太糊涂，又如何得来明白记载人事，获得一相宜之地位与分寸？

抑且人事不限于一时一刻，一身一世。必经长时期之绵延与变迁，乃始得人事之正常，乃有历史可言。故写史决非一如当前之作新闻报导，仅限于眼前之某一事而可成为史。必明乎古今之变，其所记始得成其为历史。即一人，亦有婴孩期、儿童期、成年期、壮年期、老年期诸分期，乃始得成为一人。不寿而夭，终非完人。故必"通古今之变"，乃得为一史学家。如西方人仅重当前，过去不加重视，未来更所不计，故西方文化中乃无史学可言。

何以又称为"成一家之言"呢？一家有父、子、孙、曾，世代相传，此为自然之"血统"。学问成家，亦希久传不绝，代有传人，此为"学统"。学统之尊为"道统"，故曰"成一家言"。此非可以传之并世之人人，故曰"藏之名山，传之其人"。

中国自汉代时，即有人言："自古无不亡之国。"此非深通史学，亦何能为此言！但中国虽历朝兴亡，而中国之为中国则如故，五千年列朝相承传统不绝。此亦见"国"与"天下"之别，"亡国"决非"亡天下"，朝代之更迭异于民族之兴衰。

中国人说："忠恕违道不远。"忠恕是中国传统文化中一要道。尽己之谓"忠"，己所不欲勿施于人之谓"恕"。故忠以自尽，而恕则以对人。近百年来，外患迭乘，而中国人传统之恕道似迄未消歇。但论"忠道"，则近百年来乃若有所丧失，甚至有"打倒孔家店"，清算旧文化来提倡新文化。不啻以西方人为师为友，而以中国古人为敌为仇。故当前之中国人，或主亲美，或尚亲苏，以至互相敌视，则有之；但已不见有对民族自己文化旧传统表同情重视者。此诚大堪忧伤之一事。此可谓乃国人对己之不忠。舍己之田，以耘人之田。不为己，又何以得为人！此乃当前国人内心莫大一病患，所不得不郑重提出者。

十二月，撰《略论中国历史人物之一例》，刊于一九八七年一月《国史馆馆刊》复刊第一期。收入同前书页二七一～二八三。摘要如下：

复智案：本文主旨在重申中国历史注重人物之特点，史传以外，又特别举出文学中之例子："余又尝读《汉乐府》，有一首，其开始四句言：'上山采蘼芜，下山遇故夫，长跪问故夫，新人复何如。'此一女，乃不知其姓名并一切之详，但知其已嫁，为夫离去，无以为生，乃至采山中蘼芜饱腹。俨如伯夷叔齐之隐首阳山采薇而食。乃适下山，逢其故夫，曾不稍加怨叹，并长跪问夫，新人如何。即此二十字，此女亦足常传千古，供国人之敬叹欣赏矣。倘以此类事，求之中国之诗文集部，则较之史部决不逊色，或更丰富有加。"

秋，《庄子薪尽火传释义》，刊于一九八六年七月《联合报》。兹经先生增改，收入联经《全集》第七册《庄老通辨》页三一五～三一八。摘要略。

冬，撰《中国史学中之文与质》，刊于一九八七年一月《联合报》，原题名为《中国文学中之文与质》。收入联经《全集》第三十二册及同前出版社《中国史学发微》页二一〇～二一八。大意谓：

《论语》子曰："质胜文则野，文胜质则史，文质彬彬，然后君子。"

以今语言，野即野蛮，文即文明。《中庸》言："天命之谓性，率性之谓道，修道之谓教。"亦可谓"命"与"性"乃野蛮人所本有，"道"与"教"乃文明人所增进。但其所增进，乃不当违其所本有。

西方社会之所谓进步，始终是一"文胜质"之进步，益进而离本益远。中国社会始终以农业为本。以其不离本，近人乃谓之为一不开化、不进步之野蛮社会。但中国工商业实亦同样发达。当可谓如此乃是一"文质彬彬"之理想社会。并有四民之首之"士"，为之提倡而主持此一合于中道之进程。此在全世界各民族中，惟中国为能然。

《论语》孔子之所谓"质"，庄老道家继起，乃变其语谓之"气"。此下宋儒乃合而言之。曰"气质"。"变化气质"，乃为宋儒一主要用意之所在。人生有气质，即人生自然方面之本源，不得尽求废弃，但当酌宜变化。其实宋儒之言"气质"，即犹《中庸》之言"性命"。宋儒意，人生大道则必待变化其本有之自然气质而成。故宋儒又言有"气质之性"、有"义理之性"。今再据孔子《论语》申言之，则人生决不能丢弃自然气质而成为道义。道义中仍必有气质之存在，惟贵能加以变化。

今再言"野"与"史"。史者，乃政府所定一文职。其人持笔随待一贵人旁，此贵人一言一行，其人即执笔为文记之，是曰"史"。故孔子称其人其事曰"文胜质"。野人则畎亩耕耘，虽或粗识文字，但未掌文职，而其人之性情或可大用；并不如城市人之分守专业，其为用转有限。

今人又称"野昧"与"文明"，则庶于论语原文为当。今日之中国，在全世界中，比较言之，当为一野昧人，为一工商后进国，为一未开发国家，为一文明落后之社会。此皆可谓大体得之，非有违失。然此正孔子之所与。凡今之所谓文明进步，所谓专家知识，惟求文胜，不畏质丧，此则皆孔子之所谓"史"之为归矣。岂可不引以为戒乎！

一九八七年　丁卯　九十三岁

一　国内大事

七月十五日，台湾地区解除戒严令。

十一月二日，蒋经国"总统"颁令，开放民众赴大陆探亲。

二　事略

先生被选为中国文化大学史学系名誉教授。

三　著述

一月，为《中国史学发微》撰第一篇序文。收入联经《全集》第三十二册及素书楼文教基金会·兰台出版社该书页四。摘要如下：

案《中国史学发微》凡两序，此《序一》旨在阐述中国四部之学，故义中有云："余此书专为史学发微。苟其人不通四部之学，不能通古今之变而成其一家之言，又何得成为一史家。"

二月，又为《中国史学发微》撰第二篇序文，收入同前书页九。《序二》大意谓：

西方人重空间观，但缺时间观。古希腊人即有几何学，作航海测量之用，但几何学非以测时间。中国古人，则立标测日影，即知重时间。又曰："风雨如晦，鸡鸣不已。"雄鸡司晨，亦以测时间为重。

古希腊滨海而居，非出国渡海，远向他邦，即无以经商，亦即无以为生。阿拉伯人居沙漠中，非渡越此沙漠，生命亦无前途。故此两种人，多主向前，不重回顾。历史故事皆属以往，非彼辈所当流连。

耶稣则犹太人，其创始宗教，乃谓人生从天堂降谪，死后将重返天堂，俾得安居。凯撒事凯撒管，历史则属人间事，全属凯撒，为上帝所不管。信奉宗教，自不留心历史。

西方文化会合此轻视历史之三大渊源，遂无史学可言。

中国人则谓："前车之覆，后车之鉴。"前人随时过失，后人即当警戒。并且前世以往亦并非无成功之处，方可资后人以承袭与模仿。历史教人向前，即因其能知过善改，亦因其能善所承袭。历史所记乃人道，实亦即天道。人类智识贵在此不断过程中，求获将来之新得。故曰："所过者化，所在者神。"如人一日三餐，有排泄，但亦有存留。惟其所存留已非故物，因谓之"化"。化则非属过去，故曰所存者"神"。西方人轻视历史，则过去尽成臭腐，如希腊，如罗马，乃至如近代之英法，不久亦当全成为臭腐。而中国则上下五千年通为一体，尽成神奇。此岂西方之所有。人文学中之史学，其功用乃如是。

知过去乃知将来，知亡失乃知存在。西方人不肯认有过，又不喜言亡失，故不爱言历史。其所言之历史，则尽属成功一方面，如言希腊史、罗马史，以迄于最近之英法史，当前之美苏史，莫不皆然。使人仅见有当前之形成，而不见有以往之过失。则试问个人人生又焉得仅有生存，而无死亡？西方之耶稣教言人死仍有灵魂上天堂，则正是此义。

中国人贵能知过，又贵能改过，故其言历史亦常在言人生之过失处。知得人生以往之过失，则亦易知当前及将来之所得完成。西方人则仅知此一端，不知彼一端。如罗马人，仅言己是，不言希腊人之过失处。现世英法人亦仅言己是，而亦不言以往罗马人之过失处。即如当前之美苏，亦仅能各言己是，而不能言英法已成过去之一切前非。但美苏自己不远将来，亦将自陷于过失中。故西方乃终不能有其如中国般之史学，乃使其人常陷于过失中，而不能自拔。

又西方人重多数，故其历史亦惟重多数。而在中国则惟少数人能入史，能为历史人物。西方人既不重历史人物，乃有无历史人物，但只惟变惟新而已。故西方人论新旧，中国人则重褒贬。又少褒而多贬，即新亦可贬。又孔子前人言立德、立功、立言为"三不朽"，但孔子则并此而不言，乃惟言一"学"字。过往历史，即在其所学中。而西方人则曰："吾爱吾师，吾尤爱真理。"师则可在历史中，而真理则多在历史外。故西方不重有史学。此一大要端，亦诚不可不深论。

三月九日，《中国社会主义与学生运动》，刊于《联合报》。案本文四月改名为《略论中国社会主义》，收入联经《全集》第三十册及同前出版社《国史新论》页七一～八五。摘要如下：

大陆邓小平自称，建立中国特色社会主义，此言甚有思路。但"社会"一名词，乃近代自西方传译而来，中国自古无之。《大学》八条目有，修身、齐家、治国、平天下。倘以较大言之，则可谓"天下"即指社会，但其地位极广大，犹在国之上；较小言之，则家亦即是社会，其地位乃在国之下。此所谓"家"，非仅指五口八口之家言。《史记》载诸侯列国事，皆称"世家"。宋初有《百家姓》，郑樵《通志》，二十略首为《氏族略》，中国之"家"乃指"氏族"言。中国一氏族，约略可相当于西方一社会。

中国言社会，每重其风气道义。不如西方言社会，仅言财富经济。中国重人伦，夫妇为五伦之首。妇家称外家，婿于外家称"半子"。如古代姬、姜联姻，则姬、姜两氏族不啻如一家。如是推扩言之，则百家亦实如一家。又与异邦，亦以联姻和亲，如汉代之下嫁宫女于匈奴单于，即其例。故中国人言修身、齐家、治国、平天下，其道一以贯之，乃此义。主要在相和相亲，其内心之德，即孔子之所谓"仁"。

中国春秋以前之封建时期，实不啻一"共产社会"，战国以下，中国社会始大变，主要有"士"阶层之兴起。士不治生业，乃劳其心而食于人者，此即中国古代之"无产阶级"，始自儒、墨，此下九流百家无不然。自宋以下，士阶层中之尤要者，在其仍能推行古代社会通财之共产观念。即如宋代范仲淹之"义庄"制度，即其一显例。义庄之外，又有"会馆"，亦中国后代社会之一种共产制度。中国社会，其更近于西方之共产主义者，则又有帮会。

然则今日大陆果有意推行"中国社会主义"，以代替苏俄所奉行之共产主义，岂不极为恰当？但惜今日之中国人，已少通知中国以往之历史，更少保留中国传统之心情。不知以往中国社会究何真相，即一己天赋之真性情亦不自知，则"中国社会主义"又何从推行？

今再综合言之，中国之社会经济，终必归于通财共产，以大群一体为主，而与西方之个人主义，则无论其为资本主义，或为共产主义，皆必大相异。此则可一言而定者。

四月，为《孔子传》撰《再版序》，收入联经《全集》第四册及素书楼文教基金会·兰台出版社该书页一四。其文云：

予之此稿，初非有意撰述，乃由"孔孟学会"主持人亲来敝舍恳请撰述孔、孟两传。其意若谓，为孔、孟两圣作小传，俾可广大流行，作为通俗宣传之用。余意则谓。中国乃一史学民族，两千五百年前古代大圣如孔子。有关其言论行事，自司马迁《史记·孔子世家》以后，尚不断有后人撰述。今再为作传，岂能尽弃不顾，而仅供通俗流行之用。抑且为古圣人作传，非仅传其人传其事，最要当传其心传其道。则其事艰难。上古大圣，其心其道，岂能浅说？岂能广布？遂辞不愿。而请求者坚恳不已。终不获辞，遂勉允之。

先为孔子作传，搜集有关资料，凡费四月工夫，然后再始下笔。惟终以《论语》各篇为取舍之本源。故写法亦与他书有不同。非患材料之少，乃苦材料之多。求为短篇小书，其事大不易。非患于多取，乃患于多舍。抑且斟酌群言，求其一归于正，义理之外，尚需考证，其事实有大不易者。

余此书虽仅短短十章，而所附"疑辨"已达二十五条之多，虽如《史记·孔子世家》，亦有疑辨处。此非敢妄自尊大，轻薄古人。但遇多说相异处，终期其归于一是。所取愈简，而所择愈艰。此如《易传》非孔子作，其议始自宋代之欧阳修。欧阳修自谓上距孔子已千年，某始发此辨，世人疑之。然更历千年，焉知不再有如某其人者出。则更历千年，当得如某者三人。三人为众，而至是某说可谓已得众人之公论。则居今又何患一世之共非之。但欧阳所疑，不久而迭有信者。迄今千年，欧阳所疑殆已成为定论。余亦采欧说入传中，定《易传》非孔子作。此乃是孔子死后千余年来始兴之一项大问题大理论，余为孔子作传，岂能弃置不列？又此有关学术思想之深义，岂能仅供通俗而弃置不论？

书稿既定，送孔孟学会，不谓学会内部别有审议会，审查余稿。谓不得认《易传》非孔子作,嘱改写。然余之抱此疑,已详数十年前旧稿《先秦诸子系年》中。余持此论数十年未变,又撰有《易学三书》一著作,其中之一即辨此事。但因其中有关《易经》哲理一项,尚待随时改修,遂迟未付印。对日抗战国难时,余居四川成都北郊之赖家园,此稿藏书架中,不谓为蠹虫所蚀,仅存每页之前半,后半全已蚀尽,补写为难。吴江有沈生,曾传钞余书。余胜利还乡。匆促中未访其人,而又避共难南下至广州、香港。今不知此稿尚留人间否。

学会命余改写,余拒不能从,而此稿遂搁置不付印。因乞还,另自付印,则距今亦逾十三年之久矣。今原出版处改变经营计划,不再出版学术专著,故取回再版付印。略为补述其成书之缘起如上。至《孟子传》则并未续写,此亦生平一憾事矣。余生平有已成书而未付印者,如上述之《易学三书》。又有已成书,而其稿为出版处在抗日胜利还都时坠落长江中,别无钞本,如《清儒学案》。今因此稿再版,不禁心中联想及之。而清儒学案一稿,则尤为余所惋惜不已者。兹亦无可详陈矣。

五月,《再论中国社会演变》,刊于《动象月刊》革新一号。收入同前出版社《国史新论》页四〇~六〇。大意谓:

返观中国社会全部演变史而综合言之。儒、墨兴起,古代封建社会一变而成此下之"四民社会",若为中国社会演变史中之第一大变,实则其变并不大。儒家如孔子,其心中固尚奉古代封建贵族为圭臬,尧、舜、禹、汤、文、武为圣君,伊尹、周公为贤相,"述而不作",未尝有近代吾国人所提揭推翻打倒任何革命之意味。即墨家墨子,亦抱同样态度。称道诗书,尊崇古人。惟孔子佩服周公,墨子则师法大禹,要之则同重人物。古人今人,同是一人。贵族平民,亦同是一人。为人必遵人道,守人格。在社会为一人,始能在政府为君相,为官僚。苟其君不行君道,则伊尹放太甲。周公摄成王政。太甲悔过,伊尹自桐宫迎回。成王既长,已知为君之道,周公亦归政。尧、舜有禅让,汤、武有革命,政府一切制度行为,惟以人道为依归。

孔、墨所倡,仍属人道。惟其道在下不在上。在上者得其道,斯政府可以领导社会。道而在下,则社会当起而领导政府。儒、墨之意在此。

惟孔子论道主"仁"，墨子论道主"兼爱"尚"义"。孔墨虽同对在上者有讥议。而同受当时在上者之尊崇。所谓游士社会，朝秦暮楚，所至有给养，受重视，绝非贵族、平民间之阶级斗争，如近人所谓之推翻与打倒。而古代贵族、平民间显分阶级之封建社会，乃亦终于告终，消散于无形。

故封建社会与四民社会之间虽有变，而仍有一不变之大传统，此乃吾中国文化精神一贯相承之所在。今当统称之曰"人道社会"，亦即"人心社会"，或称"人本社会"，即是以人道、人心为本之社会。修明此道以领导社会向前者，在先曰"圣君贤相"，在后则曰"士"。"作之君，作之师"，君在上，师在下。政府、社会，自"道"论之，皆属一体。自秦以下，中国一统，为君、为太子，亦必有师，亦必同为一士。而孔子遂为至圣先师，其在社会之地位，尤高出历代各朝君主之上。必明此，乃可觇中国社会之特征。

中国四千年来之社会，实一贯相承为一"人道"、"人心"、"人本"之社会。修明此道以为社会之领导中心者，自孔子以下，其职任全在"士"。孔子曰："士志于道，而耻恶衣恶食者。未足与议。"西方社会则建本于工商业，如希腊。其国家则建本于军人武力，如罗马。故西方传统重视富强，恶衣恶食乃其所耻。近代之帝国主义与资本主义渊源胥由此。中国传统，向不重富强。今则一慕富强，而近百年来之中国社会，乃由此而变质。士之一阶层，已在社会中急剧消失。社会失所领导，领导者乃在国外，不在国内。姑无论西方社会亦已临必变之际，而邯郸学步，一变故常，外袭他人，事亦不易。即谓有成，亦不啻亡天下以求存国。皮之不存，毛将焉附。其或终有理想之新士出，以领导吾国人，从四千年旧传统中，获得一适应当前之新出路，则诚所馨香以祷矣。

六月，《世界孔释耶三大教》，刊于《动象月刊》革新二号。收入联经《全集》第三十二册及同前出版社《中国史学发微》页二九〇。案本文一九七八年作，一九八七年三月重修。大意谓：

西方文化传统，希腊商业，罗马军功，帝国主义与资本主义相依为命，无可缺一，无可转变。而加以死后灵魂升天之共同信仰为之调剂，遂有今日之形态。欧洲如此，新大陆亦然。

今日西方耶教徒，终视发财与杀人为人生中两件寻常事。凯撒则复活又复活。天上人间，政教分立。尽力争财争权，去到教堂忏悔祈祷；离开教堂，仍在凯撒下争财、争权，甚至争信仰，不惜以杀人为事。耶教终能在西方盛行，此亦一因缘。

依今而论，释迦以杜绝人类生机为其设教大宗旨，今日似当转为一种哲学思想，供人类闲暇中讨论，似不宜奉为人类共同之大教。耶稣放开政治一路，成为西方之政教分离，此层似尤不宜沿袭。惟中国孔子，以政治纳入教化中，一切政治事业均当服从教化，此一层似为今日以后人类所最当信用。惟不杀人，则尤当为人类教化之第一义。

七月，文工会邀请讲话，讲辞《抗战文学研讨会讲辞》。收入联经《全集》第四十四册及素书楼文教基金会·兰台出版社《中国文化丛谈》页三二六。大意谓：

近代国事，除洪、杨乱外，惟最近之对日抗战，可谓历时最久，占地最广，为中国主要一大祸变，亦即中国主要一文学场地。惜乎迄今五十年，对此一役，一切文学传记，始终未能会合润饰，成一深厚明备之汇编。此实吾人至今一大憾事，不得不深自警惕者。

此实不为文言白话之争，乃中西文学异同之争。近代国人，忽视了具体写实之传统体裁，此实今日吾人所应警惕纠正者。

如何善自发扬光大吾以往传统，如何汇集此具体史料？此实吾人继今所当益自努力完成之工作，亦为当前国人无上想望之所在矣。

七月、八月，《中国思想通俗讲话之补篇》，刊于《动象月刊》七、八期。收入联经《全集》第二十四册及同前出版社《中国思想通俗讲话》。

一　自然；二　自由；三　人物（略）

四　心血

……中国人言"心"，则超脑而上之。脑仍是身体中一器官，心则融乎全身，又超乎身外。心为身君，乃一抽象名词，而非具体可指。西方人重主宰，重权力，则脑之地位为高，中国人重存在，重根本，则血其最要。……中国人又言"心胸"，"心腹"。大陆乃中国人之心腹，历史则当为中国人之心胸。

五　味道

中国俗语又常"情味"兼言，有情始有道，又言"味道"。……又称"滋味"。滋有滋润、滋生、滋长、滋养义。……又称"五味"。咸乃常味，酸与辣多刺激，甜味则多得人爱好，苦味饮膳少用。……又称"品味"。如品茶品酒，茶酒皆有味，故可品。不入味，则不登品。……又称"体味"。不仅口舌，还须心赏，始得此味。……又称"韵味"。韵者，声之余。中国人贵有余，亦贵余味。但又贵知足，又称够味。……而完人者，乃完其天命之性。天命之性虽死而不尽。亦可谓人莫不有生，苟不知其生之有性，则亦鲜知其味矣。

六　方法

……天道圆，地道方。中国儒家好言人道，即人文，近于地道之方。而庄老道家言天道，即自然，近于圆。……法者，水流和平向下，不溃决，不枯竭，永是如此，兼有时间流动义。故中国人称"方法"，乃一标准模范，处处如是，时时如是。乃如水流之平匀稳定，时常流行。故中国人称方法，实是一种"道义"。今人称方法，乃是一种"手段"或"技巧"。果使手段技巧而能进乎道，乃始成为方法。为学做人皆当有方法，但方法异于技巧。……故专尚技巧之方法，必成为变乱世。必尚道义之方法，乃成为治平世。

七　平安

中国人最重"平安"。今先言"安"字。女性居家室中谓安，非闭户不许出，乃其心地自安。又称"安定"、"安宁"、"安康"、"安祥"，只此心得安，便定、便宁、便康、便祥。又称"安之若素"，今人言平素。而素即日常生活，更无其它钩搭牵挂，亦称平居。俗又称平素，不增添，不加夹，故称素。日常如此，亦当安之若素。平素常素亦称平常。能有常，便可安，变则心不安，故须能处变如常。

八　消化；九　中和；十　事情；十一　知识；十二　东西；十三　运气；十四　过失；十五　号令；十六　职业；十七　释"包"；十八　释"兆"；十九　释"淑"；二十　释"媛"（以上均略）

八月，《晚学盲言》一书，由台北东大图书公司刊行。一九九八年收入联经《全集》第四十八、四十九册。二〇〇一年素书楼文教基金会·兰台出版社整理新版重印。案本书共分九十题，逾七十万言，所论主旨在中西文化异同之比较，并由此推阐吾民族文化之精蕴。兹撮数篇精要如下：

整体与部分

有"整体"，有"部分"。但应先有了整体，才始有部分，并不是先有了部分，乃始合成为整体。如先有了"天"，乃始有春、夏、秋、冬，非是先有了春、夏、秋、冬，乃始合成一"天"。亦是先有了"地"，乃有山、海、川、谷，非由山、海、川、谷，合成一"地"。一个住宅，必有门、墙、窗、户。非由门、墙、窗、户，拼凑成一宅。人体亦先由身之整体来产生出耳、目、口、鼻、胸、腹、手、足各部分，非是由各部分来拼凑成身体。

西方人看重部分，中国人则看重整体。在医学上，西医更分别看重其身上之各部分，中医则看重其各部分所合成之一整体。如西医重视"血"，中医重视"气"。血是具体的，分别流行于身体之各部分。气则不具体，不能从身体各部分中抽出一气来，气只是血之流通的一抽象功能。有了气，血才通；无气则血不行；气绝则人死。中医重气，西医少提及。

如言心理学。西方人从"物理"谈到"生理"，如目之视，耳之听，西方心理学必先提及。其实这是"心"之部分功能。即如喜、怒、哀、乐，亦是"心"之部分表现。该有一整体的"心"，西方人较少重视。中国人言"心"，每指其整体，而颇不重视其部分。部分从整体生，不明其整体，即无法了解其部分。这是中国人观念。

西方心理学家似主指挥全身者在脑，医学家则认人身活动中心在心、肺。人之死，亦以心、肺部分定，不以头脑部分定。但在心、肺与头脑两部分之上，应有一更高综合机能；即人之心理与生理之上，当有一生命之总体存在，西方人在此方面似乎未加以深切之寻讨。脑神经、心血管，具体可指，但只是部分存在。中国人则言"血气"、"心气"，又言"生气"、"神气"，亦言"体气"。用一"气"字，即指其生命总体之综合存在。中国人言"心"，不指头脑言，亦不指心、肺言，乃指一总体心，实即是"生命"。但生命又何在？此与西方心理学家与生理学家看法有不同。中国此一"心"字，只可抽象理会，难以具体指示。

如机器，亦有部分、有总体。但机器由人制造，亦可谓乃由部分配合成总体。非加入一指挥与使用者，机体自身无生命、无心灵，亦可说无血气，不由自主，不能自动。人身则不像一架机器，有血气、有生命，能自主、能自动，而且不当用外力来加以指挥使用。但西方人看人体，却亦俨如一架机器般。即在西方的心理学家，亦在寻究人心如何由外力来加以支配与指使。如研究"制约反应"，即是一例。而对人心之自立自在、自动自发处，反不重视。所以他们并无像中国人所有的"人格观"。他们的"人格"二字，只在法律上用，不在人的生命上用。中国人所谓人格，即人之生命，自动自发、自立自在，非由任何外力来支配使用。

故孔子言"君子不器"。西方人则正要人来作一器用，故西方人生重"外力"。中国人生亦有一种外力，则曰"天"。实则"天"、"人"合一，仍非外力，乃"内力"。

常与变

近代国人，率以吾中华民族为"守常而不知变"自谴。其实吾古人早知"变"，早贵能明变、通变、达变，典籍具在，随处可征，不烦缕举。尤要者，在知变又知"常"。常中有变，变中亦有常，中国古人用一"时"字，即兼容并包此"常"与"变"之两义。孟子曰："孔子，圣之时者也。"《易传》亦言："时之为义大矣哉！"中国以农立国，《书》称："钦若敬授"，《易象》："治历明时"。敬授民时，即是敬授民事。春耕夏耘，秋收冬藏。中国地处北温带，春夏秋冬，四季明晰，并分配均匀。

四季又各分孟、仲、季，一年十二月，气候各有分别，并与农事紧密相关。故中国古人之时间观，并与生命观相联系。时间中涵有生命，生命即寄托于时间。时间属于"天"，生命主要属于"人"。中国古人所抱"天人相通"、"天人合一"之观念，即本农事来。人中即寓有天，贵能以人事合天时，故曰"人文化成"。此"化"字即包有天、有时间，人文即包生命，于自然中演出人文，即于人文中完成自然；故中国古人于同一事中即包有"天时"、"地利"、"人和"三观念。孟子曰："天时不如地利，地利不如人和。"此并不专指兵事言，乃可通指一切人事言。就农业民族之观念，气候固极重要，但必兼土壤。气候、土壤固极重要，但又必兼人事。苟不务耕耘，则天时、地利同于落空。而耕耘则贵群合作。百亩之地，必治之以五口之家，夫耕妇馌，男童司牧，女童司守门户。不仅如此，牛、马、鸡、豚，在一家生事中，亦复相和。而稻、麦五谷，尤为生事所赖。稻、麦之生长成熟，更见与天时、地利、人事一体相和。其事则必经历有时间之变，而变中必有常，可以资人信赖。故曰："但问耕耘，莫问收获。"人事既尽，而天心亦即已在人事中。不尽人力，则天意亦不可恃。故中庸曰："人可以赞天地之化育，与天地参。"苟非有地，则天亦落空，故中国古人必兼言"天地"。但苟非有"人"，人不能"和"，则五谷不生长，既无人文之化成，则兽蹄鸟迹，草木茂盛，只为洪荒之世。故中国古人言天地，又必兼言人，而合之曰"三才"。此种观念，其实乃是一农业人之观念而已。

道与器

《易》有之"形而上者谓之道，形而下者谓之器。"如人之一身，五官四肢，百骸七窍，皆有"形"。形则必可分别。限于其分别以为形者，谓之"形而下"。每一形必各有其用，故以谓"器"。至如身，乃会合此诸形而成。除诸形外，更无他形，则此身实已是"形而上"。但身亦有形，乃谓之"体"。体之形异于其它诸形，乃改名曰"象"。亦可谓象即形而上者，非超诸形之外而谓之形而上，乃会合诸形而谓之形而上，诸形则皆为此身之用，其用则谓之"道"。

五官如耳目，亦各有用，故谓之"器官"。然耳亦为目用，目亦为耳用，五官相互为用，亦共为一身用，斯则必有其"道"矣。更推而上之，夫妇、父子、兄弟各有一身。亦即各有其身之用。但夫为妇用，妇为夫用，父子、兄弟亦互为用，如是而合为一家，则必有一家之道矣。家超于身，若无形，实亦有形。更推而至国与天下，实亦然。更推而至于万物，有生物，有无生物，更推而至于天地，乃合成一大体，有其大用，是即天地之道。所以谓"形而上者谓之道"。

今问诸形何以得相通？则为有"气"。一身之内有气，一家之中亦有气，一国、一天下，以及宇宙万物之间，亦莫不有气。气无形，是气亦形而上者。故中国人称"道气"，不称"道形"；亦只称"形器"，不能称"气器"。实则气乃是一大作用，若言天地万物乃一体，则气即是其大用。非有此气，亦不成其为体。亦可谓天地万物皆形而下，唯气乃形而上。道家言自然，主要即在此"气"字上。

西方人言"形而上"，与中国大不同。如方圆，世界万物依几何学言，乃无一真方，无一真圆。标准之方圆，乃"形而上"，在此世界之外。由此标准，递除递变，而有此世界万物之方圆，则尽属"形而下"。故"形而上"与"形而下"，乃确然为两物，而无所谓"道"与"器"之别。中国之言形而上，主要在其"通"而"和"。西方之言形而上，主要在其"变"而"别"。惟其主通而和，故天地万物可以为一体。惟其主变而别，则天地万物亦无成为一体之可能。

国家与政府

西方人似乎先有"政府"，而同时并无一"国家"观念。如古希腊，乃以一民族同居一小小半岛上，城邦分裂，雅典、斯巴达，如是者，乃以百计。此诸城邦，则各有一政府为之代表，但非先认有一民族与国家之存在。其城邦郊外，尚有耕地与农民，但受城邦政府议会之统治而供其奴役。故古希腊有政府，无国家。

罗马亦一城邦。惟重军事武力，异于希腊之重商业，遂以征服意大利半岛，乃有罗马帝国。但其政府则仍是一城邦政府，而统治此半岛。非由此半岛上人自建国家，自成政府。帝国逐步扩大，北及法兰西、英格兰，南及地中海四围，远及非、亚两洲，然仍由此一城邦政府来征服与统治。此一政府绵延甚久,其间亦有种种变革,然论其大体,则先后相承,无大相异。故罗马乃由一城邦扩张为帝国,实不得谓是一国家。如埃及、波斯,同属此一政府之统治,不得谓同组成此政府。史例昭然,无可否认。

而中国则大不然。中国自始即有一"国家"观念成立在先,然后乃有政府来代表此国家,管理此国家之事。此国家则相传称"中国"。外有四围。亦称"四夷"或"四裔"。先无此固定之分别,而已有此固定之观念。政府可有变,国家则终不变。如先有神农氏,次有黄帝,此两时期政府之详不可知,而其有变则可知。政府交替,中国人称之曰"代"。每一代政府历时有久暂,久者或绵亘四五世、八九世,乃至十几世。每世则称之为"朝",指其为全国所朝向,所共同拥戴。故中国历史上只见有朝代更迭,而国家则依然如故。至今《二十五史》相承,仍为一部中国史。故西洋的国家多变,中国则无变,仅政府朝代有变。继此以往,西洋诸国当仍有变,中国应仍无变。观念不同,而人事亦不同。中国观念先有"家",其家人乃有父母、子女、夫妇诸别。西方人则先有此诸别,乃始合成为一家。孰是孰非,孰为合理?讨论中西文化异同,此一观念,诚值研讨。

群居与独立

中国人好"群居",西方人好"独立"。此又中西双方文化相异一要端。人生不能离群,而西方人乃于群居中好独立。人必有一"己",此己即具独立性,而中国人则于独立上好群居。故中国人乃在异中求同,其文化特征乃为一"和合性";西方人乃于同中求异,其文化特征乃为一"分别性"。推此求之,中西双方文化异同率无逃于此矣。

西方人不言"道",而爱言"权"。道者人所共同,故尚同,而必和;权己所把持,故各别,而必争。道如大路,人人得行。权如天秤,必分两端,众所聚则倾;求其平,则铢两必争。然又不得无变,变又失平,故平权实非治道。此为西方社会之常态,故其乱常多于治。

中国人言命为性,西方人亦言天赋人权。其实未成年,受父母养护教育,何来有权?中年投入社会,能独立,尚权则必争。即在家庭中亦然。西方人言父权、母权，夫妇则必言平等。人各有权而平等。则不见一家之同情，而相处乃必争。年老不能争，又不能独立，乃无地位。入养老院，更复何权可言？故谓"儿童如在天堂，中年加入战场，老年如进坟墓"。此乃人权社会之实况。当代乃群向此途迈进，诚亦大可怜悯之事。

西方人言"人权"，主要为对政治。人群有良政，则其群安而可大；有恶政，则群乱而趋亡。中国乃广土众民，五千年一大国，其有良好政治可知。中国人论政必重"道"，曰"王道"、"治道"。而西方则政必归于"权"，故曰"神权"、"王权"、"民权"。神非有权，乃主政者托神之名以张其权。王权则直夸己权，法国路易言："朕即国家"，是也。民权最先乃由在下者与政府争税额，于是而有选举权与审议权。权不在全民，而在少数纳高税额之人。然即在少数中，相互间亦不能无争，于是而有法。相传英国某时某地区，仅有一合格选民。逢选举开会，其人登台为主席，宣布开会；又下台为选民，自举名；又作另一选民，举手呼赞成；再登台宣布被选人姓名；又下台举手呼赞成；乃如儿戏。但言民权选举者，乃群传此为嘉话。此见西方法治，亦不能无不合情理处。中国人之法，有"律"复有"例"，亦皆能求其变通。

若就中国传统言，政必论道，合理则是，不合理则非。中国君主世袭，然为君亦有君道。举国尊君，亦一道。君无道，即不当尊。"闻诛一夫纣矣，未闻弑君也。"其君失道，即为一夫。中国传统论政，重道不重权，亦不重法，其要旨在此。

中国家庭与民族文化

家庭是中国文化中最重要的一部分。文化有其历史传统，而其精神则可随时有变。今日国人喜新厌旧，只想推翻旧的，创建新的，此亦可说是一种时代精神。本篇主要在陈述历史上的旧家庭状况，至于此下如何开创新家庭，发扬新理想，来符合此时代精神之所要求，则并不拟及。

文化乃人生之整全体。各民族人生不同，斯即文化不同。家庭乃当前举世所共有，但各民族间亦各有别。中国人讲人生，注重伦理，不重个人主义，不独立，不平等，不自由。人生乃由人与人相配搭，相联结，相互成伦，而始融成此群体，此之谓"人伦"。

中国人伦有五：夫妇、父子、兄弟、君臣、朋友。前三伦属家庭，君臣一伦属政治，朋友一伦属社会。可见中国文化体系中家庭之重要性。

今日中国家庭，半新半旧，不中不西。既非个人主义，亦难创造出资本主义之社会。果一意慕效西方，似乎首当改造中国之家庭。首当教其子女尽早独立，争自由于家庭之外，不当纵其享自由于家庭之内。能独立，能刻苦，始能创业。坐拥遗产，即不啻削弱其创业之才能，富家可有穷父母，当亦可有穷子女，乃始为平等。中国人言"诗礼传家"，"孝悌传家"。今则竞尚兴业，但不宜专尚"财富传家"。西方人虽重财富，而财富不为害，因其重个人之独立故。中国人重性情，亦可弥补其不重财富之缺，乃有中国世代相传之家庭。两者间亦各有得失。未可谓重财富者皆是，重性情者皆非。至于性情、财富，如何两相全，兼相济，此须有智慧安排。新旧相杂，中西各半，恐终无善后之策。

孔门创"心丧三年"之礼。今日则无长幼，无先后，人人平等。小孩进幼儿园，其师即称之曰"小朋友"。及其回家，心感地位骤降，宜再难以孝道告之。今日中国人亦尚言尊师，其实已决非中国古道之尊师。人人平等，尊又何在？故西方人处家庭，即犹其处社会。中国人处社会，即犹其处家庭。西方人言独立、自由、平等，乃由其处社会言。中国人言"孝、友、睦、姻、任、恤"，乃由其处家庭言。中西两方人生不同，文化不同，要端在此。

今日国人每言"封建家庭"、"父权家庭"，此亦依社会立场言；又竞言"民主、法治"，此亦社会立场。西方家庭，则仅是社会中夫妇共同生活之一暂时组合。中国家庭，既不民主，又非法治，乃在社会中自有一套千古相传之法度。故以西方观念绳东方，则中国人生活将无一而可。今日国人又好言"大同社会"。然中国古人言大同，亦从家庭生活为其立脚之起点。故《礼运》言："人不独亲其亲，不独子其子。使老有所终，壮有所用，幼有所长。矜、寡、孤、独、废疾者，皆有所养。男有分，女有归。"一切皆就家庭言，其重要性乃在性情道义上，不在财富权利上。今人仅知有独立、自由、平等，仅知有个人之财富权利，无亲子老幼观，亦不许有男女分别，此恐与中国古人所想象中之大同社会已远异其趣。若必从个人主义、财富权利上求大同，则西方之共产主义或转近之。要之，中西人生不同，文化相异，终不可以无辨。

今日国人竞言新文化。既主新文化，宜亦主张新家庭，于是有新夫妇、新父子，乃今国人又尚言孝道。其所谓孝，宜亦是一种新孝。惟"父子"一伦乃对称的，既有新孝，宜亦当有新慈。更要是在"夫妇"一伦，夫妇变，则父子自变。而夫妇、父子，自中国文化旧传统言，乃特为五伦之主。夫妇决不当独立，父子决不当平等，而亦遂无自由可言。今既主新夫妇、新父子，宜亦有新伦理。但破旧易，开新难。求破中国三千年人伦旧统，其事恐亦不易。开辟新道义、新途径，其事恐更难，非咄嗟可冀，当待新圣人出。而今日国人又主张平等，互不相尊，新圣人恐难出现。

色彩与线条

绘画有"色彩"，有"线条"。西方人生似重色彩，中国人生则重线条。姑以男女言，西方人重恋爱，情感方浓，男忘其男，女忘其女，两人浑如一人。但此种态度有其限止，正常人生不能老如此。西方人言"结婚为恋爱之坟墓"，结了婚，成了家，以前那一种浓郁色彩便消褪了，不能再存在。中国人重夫妇，男女双方有其分别，两人间若有一线条，然此乃人生正常状态，可久保勿失。

以几何学言，线条在两面中间，无宽度；有了宽度便成面。因此夫妇间纵存一线，实则两体融合合一，有界隔还是无界隔，此为中国之理想夫妇。其实五伦尽如此。宾主相见，显有界隔，情味和洽，则不啻一体。线条乃和合成体无可避免之必有现象。

"君子之交淡若水"，此言其无浓郁之色彩。言辞赞颂，贷物馈赠，过分在礼貌上用心，亦如酒食征逐，同为一种"市道交"。色彩浓，则情味淡。君子之淡，则淡在色彩上；水则融成一体，浅深流止皆然。人与人相交，则必有一彼此之界线。故《论语》以"绘事后素"为"礼后"。君子相交，礼随于情。但必有其礼，而后情乃可久。人事贵于有线条正如此，形体已成，而再加以线条之划分。此为中国文化，所谓"止于至善"。徒求色彩之浓，则不能久而不变。

朋友然，君臣亦然。君巨无贵贱，同为国，同为民，亦一体，惟职位不同而已。君臣之"礼"，亦君臣间一线条，亦实如无此线条。果真有此线条，则君臣间隔，不成一体，又何从相与为政？今人惟重"权"，有君权，有臣权。臣权在下，忍受吞灭，制为法律，求加保障。君臣非一体，冲突不可免。

以人体言，如首领，如胸腹，如手足，苟使各为一体，则人体分裂，乌得为人？故人体不可分，首领、胸腹、手足乃体中之部分，各居其位，各有其职，而血气相通，可分而不可分，犹如几何学上之线条，实无此线条。余之谓中国人生重线条，乃指此。即师、弟子间，亦当有线条。教者当为学者留余地，不当蔑越学者之位以为教。孔子曰："学而时习之，不亦悦乎？有朋自远方来，不亦乐乎？人不知而不愠，不亦君子乎？"此乃学者之三大要事，孔子未作定论，亦未加详论，仅粗引端绪，以待学者之自思索，自体会。又曰："不愤不启，不悱不发。"教者之启发，必有待于学者之愤悱。故教者如一钟，大叩则大鸣，小叩则小鸣，不叩则不鸣。孔子又曰："不患莫己知，求为可知。"尽其在我，知与不知，专属他人。人我之间，不得不有此一线条。此线条即中国人所谓之"礼"，乃中国人生、中国文化主要精神之所在。

西人似无此线条，亦知尽其在我，而不留他人余地。教者尽为教，色彩太浓，已侵染淹没了学者之地位。惟恐人不知我，不厌在我之表现，则人我之间，倘其见解不相投契，惟启相争，而不得融合成一体。贵贱之外，有贫富。富者崇楼峻宇，画栋雕梁，务极其富有之色彩；相形之下，贫者之草庐茅舍，几若不得成为家。贫富尽有界隔，而非线条，则贫富不相和。

生命与机械

最近美国"航天飞机"之创始，可谓现代化最新一目标。然美国外，继起者惟苏维埃，英、法诸邦无意追随，则现代化亦自有其限度。抑且今之所谓"现代化"，乃在机器，非在生命。生命待机器而化，机器则别有其根柢。非得有如美国之财富，又乌来有航天飞机之创造？苏维埃则牺牲生民衣食以为之。然老子又言："物壮则老，是谓不道，不道早已。"

航天飞机不十年亦将臻于老化，西方科技进展当如此。中国人言："人惟求旧，物惟求新。"中国社会主在人类生命本身上发展，故得有炎黄以来五千年之旧。西方社会主在器物资本上发展，生命本身转居其次；生命表现，亦仅在器物、资本上。如一工厂，其重要表现，亦惟器物、资本，多数劳工无表现。但如航天飞机，岂非亦造于劳工？航天员亦可谓即劳工。围观其起飞与降落者，可多达数十万人；其它全世界人，则全在电视中略睹其形象，或在电报新闻中略聆其消息。故今日之现代化，可谓已全落入机器，而人类生命之本身已不复足道。然苟无生命，何来机器？惟机器之享受，虽曰归于多数人，而机器之创造，则终必归于少数人。今日之言现代化，则惟求多数之享受有机器生活而已。中国人言人生享受，则如父慈、子孝、齐家、治国、平天下，均属生命，不属器物。今日言享受，则惟器物、资本之相争，他复何有？

老子又曰："含德之厚，比于赤子。"赤子知和不知争。窃恐两百万年前原始人类之赤子，亦复如是。中国人则善保此赤子之心。西方人求变求新，方其为赤子，亦如在天堂；及其中年，乃如入战场；及其晚年，则如在坟墓。视人如物，则亦宜其老而早已矣。耶稣以"原始罪恶"言人生，今日科学昌明，世界进化，乃证耶稣之言不虚。本此而言现代化，则恐非末日之来临，无他途之循矣。"现代化"之意义岂果如此？窃愿有意治中国社会史者之有以阐其说。

风气与潮流

"风气"二字乃一旧观念、旧名词，为中国人向所重视。近代国人竞尚西化，好言"潮流"。"潮流"二字是一新观念、新名词，为中国古书中所未有。此两名词同指一种社会力量，有转移性，变动不居。惟潮流乃指外来力量，具冲击性，扫荡性，不易违逆，不易反抗，惟有追随，与之俱往；而风气则生自内部，具温和性，更具生命性，自发自主，自有其一番内在精神，不受外力转移。然则吾今日中国社会，如何能适应外来潮流，而不随以俱去，犹能善保其生命内力与固有的独立精神，使风气与潮流得相与引生而长，实为当前最宜看重之一要点。

西方重多数，中国重少数。多数尚力，而少数则尚德。以力服人，非心服也；以德服人，乃使人心悦而诚服。不尚德，乃始转而尚力。多数压迫，乃若潮流之汹涌；少数主持领导，有同情心，有感召力，乃为大众所归往，始成一理想之风气。中国社会风气堪贵乃在此。现代西方虽科学昌明，而宗教则依然尚在，彼中有殷忧其文化之没落者，亦惟以复兴宗教为念。可见人类社会不能专尚科学与物质文明立国，即西方人亦自知之。

今日国人，观其体肤毛发，则俨然仍是炎黄嫡系；论其心情好恶，则尽归现代化。其实今日国人之所谓"现代化"，即属"西化"。就历史实况言，中国五千年来，非不时时有其现代化。孔子即周公之现代化。中山先生在近代，亦即周、孔之现代化。现代化贵能化其自我，而非化于他人。故中国宜有中国之现代化，而非即中国之西化。如今日国人之所谓现代化，则不过为时代潮流冲卷而去之一较好名词而已。故中国之古人，即吾侪之祖宗，则必加鄙弃；中国之后生，即前代之子孙，则首贵留学。"行易"则在中国，"知难"则付之外洋。故中山先生其人，则必比拟之于华盛顿；其所创之"三民主义"，亦必比附之于林肯之"民有、民治、民享"，乃始有其意义与价值。

今日国人，就其在中国社会言，则崇洋排己，有似于狂狷；就其在外国社会言，则舍己从人，皆为一乡愿。惟为"洋乡愿"，国人仍所崇重。故当前之中国社会，实已变成一洋社会。其名犹是一中国，其形象则全成一洋象，较之蒙古、满清入主时，可谓已天壤相别。此诚时代潮流之所迫，又何风气可言？潮流乃外在一种力量，风气则成自内在之德性，由我为主，非在外力量之所能操纵。但德性出于共同之天赋，实属多数；而权力则必掌于少数人之手。故中国传统实为真重多数。此又难于以名言分析之。

雅与俗

西方人似无中国所谓雅俗之辨，亦可谓有俗而无雅。如希腊各城邦各有其俗，但如何得为一希腊之大雅君子，则各城邦人士均无此想。如宗教，如科学，以及各项学术分派皆以成俗，非以成雅。耶稣之上十字架，以及罗马耶教之地下活动，岂不皆以此俗反他俗？但及耶教风行，教会、教皇，蜂起蠹立，便又有新教，起而反对。科学亦如宗教，其先在落寞中为人所不为，但其后则与宗教成为对立之两型。如哥白尼之天文学，即遭教会压制。其它大批科学家，亦几乎莫不如此，马丁路德与哥白尼，皆受囚禁；而伽利略则遭遇更酷。其实宗教、科学外，哲学亦然。苏格拉底被判死刑。凡一俗起，即遭他俗之反对。此乃违时违俗，并非违理违道。班固《汉书》有言："依世则废道，违俗则危殆。"此两语，在西方历史上，表现得更鲜明。

事态时代化，习俗难返，流弊滋生，此一层，亦在西方史上表现得更清楚。即如科学，在今日之西方，岂不已成世俗化？寻求真理之精神日减，供给俗用之趋向日增，其所以为学者已变质。姑举爱因斯坦为例。初发表《相对论》，几于欲索解人不得，此真乃一种超俗之新理论。但原子能被发现，美国制造原子弹的曼哈顿计画，究不能不说其亦由爱因斯坦所发动。要说明一个秩序井然的宇宙存在，此显是一项真理寻求；但变成为一项大量杀人之武器，终不能不说是一项世俗应用。最高宇宙真理，一经世俗运用，而转成为一项大量杀人之武器，可使人类在刹那间全归绝灭。原子能的惊人力量，不得不谓之亦出于真理。但今天人类的迈向原子时代，却不能说其亦是一真理，只能说其仍是一世俗。"真理"与"世俗"间，岂不应有一分别？中国传统观念，力求提出"道"与"俗"，"雅"与"俗"，"正"与"俗"，"真"与"俗"的一切分别，正为此故。惟其如此，故在中国传统文化四、五千年的长期演进中，世俗力量，终不能过分得势；在西方文化中，则正因此一分别未能鲜明提出，遂不免世俗力量时时上升。苏格拉底、耶稣之遭遇，在中国史上固未见。而如爱因斯坦，虽不愿接受"原子能之父"之称号，但原子时代，究是由其开始。此亦可谓俗势终于胜过了真理。西方史上一切悲剧皆由此。

今天的中国人，一味西化，道俗、雅俗、正俗、真俗之辨，不复关心，而且尽可能加以放弃与否认。尽求科学化，一若科学即是真理，不悟羼进了世俗，则真理可成为非真理，抑且反真理。今天的中国人，又甚至认为能供世俗应用，才始是真理。则如耶稣上十字架，当时其所宣扬，尚未为世俗接受信仰，岂得因此即认其为非真理？又如爱因斯坦之相对论，是否当因其发展成了原子弹，乃始可十足认其是真理？又如康德在十八世纪之末，写了《永久和平》一书，主张有一个强大的国际联盟来维持世界之永久和平；此一理想，至今已弥见为不失为人类和平前途一真理，但此理想，迄今亦仍未能为世俗所好好接受与运用，又岂得即此而便认其非真理？

上举西方史上宗教、科学、哲学诸项来阐明中国传统观念中道俗、雅俗之辨之涵义，可会通于西方历史之具体演进而无碍。此下试再举艺术、文学为例以加说明。在西方历史上，宗教、科学、哲学诸项，显可援用中国道俗之辨来作说明，而艺术与文学，则西方人似乎更偏向通俗一面，与中国传统观念中雅俗之辨更有距离。俗则必尚新，必趋变，无传统可言。近代西方画家如毕加索，在其中年以前，实于彼邦传统画法有甚深造诣；但晚年则画风一变，大异往昔。在世俗眼光中，新与变，总觉可喜，而毕加索之画遂更轰动。但循此以往，另有新毕加索继起，仍必求变，毕加索亦仍必被遗弃。全部西方绘画史全如此，全以能变能新轰动一时，但不久即又为后人之求新求变所弃，而弃之惟恐不速不尽。在中国传统观念下，则一画家果能获得同时及后人多数之爱好欣赏，自必有画理、画法寓其中。一为共通之理法，一为独擅之技巧。若过分注重其前者，则理法不免成为俗。惟注意其后者，则理法虽创自前人，然可以为后世继续发扬光大，成为传统，而永垂不绝。

乐生与哀死

人各自爱其生而畏死，则其世易治。人不爱其生，轻生而不畏死，则其世易乱难治。此理甚为明显，可不详论。

今问人为何不畏死？曰轻生，不自爱其生，故不畏死。再问何以轻生不自爱其生？老子曰："为其生生之厚。"家畜一豕，他无所有，转觉其家之可爱；女主中馈，不务外勤，其家乃可安。此皆生生之薄，乃有此心理。今则成为一科学世界、机器世界，各项机器增新无穷，农、渔、工、商各业，衣、食、住、行各项，皆赖机器。人力为副，退居次要，或不重要地位。家中电灯、自来水、冰箱、电风扇、冷气机、暖气机、电锅、电话、电视、吸尘机、洗衣机、汽车、照相机、手表、计算器，凡此之类，举不胜举。此可谓"生生之厚"矣，而人力乃无所用。故人之生亦惟机器为贵，而自身人力，皆遭蔑视。于是乃轻生，不自爱其生，而转爱身外之物。非此诸物，亦即无以为生。

但此身外之物，取之无尽，用之不竭。我得其十其百，所缺何啻千万？抑且必求变求新，历时三载，家中所有诸物皆陈旧，非另换一套，则将无以见人。故凡我之所尽瘁耗神者，皆为获取此诸身外之物，而非一己之生。非此身外之物，亦即无以成吾生，则其贵物而轻生也亦宜。

故物质世界愈前进，则人生价值愈后退。资本工商业愈发展，则人生情味愈减缩。身为一汽车司机，日入甚微，如此人生，复何意义可言？只有驾驶前之进顷刻，始若能可快意。车经平交道，复何耐心停车枯待？驶车直前，与火车相撞，此司机当场死亡，而其它司机闯越平交道而身死者不断继续而来，此之谓"民不畏死"。人生贵在能快意，彼何尝存求死之心，乃求当前之快意。此种心理，亦宜同情。行刺大总统，行刺教宗，亦何尝与之有深仇大恨，但亦求得一时之快意而已。今群众方以小心谨慎告诫汽车司机，世风方趋于轻生不畏死，以务求一时之快意，则此告诫宜不生效，更何论于古训？

今日世界大量需用人力者有二：一曰军队，一曰警察。警察不许人快意，惟专以法律束缚人，则亦徒增人之不如意。军队则仍亦自求快意，苏维埃派兵直入阿富汗，一时何尝不感有快意？美国飞行航天飞机，则所感快意益甚。第一次、第二次世界大战以后，未满四十年，第三次世界大战，即咄咄逼人，呼之欲出。生不如意，乃求一时之快意，然此快意则仍须在物质上、机器上求之，此乃今日世界形势之无可奈何者。

平常与特出

我们该做一普通人抑特出人，似乎东西双方在此有分歧。东方重在前者，西方则重在后者。西方是一工商社会的文化传统，工商业花样多，大家总想与众不同，有所特出，乃可谋利。不如农业人生，大家差不多，无可特出处。大家想特出，互为不同，即就此点上，依然会见得中西双方大家都一样，不见有真特出。大家走普通的一条路，无多相异，但也依然会在普通中时见有特出。

西方人看人生重在其外面"事业"上。业各不同，而亦时有特出。

但农业五谷桑麻，生产收获，年年差不多，因此农业虽不可无，而不为西方社会所重视。

一切为人、修学、治业，愈普通愈平常，愈可贵；愈见为特出者，纵为人生所不可废，然在中国观念中，每恐其因于特出而有伤于普通平常面而不加提倡。教育子女，必望其为孝子忠臣，或贤妻良母；在家庭，在乡邑，在邦国中，更要者，在希望其为一普通人平常人。近代社会，慕效西风，观念转变。颇闻人言，今日乡村妇女，生男盼其能成一少棒名手，可以扬名海外，举国皆知；育女盼能成一歌星，在电视台、夜总会播唱，月薪收入，超过一大学教授三五倍以上。此皆前二十年所未有之新名色、新行业。费数年时间，在青年期即成社会一特出人物。就社会总体言，亦若多采多姿。就每一人之出路言，亦若远较以前之安常习故为变通而进步。然在前代，亦并非无此等名色与行业，而社会终不重视，目之为江湖卖艺，非不得已，辄戒勿为。即如国剧一项，在百年前，朝野欣赏。名艺人如谭鑫培、余叔岩、梅兰芳、程砚秋辈，岂不举国崇仰。然社会终以流品观念，因其易特出，不认为一普通职业。亦有性所喜好，私下演习，偶尔登台，谓之"玩票"；若竟转入此业，则称"下海"。此非一好名称。可见不普通、不平常之特出人物，向为中国社会所戒慎，不加提倡。

然则中国传统所重视之普通人，不仅在其行为操守上，有一普通规范；即在其营生过活上，士农工商，亦各有规格，戒其逾越。在此普通规范下，尽可有特出表现。但种种特出表现，却不可夹杂有一种营利谋生之目的。纵如一工人，亦可有其特出表现。如陶瓷、如雕刻、如丝织、如纸墨制造，历代皆有名匠。但其表现，乃本之其内在德性之自然流露，非仅为营生。中国社会上，工艺精品，优美绝伦，自古流传，为今人所宝赏者，难可缕举，然要之不为经商营利，则故事轶闻，可资为证者实多。果若夹杂了营利谋生之目的，则其动机在外不在内。若有所成，中国人鄙之为"奇技淫巧"。若推广此义，即书画诗文，若亦夹杂了营利谋生之私图，亦可不必是其内在德性之自然流露，中国人亦鄙之为一匠，同样亦可列之于奇技淫巧之列。"技巧"可以特出，而"奇淫"则所当慎戒。总之，凡其人之特出表现，均应表现在其人生，即表现在其德性上。

即其人之行业，亦即其人生之一部分。一切特出表现，纵是从其行业中表现，亦即是人生与德性之表现，不应由其在行业上之特出表现而妨碍及其全人生与其德性大本之所在。此为中国传统观念中所深思慎虑之一要端。

今日之世情，则人人尽求为一杰出人，再不愿为一平常人。争富争贵者不论，即日常游戏，参加一运动会，亦必求列为冠军。人人又尽加以荣誉奖励。则世道所趋，更何可问？人人能为之事，我不能不为，此乃平等而不自由；人人不能为之事，我亦不能为，而必求能为，此则自由造成不平等。此亦中西文化相异一要点。而孟子"人皆可以为尧舜"之说，乃误解为人人皆可杰出为世界第一人之想。而不知最杰出者，仍当不失为一极平常人。则误解孟子义，其为祸之大，乃必有出乎李卓吾之上者。而今人治学亦正不以李卓吾为怪，而更有重加以崇奉而取法者。世道人心如此，使孟子复生，不知又将何以为言？此诚大堪警惕矣。

为己与为人

孔子曰："古之学者为己，今之学者为人。"中国人言学，主要在"为人"。

人生大群中，必有其一番道义与责任。学则在知此道义与责任，而如何善尽之。故"为己"即"为人"。取悦于人，见重于人，则生之意义与价值，在"人"不在"己"，此何可？荀子曰："小人之学也，以为禽犊。"见人携禽犊为礼，为人则如以己为禽犊。

西方人重"权利"，中国人重"道义"。故西方为人，在向外争独立、平等与自由；中国人则重在己之道义与责任。孔子曰："为仁由己，而由人乎哉？"仁即人道，亦人生之大任。自行己道，自尽己任，此非独立、平等、自由而何？曾子曰："任重而道远。仁以为己任，不亦重乎？死而后已，不亦远乎？"自守仁道，自负仁责，毕生以之，虽独立而不惧，虽遁世而无闷。人皆如此，岂不平等之至？杀身成仁亦自由。道义即自由，而岂外面之束缚与限制？中国人谓此乃"德性"之人生。彼人也，我亦人也，有为者亦若是，复何权利之足言？

性情与自然

天地大自然性情易见者曰"风"曰"水"。和风柔水,易令人喜;狂风湍水,易令人怒。善相风水者,见此地风水好,劝人在此建宅或卜墓,庶生人、死者均易得喜气;见此地风水坏,劝人勿建宅勿卜墓,庶少受恶气感染,不致少喜多怒。我尝与马一浮在四川乐山其所创办之复性书院中长谈,我言:"此处江山佳胜,君居此安乐否?"彼告余:"风水与江浙故乡大不同。风暴水粗,单说每天盥洗,江浙女性皮肤白手嫩,此间那能相比?年老了,每念故乡居。"此见中国人言语文字,须从中国人传统心情求解说,此乃中国心理学。谈及风水,那能只据西方心理谓其是迷信,不科学?

西方人不言"心",乃言"灵魂"。人生前灵魂由天而降,人死后灵魂复归天上。灵魂又像是一具体。中国古人则言人死"体魄"归于地,"魂气"则无不之。所谓"魂"只是一"气"。今试分气为"天然气"与"人文气"两种。人文气从天然气来,但人文气亦可影响天然气。我游北平,此乃中国八百年来一故都,人文荟萃,人文气自与他处不同。江、浙两省苏州、杭州俱难相比。但江、浙积有两千年来之人文气,一离北平城郊,河北全省到处气象,便难与江、浙相比。

"振衣千仞冈,濯足万里流",此亦一风一水,而壮志逸趣,想慕何极?但使振衣矮屋檐下,濯足臭阴沟中,复何志趣可言?故振衣濯足,人人能之,而千仞之冈,与万里之流,此风此水,则非到处所有。人之性情志趣,则必外融于天地,而非可内限于一身。此则风水亦所当重视。

"风萧萧兮易水寒",此亦一风一水。非此风此水,使壮士之不还。乃因此风此水,与壮士胸怀有相同之气象,而遂生其感伤。壮士荆轲之不反,在此风下水滨,送行者早已知之,荆轲宁不自知,而慨然离去,此其所以为壮士也。故燕赵之士悲歌慷慨,关洛无之,江淮更无之。风水不同,斯人物亦不同,乃若性情之不同。性情非限于身体,实与天地万物共此性情。必此心能"一天人、合内外",而此性情之真乃始见。则亦可谓风水即性情、性情即风水矣。

今人误谓性情限于一身,满足我之性情者则在外。一曰"物质生活"，一曰"都市生活"，一曰"政治生活"。特质愈充盈，都市愈繁盛，政治愈显达，而吾身乃益见为渺小。性情无所发舒，于是奸淫窃盗，残暴诈欺，奔走逢迎，层出不穷，亦无所不用其极。要之，是天人隔，气象异，风水不同，而人之性情亦变；不得谓此非人之性情，而无奈其风水之不同，而命运亦随而不同。然而此等皆中国古代人所说，今人则嗤鄙之不以挂口，又何论放存心？

余此喋喋，则惟有使人怒，难以引人喜。此亦风水使然，天地使然，于人又何尤？

安定与刺激

今日人人竞求刺激，论其动机，实为求安定。有刺激，无安定，将使人生今日不知明日，连今日也将遑遑不可终。当今举世在刺激中，但莫谓刺激人生是"现代化"，这是一种要不得的现代化。而且中国人，享受传统安定人生已久，积习已深，一旦转向，内心刺激当更大。现代中国，如坠深坑，如溺深渊，挺拔无从。当前中国人之莫大苦痛与迷惑正在此。

因此当前的中国人，尽求国外定居，在刺激的社会中，内心转觉稍为安定。其留在国内，果能为一活动人物，群生羡慕。然试问整个社会，何以自安？其前途又安在？今日国人，则又认社会安定为落后，尽量追随于外来之刺激。其实刺激不求而自来，自身安定，乃能应付；自身不安定，刺激无法应付。乃又自诋为落后民族，自己文化乃一落后文化。如此则刺激来自内部，非内部彻底变动，生命彻底改造，将无安定可言。于是而求彻底改造士阶层，彻底改造旧家庭，彻底改造旧文化，刺激人生始是新人生，安定人生则是旧人生。"原田每每，舍其旧而新是谋"，窃愿为我今日国人咏之。

学问与知识

中国人重言"学问"，西方人重言"知识"。学问乃求取知识之工夫，知识则学问获得之成果。西方人重"功利"，故重知识成果；中国人重"道义"，故重学问工夫。此又中西文化歧异一要点。

但学问则人人可同，知识则各别相异。故西方人求知识必求标新立异，出奇制胜。我之所知所有，当为他人之所不知所无。亦如商品，只此一家，别无分出，乃可广事推销，多获赢利。此乃为自己谋，非为他人谋。商品出售，果于购买者有真利实益与否，此为商所不计。古希腊人谓"知识即权力"。近代美国哲学家杜威谓知识当如一张银行支票，可向银行兑现，始有其意义与价值。

中国人则不然。知识是各别的，而学问则是共同的。中国人奖励人教导人去学问，却不在知识上来过分求别人。故中国人只称"学人"、"学者"、"学士"，却无"知识分子"一称呼。

进与退

中国传统，身居高位，必务自谦抑。尤其为一国之君，更不轻易表达其自己之主张。即如秦始皇帝焚书，亦下政府公议，而出丞相李斯之奏请。在历代政治文件中，惟皇帝诏旨最无浮文费辞，不夸张，不阐扬，只简单扼要一表示。绝少有政治上之大理论、大发挥。政治上之大理论、大发挥、大文章，则尽在奏议中。而宰相大臣亦少此类文字，大奏议则多出新进后起下僚低位。后世传诵者，亦不为帝王之诏旨，而必为臣僚之奏议。此亦中国政治传统精神之所在。奈今人则尽以"帝王专制"四字诃之。此亦自表达其不读书、无知识而止，他又何言！

今人一依西方，好言平等。惟政治则显不平等。中国人称"选贤与能"，又称"贤者在位"，不贤则不得高踞人上。然使其人果贤，苟居上位，则益当不敢以贤自负，必更自谦下。贤君则敬其宰辅，贤宰辅则敬其僚属。苟其倨傲自肆，即不宜踞上位。至少当貌为谦下，乃得有安居上升之望。此乃中国传统政治风气，亦传统政治心理所使然。故中国传统政治必尚"礼"，礼主敬，不仅当敬其在上位者，尤当敬其在下位者。在上位，既受人敬，斯亦不得不益谦。此亦中国尚礼精神之一种精义所在。故中国人又提倡"尊君"，而今国人则斥之曰"帝王专制"。必对人不尊，乃见为平等，斯诚无礼之至矣！

近代西方民主政治必自露头角，广自宣传，到处演讲，认为非我莫属，意态自傲，恬不为怪。及其出膺大任，既有种种法制束缚，又有议会从旁监察，加之评议。果使其以谦退自居，将不得成一事。故西方政治家必当有傲气，有霸道，法治则所以防其傲与霸。中国重礼治，好让，所以全其谦；西方好争，无法则益以长其傲。风气相异，乃其心理相异，据此可见。

中国人在谦退中，实有一番自尊；西方人在争傲中，其内里实含有自卑。其中尚有心理深处，今不深论。惟中国人反己自问，能自知己尊，则乐此不疲矣；西方人务外，反诸己则常感自卑。此乃双方心理有异。今日国人备受外力压迫，乃亦常有自卑感，故崇慕西化而不知耻。专言政治，在下者不知尊其上，而在上者亦无自尊求退心，则政治自宜西化，再无旧辙可寻。新政治，旧心理，俨如河汉之隔，又乌得以新政治来推论旧心理？

广与深

人生有"广狭"与"深浅"之两面。如服装，率趋时髦，无多分别。仪表则见教育修养，言辞则深浅更易辨，观其行为则人无遁形矣。人生自衣装、仪表、言语、行为以及其心地五方面，逐层推进，递见其深度。孔子曰："不患莫己知，求为可知。"求知于人，自当于此五方面努力。然孔子又曰："人不知而不愠，不亦君子乎？"则知人不易。老子曰："知我者稀，则我者贵。"则人之可贵，正在其有难知处。

人如此，民族更然。大概言之，西方人求之外，贵推广。中国人求之内，贵深存。其先乃由其生事来。中国务农，历千年少变，求于外者易，乃转而求之内。古诗："日之夕矣，牛羊下来。"农人向晚得闲，远眺村外。山坡草原，易见此景。日日可见，年年可见，一生一世，人人世世常可见，似无足道。但山下全村各户孰不有牛羊，放牧山上，结队而下，岂非各户丰衣足食之根源所在？然其存之心者既久，乃百千万户生命之大共体，安其平居，乐其常然。深言之，此乃一种"生命境界"。生命与大自然合一，亦即"天人合一"。人之小生命，乃与其宇宙大生命融洽浸润，俨成一体。故"日之夕矣，牛羊下来"八字，虽不失为一幅好风景，但诗人吟咏，则不专为风景。此八字是何等境地，何等情味，乃得为中国文学上品，传诵三千年！中国文学乃有其特殊极深处。人生即文学，此又中国人生一特殊极深处。

余漫游欧美，好访其乡村。一日薄暮，在伦敦郊外与两英人交谈。知余来自美国，问："美、英孰优？"余对美不如英。两英人惊喜，续问余言何据？余答："此刻村人老幼散步田塍，仰天俯地。美国则大马路上汽车奔驰，乌得有此？"两英人颔首，但又懊然言："美国生活不久即迫来，吾侪此刻景象，又乌能长有？"又指山坡草地言："此等均历五百年以上，在美国最多不逾四百年。"因不胜嗟叹。

人生难言，民族文化更难言。如俄国，显属西方文化之一部分，而地居寒带，又多业农，其民族性显与其它西方民族有不同。余读托尔斯泰小说，每爱其和平忠厚，有恻隐辞让心。在西方文学中，体制题材大同，而心情迥异。又如索尔仁尼琴，逃居美国，乃能直言美国种种缺点，心存故国长处，乃若一时阴阴蒙蔽，恨不能顷刻大放其光明。又如沙卡洛夫，见称为其国氢弹之父，杀人利器由其创制，乃竭意拥护人权，遭政府拘禁，宁甘忍受，不乐流遁他邦。凡此人物，显若与其他西方各国有别。俄罗斯本属一农国，工商都市尚未发展，文化系统显属西方，而人心深处则潜存有东方气息。托尔斯泰之小说，便多染乡土气，即其证。马克思犹太人，本无国家亲，提倡共产主义，以无产阶级为号召。但产业观起自工商都市，犹太人乃一商业民族，马克思侨居伦敦，故其所谓"无产"，乃指资本社会下之工人言，不指农人言。农人乃真有生产；资本企业乃制造，非生产；财富、武装，乃人生中之假生产。故资本社会实可谓一"无产社会"，乃转而凌跨驾驭在"生产社会"之上，而恣其所欲。马克思之共产主义，实应限制商业，使其转在农工之下，务使人人生产，而不占私有之大财富；此则当转成为中国社会。马克思不知有中国，只就西方都市商业社会发论，故其共产思想，仍不失为西方文化之一支。

列宁依借马克思共产主义为号召，推翻俄皇专制，解放农奴，使其尽为自由农民，使人人有生产，而不再受商业资本之剥削。索尔仁尼琴之寄想或即在此，但惜其无此知识，因亦不能明白创此理论。而苏俄自斯大林以下，则转成为西方传统帝国主义之变相，仅求在力上推广，不向心处深求。而更侧重在唯物观点上，凭物而丧心，乃致力于发明氢弹，

一九八七年 丁卯 九十三岁

1903

又求保有人权。此见俄国人之内心冲突，诚不失为人类一悲剧。近代国人，尊慕西化已甚，虽亦崇奉马、恩、列、斯，而国内乃竟无索尔仁尼琴、沙卡洛夫其人者出，此亦诚堪嗟叹矣！

多数与少数

西方言民权，人人平等，故惟多数为贵。然人性终喜于多数中特出为少数。如何乃为特出？自多数言之，最易见者为财富。人拥十万、百万，我独千万，斯为特出矣。故商人谋财富，其意亦并不仅为身家图享受。称为"富翁"，便见特出，心自喜悦。然其评价标准则终在群众之多数，此亦不可否认。

财力之上复有武力。"一将功成万骨枯"，则武力亦当仗多数。罗马武力震耀，环地中海欧、亚、非三洲，无不慑伏。雄心之满足，犹胜于希腊之富商，斯亦足以自豪。然其评价标准，则仍在多数之群众。西方近代之资本主义、帝国主义，乃胥由古希腊、罗马之旧传统来。

不仅如此，荷马为史诗，评定其价值者，乃为其沿途四围之听众。使无此听众，荷马亦何由成名？雅典市区有剧场，每一剧之演出，亦仗观众而成名。即至近代，莎士比亚不知其究为何人，然一剧登台，观者累月盈年而不衰，斯即成名矣。其评价标准亦在多数观众，不在作剧者之一己。其它文学，亦多以畅销书成名。

文学然，艺术亦然。近世西方画家必开画展，竞售一空，斯即成名矣。西班牙近代大画家毕加索言："我画之价值不在我所画，而在我画上之题名。"人尊其名，即画价高昂。其评价之标准，仍在外面多数，不在内之一己。则文学、艺术亦尽如一商品，必入市场，乃有价值可言。西方人重多数，则其趋势必如此。而人性之喜于群众中求表现，其例犹不止此。

惟人生既过分崇尚多数，终亦不免轻忽少数。而少数则诚有杰出于多数者。在古希腊之雅典，即有苏格拉底在街道上宣讲哲理，遂以招忌，竟入狱判死；岂能亦如唱诗演戏，仅供大众之娱乐？

中国人重少数，西洋人重多数。其实此乃重"抽象"与重"具体"之一分别。多数人仅知具体，惟少数人乃能知抽象。如言生命，多数人仅知食、衣、住、行一躯体之生命，独少数人乃知天命与人性之为生命。中国人重少数，故重言"道"；西方人重多数，则仅言"理"。中国人能举其共通处，而西方人则只指其分别处。如中国人言"天"，乃一共通体；西方人则言"上帝"、"天堂"与"灵魂"，皆天体中之分别处。故中国人不能有如西方人之宗教信仰，而西方人亦决不能有如中国人之天道观。

惟其中国人重抽象，故多言共通处。此一时，彼一时，此一地，彼一地，皆可有其相互共通之处。故孔子言继周以往，虽百世可知。百世已达三千年之久。三千年前人，已可知三千年后事。故中国人好言"常"，轻言"变"，乃若无进步可言。此之谓"达观"。由一己即可推而知大群，由当前即可推而知古今。此等知识，只能为少数人所具有，故曰"先知觉后知，先觉觉后觉"，而中国之圣人乃能为百世师。

尊与敬

中国人极重社会风气，善风良俗，可以数千年不变，如敬老尊贤。古代井田制度，年老归田即成无业。然六十杖于乡，七十杖于国，不仅家人侍养，亦获乡里邦国人之崇敬，所以高寿为人生一大幸福。而老年人慈祥安和之心情，无形中亦于社会一大影响，乐生之情，油然而生。

人群中必有才智俊秀异人，纵非大圣大贤，即乡里之贤，必受乡里之推尊。乡里事皆受其判断，从其指挥。余生三十年，每见此风尚在。周围三十里内，乡村、市镇必各有贤，一切事由其主持。故乡里间经年可不上官府，官府亦经年不下乡里。不仅如此，即府城、县城亦然。

今则老年不仅不受敬，甚至无依靠，如此则心不安。人生必期望老寿，老寿不安，则成年人亦心不安。贤不尊，则别求表现以自尊。求富求贵，专为一己谋，不为他人谋。他人亦惟尊富贵，不尊贤。风气如此，社会又何得安？果归咎于政府，则举国上下俱不安。人之才情意气，必有所发泄，转求发泄于国外，资本主义、帝国主义乃为群心所共趋，而举天下亦不安。

才性各异，亦有不务外求财富、权位，而拳拳以杜门读书自乐者。此亦可谓有贤于人。余幼年尊师重道之风犹有存，私塾师亦备受尊敬，年老则所受尊敬益甚。余在新式小学、中学读书，年长诸师，其受尊程度亦较新进为高。及自为小学、中学教师，虽年幼，亦备受社会推敬。师心安，学校亦安，全校诸生亦皆安心，受学无他心。

其实当时尊师之心，亦即传统尊贤敬老之心。师即贤即老，人人心中皆知对他人有尊敬，此即中国人相传之所谓"礼"，而"乐"亦随之。不仅受尊敬者心安而乐，即尊敬他人者，其心亦安亦乐。中国人教人尊敬人，由家庭始。子弟地位轻，父兄地位高。即对死者亦然，《论语》曰："慎终追远，民德归厚矣。"要之，教人不忘其子弟心，不忘其对人尊敬心，而又使人人能得人之尊敬，则生男育女以至老寿，生命自安自乐，亦自足矣，他复何求？故必自修身、齐家，乃至于治国、平天下；此乃中国传统文化一贯大道之所在。

"新文化运动"以下，中国人心大变，不求尊人敬人，务求人尊人敬；不甘为子弟，尽求为父兄。但闻有青年为国家之栋梁，为求变之新进，其受尊敬有如此。苟为子弟，焉得求父兄之尊敬？人无子弟心，又焉得有父兄心？为父为兄，不复见尊敬，遂竞求之外，曰财富，曰权位，曰名誉，成为人生之归宿。而人心又难于骤变，中国传统向不教人尊财富，故求人尊敬，亦不重财富，而更重权位与名誉；但财富亦非所鄙。尊家长则斥之曰"封建"；尊政府则斥之曰"专制"；尊师则斥之曰"顽固守旧"；乡里都邑亦有贤，苟得尊敬，则斥之曰"土豪劣绅"。全国家、全民族，则斥之曰"不开化落后"。风气所趋，不论历史与现代，乃无可尊、无可敬，而其实际存心，则仍在求人尊、求人敬。其惟一道途，惟一方法，则先尊敬西方，乃可得人尊敬；而其影响乃深及于举国之上下。故当前立国为人之大道，惟曰尊西方、敬西方，所幸者则"尊敬"二字仍自中国之旧传统。果尊西方，则当尚争夺，不务尊敬。故当前之中国社会，争夺是其实，而尊敬则其虚。此为当前大祸深病之所在。

中国人信尚尊敬，首为父母，可尊可敬。大舜、周公，父母不同，尊敬则一，乃亦同受人尊敬。则同孝父母，亦同受人尊敬。人孰不有父母，果能孝，亦孰不受人之尊敬？有所尊、有所敬，斯能让，故孟子曰"人皆可以为尧舜"，即不啻言人皆可以得人之尊敬。得人尊敬，则心乐心慰无余憾矣。中国社会之可大可久，则惟此之赖。

今国人则尽言自由、平等、独立，而全社会，通古今，乃不见有可尊可敬。而尊敬之心，则所天赋，终亦常存。故尊器尊物，尊财夺利，尊势尊权，尊名尊位，无所往而不见尊，独不尊己尊人。一若天生斯人，乃独无可尊。西方人虽尊上帝，亦尊上帝之在天堂其位其势，而非尊上帝之为人；虽尊耶稣，亦尊其为上帝之独生子，上十字架而复活，但亦非尊耶稣之为人。今国人则尊西方人，但西方人亦非可尊，亦尊其财、其利、其权、其势而已。果使中国传统文化复兴，能尊敬父母，又能敬老尊贤，又能尊师重道，斯治国之上达于平天下；又必能尊敬及于外国，及于西方，及于全人类；则此一片尊敬之心，充实光辉，以达于圣而神之境界；而中西双方以及全世界社会人生，亦未尝不可臻于化而达于道一风同之境。（其它篇略）

复智谨案：是年九月一天下午，素书楼的同学们辛意云和我等数人约定前往晋谒钱师。当时，钱师送给我们每人一套《晚学盲言》，内封页有师之亲笔签名，大家如获至宝，高兴异常，连声道谢。近年来复恭读此书，借以重温昔日受课情景。

八月，《中西政教之分合》，刊于该月十七日至十九日《联合报副刊》，此文发表后，又重作修订。一九九八年收入联经《全集》第三十七册《文化学大义》。二〇〇一年收入素书楼文教基金会·兰台出版社《文化学大义》。页一七八～一九〇。其大要如下：

中西政教之分合

（一）（略）

（二）中国人主政教合，但究当"教合于政"，抑"政合于教"？其间亦有歧异。

孔子志在承袭周公，其门人谓："学而优则仕，仕而优则学。"孔子本一平民，苟得志而仕，最高希望亦仅得为周公，不得为尧、舜、禹、汤、文、武。是孔子所主政教之合，乃"教合于政"，政为主，而教为从。学术当求合于政事，而政事为之主。故其告颜渊曰："用之则行，舍之则藏。"谓若得用于政，则行道于天下。苟不获用，则惟有藏道于身。

其终生从事教育，乃亦其藏，非即行道于天下。是孔子意，教必待于政而其道始行一明证。

下及汉武帝，表彰五经，罢黜百家，孔子儒学乃大行。汉高祖得天下，本约非刘氏不得王，非有功不得侯。所谓功，乃指军功，即助汉得天下者。而汉武帝独起用东海一牧豕奴公孙弘为相。既拜相，乃封侯。此下汉室遂从高祖以来之军人政府而完成为一"士人政府"。非治儒家孔子之学，即不得仕于朝。但政学合，实自秦始皇帝已然。

秦始皇帝统一天下，李斯为相，乃楚国一儒生。齐国人蒙恬为将，始皇帝太子扶苏，乃在蒙恬军中为一僚。其焚书案亦从宦相李斯议，是始皇帝时已政学合，惟学术之主不在儒家。战国时，已有"士贵王不贵"之理论。此皆中国文化传统主"政学合"之明证，惟周公以上，政教合主要在"天子"；周公以下，政教合主要乃在"相"。不同在此而已。

其实中国在封建时代，国之上尚有天下。秦室统一，一国乃即如一天下。此所谓"无不亡之国"者，乃指天子中央政府言，但此下汉室之亡，非即中国之亡。《二十五史》屡见王朝兴亡，而中国之为一国，则常存不亡。故顾亭林言："有亡国，有亡天下。国之兴亡，肉食者谋之。天下兴亡，匹夫有责。"此谓亡国，即指中央朝廷言。亡天下，乃指民族文化传统大道言。在当时，明室已亡，而天下犹存，所谓"天下"，实即指中国，此又不辨而可知。

但既有"国"与"天下"之分，国之重要性偏在"政"，而天下之重要性则偏在"道"。故政学相通，有时可指国言，有时则指天下言。一国政府之亡，非即天下之道即其民族传统文化之亡。政府虽亡于上，而其道则尚存于天下。如明室之亡于满洲，非即中国之亡即是矣。

唐韩愈《师说》已言："师者，所以传道授业解惑。"则师之所在即道之所在，政学相通，亦可谓其先乃通于师门。故韩愈又谓："师不必贤于其弟子，弟子亦不必不如师。"则师弟子之相传，主要即在"道"。今如以周公为师，孔子为弟子，则孔子之道，岂不犹胜于周公。此其说，下迄宋代而大显。

周濂溪教明道、伊川二程兄弟"寻孔颜乐处"。如是则政学合，乃转而合于一在野学者之"心"，非即合于在朝之君相。合在"学"，非即合在政。周濂溪当荆公变法上下相争时，发明此一大义，实即中国传统文化自孔子以来一千余年一大发现，一大进步。二程承之，宋学遂兴。而中国此下之士气与政风，乃亦从之而大变，此尤值加以深论。

二程同时尚有张横渠，其言有曰："为天地立心，为生民立命，为往圣继绝学，为万世开太平。"此其主张政通于学者，乃益显。下迄南宋，论及朝廷政治，则益不如北宋。而论及在野之学术大义，则有朱子其人者出，其学乃更显更大于周、张、二程，可谓其"集理学之大成"。朱子又有《论孟集注》、《学庸章句》，定为四书。简要明白，实远过于以前之五经。而当时朝廷乃亦以朱子与北宋程伊川同列为"伪学"。此益见政学合之主要乃在学，不在政。"政"乃当代一时事，"学"则传统长流，可大可久，益进益通，其道无穷。

（三）（略）

（四）孙中山先生起，始唱"三民主义"，尤为中国传统政学合之一新发现、新创造。故其所讲演，乃与西方学说大背其趣。今日国人则偏向于西方之政学分，乃不敢称道及于中山先生，更不论于引申而发挥。

（五）如罗马，意大利人，岂得自视为与罗马人同一国？其它意大利半岛以外人，又岂得自视为与意大利人同一国？当时乃以军力合成一帝国。就实论之，实非中国传统之所谓"国"。征服地与被征服地，显有甚深的区别。国不啻即如一天下，而实亦非一天下。故罗马帝国之覆亡，其被征服地之获解放，决非如中国在一国之内有朝代之兴亡。

如中国，则自黄帝、尧、舜以来，历史绵延，疆土日廓，乃独常有得，而不见其有失。中国《二十五史》，朝代兴亡，而中国之为中国则自若。此如孔子以来，子孙相承已七十余代，而孔家之为孔家则自若。

（六）西方与中国之相别，乃在其文化。文化在人，非属天。

故西方人论学，或崇宗教，或崇科学。愈近人，则愈见其不尽然，而无可恃，如是而已。故西方文化自中国语言之，实可谓乃"有天无人"，天人不相合。中国人则主"天人合一"，人当合于天，天亦当合于人，乃始无憾。

今言政与学，自文化浅演民族言，当以政为主、学为从。自文化深演民族言，则当学为主、政为从。

（七）（略）

九月，《国史馆撰稿漫谈》，刊于《国史馆馆刊》复刊第三期。收入联经《全集》第三十二册及同前出版社《中国史学发微》页二八四～二八九。案本文主要是谈今后修国史的方向，及"列传体"与"书志体"的轻重问题。大意谓：

向例旧史均经国史馆定稿，俟其朝代亡，新朝继起，始正式加以编定，作为前朝之史。但今已转入民主时代，再无改朝易代之事。国家政事均经会议公定，则史稿成，亦当随时公布，或经某项特设之会议审定。即如对日抗战，迄今亦逾五十载，民国以来国家大事莫过于此。八年来之抗战史实，国史馆正宜早有一定稿。但亦似未闻有成书。事过境迁，继今以往，人事更迭，岂不将更臻渺茫，更难论定。

今日中国一切政治皆奉西方模样，而国史馆则系中国数千年来之特创。西方无此成立，无经政府正式编定之国史。民间史书，亦近代始有。此与中国传统历代有正史，由政府设专官撰定之意义价值大不同。

又当前政府一切政事，依西方例，均经由立法院加以审定。惟国史馆记载史事事属专门，民选议员未必能评论史传记载；似乎不宜依照西式，亦由立法院审议。或由立法院另设一特别组织之会议，加以审定。又或由政府另定机构任其职。

但如中央研究院，本先有历史语言研究所，以"语言"与"历史"并列。此亦承袭之于西方。中国语言、文字有分别，不得以历史与语言并列。今日国史馆倘有成稿，亦不当付中央研究院史语所论定。或可即在国史馆内，另聘一审定机构。此亦当由政府决定。一切国史成稿，由该组织决意通过，再公布之于社会，由大众公议；或再有拟加商榷讨论事，始成定稿。此事在西方各国中均无先例，无所模仿取法。须由国人自经商定，早付实行，乃始有名实相循之"正史"可言。倘今仍不正式从事，则学绝道丧，此下将更无正史编定之可能。

孔子之晚年作《春秋》，而游夏之徒不能赞一辞，此即在其褒贬上，而其意深远矣。然则写史又何可不知有褒贬。若重事而轻人，则褒者或有贬，贬者或有褒。褒贬既相异，而其所谓史亦可大不同。故治中国史，则断不当重事而轻人,尤不当于人无褒贬。若仅求真凭实据,而无所褒贬,则自中国文化传统言,又何贵有此史?倘重书志不重列传,此亦不免史学之西化。

十月八日,《敬告中华民国的青年们》,《中央日报》邀稿,报社刊载时改名为《及时作青年》。收入联经《全集》第四十二册及素书楼文教基金会·兰台出版社《历史与文化论丛》页三七二~三七六。摘要略。

十月十日,撰《〈论语新解〉再版序》。收入联经《全集》第三册及同前出版社《论语新解》页八。文中有云:

《论语》二十篇开始即曰:"学而时习之,不亦悦乎。有朋自远方来,不亦乐乎。人不知而不愠,不亦君子乎。"孔子一生为人,即在悦于学而乐于教。人之不知,亦当指不知此上两端言。故又曰:"若圣与仁,则我岂敢。我学不厌而教不倦。"又曰:"十室之邑,必有忠信如丘者焉,不如丘之好学也。"则孔子之自居,在学在教,不在求为一圣人。《论语》书中岂不已明言之。

此犹言:"但问耕耘,莫问收获。"抑且秋收冬藏之后,岂能不复有春耕夏耘。

十一月,《个人与家国》,刊于台北《动象月刊》第十一期。一九九八年收入联经《全集》第三十七册《文化学大义》。二〇〇一年素书楼文教基金会·兰台出版社整理新版印行。页一五六~一六八。其大要如下:

个人与家国

(一)中西文化不相同,主要在人与人之相互关系上。西方人似应主"性恶论",互不相信,乃有"个人主义"。中国人主"性善论",能自信,亦能信人,仍有"大群主义"。

西方人信有上帝,乃创宗教。信科学,乃创唯物论。人与人不相信,其日常相处难,乃赖法律。法律具禁戒性、防止性、非有交付性与寄托性。于是人与人相处,惟有敌对与相争。

中国人认为人生，外面是物质，即自然，即天。内部是道德，即心，即人文。个人人生最属自然，但个人必融入大群中，乃得为真人生，即道德的人生。其重要关键，则在其有"家庭"。

中国大群主义则幼有所养，老有所安，老幼亦同如中年，各得其所，各为人生之一时期，君子无入而不自得。此之谓"天人合一"，乃成为忠恕一贯美满完整之人生。

故中国大群人生于"个人"之上则必有"家"，有"国"，而乃至于"天下"。盈天之下同此"群"。

（二）希腊未建有国，罗马仅一帝国，乃并吞四旁他人之国以为国。实仍由希腊式之城市扩大而来，其主要中心仍为一城市。非如中国，国之中心乃各自之"家"，家之中心乃各自之"身"，由家扩大而成"国"。

罗马覆亡，北方日耳曼民族有堡垒家庭之兴起，始与中国家庭约略有其大相近似处。但于中国由家庭而为氏族，又由氏族而成为封建国家，日耳曼当时则尚无此进程，可谓乃仅中国封建之初步。

又中国封建诸侯之上，尚有一"中央天子"，与其四围之诸侯联合成体。而日耳曼堡垒时期仅得称为一王国，此外又有一罗马教廷，此与中国之有中央天子大不同。

（三）今以一国之政事言，如美国，大总统任期四年即满，连选得连任，但亦八年而止。美国大总统连任三期者殊少。试问八年间，治国安民，移风易俗，又何所施而遽得见效？

汉武帝表彰五经，罢黜百家。使中国帝王亦仅以四年八年为期，而凡为帝王者，又必意见不相同，主张必相异，王位变，政事亦随而变。试问此表彰五经罢黜百家之一事，其意义价值与影响，又当如何？

西方人不仅于一国元首之任期必加以限制，并对凡为元首者亦率无好感，必加以重重防戒与限制，此即国会之任务，乃得称为民主。故为政府元首者，亦不得真为一国之主。中国人称"君主"，为君者必当有所主。使不许其有所主，又何必设此一君位。

（四）天地生人，必生有男女，又必男女相配合，乃得下一代之续生，而有长幼之异。

中国人之五伦，夫妇一伦，即由男女相异来。其主要之父子一伦，乃由长幼相异来。此实五伦中之最要两伦。此则太史公所谓"天人之际",而"古今之变"亦无能逾此矣。

有夫妇、父子之两伦,乃能由个人进而为家庭。既有家,乃有族,中国封建即由氏族来。由封建而统一,乃成为国。故中国之大一统,亦由氏族来。则由家有国而天下,亦一以贯之矣。

由天而人,由人而天,"天人合一",乃始有家庭、大群、政治、社会一切人道大义之可论。

中国道家重自然。儒家则重性命、重天,乃重人伦,即重长幼男女之别。故中国文化必兼儒道孔、孟、庄、老而始定。

中国主常道,而西方则惟变无常。中国法以"守常",西方则法以"制变",亦惟刑法乃可常。此又与中国人言道与法之大同而可常者又不同。此亦中西文化一大相异处。

(五)西方近代民主政治称"法治",中国传统则当称"礼治"。

"礼"之主要,即在长幼男女。又礼分宾、主。人之祭天地,则天地亦当为人生中一体。故曰:"一天人,合内外。"

十二月,《西方个人主义与中国为己主义》,刊于台北《动象月刊》第十二期。一九九八年收入联经《全集》第三十七册《文化学大义》,及同前出版社。页一六九～一七七。其大要如下:

西方个人主义与中国为己主义

(一)近代人称西方为"个人主义",其实中国亦同是个人主义。个人乃人群之本源,使无个人,又何得有群?

西方偏重物质方面,故其所谓个人,乃以"身体"为本。中国偏重精神方面,故其所谓个人,乃以"心性"为本。此乃其大别所在。

故中国人不称个人,而称为"己"。故"为己之道"、"为己之学",实即中国之个人主义。

"己"由父母来,非父母,何来有己?故中国人道最重孝。然生必老而死,非有子女,则己之生命即断绝。因有子女,己之生命乃得持续不断,故中国人又重慈。中国人又重夫妇和爱之道。"爱"与"慈"与

"孝"，乃中国伦常大道之本。其本在己之一"心"，此即可谓中国之"个人主义"。实即与"大群主义"无异致。

故中国人之伦理，由"夫妇"乃有父母子女，又得有兄弟姊妹。由"个人"而成家成群。我之子女，又与人之子女配为婚姻，成为夫妇。于是而中国之家乃有内外之分。"家"之扩大为"氏族"，再由氏族扩大而为"邦国"。故古之国，皆以氏族成，如陶唐氏、有虞氏、夏后氏皆是。再由诸国推尊一天子，于是而成为"天下"。凡天下之人类，乃得和合成为一大群，而相安以为生。由个人而至于天下，此乃中国文化理想之极致。

（二）故中国人之个人主义，必知"彼""我"同是一人；盈天下大群，亦同是一人。人与人相处，必互有其道。故中国之个人主义，即"平天下"之道，贵在己之能尽其"心"。

西方人之个人主义则不然。西方人当主性恶论，其所谓人，乃指其"身"言，不指其心言。人身同是一物，故西方又可由个人主义而达于"唯物论"。盈天下皆是物，人与人亦如物与物。彼我无情，乃惟有以法治，无中国人"仁道"与"礼教"之观念。其哲学思维，亦必以唯物论为主。即为唯心论，亦谓心以为然，乃属知识，非关情感。故西方哲学亦"尚智"而"非仁"。

（三）西方个人主义乃为个人谋取权力与福利，其对象在外，乃对物不对人，纯凭知识，不凭情感。其对人乃为一种手段，非道义，所重乃在对象、即物，只在外面，故重客观。

中国人则心安理得，理在心中，当下即是。如何自尽吾"心"，自竭吾"诚"，其主要用力仍在"己"，在主观方面。此其大不同处。

故西方文化主要中心，可谓只是一种科学的，乃是一种"工具"的。而中国文化之主要中心，则应属一种"艺术"的，即是"本体"的，非工具的。

（四）西方个人主义各为己私，私与私相争，求解决，乃尚"法"。法从何来？乃贵民主多数由公议而来。如今美、苏核子弹之争，仍得由美、苏两国自求解决，岂能由国际会议来求得一解决？则"民主"与"个人主义"，岂不亦成一相反。

一九八八年　戊辰　九十四岁

一　国内大事

一月十三日，蒋经国"总统"去世，"副总统"李登辉继任为"总统"。

八月十八日，"行政院"成立任务编组的大陆工作会报，协调各主管机关处理有关大陆事务。

十月，中共国务院成立台湾事务办公室。

二　事略

先生于一九八六年暑期起，应素书楼弟子辛意云等数人的恳请继续在家中授课二载，至是年方休。距一九一二年任教师职，共计七十七年。

三　著述

二月，《九十三岁答某杂志问》，刊于《历史月刊》一期。收入联经《全集》第五十一册及素书楼文教基金会·兰台出版社《八十忆双亲师友杂忆合刊》页四二六。

我平生自幼至老，只是就性之所近为学。自问我一生内心只是尊崇孔子，但亦只从《论语》所言学做人之道，而不是从孔子《春秋》立志要成为一史学家。古代中国学术界亦尚未有专门"史学"一名称。西汉太史公司马迁写《史记》时，亦只见其尊孔之意。我之爱读《史记》，主要亦在此。非专为有志如近人所谓成为一史学专家，亦非专为有志如近人所谓之治文学。只是生性所好，求为一"学而时习之"之平常人而已。

我生平做学问，可说最不敢爱时髦或出风头，不敢仰慕追随时代潮流，只是己性所近，从其所好而已。我到今也常劝我的学生，千万不要做一时髦人物。世局有变,时代亦在变,三年五年,十年八年,天地变,时髦的亦就不时髦了。所以不学时髦的人,可不求一时群众所谓的成功,但在他一己亦无所谓失败。

我一生最信守《论语》第一章孔子的三句话:"学而时习之,不亦悦乎?有朋自远方来,不亦乐乎?人不知而不愠,不亦君子乎?"这是教我们一个人的做人之道,亦即是教我们做学问的最大纲领。我自七岁起,无一日不读书。我今年九十三岁了(复智按:前面的九十四岁,系为农历的虚岁,此为实岁),十年前眼睛看不见了,但仍每日求有所闻。我脑子里心向往之的,可说只在孔子一人,我也只是在想从论语学孔子为人千万之一二而已。别人反对我,冷落我,我也不在意。我只不情愿做一孔子《论语》中所谓的小人,"人不知而不愠,不亦君子乎?"

中国传统上做学问要讲"通",我不是专研究想要学近代人所谓的一文学专家或史学专家。亦可说,我只求学在大群中做一"人",如中国传统之儒学子学,至于其它如文学史学亦都得相通。如我的《先秦诸子系年》是讲的子学,非专为史学,但与史学相通。我写此书是因我在中学教书,学校规定每位国文教师除教国文课外,另需开《论语》、《孟子》、国学概论三门课。那年我教《孟子》,《孟子》第一篇讲到孟子见梁惠王,这事发生在梁惠王的那一年?自古以来成一大问题。我为考订此事,于是启发了我写《先秦诸子系年》这部书的最先动机。后来如我写《国史大纲》,乃是一本上堂讲过七年教科书。那时我做学问的主要兴趣,只注意在中国史方面。以后我的注意又逐渐转移到世界各民族的文化问题上去,我的主要兴趣到文化比较上,但亦都为解答我自己一人心中的问题。就我一生读书为学的心得,我认为据中国历史传统实际发展的过程看,自古以来学术思想是居于人生一主导地位的。上之政治领导,下之社会教养,全赖学术思想为主导。我更认为不仅中国过去如此,将来的中国,亦必然应该要依照传统重振学术才有正当的进程。一个国家,一个民族,各有他自己的一套传统文化。看重学术思想之领导,是我们传统文化精神之精华所在,这是不能扬弃的。看重我们自己的传统文化精神,必须看重儒家思想为之作主要的中心。

换句话说,看重中国历史绵延,即无有不看重儒家思想。儒家思想内在一面有其永不可变的外貌，如修、齐、治、平皆然。另一面亦有其随外面时代需要而变的内在思想，如孔孟程朱皆是。举个简单的例子，孔孟同属儒家，但孟子思想与孔子亦有所不同。这因时代变，思想亦必然随而变。但在追随时代的不断变化中，有一不可变的传统精神，是我们最该注意的。今天的世界，交通方便，全世界如一国。我认为儒家对今天以后的中国，仍当有其不可磨灭的贡献。其对世界文化亦自有其应有之影响。至少可以说，对时下世界亦同时有间接的贡献。

简单的说，我一生读书只是随性所好，以及渐渐演进到为解答在当时外面一般时代的疑问，从没有刻意要研究某一类近代人所谓的专门学问如史学文学等。这是我一生学习的大纲，亦是我私人一己的意见。

三月，《谈当前学风之弊》，刊于《动象月刊》十五期。收入联经《全集》第二十四册及同前出版社《学籥》页一七六～一九六。摘要如下：

案先生一九八八年一月自记："一九六四年十月、十一月、十二月，余曾对新亚研究所学术讨论会作连续三次之演讲，讲题为'谈、续谈、再谈当前学风之弊'。当时无录音、无笔记，久已忘之。今检理旧稿，偶得当年讲演前准备之大纲。事隔二十余年，已不忆当年如何讲述。年老，脑力已衰，今亦无从再加发挥。惟思此题颇有意义，弃之可惜。仅将原来讲演大纲敷为此文，聊供读者参考。其中多重复语，不再删节。"

六月，《三民主义统一中国之我见》，刊于《动象月刊》十八期。收入联经《全集》第二十三册及同前出版社《中国学术思想史论丛》（十）页二五七。摘要略。

七月二十二日，撰《〈国史新论〉再版序》。收入同前出版社该书页六。文中有云：

余幼孤失学，本不知所以治史。增知识，开见解，首赖报章杂志。适当"新文化运动"骤起，如言自秦以下为帝皇专制政治，为封建社会等；余每循此求之往籍，而颇见其不然。故余之所论每若守旧，而余持论之出发点，则实求维新。亦可谓为余治史之发踪指示者，则皆当前维新派之意见。

窃意国史具在，《二十五史》、《十通》之类，虽固浩瀚难穷，亦复一翻即得。余生斯世，岂敢轻视当世人之意见。然史籍详备，我古昔先民之郑重其事，吾侪亦不当忽视。余之治史，本非有意于治史，乃求以证实当前大众之意见而已。读余书者，若能效区区之所为，遇当前意见所趋，涉及古人，亦一一究诸旧籍；遇与当前意见不合处，非为欲回护古人，乃庶于当前意见有所献替。则诚所私幸。固非谓余之浅陋愚昧为必有当于古人之真相也。

九月，有答某杂志问，《从历史文化看时事笔答录第一篇》。收入联经《全集》第四十二册及同前出版社《历史与文化论丛》页七四。

台湾问题最主要的还是一个民族问题，台湾人彻头彻尾应该是一中国人。所以全部的中国文化传统观念，应该是台湾人所当尊重保留的。台湾将来的前途，同样在全部中国民族历史的前途中，远离了中国民族传统的精神，台湾的前途便会感到可忧可怕了。换言之，台湾人没有广大深厚的"中华民族观"，就没有前途可言。他决不能脱离了中华民族大体，而单独有他台湾人自己的前途。

台湾是属于中华民族的，中华民族未来的方向也就是台湾未来的方向。我认为台湾脱离了其民族大体，即中华民族，是绝无可喜爱可希望的前途的。

九月，《纵论民族之前途》，刊于《动象月刊》二十一期。收入联经《全集》第二十三册及同前出版社《中国学术思想史论丛》（九）页一四七～一六一。摘要略。

一九八九年　己巳　九十五岁

一　国内大事

五月十五日，苏联领袖戈尔巴乔夫访问中国大陆。

六月十日，开放海峡两岸间接通话（报）及改进邮寄信件手续。

六月二十四日，江泽民接任中共中央总书记。

二　事略

秋，先生由夫人钱胡美琦女史陪同赴香港参加新亚书院创校四十周年纪念会。

三月，财团法人素书楼文教基金会创立，创办人为先生，由夫人任董事长，创办基金全由先生与夫人之稿费捐献。

基金会以宏扬中华文化为唯一宗旨。

三　著述

三月，《中国史学发微》、《国史新论》增订新版，由台北东大图书公司刊行。一九九八年收入联经《全集》第三十二、三十册。二〇〇一年素书楼文教基金会・兰台出版社复整理新版重印。摘要略。

三月，有答某基金会问，《从历史文化看时事笔答录第二篇》。收入联经《全集》第四十二册及同前出版社《历史与文化论丛》页七四。摘要略。

五月十八日，撰《新亚四十周年纪念祝辞》，连同《新亚书院创办简史》，刊于《新亚书院四十周年校庆特刊》。收入联经《全集》第五十册

《新亚遗铎》，先生特于后文中，针对新亚校史记载不实处，提出四事，加以更正，其文云：

一、新亚前期亚洲文商学院之创办，主张自张其昀晓峰先生。谢幼伟、崔书琴、某君（忘其名）及余，皆晓峰所邀。晓峰本拟亲来港创校，不意因先总统蒋公电召未能来港。余二次来港时，谢、崔两君已向港府教育司办妥学校登记，并未经同意径用余名登记为院长。后某君返大陆不归，幼伟又因事他去，余始邀唐君毅、张丕介来共事。故亚洲文商学院之创办，实非余与君毅用教育部讲演费所设立。可谓无晓峰，即无亚洲文商。无亚洲文商，亦不可能有新亚。余不敢掠美，特加更正。

二、一九五〇年冬，新亚经济困难，余赴台湾向政府请求援助。行政院代表政府允助港币每月三千。先总统蒋公亦允比照政府补助款数同额补助。蒋公之款自其总统府办公费省下，允诺后，立即按月拨付新亚，无任何手续。直到一九五四年五月，新亚获得雅礼补助方自请停止。而政府方面所允补助之三千元，则仅属虚文，实际并无下落。

翌年，余为求打开新亚困局，再次赴台，拟在台创立分校。当时已获得台籍友人之捐地捐款，不需政府任何经济补助，只求准许立案。四处奔走请托，竟滞留数月之久，而无法获得政府之同情。最后竟以"惊声堂"意外，转变余此行。其中经过，委曲难言。

故余屡对新亚同仁以及雅礼诸先生明确宣言：新亚所得台湾之补助，乃蒋公私人对新亚之同情，与政府政治皆无关。其中区别，不待赘言。

三、一九五三年七月，耶鲁大学卢鼎教授代表雅礼协会来远东寻找新合作对象，结果选定新亚。卢鼎于七月二日抵港，七月四日即与余见面。如其来港前，未先对新亚有所知，余二人之见面不可能如是之速。一九七九年新亚创校三十周年纪念，卢鼎特来港参加庆典，其《一九五三年东西之会》一讲词（刊于《新亚生活月刊》七卷一期）曾对此事经过明白叙述。

当年雅礼与新亚之合作，双方皆极慎重。在东西方之学术界，亦为一极富意义极值重视之举。不意在新亚公开之文字记载中竟言："卢鼎到港，因本校学生奚会暲君之介绍而与学校始有接触……"如此则雅礼寻访新合作对象之举太过轻率，实使新亚有愧于异国友人之真诚相助。余不得不特加郑重更正。

四、新亚研究所之创立，最初得香港美国亚洲协会负责人艾维之主动援助。亚洲协会经费有限，仅补助新亚研究生及图书与房租等费，时在一九五三年秋。惟艾维不久离去。此事遂无发展。

一九五五年春，哈佛雷少华教授来港，新亚研究所得哈佛燕京社资助，始正式招生，并聘校外考试委员阅卷口试，学生毕业可择优留所作研究员。图书费大增，新亚始能作有计划之购书。又增添出版补助费。

惟亚洲协会及哈燕社皆从未资助新亚设专任教授。后香港政府开始补助新亚，余提出请求，研究所始由港府补助得设专任教授四人。

余观新亚同仁过去之文字记载云："美亚洲协会负责人艾维结识本校学生多人，因而慨然有意协助。借建立新亚研究所之名，由该会拨助专任研究人员的研究费，而以其中半数转交新亚书院，以应付学校最低限底的经费需要。有专任教授四人……"此乃不实之言。

艾维初抵港，即来访，谓在美有人介绍。并表示知余创新亚之艰辛，他日如有可能，必尽力相助。后艾维主动援助新亚，其事之始洽，实在卢鼎与余见面返美后。惟一经商定，立即开始，时为一九五三年秋。而雅礼之补助，虽商谈在先，需经该会董事会通过，于一九五四年五月，在亚洲协会已资助新业筹办研究所后方正式开始。又卢鼎初次来港，与中国文化界人士之接触，几全由亚洲协会之协助。陪余与卢鼎见面之苏明璇君，即是艾维当时之助理。艾维已详知雅礼即将资助新亚，何需另借名再补助？此说实难言之成理。

新亚创始初期，经费来源极简，支出亦简，故由教授兼杂务尚可敷衍。此后学校日扩，一切人事行政需渐上轨道，故研究所初创，书院与研究所经费事务即分人负责，此或为事实误解之起因。

以上四事皆极具体，均余当年亲自经手。今余既知新亚过去文字记载有误，理应加以更正。

九月，《新亚遗铎》，由台北东大图书公司刊行。一九九八年收入联经《全集》第五十册。摘要略。

一九九〇年　庚午　九十六岁

一　国内大事

五月二十日，李登辉就任"中华民国"第八任"总统"。

六月十一日，中共中央总书记江泽民在全国统战工作会议开幕式上就台湾问题的解决发表重要谈话。

二　事略

先生于六月一日被民进党周、陈二民代诬指"占用市产"，无法忍受名节受辱，抑郁迁出素书楼。八月三十日上午九时许逝世于台北市杭州南路新寓所。

三　著述

十月二十六日，《中国文化对人类未来可有的贡献》，刊于《联合报》。收入联经《全集》第四十三册及素书楼文教基金会·兰台出版社《世界局势与中国文化》页三七六。

复智案：这篇文稿是先生生前最后的遗稿，初稿完成于一九九〇年五月端午外双溪之素书楼，亦即搬出素书楼的前三天。原准备迁入新居后，再作修定。未料先生遽归道山。其详情见该文之后钱师母胡美琦女士于先生逝世三七后一日挥泪写的后记。又如汤一介教授说："钱先生这篇文章短短不到两千字，但所论之精要，意义之深宏，激悟之高远，实为我们提供研究和理解中国传统文化的价值之路径。初读此文或心有所得，然不敢言已得钱先生所悟之真谛。"因此，特将全文录之于下，以飨读者，并作为本谱主体部分的终篇。

中国文化对人类未来可有的贡献

前言

中国文化中,"天人合一"观,虽是我早年已屡次讲到,惟到最近始彻悟此一观念实是整个中国传统文化思想之归宿处。去年九月,我赴港参加新亚书院创校四十周年庆典,因行动不便,在港数日,常留旅社中,因有所感而思及此。数日中,专一玩味此一观念,而有彻悟,心中快慰,难以言述。我深信中国文化对世界人类未来求生存之贡献,主要亦即在此。惜余已年老体衰,思维迟顿,无力对此大体悟再作阐发,惟待后来者之继起努力。今逢中华书局建立八十周年庆,索稿于余,姑将此感写出,以为祝贺。

一

中国文化过去最伟大的贡献,在于对"天""人"关系的研究。中国人喜欢把天与人配合着讲。我曾说"天人合一"论,是中国文化对人类最大的贡献。

从来世界人类最初碰到的困难问题,便是有关"天"的问题。我曾读过几本西方欧洲古人所讲有关天的学术性的书,真不知从何讲起,西方人喜欢把"天"与"人"离开分别来讲。换句话说,他们是离开了人来讲天。这一观念的发展,在今天,科学愈发达,愈易显出它对人类生存的不良影响。

中国人是把"天"与"人"和合起来看。中国人认为天命就表□在人生上,离开人生,也就无从来讲天命。离开天命,也就无从来讲人生。所以中国古人认为"人生"与"天命"最高贵最伟大处,便在能把他们两者和合为一。离开了人,又从何来证明有天。所以中国古人,认为一切人文演进都顺从天道来。违背了天命,即无人文可言。"天命""人生"和合为一,这一观念,中国古人早有认识。我以为"天人合一"观,是中国古代文化最古老最有贡献的一种主张。

西方人常把"天命"与"人生"划分为二，他们认为人生之外别有天命，显然是把天命与人生分作两个层次、两次场面来讲。如此乃是天命，如此乃是人生。"天命"与"人生"分别各有所归。此一观念影响所及，则天命不知其所命，人生亦不知其所生，两截分开，便各失却其本义。决不如古代中国人之"天人合一"论，能得宇宙人生会通合一之真相。

所以西方文化显然需要另有天命的宗教信仰，来作他们讨论人生的前提。而中国文化，既认为天命、人生同归一贯，并不再有分别，所以中国古代文化起源，亦不再需有像西方古代人的宗教信仰。在中国思想中，天、人两者间，并无"隐""现"分别。除却人生，你又何处来讲天命。这种观念，除中国古人外，亦为全世界其它人类所少有。

二

我常想，现代人如果要想写一部讨论中国古代文化思想的书，莫如先写一本中国古代人的"天文观"，或写一部中国古代人的"天文学"，或"人文学"。总之，中国古代人，可称为抱有一种"天即是人，人即是天，一切人生尽是天命的天人合一观"。这一观念，亦可说即是古代中国人生的一种宗教信仰，这同时也即是古代中国人主要的人文观，亦即是其天文观。如果我们今天亦要效法西方人，强要把"天文"与"人生"分别来看，那就无从去了解中国古代人的思想了。

三

即如孔子的一生，便全由天命，细读论语便知。子曰："五十而知天命"，"天生德于予"。又曰："知我者，其天乎！""获罪于天，无所祷也。"倘孔子一生全可由孔子自己一人作主宰，不关天命，则孔子的天命和他的人生便分为二。离开天命，专论孔子个人的私生活，则孔子一生的意义与价值就减少了。就此而言，孔子的人生即是天命，天命也即是人生，双方意义价值无穷。换言之，亦可说，人生离去了天命，便全无意义价值可言。但孔子的私生活可以这样讲，别人不能。这一观念，在中国乃由孔子以后战国时代的诸子百家所阐扬。

读《庄子·齐物论》，便知天之所生谓之"物"。人生亦为万物之一。人生之所以异于万物者，即在其谓独近于天命，能与天命最相合一，所以说"天人合一"。此义宏深，又岂是人生于天命相离远者所能知。果使人生离于天命远，则人生亦同于万物，与万物无大相异，亦无足贵矣。故就人生论之，人生最大目标、最高宗旨，即在能发明天命。孔子为儒家所奉称最知天命者，其它自颜渊以下，其人品德性之高下，即各以其离于天命远近为分别。这是中国古代论人生之最高宗旨，后代人亦与此不远。这可说是我中华民族论学分别之大体所在。

四

近百年来，世界人类文化所宗，可说全在欧洲。最近五十年，欧洲文化近于衰落，此下不能再为世界人类文化向往之宗主。所以可说，最近乃是人类文化之衰落期。此下世界文化又将何所归往？这是今天我们人类最值得重视的现实问题。

以过去世界文化之兴衰大略言之，西方文化一衰则不易再兴，而中国文化则屡仆屡起，故能绵延数千年不断。这可说，因于中国传统文化精神，自古以来即能注意到不违背天，不违背自然，且又能与天命自然融合一体。我以为此下世界文化之归趋，恐必将以中国传统文化为宗主。此事涵意广大，非本篇短文所能及，暂不深论。

今仅举"天下"二字来说，中国人最喜言"天下"。"天下"二字，包容广大；其涵义即有使全世界人类文化融合为一，各民族和平并存，人文自然相互调适之义。其它亦可据此推想。

一九九〇年五月端午，钱穆完稿于外双溪之素书楼，时年九十六岁

当代学者对《中国文化对人类未来可有的贡献》的评论

汤一介教授在《读钱穆先生〈中国文化对人类未来可有之贡献〉所得》一文中说道：我们这里讨论中国文化与西方文化对"天人关系"的不同看法，并无意否定西方文化的价值。西方文化自有西方文化的价值，并且在近两三个世纪中曾经对世界文化发生过巨大影响，而使人类社会

有了长足的前进。但是人类社会发展到二十世纪之末,西方文化给人类社会带来的弊病可以说越来越明显了,而其弊端不能说与"天人二分"没有关系。这点东西方的许多学者都有所认识,例如:一九九二年一千五百七十五名科学家发表的《一份世界科学家对人类的警告》开头就说:"人类和自然正走上一条相互抵触的道路。"因此,如何补救西方文化之弊,并为二十一世纪提供一对人类社会发展作出积极贡献之观念,我认为"天人合一"的观念无疑将会对世界人类未来求生存有着头等重要的意义。当今人类社会所面临的主要问题是"和平与发展"的问题,即"和平共处"和"共同发展"的问题。要争取国家与国家、民族与民族、地域与地域之间的和平共处,归根结底就是要调整好人与人之间的关系,即要在人与人之间(扩而大之,就是在国与国、民族与民族、地域与地域之间)建立起和谐的关系;要求人类社会的共同发展不仅要在人与人之间建立一种和谐的关系,而且要在人与自然之间建立和谐的关系。而"天人合一"正是为在人与人之间、人与自然之间建立和谐关系的最有意义和价值的观念,它必将对人类社会的健康合理发展有着其它理论无可代替的价值。"天人合一"作为一种观念,它所强调的不是"天"和"人"的对立,不是离开"人生"讲"天命",而是强调"天"和"人"的和谐,即由"人生"来发明"天命",这正是我国古代经典《周易》中的"太和"观念的基本内涵。《周易·干象辞》中说:"干道变化,各正性命,保合太和,乃利贞。"天道的大化流行,万物性命各得其正,保持完满的和谐,人类社会的发展就会顺通圆满。因此,我们可以说,钱穆先生的《中国文化对人类未来可有之贡献》一文是为我们留下的宝贵遗产。(以上见香港中文大学新亚书院《钱宾四先生百龄纪念会学术论文集》页一百七十一)

十二月七日,马先醒主编,《民间史学·钱宾四先生逝世百日纪念》于台北市出版。

十二月八日,韩复智撰,《百日的追思——敬悼钱宾四师》,台北市《青年日报》。

一九一一年　辛未

钱先生卒后一年。

四月十三日，《联合报》第二十五版"联合副刊"刊出钱胡美琦撰《迁出素书楼的始末》一文。其主旨是：作者钱夫人遵照先生生前所嘱"要向社会作一交代"而写的。全文末二段云：根据上述数据，可以说，我们是在台北市政府取得素书楼土地与房子的所有权之前，先有权住进素书楼的。这样的过程，不知在法律上将如何认定？可以加"非法占用市产"的罪名吗？

一九九二年　壬申

钱先生卒后二年。

元月，归葬于苏州太湖之滨（太湖西山之俞家渡石皮山）。

是年元月六日，台北市政府将素书楼正式辟为钱穆先生纪念馆，并正式开馆。十二月，在钱夫人鼎力襄助下，确定开办"青年文化讲座"以宣扬先生之学术思想，并使青年学子能以学习心怀（温情与敬意）来看待中国传统文化。

七月八日，香港新亚研究所校友会及中文大学新亚书院校友会组团至苏州钱穆先生墓园晋谒。

一九九三年　癸酉

钱先生卒后三年。

六月，台北市立图书馆《钱穆先生纪念馆馆刊》创刊（年刊）。

是年，财团法人素书楼文教基金会董事会开始积极推展会务，改由傅百屏任董事长，钱胡美琦、辛意云、辛意明、邵世光、秦照光、罗先生为董事，执行长由邵世光兼任，皆为义务职。

一九九四年　甲戌

钱先生卒后四年。

七月三十日,"交通部邮政总局"发行"钱穆诞生百年纪念邮票"。

一九九五年　乙亥

钱先生卒后五年。

五月六日，纪念馆举办纪念钱穆先生百岁周年第一场专题演讲，邀请前香港中文大学新亚研究所所长孙国栋教授莅临图书馆主讲。《从钱宾四先生的经学观念看中国社会学术与政治的关系》（详见《馆刊》年刊第三期）。

八月，《钱穆先生纪念馆馆刊》年刊第三期出版。于"特别企划"栏中有：

秦照芬，《怀念生活在寂静、高雅之中的钱先生》；

钱胡美琦，《钱宾四先生年谱》上篇（未定稿）。

五月十一日至十四日，香港中文大学新亚书院为纪念创办人钱穆先生百龄冥寿，举行一连串学术活动，邀约钱先生门生、朋友及有关之著名学者四十余人，会聚中大，出席"钱宾四先生百龄纪念学术研讨会"，就钱先生的学术、思想作全面性回顾、讨论。研讨会出席者包括来自美国、日本、澳洲、海峡两岸及香港学者，他们发表论文，热烈讨论，为学术界一大盛事。

素书楼文教基金会董事会改组，董事长傅百屏，董事为钱胡美琦、辛意云、帅嘉宝、帅家珍、秦照芬、朱正雄、廖正井、刘义胜。辛意明、邵世光辞职。执行长由秦照芬兼。

一九九八年　戊寅

钱先生卒后八年。

三月一日，财团法人素书楼文教基金会《报导》第一期出版。封面下方印有"宏扬中华文化，促进世界和平"字样。据《报导》载：自一九九三年以来，基金会所从事之各项工作以及本年之工作计划有：一、协助台北钱穆纪念馆举办青年讲座。二、举办"国文实用研习班"。三、举办"海峡两岸及港澳地区中华传统文化与中等教育研讨会"。四、协助大陆中学成立"国学社"。五、举办"自然人电养生班"。六、参加大陆全国高中校长委员会年会。七、北师大成立"国学专修班"本会赠书鼓励。本年工作计划：一、继续协助大陆中学成立"国学社"。二、本会决定于七月，全力协助大陆高中校长理事会，在北京举办第一次国学夏令营。三、协助大陆教育考察团来台。

五月，由钱宾四先生全集编辑委员会整理编辑，台北联经出版事业公司出版《钱宾四先生全集》全套一千七百万字，正二十五开，共精装五十四册。

六月六日，素书楼文教基金会假台北市国立师范大学综合大楼五〇九会议室举行"钱穆先生家属捐赠先生全部著作版权典礼"，到场观礼贵宾约六十人。基金会董事长傅百屏致辞。

一九九九年　己卯

钱先生卒后九年。

二月一日,财团法人素书楼文教基金会《报导》第二期出版。内容除同第一期有"财团法人素书楼文教基金会缘起"外,主要为一九九八年活动报导,如举行"钱穆先生著作版权捐赠典礼"并摘录董事长傅百屏的致辞。钱胡美琦董事在夏令营的讲话,《讲论语·谈人生》。辛意云董事《何谓国学》以及参加夏令营的学生心得摘录等。

二〇〇〇年　庚辰

钱先生卒后十年。

十二月二日上午，台北市长马英九为纪念一代儒宗钱穆先生逝世十周年，赓续大师致力于文化教育的志业，假钱穆先生纪念馆举办《钱穆先生选辑》出版发表暨逝世十周年追思会。

《钱宾四先生逝世十周年纪念专刊》（台北市图书馆印行，马英九敬题刊名），此即《钱穆先生纪念馆馆刊》第八期，内容分类为追思会讲词、台、港、美、日地区学者、大陆地区学者与家属专栏、文章共二十八篇。最后为馆务报导、钱穆先生纪念馆大事记。

十二月二十四日至二十五日，台湾大学中国文学系假台湾大学思亮馆国际会议厅举行"纪念钱穆先生逝世十周年国际学术研讨会"。首先由台湾大学陈维昭校长致辞。接着由钱胡美琦女士致辞。

二〇〇一年　辛巳

钱先生卒后十一年。

一月，台湾大学中国文学系《纪念钱穆先生逝世十周年国际学术研讨会论文集》出版。论文集的内容，除台大陈维昭校长与钱胡美琦女士的两篇致辞文字外，共有来自国外和海峡两岸的学者钱逊等十八人所发表的论文。

五月一日，素书楼文教基金会《报导》第三、四期合刊出版。刊载基金会于一九九九年假山西省临汾市举办的尧都国学夏令营与二〇〇〇年假江苏省常州市举办的吴文化国学夏令营以及二〇〇〇年中华传统文化研修会等活动的概况。

二〇〇二年　壬午

钱先生卒后十二年。

三月二十九日下午，台北市长马英九，为一代国学大师钱穆先生故居素书楼整修完毕，并易名为"钱穆故居"，一同为钱穆故居庆生会。邀请函中曾写道：大师虽已远去，但我们期盼先生讲学的风范，能代代传延。

是日，《联合报》第十五版"民意论坛"刊载了台北市政府文化局局长龙应台撰写的一篇令人很感动的短文，标题为：《钱穆故居开放——历史的讽刺难以回避》。全文是：

将来研究台北史的人会在台北大事纪读到：二〇〇二年三月二十九日，台北市长马英九与钱穆夫人在在素书楼共同植下一株松树。植松之前，市长郑重地说明了钱先生从未"占用市产"，并且为钱先生晚年所受的污辱正式代表政府向钱夫人道歉。

素书楼草坡上聚集了政府官员、清流学者、媒体记者，还有钱先生的门生故旧。丝竹的音乐流转，鸟声也清脆，这是一个风和日丽的暮春午后。

可是我心里却有所郁郁不乐。

这算什么呢？人活着的时候，以最粗暴的方式对待，人死后，再去纪念他尊崇他。这样的例子，当然在历史上很多，但是在自己的时代、自己的社会发生，仍然令人觉得不堪。历史的讽刺，难以回避。

一九三七年，在困难如焚、万里流离中，钱先生抱着稿纸在旷野中奔跑躲警报，在破庙中埋首写国史，用心有两重。一是用史实来证明所谓"中国贵族封建二千年皆专制黑暗之历史"的论述谬误。他深深认为，在"贵族封建"的制度✔后其实蕴含着相当深厚的理性精神。另一重则希望透过书写来补足国民对"历史智识"的严重缺乏。因为不识历史，所以政治人物"率言革新……仅为一种凭空抽象之理想，蛮干强为，求其实现，卤莽灭裂，于现状有破坏而无改进"。他坚持，对历史的真切认识是进步的基本。

素书楼修缮完工要重新开馆了，总得有个"素书楼沿革"吧？可是素书楼的沿革是什么呢？

我们今天在草坡上致歉、献花、植树、洗刷钱先生的污名、发愿光大钱先生的文化理念，并不能擦掉已经发生过的历史：这个城市曾经把一个象征文化传承的大儒扫地出门，冷眼看他在目盲体衰、老弱受辱的处境中仓皇辞世。素书楼的沿革其实很冷酷地印证了钱先生最担心的历史现象：

表面上的"贵族封建"可能在背后却有结实的理性运作，而表面上的"自由民主"却可能隐藏着文化的粗暴与权力的专断。

"凡对于以往历史抱一种革命的蔑视者，此皆一切真正进步之劲敌也。"对历史蔑视的革命家和政客在进行"革新"时，毁灭的力道可能特别强大。

也就是说我们的民主政治可能比从前的专制体制更缺少文化的温柔与深沉，这是多么令人郁结不安的印证。

在素书楼的草坡上重展钱先生旧作，发现他在六十三年前就写过："革命党人……只挟外来'平等'、'自由'、'民权'诸名词，一旦于和平处境下加入政府，乃如洪炉之点雪，名号犹是，实质遽化。其名犹曰政党民权，其实则为结党争权。"

对于历史和权力政治既有这样透彻的认识，钱先生在晚年受辱之时，恐怕心中还是清澄明亮的吧？素书楼所留给我们的却是无穷的不安；那由于缺乏"历史智识"而"蛮干强为"，而"卤莽灭裂"的人，太多了。

又当天（三月二十九日）《联合晚报》以头条新闻报导之。标题为"还钱穆公道　素书楼重开门"副标题为"马英九代表政府道歉　当年钱穆被民代指占用市产而迁出　抑郁以终　如今还原历史恢复大师清誉"。（记者秦富珍/台北报导）

《联合晚报》第三版于"话题新闻"中又加报导之。标题是：素书楼，夫人心血　忆迁居，耿耿于怀。副标题为：钱夫人对意识型态挂帅的政府曾怀着不信任感　经马英九、龙应台几番沟通才让夫人感受市府诚意。（记者秦富珍/台北报导）

三月三十日，《中国时报》载，"钱穆故居素书楼重启　一代大儒获

二〇〇二年　壬午

平反"，副标题为马英九与钱夫人胡美琦合种"希望之松"，龙应台感叹当年"民主粗暴"。（记者陈盈珊/台北报导）

三十日《自由时报》第十二页"台北焦点版"载："素书楼重开馆还钱穆清誉"，副标题"当年遭不实指控占据公舍而搬离"，三个月后悒郁而终，市长代表市府向钱夫人道歉，开馆仪式弥漫追悼历史忧伤。（记者马岳琳/台北报导）

又《自由时报》于同日第十二页，记者马岳琳撰一特稿，标题是：典型在夙昔　物是人非伤流景。副标题为：一代儒者遭污蔑，后人难以揣想大师当年心情　遗憾难弥补。全文大要如下：

钱馆整修了两年，外双溪畔昨日细雨不断，当市长马英九代表市府部重向钱夫人胡美琦致歉时，雨下得特别大，钱穆当年离开素书楼的心境，后人只能揣想。……

素书楼是一九六七年钱穆自香港新亚书院决定回台讲学时自行出资兴建，并由胡美琦一手规划设计，不仅是钱穆在台居住最久的寓所，也是他晚年讲学的重要地点，育才无数。

素雅格局内刻划了国学大师一生严谨求真的治学精神，然而当年民意代表的不当指控所造成的无可弥补遗憾，让胡美琦自迁出后多次婉拒重返伤心地；……

历史追求的是真相，当年的民意代表，一个是市议员周伯伦，一个是"立法委员"陈水扁。虽然后来陈水扁在担任台北市长造访素书楼时，曾表达过歉意，但政府却从未做过正式道歉。钱穆在《国史大纲》中曾提出对历史的洞彻："……凡对于以往历史抱一种革命的蔑视者，此皆一切真正进步之劲敌也。"

钱穆的影响力，总会在其著作中流传着；……但素书楼事件，肯定是一个教训，只是不知道人们学不学得到。

三月三十日，在《联合报》第五版"话题"中，刊有记者蔡惠萍一篇报导，标题是：钱穆故居　素书楼重开大门；副标题为：十二年前不愿背负指控　仓促搬离旋即病殁　昨马英九代表北市府向遗孀致歉。全文的大要如下：

十二年前，病榻中的大儒因不愿背负时任"立委"的陈水扁"侵占市产"指控,仓促搬离素书楼,旋即病殁。昨天,台北市长马英九向钱穆遗孀胡美琦深深一鞠躬,代表市政府向家属致歉,为这段历史公案回归温柔的对待。……

一九六七年,钱穆应当时"总统"蒋介石之邀,以归国学人的身份自港回台,即定居在外双溪素书楼,屋里外均是由他与夫人一手规划设计,一砖一石、一草一木都是两人多年的心血。……

一九九〇年间,当时的市议员周伯伦指称时任"总统"府资政的钱穆占用市府土地;后来陈水扁也以书面质询方式强烈要求政府收回。……

昨天的开馆仪式,马英九特别还原事件原委。他表示,素书楼产权归阳明山管理局,在钱穆返台前原作为招待外宾之用,绝无侵占公有财产之事。他表示,钱穆一生重视名节,两袖清风,坚持自行出资兴建,但由于未实时办理土地登录,以致误以为是公有房舍,因此他特别还其公道,让一生重视名节的钱穆,在历史上有清白的定位。

台北市文化局长龙应台说,……对于素书楼产权的厘清是黑白分明的事,调出相关数据即可一目了然,不能将此事与意识型态混为一谈。……

同日,在《民生报》A十二"文化风信"记者于国华亦报导。标题是:马英九为历史的错误向钱穆夫人道歉;副标题为:一代鸿儒故居素书楼 将成为中国文化哲学研究中心。

复智案:以上各报均附有当时的彩色照片。我想《中时晚报》、《中央日报》也必定都有报导,只惜一时未搜集到,故有遗珠之憾。

五月五日,台北联合报系《历史月刊》第一百七十二期,刊载了刘振志《素书楼必将记入历史——钱穆先生的遭遇及历史尚贤事例举隅》一文。其大要如下。

文章第一段标题是:钱穆的遭遇

一九九〇年,台北市议员周伯伦、"立法委员"陈水扁,相继质询台北市政府及"中央政府",指称钱先生占用市有土地,要求政府收回。……

像钱先生这样的人物,是历史上都尊为"王者师"的大儒大贤。不论从前的帝制时代或现代的文明社会,都礼遇、珍视、维护之不暇。《墨子》说过其中道理:"缓贤妄士而能以其国存者,未之有也。"周公"一沐三握发,一饭三吐哺"的行为,和肯尼迪"权力使人腐化,诗使人净化"的谈话,都是在这种理念之下产生的,可见这个准则不受时空限制。也因此,历史上有些圣王宰世、亲士尚贤的事例,此刻值得回顾。

第二、三、四、五段的分别是:魏文侯择相、汉光武帝访严光、元世祖礼贤杜瑛、历史上的尚贤精神。全文最后一段为"谁在乎历史?"缕述上列历史尚贤记载之后,回过头来看素书楼事件,我们要质疑的是:周伯伦和陈水扁当年何以要把斗争的矛头,指向一位老病侵寻的当代名贤大儒?委实令人百思不得其解。

岳武穆曾说:"我若有不是,被书生记在史书里,万世揩拭不得。"事实上,凡是可能进入历史的人,都该对历史心存敬畏,但台湾若干政治人物,似乎根本不在乎历史,所以他们才敢为所欲为,甚至胡作非为。

八月三十一日,素书楼文教基金会,为纪念钱先生逝世十二周年,假台北市市立图书馆举行书展。

八月,《传记文学》第八十一卷第二期刊载了香港知名作家郑义一篇长达九页的文章,标题是:《我们民族的真正脊梁——纪念国学大师钱宾四先生逝世十二周年》。全文前面有《传记文学》编者的话,今录之于下:

曾经是国学大师钱穆(宾四)先生生前居所的素书楼,三月间重新开放,台北市长马英九特地向钱穆夫人胡美琦,行三鞠躬礼致歉。因为十二年前,当时高龄九十六岁的钱穆为了不愿意外界指他霸占市产,毅然地搬离了素书楼,但也就在同一年,不幸过世。马英九致词时指出,这样侮辱一代大儒的行为,让我们整个城市蒙羞,这个城市曾经把一个象征文化传承的大儒扫地出门,冷眼看他在目盲体衰、老弱受辱的处境中仓皇辞世。素书楼的重新开馆,除了发扬钱穆先生治学精神与为人品格外,他身为市长为这段公案作了一了断,是为了彰显台北市作为一个伟大的城市,能够尊重文化和文化人,希望能找回温热敦厚的文化气氛。

兹此纪念钱穆先生逝世十二周年,我们刊出来自香港知名作家郑义的文章,作者指出过去在大陆,钱穆因为其政治立场,往往被人非议,没有人敢挺身为他说句公道话。值此新世纪揭幕，大陆在各方面开启了各种新价值、新思维讨论的空间，因人废言的风气终于过去了，钱穆愈来愈为大陆学人所重视；因此与世隔绝半个世纪的钱穆史著正在大陆相继出版，学界也重新为钱穆的历史做出评价，将他与陈寅恪、吕思勉、陈垣并称为中国现代史学四大家，以肯定他在中国史学史上与学术上的成就。（编者）

二〇〇二年　壬午

二〇〇三年 癸未

钱先生卒后十三年。

香港中文大学新亚书院《钱宾四先生百龄纪念会学术论文集》出版。论文集的内容，除新亚书院院长梁秉中之序外，于目录中有香港中文大学副校长金耀基教授致开幕辞、新亚书院校董会主席唐翔千先生讲辞、江南大学程志翔校长在纪念会上的讲话、清华大学钱逊教授在纪念会上的讲话、钱胡美琦夫人《也谈现代新儒家》。并分类为历史编、思想编、忆思编、公开讲座以及征文比赛作品，计共论文三十九篇。

二月一日，素书楼文教基金会《报导》第五、六期出版。刊载基金会于二〇〇一年西安古文化国学夏令营。二〇〇二年巴蜀文化国学夏令营以及这两年的中华传统文化研修会活动概况。

二〇〇四年　甲申

钱先生卒后十四年。

四月五日（清明节），香港中文大学新亚书院院长黄乃正、前任院长梁秉中暨新亚中学校友会等数十人组团至苏州钱穆先生之墓前致祭，并合影留念（复智案：据先生家属告知中文大学副校长金耀基教授夫妇已于此数年前赴先生之墓前致祭）。

七月二十三日至二十九日，素书楼文教基金会假新疆乌鲁木齐市举办西域文化国学夏令营。

七月二十五日，钱穆故居管理处为纪念钱穆先生冥诞，当日（农历六月初九）举办纪念音乐会（复智案：自该处成立以来，屡有定期之纪念活动）。

引用书目与参考资料

壹　引用书目

一　《钱宾四先生全集》，台北，联经出版事业公司，一九九八年五月初版

第1册　国学概论
第2册　四书释义
　　　　论语文解
第3册　论语新解
第4册　孔子与论语
　　　　孔子传
第5册　先秦诸子系年
第6册　墨子
　　　　惠施
　　　　公孙龙
　　　　庄子纂笺
第7册　庄老通辨
第8册　两汉经学今古文平议
第9册　宋明理学概述
第10册　宋代理学三书随札
　　　　阳明学述要
第11册　朱子新学案（一）
第12册　朱子新学案（二）
第13册　朱子新学案（三）
第14册　朱子新学案（四）
第15册　朱子新学案（五）

第16册	中国近三百年学术史（一）
第17册	中国近三百年学术史（二）
第18册	中国学术思想史论丛（一）
	中国学术思想史论丛（二）
第19册	中国学术思想史论丛（三）
	中国学术思想史论丛（四）
第20册	中国学术思想史论丛（五）
	中国学术思想史论丛（六）
第21册	中国学术思想史论丛（七）
第22册	中国学术思想史论丛（八）
第23册	中国学术思想史论丛（九）
	中国学术思想史论丛（十）
第24册	中国思想史
	中国思想通俗讲话
	学籥
第25册	中国学术通义
	现代中国学术论衡
第26册	周公
	秦汉史
第27册	国史大纲（上）
第28册	国史大纲（下）
第29册	中国文化史导论
	中国历史精神
第30册	国史新论
第31册	中国历代政治得失
	中国历史研究法
第32册	中国史学发微
	读史随札
第33册	中国史学名著
第34册	史记地名考（上）

第 35 册　史记地名考（下）
第 36 册　古史地理论丛
第 37 册　文化学大义
　　　　　民族与文化
第 38 册　中华文化十二讲
　　　　　中国文化精神
第 39 册　湖上闲思录
　　　　　人生十论
第 40 册　政学私言
　　　　　从中国历史来看中国民族性及中国文化
第 41 册　文化与教育
第 42 册　历史与文化论丛
第 43 册　世界局势与中国文化
第 44 册　中国文化丛谈
第 45 册　中国文学论丛
第 46 册　理学六家诗钞
　　　　　灵魂与心
第 47 册　双溪独语
第 48 册　晚学盲言（上）
第 49 册　晚学盲言（下）
第 50 册　新亚遗铎
第 51 册　八十忆双亲
　　　　　师友杂忆
第 52 册　讲堂遗录
第 53 册　素书楼余沈
第 54 册　总目（总序目、总目次、索引）

二　钱穆先生全部著作中的六套《小丛书》，台北，素书楼文教基金会·兰台出版社，二〇〇〇年、二〇〇一年初版

八十忆双亲师友杂忆合刊

1　中国学术思想史小丛书
中国学术思想史论丛（一）
中国学术思想史论丛（二）
中国学术思想史论丛（三）
中国学术思想史论丛（四）
中国学术思想史论丛（五）
中国学术思想史论丛（六）
中国学术思想史论丛（七）
中国学术思想史论丛（八）
中国学术思想史论丛（九）
中国学术思想史论丛（十）

2　孔学小丛书
论语新解
孔子与论语
孔子传
四书释义

3　中国学术小丛书
学术思想遗稿
经学大要
学籥
国学概论
中国学术通义
现代中国学术论衡

4　中国文化小丛书
中国文化精神
文化与教育
历史与文化论丛
世界局势与中国文化

中国文化丛谈

中国文学论丛

文化学大义

民族与文化

中华文化十二讲

从中国历史来看中国民族性及民族文化

5　中国史学小丛书

中国历代政治得失

中国文化史导论

中国史学名著

政学私言

中国历史精神

中国史学发微

中国历史研究法

国史新论

6　中国思想史小丛书

甲编

中国思想史

宋明理学概述

朱子学提纲

阳明学述要

中国思想通俗讲话

乙编

灵魂与心

双溪独语

人生十论

湖上闲思录

晚学盲言（上）

晚学盲言（下）

以上共五十册。

三　钱先生在商务印书馆出版的部分著作

国史大纲（上）（下）（台北，商务印书馆，一九七四年修订版）
中国文化史导论（修订本）（同上，一九九三年初版）
先秦诸子系年（北京，商务印书馆，二〇〇一年第一版）
史记地名考（上）（下）（同上）
两汉经学今古文平议（同上）

贰　参考资料

一　专书（包括纪念论文集，以作者姓氏笔画为序）

1. 王德毅，中国历代名人年谱总目（增订版）（台北，新文丰出版股份有限公司，一九九九年增订一版）。

2. 王德毅，王国维年谱（台北，中国学术著作奖助委员会，一九六七年六月初版）。

3. 王德毅，姚从吾先生年谱（台北，新文丰出版股份有限公司，二〇〇〇年）。

4. 王煕华，顾颉刚先生学术纪年（《纪念顾颉刚学术论文集》下册，成都，巴蜀书社，一九九〇年四月第一版）。

5. 中国人民政治协商会议江苏省无锡县委员会编，钱穆纪念文集。

6. 余英时，犹记风吹水上鳞——钱穆与现代中国学术（台北，三民书局，一九九一年十月初版）。

7. 李定一，中国近代史（台北，中华书局，一九六七年四月台十三版）。

8. 李东华，方豪先生年谱（台北，"国史馆"，二〇〇一年）。

9. 李剑农，中国近百年政治史（下册）（台北，商务印书馆，一九六五年十月台四版）。

10. 汪学群，钱穆学术思想评传（北京，北京图书馆出版社，一九九八年八月第一版）。

11. 吴展良，中国现代学人的学术性格与思维方式论集（台北，五南图书出版公司，二〇〇〇年三月初版）。

12. 林秀娴主编，台北市立图书馆《钱穆先生纪念馆馆刊》年刊第八期，即《钱宾四先生逝世十周年纪念专刊》（二〇〇〇年十二月出版）。

13. 颂平，胡适之先生年谱长编初稿（一至十册）（台北，联经出版事业公司，一九八四年五月初版）。

14. 香港中文大学新亚书院，钱宾四先生百龄纪念会学术论文集（二〇〇三年）。

15. 香港新亚研究所，纪念钱穆先生论文集。

16. 孙敦恒，王国维年谱新编（北京，中国文史出版社，一九九一年六月第一版）。

17. 马先醒主编，民间史学·钱宾四先生逝世百日纪念（一九九〇年十二月）。

18. 台湾大学中文系，纪念钱穆先生逝世十周年国际学术研讨会论文集（二〇〇一年编印）。

19. 张玉法，中国现代史（下册）（台北，东华书局，一九八九年九月八版）。

20. 陈文瑛主编，钱穆先生纪念馆馆刊（年刊）（创刊号，一九九三年六月；第三期，一九九四年；第四期，一九九五年）。

21. 陈垣、董作宾，增补二十史朔闰表（全一册）（台北，艺文印书馆，一九五八年十二月初版）。

22. 章学诚遗书（北京，文物出版社，一九八五年八月第一版第一次印刷）。

23. 傅乐成，傅孟真先生年谱（台北，传记文学出版社，一九七九年五月再版）。

24. 逯耀东，胡适与当代史学家（台北，东大图书公司）。

25. 万国鼎，中西对照中国历史纪年表（增订本）（台北，商务印书馆，一九六五年台四版）。

26. 台北市立图书馆，钱穆先生纪念馆——素书楼。

27. 中华书局辞海编委员会，熊钝生主编，辞海（上、中、下）（台北，中华书局，一九八〇年印行，最新增订本台一版）。

28. 蒋天枢，陈寅恪先生编年事辑（增订本）（上海，上海古籍出版社，一九九七年六月第一版）。

29. 戴景贤，钱穆传（台北，商务印书馆，一九九九年二月）。

30. 罗联添，白乐天年谱（台北，"国立编译馆"、一九八九年七月初版）。

31. 严耕望，钱穆宾四先生与我（台北，商务印书馆，一九九二年三月初版第一次印刷）。

32. 顾颉刚，当代中国史学（香港，龙门书店印行）。

33. 龚继民、方仁念，郭沫若年谱（天津，天津人民出版社，一九九二年十月第一版）。

二　论文（以作者姓氏笔画为序）

1. 白奚，钱穆《孟子不列稷下考》的历史价值——"兼论中国大陆稷下学研究的一个误区"（台北市立图书馆《钱穆先生纪念馆馆刊》第三期，一九九五年八月出刊）。

2. 何兹全，读《国史大纲》《中国文化导论》札记（香港中文大学新亚书院《钱宾四先生百龄纪念会学术论文集》，二〇〇三年出版）。

3. 何佑森，朱子学与近世思想（见《朱子学与李退溪学术研究会议》，日本：斯文会，一九七七年五月）。

4. 余英时，文化认同与中国史学——从钱穆先生的《国史大纲·引论》说起，（香港，中文大学新亚书院《钱宾四先生百龄纪念会学术论文集》，二〇〇三年出版）。

5. 汪学群，《钱穆学术思想评传》第六、七章《清代学术研究》（上、下）（台湾大学中文系《纪念钱穆先生逝世十周年国际学术研讨会论文集》，二〇〇一年一月出版）。

6. 辛意云，钱先生——生命中的导师（台北市立图书馆《钱穆先生纪念馆馆刊》第八期，二〇〇〇年十二月出刊）。

7. 李杜，略说钱穆先生的学术与事业（同上）。

8. 李纪祥，记向钱宾四先生问学一事（台北，《民间史学》，一九九〇年十二月出刊）。

9. 吴展良，学问之入与出：钱宾四先生与理学（出处同上）。

10. 周海平，我们该如何对待中国的历史——"宾四大师给我们的启示"（同前《馆刊》第三期，一九九五年八月出刊）。

11. 周海平，深情的体悟、卓然的阐释《论语新解》的学术情怀与境界（台北市立图书馆《钱穆先生纪念馆馆刊》第八期，二〇〇〇年十二月出刊）。

12. 邵世光，钱宾四先生著作目录（台北，《民间史学》，一九九〇年十二月出刊）。

13. 金中枢，从《诗经》看钱师的《天人合一观》举例（台南，成功大学历史学系《学报》第二十三号抽印本）。

14. 金中枢，读先师《钱穆先生最后的心声——中国文化对人类未来可有的贡献》（香港中文大学新亚书院《钱宾四先生百龄纪念会学术论文集》，二〇〇三年出版）。

15. 楚生，钱宾四先生《中国近三百年学术史》读后（台湾大学中文系《纪念钱穆先生逝世十周年国际学术研讨会论文集》，二〇〇一年一月出版）。

16. 孙国栋，从钱宾四先生的经济观念看中国社会学术与政治的关系（台北市立图书馆《钱穆先生纪念馆馆刊》第三期，一九九五年八月出刊）。

17. 孙国栋，追念宾四吾师（同前《馆刊》第八期，二〇〇〇年十二月出刊）。

18. 秦照芬，怀念生活在寂静、高雅之中的钱先生（同前《馆刊》第三期，一九九五年八月出刊）。

19. 陈勇，"不知宋学，则无以平汉宋之是非"——读钱穆先生《中国近三百年学术史》（同前《馆刊》第八期，二〇〇〇年十二月出刊）。

20. 陈祖武，钱宾四先生与《中国近三百年学术史》（同上）。

21. 陈祖武，钱宾四先生论干嘉学术——读《中国近三百年学术史》札记（台湾大学中文系《纪念钱穆先生逝世十周年国际学术研讨会论文集》，二〇〇一年一月出版）。

22. 马先醒，乐游故都书海中（台北，《民间史学》，一九九〇年十二月出刊）。

23. 郭齐勇，中国民族性与中国文化精神——钱穆论历史、民族与文化（香港中文大学新亚书院《钱宾四先生百龄纪念会学术论文集》，二〇〇三年出版）。

24. 陈启云，钱穆师之"思想文化史学"（香港中文大学新亚书院《钱宾四先生百龄纪念会学术论文集》，二〇〇三年出版）。

25. 陈来，《朱子新学案》述评。

26. 程光裕，一代儒宗钱穆——新亚书院创办内幕（氏著《常溪集》，台北，中国文化大学出版部，一九九六年九月出版）。

27. 逯耀东，夫子百年——钱穆与香港的中国文化传承（香港，学林出版社，一九九七年十二月出版）。

28. 郑瑶锡，生活中见真情——敬悼钱宾四先生（台北，《民间史学》，一九九〇年十二月出刊）。

29. 相辉，典型在夙昔、古道照颜色（同上）。

30. 卢钟锋，钱穆与清代学术研究（台湾大学中文系《纪念钱穆先生逝世十周年国际学术研讨会论文集》，二〇〇一年一月出版）。

31. 钱胡美琦，钱宾四先生年谱上篇（未定稿）（台北市立图书馆《钱穆先生纪念馆馆刊》第三期，一九九五年八月出刊）。

32. 钱行，英名永存人间（一）（同前《馆刊》第八期，二〇〇〇年十二月出刊）。

33. 钱辉，英名永存人间（二）（同上）。

34. 钱易，父亲仍在我们中间（同上）。

35. 钱婉约，文化自卑与自弃——钱宾四先生论近代中国之病灶（同上）。

36. 钱逊，悼父亲（台北，《民间史学》，一九九〇年十二月出刊）。

37. 阎鸿中，钱宾四先生对中国传统史学的诠释（台北市立图书馆

《钱穆先生纪念馆馆刊》第八期,二〇〇〇年十二月出刊)。

38. 严耕望,钱穆传(台北,"国史馆"《馆刊》第五辑,一九九五年六月出版)。

39. 顾梅,我心中的外公(台北市立图书馆《钱穆先生纪念馆馆刊》第八期,二〇〇〇年十二月出刊)。

40. 顾颉刚,通史的撰述(《当代中国史学》下编第一章第二节,香港龙门书局)。

三 英文论著

1. (美)邓尔麟著、蓝桦译,钱穆与七房桥世界(北京,社会科学文献出版社,一九九八年三月出版)。

Qian Mu And The World of Seven Mansions By Jerry Dennerline, Yale University Press, 1989.

2. The Problem of Modern Science in China in the Last 300 Years: From Ming – Qing to Qian Mu by Benjamin A. Elman.

(台湾大学中文系《纪念钱穆先生逝世十周年国际学术研讨会论文集》,页四百七十九~五百二十八,二〇〇一年一月出版)。

后　记

　　清代大儒章学诚实斋说："文人之有年谱，前此所无，宋人为之，颇觉有补于知人论世之学，不仅区区考一人文集已也。"（《章学诚遗书》卷八《韩柳二先生年谱书后》）章氏此数语精确地说明了文人年谱的真实价值和作用。所以钱先生说："知人论世，自古所贵。"（《朱子学提纲》三十二）。

　　笔者编著《钱穆先生学术年谱》的过程，主要分为下列两个步骤。

　　一、考旧与创新。对于编写年谱，我并没有丰富的经验，实际上，只有一九九六年十一月，台湾大学《历史学报》第二十期刊载了我在匆忙中写的一篇长达六万余字的《傅斯年先生年谱》。这是我打算将来准备写一较详细的傅谱之简谱。在这种情况下，就考虑到考旧与创新的问题。用意是在拟定《钱穆先生学术年谱》（以下称本谱）的体例之前，先要参考当代学者们所写的多本年谱，加以综合比较，取法乎上，力求创新。退一步说，就是不能创新，也一定要拟出一种比较完善的体例来，以显示本谱的特色。此一工作实况，在我《编著〈钱穆先生学术年谱〉的动机和过程》一文中，有详细的说明，在本谱例言中，也曾述及，在此不再赘言。

　　二、史料的搜集和运用。我们知道，史料和历史研究是分不开的。所以，要编著《钱穆先生学术年谱》，非先将他一生的全部著作搜集齐全不可。但是，钱先生的全部著作，论其时，则先后七十余年；论其地，则分期刊行于大陆南北各地、香港和台湾，因此，在短期之内不可能搜集齐全。更何况十二年前，我还在台大任教，每于开学后，整天忙着备课和授课等，除寒暑假外，还哪里有时间到各地去搜集史料呢？正在犹豫不决时，某一星期天，台大一位著作等身的山友（他不让我写出他的姓名）在登山的途中对我说："钱先生是当代的名贤大儒，应有年谱，素书楼弟子责无旁贷，你应该从事之。"归后，思之再三，认为钱先生桃李满天下，为他写传或年谱的当然大有人在，但是也可以各写各的。又思考了数日，我编著本谱之意遂决。幸而过了没有多久，得知钱宾四先生全集编辑委员会成立了，并在钱师母胡美琦教授主持和实际参与编辑工作之下，约集了多位门人，展开了长达七年艰辛的整编工作。始于一九九八年，由台北联经出版事业公司重新排版，出齐了共五十四册精装本的《钱宾四先生全集》。从此本谱搜集史料的困难，可说完全解除了，因为对其他相关资料的搜集，就容易得多了。直到二〇〇一年，素书楼文教基金会与兰台出版社联合出版了六套《小丛书》，共四十九册，完成了钱先生生前为促进今日国人对我中华传统文化的认识和便利青年学子阅读的遗愿。同时，北京商务印书馆也因为获得素书楼文教基金会的授权，出版了《先秦诸子系年》、《两汉经学今古文平议》和《史记地名考》等书。台湾商务印书馆已于一九七四年印行了《国史大纲》的修订版。以上这三种新版的问世，为本谱的编著工作带来最大的便利。

其次，由于本谱约定的交稿期限较短，如要我在较短的期限内，一个人单独仔细读完钱先生的全部著作，并且精确地抽离出重要内容，再编写成书，那是绝对做不到的事。当此困难之际，幸而我的三位师友都是文史工作者，他们都愿意助我一臂之力。一位是史子明先生，他是笔者在抗战胜利后读山东省立济南第一临时中学和流亡来台途中读国立济南第一联合中学时的老师，他和已去世的校长老师刘泽民先生、陈兰芝先生以及于高雄师大退休的唐玉尧教授一样，都是我的恩师。五十余年来，史师除任建中等校教职外，即嗜于读书，尤喜研读四部，对于钱先生的博学多闻和见解独到十分佩服，我在前面的拙文中已经说过。数十年来，史师已读过《先秦诸子系年》、《国史大纲》、《宋明理学概论》、《中国近三百年学术史》等等，并在书上多处写有心得和眉批。他虽然年逾八旬，仍能花费两年余的时间读毕《钱宾四先生全集》，除有时在书上写出心得和要点外，或打圈圈，或画曲线，提供我等再读时的参考。另一位是赵钟华学棣，二十多年前，他从台大历史系毕业后，除教书外，即潜研文史，已点读过《二十五史》与《通鉴》等，并擅创作，出版过几本文史的书，得过两次奖。他的字迹秀逸，文笔流畅，做事尤其认真，很有效率。几年前，他自教职退休，正可以全力从事他的出版事业，当时我正在教学和研究上极需要有人相助，由于师生关系，他就成为我的助理了。在较短的限期内，我之敢于编著本谱，就是由于他表示坚决的相助之故。第三位是洪进业学棣，他沉默少言，在中学时代就常写诗文刊于报端，自考入台大历史系和研究所硕博士班后，所写新诗，几次获得"教育部"青年创作奖，考本校博士班时，学科成绩最优。他为文洗练顺畅，字迹工整，又精于电脑，平时虽忙于课业和学位论文的写作，但仍自愿拨出时间，分担本谱初稿的部分工作。在这三位师友中，史师已年迈，不敢多打扰。进业棣忙着写毕业论文，也不便再麻烦他了。去年他已获得博士学位，今已谋得一教职。所以，在本谱编写的过程中，从开始到完稿和两次的修订，以赵钟华学友投入的时间为多。此外，内人蔡美玉女士和子女韩敏媛、韩振华在工作之余则负责本谱大部分的抄录工作，或在网络上搜取我所需要的数据，或到台大图书馆借书和几次的校对。尤其是我内人，几年来，她除料理家事外，就整天伏在案头，将钱先生的数十本著作一一和十大本手抄稿、打字稿三者一字一句地仔细校对了两遍。此外，又因为补充新资料与本谱第四校的交稿，本月二日与二十四日她和我为了赶工先后两个整夜都没能睡眠，所以，如果没有她的全力协助，本谱是出不来的。而我除负责阅读和摘录全集中部分的书文外，本谱从开始到最后定稿则由我总其成，日以继夜，全力以赴。因为生活失调，我患了痛风，内人和长子韩振宁几次用车载我到台大医院公馆院区诊治，每日必须服药。所幸终于在期限内交稿，完成了我自二〇〇〇年从台湾大学历史系退休后的一件大事和心愿。在这里衷心感谢他们鼎力相助的辛劳。《易·系辞》上说："子曰：'二人同心，其利断金。'"圣人之言，诚非虚语。最后，在这里，特别谢谢关心我的健康和写作状况的好友和同仁刘景辉教授、王仲孚教授、刘广定教授、方祖达教授、李东华教授、张承汉教授，以及五十多年前的流亡同学褚庆贞大姐、李绍伦兄、刘晋京师弟与王其绪、吴景秀两位同班同学和难友。

二〇〇四年十二月韩复智识于台北台大敦品大厦